청소년문화

김민 · 조혜영 · 이영란

창지사

머리말

사람은, 생물은 진화한다. 때때로 이는 우리 삶에 있어 불편한 사실 중 하나다. 뜬구름 잡는 얘기가 아니다. 진화란 개념을 살펴보면 생물이 환경에 적응하며 발전하는 과정으로, 통상 세대를 거쳐 나타나는 변화를 의미한다. 찰스 다윈의 관점에서 진화는 '변화를 따르는 유래'로 그 과정에서 새로운 종의 기원과 발견이 거듭된다.

오늘날 청소년의 문화를 바라보노라면 진화란 개념에서 맛볼 수 있는 새로움에 대한 기대는 물론이고 그 새로움에 기인하는 생소함으로 진화에 따른 세대 간 불편감까지 느낄 수 있다. 다들 기억하겠지만 한때 야타족, 뚜벅이족, 오렌지족으로부터 시작해 폭주족, 엄지족, 니트족, 트윅스터(twixter)족, 파이어족 등의 신부족주의(neo-tribalism)는 진화를 거듭해 온 새로운 세대에 대한 우리식의 호명이었다. 여기에 더해 디지털 환경변화에 따른 다양한 신세대 담론(X세대, Y세대, N세대, MZ세대, α세대)으로 이어지는 새로운 세대에 대한 문화담론은 진화란 개념을 쉽게 상기시킨다.

사실, 세대 간 격차가 가져오는 자연스런 현상이라고 치부할 수도 있다. 예로부터 언제나 그랬으니까. 아리스토텔레스나 칼 만하임의 세대담론을 굳이 소환하지 않더라도 세대와 세대 사이에는 일종의 벽이, 그리고 강이 놓여있었다. 아버지와 어머니가 쉽게 이해하지 못하는 아이들의 세계가 언제, 어디서든 있어 왔다.

그런데 불편하더라도 감수해야 할 성질의 그것이라고만 얘기하기에는 왠지 성이 안 찬다. 아이들을 이해해야 할 어른의 의무와 책임이, 어른을 이해해야 할 아이들의 몫보다 크기 때문만은 아니다. 아이의 시절을 거쳐 어른이 된 우리가 아이를 이해하지 못하면서 우리 식의 기준으로 아이들을 재단하고 무조건 따르라고만 하는 것도 문제이다. 세대를 거듭하며 계속되는 이런 의구심을 좀 더 천착하고 해명하고 싶었다. 이 책은 그런 천착과 해명의 소산이자 결과다. 이 책을 통해 저자들은 아이들의 진화가, 새로운 변화가 뿌리가 없이 이루어진 과정이나 결과로 봐서는 안된다는 점을 무엇보다 강조하고 싶었다. 불편한 사실이 편한 그것으로 변모할 리는 없겠지만 적어도 불편한 사실로만 두어서는 안 된다는 것이 저자들의 생각이다.

책은 10개의 장으로 구성되었다. 1장과 2장, 7장과 10장은 조혜영 교수가, 3장과 4장은 김민 교수가, 5장과 6장, 8장은 이영란 교수가 집필했고 9장은 김민 교수와 이영란 교수가 공동으로 집필하였다. 인류학과 사회학, 교육학을 기초로 아이들의 문화를 읽고 이해하는데 도움이 되기를 기대하는 마음으로 집필하였다. 언제 나올지 모르는 원고를 인내심 있게 기다려 준 창지사의 기다림이 큰 힘이 되었다. 기대보다 훌륭하게 편집을 해준 오선율 선생과 표지디자인을 맡은 황윤경 선생에게도 감사의 빚을 졌다. 아무쪼록 이 책을 통해 청소년의 문화를 이해하는 작은 초석이 마련되기를 기대한다.

2023년 1월 31일, 저자들을 대표하여 김민 씀

차례

제1장 청소년문화 개요

1절 **문화의 개념** 10

1. 문화의 개념에 대해 질문해 보기 10
2. 문화 개념의 변화 13
3. 문화의 종류 16
4. 문화의 구성 18
5. 문화의 변동 20

2절 **청소년문화** 22

1. 청소년기에 대한 이해 22
2. 청소년문화 연구 25
3. 청소년문화의 성격 규정 28
4. 문화의 속성과 청소년문화 30

제2장 청소년세대와 사회집단

1절 **신세대의 형성과 사회·문화적 배경** 40

1. 지식정보사회와 청소년문화 41
2. 정치사회 민주화와 신세대 문화 43
3. 하위문화를 넘어서 46
4. 청소년기의 연장과 청소년문화의 탈 연령화 48

2절 **청소년세대와 다양한 명칭** 49

1. 세대의 개념 49
2. 한국사회에서 청소년세대 논의 50
3. 청소년세대의 다양한 명칭 52

3절 **청소년집단 내의 다양한 사회집단** 60

1. 사회집단과 하위문화 60
2. 청소년 집단의 유형 61
3. 청소년 집단화와 부작용 66

제3장 청소년과 학교문화

1절 학교교육과 청소년의 삶 72

2절 청소년복지와 학교교육 74

1. 청소년복지의 개념 75
2. 학교현장에 대한 접근의 필요성 80

3절 학교문화 특성에 대한 이해 82

1. 구성원을 중심으로 본 학교문화의 특성 82
2. 학교문화의 갈등, 그 시작과 끝 91

4절 청소년복지 실현을 위한 학교문화의 과제 96

1. 교사문화의 변화 106
2. 수업문화의 변화 109
3. 학생문화의 변화 111
4. 사회의 지원과 협력 113

제4장 청소년과 대중문화

1절 청소년학 연구에서 대중문화의 의의와 현황 106

1. 1990년대의 대중문화와 청소년문화 106
2. 대중문화의 개념과 의미 109
3. 대중문화의 계급과 경계의 와해: 아비투스와 크로스오버, 그리고 퓨전 111
4. 청소년학에서의 대중문화연구 현황 113

2절 청소년의 대중문화수용에 대한 이론적 고찰 115

1. 대중매체와 대중문화, 그리고 대중스타 115
2. 대중문화에 대한 비평: 편입문화론과 발터 벤야민 119
3. 청소년 대중문화수용에 대한 시사점 123

3절 청소년의 대중스타 수용에 대한 이해 124

1. 선행연구 검토 124
2. 대중스타 수용: 발달심리적 측면에서의 이해 128
3. 대중스타 수용: 문화이론적 측면에서의 이해-팬덤을 중심으로 132

4절 **청소년의 대중문화수용의 영향과 과제** 137

1. 대중스타 수용이 청소년에게 미치는 영향 137
2. 과제와 대응방안 141

제5장 청소년과 비행문화

1절 **비행의 개념과 이론** 146

1. 비행 개념에 대해 질문해 보기 146
2. 비행 이론 148

2절 **청소년 비행의 발생요인과 양상** 153

1. 청소년 비행의 주요 요인 153
2. 청소년 비행문화 양상 158

3절 **유럽청소년 비행문화** 164

1. 유럽청소년 비행문화 사례 165
2. 유럽청소년 비행문화: 비행 vs. 정체성 찾기 177

4절 **비행청소년 방지를 위한 대책마련 및 노력들** 178

제6장 청소년과 소비문화

1절 **소비와 소비문화의 개념** 184

1. 소비개념에 대해 질문해 보기 184
2. 소비문화와 자본주의 191

2절 **청소년 소비문화** 196

1. 세대개념과 세대적 소비행위 196
2. 청소년기와 소비문화 204
3. 청소년과 문화소비 212

3절 **바람직한 청소년 소비문화** 217

제7장 청소년과 글로벌 · 다문화

1절 한국사회의 글로벌·다문화사회 진전 222

1. 글로벌 이주의 증가와 한국사회 변화 223

2절 다문화사회의 진전과 청소년 인식 개선 과제 229

1. 일반청소년들의 다문화 인식 229
2. 다문화사회의 진전과 인식 개선 과제 234
3. 이주배경 청소년 역량강화 340

3절 글로벌 다문화사회와 청소년문화 247

1. 청소년문화의 개방성 및 융통성 247
2. 청소년문화의 혼종성 및 글로벌화 249
3. 사회의 신드롬을 만들어가는 청소년문화 250

제8장 시민사회와 청소년 민주시민교육

1절 청소년과 민주시민사회 254

1. 민주시민사회에 대한 이해 254
2. 민주시민교육 개념과 활성화 배경 261

2절 현대사회와 민주시민교육 267

1. 민주시민교육의 포괄적 방향 267
2. 민주시민교육의 다양성 268

3절 유럽 청소년 민주시민교육 : 프랑스 공교육 사례 276

1. 프랑스 민주시민교육의 시작 276
2. 프랑스 중학교 시민교육 내용 278

4절 한국청소년 민주시민교육을 위한 제언 285

제9장 청소년 대항문화와 대안문화

1절 대항문화와 대안문화 정의 290

1. 대항문화와 대안문화 개념에 대해 질문해 보기 290
2. 청소년 대항·대안문화와 하위문화 294

2절 **청소년 대항·대안문화의 기원과 발전** 295

1. 서구 청소년 대항·대안문화의 기원 295
2 .서구 청소년 대항·대안 문화 전개 흐름 300
3. 신자유주의와 청소년 대항·대안문화의 변화 308

3절 **한국청소년 대항·대안문화의 현실과 과제** 314

1. 한국 청소년 대항·대안문화의 흐름 314
2. 디지털 시대 청소년의 대항·대안문화 : 사회구성원으로서 자아 찾기 319

제10장 청소년문화와 정책

1절 **사회 변화와 청소년** 324

1. 주요 사회 변화 트렌드와 청소년의 삶 324
2. 미래 환경 변화와 청소년문화 326
3. 우리사회 청소년 정책의 전개과정 330

2절 **청소년문화 발전을 위한 정책 과제** 334

1. 청소년문화에 대한 올바른 인식 정립 334
2. 청소년문화 정책 방향 수립 342
3. 청소년문화 관련시설 활성화 345

참고문헌 360

제 1장 청소년문화 개요

이 단원은 청소년문화에 대한 이해를 목표로 한다. 청소년문화를 알아가기 위해서는 먼저 문화의 개념에 대한 학습이 필요하다. 문화 개념은 역사를 거슬러 변화하여 왔고, 정의하는 사람이나 학문 분과에 따라서도 다양하게 사용되어 왔다. 그리고 문화와 관련된 다양한 개념들도 파생되어 왔다. 이러한 배경에서 문화의 개념에 대한 전반적인 이해를 토대로 청소년문화에 대해 알아보도록 한다. 이를 위해 청소년문화와 관련된 기존의 주요 연구 및 시각들에 대해 살펴본 뒤, 청소년문화는 어떠한 방식으로 위치 지어져 왔는지 파악한다. 그리고 문화의 속성과 관련하여 청소년문화에 대한 심화된 이해를 해보도록 한다.

학습초점

- 문화란 무엇인가? 가장 일반적으로 사용되는 문화의 개념에 대해 말할 수 있는가?
- 문화와 관련하여 파생된 주요 개념에 대해 알고 있는가?
- 청소년문화는 무엇이며, 청소년문화를 이해하기 위해 먼저 알아야 할 청소년기의 특징은 무엇인가?
- 청소년문화를 설명해 온 시각들에 대해 말할 수 있는가?
- 문화의 다양한 속성과 관련하여 청소년문화를 설명할 수 있는가?

1절 문화의 개념[1)]

1. 문화의 개념에 대해 질문해 보기

먼저 청소년문화를 제대로 이해하기 위해서는 문화가 무엇인지, 문화의 개념에 대해 알아야 할 것이다. 인간을 동물과 구분 짓는 가장 중요한 특징으로 문화를 형성하고 있다는 점을 들 수 있다. 문화라는 말은 일상적으로 많이 사용되는 용어이지만 개념 정의는 쉽지 않다. 우리는 일상생활에서 하루에도 몇 번씩 '문화'라는 말을 듣게 되며, 자연스럽게 사용하고 있다. 문화라는 용어는 매우 다양한 의미로 다양한 목적을 가지고 사용되고 있다. 때로는 의식적으로 뚜렷한 목적을 가지고 사용되기도 하며, 때로는 특별한 목적의식 없이 자연스러운 일상용어로 사용되기도 한다.

청소년문화, 아동문화, 문화인, 문화 민족, 문화계, 문화시설, 문화유산, 문화

1) 이 절은 필자가 집필한 한국청소년정책연구원(2015) 『청소년문화론』의 1장의 주요내용을 중심으로 재구성되었음을 밝힙니다.

영화, 대중문화, 고급문화, 한국 문화, 동양 문화, 서구 문화 등 때로는 좁은 의미로 때로는 넓은 의미로 사용되고 있으며, 그 모두가 동일한 개념에 기초한 복합어들도 아니다. 문화는 문학 및 예술 분야를 지칭하기도 하며, 때로는 '지성', '지식', '개화된 것', '발전된 것'을 의미하기도 하고, 특정한 인간 집단 또는 한 지역이나 나라에서 특징적으로 나타나는 생활양식을 총괄해서 지칭하는 말로 사용되기도 한다.

(1) 생활양식으로서의 문화

일반적으로 많이 사용되는 개념은 생활양식으로서의 문화 개념이다. 문화란 무엇인가라는 질문을 던졌을 때 가장 간단한 대답은 "그것은 한 인간 집단의 생활양식이다"라는 대답이다. 이 점은 상이한 두 나라의 생활양식을 비교함으로써 쉽게 이해될 수 있다. 한국 사람과 인도 사람의 일상생활을 비교해 보자. 우선 사람들이 사용하는 언어에 뚜렷한 차이가 있을 것이고, 주택, 의복, 음식의 종류, 요리 방법, 음식을 먹는 방식, 친족 조직, 신앙, 조상에 대한 태도 등 일상생활의 모든 측면에서 우리는 두 나라 사람의 차이를 발견할 수 있다.

이러한 특성은 그들이 선천적으로 가지고 태어난 것이 아니며, 그들이 각기 그 사회에 태어나서 성장하는 과정에서 몸에 익힌 것들이다. 이 모두가 그들이 자기가 속한 사회에서 살아나가기 위해서 필수적인 것들이고, 그들은 가정, 학교, 사회생활을 통해 이러한 것들을 배워나갔고, 거의 무의식적으로 그 사회에서 통용되고 있는 전통 또는 규칙에 따라 행동하고 있다. 이와 같이 두 사람의 행동 및 사고에서 나타나는 상이한 양식을 우리는 문화라고 부른다. 즉, 이 두 사람은 각기 한국 문화와 인도 문화에 따라 행동하고 있으며, 그들의 행동은 바로 그들이 소속되어 있는 사회의 문화를 그대로 반영하고 있다. 이와 같이 우리는 일반적으로 한 사회의 구성원들 간에 찾아볼 수 있는 관습적인 행위 및 그러한 행위의 산물을 문화라고 부르고 있다(한상복 외, 1985: 63-64).

즉, 특정한 집단이나 사회에서 태어나고 살아가는 과정에서 일상생활을 통해 체화되는 것이 문화이며, 하나의 문화 속에서 성장한다는 것은 그 문화의 기본적인 가치나 여러 특질들을 너무나 자연스럽고 당연한 것으로 여기게 됨을 의미한다(한경구, 2003).

(2) 문화 개념 정의의 어려움

문화의 개념은 학문 분과에 따라 매우 다양하게 정의되고 있으며, 한 학문 분과 내에서도 학자에 따라 매우 다양하게 정의되고 있다. 예컨대, 문화의 개념을 가장 중요한 핵심으로 여기고 있는 인류학 내에서도 매우 다양한 정의들이 시도되어 이미 수십 년 전에 클로버(Alfred Kroeber)와 클러크혼(Clyde Kluckhohn)은 하나의 표준이 될 만한 정의를 시도한 바 있다. 그들의 공저 『문화: 개념과 정의의 한 비판적인 검토』(1952)에서 그들은 문화에 대해 내린 175개의 정의들을 검토하여 종합적인 정의를 시도하였으나, 결론적으로 얻은 문화의 정의마저 결국 또 하나의 추가적인 정의로 끝나고 말았다(한상복 외, 1985).

또한 영국의 저명한 문화비평가인 레이먼드 윌리엄스(Raymond Williams, 1983)는 자신의 명저 『Keywords』에서 문화를 "영어에서 가장 복잡한 의미를 갖는 두 세 단어 중의 하나"라고 했다. 이것은 그 개념의 역사적 발전 과정 때문이기도 하며, 서로 다른 학문 분과와 사고체계에서 중요한 개념들로 사용되어 왔기 때문이다. 그만큼 문화의 개념 정의는 복잡하고 다양한 방식으로 내려질 수 있을 것이다.

예컨대, 문화가 연구의 핵심이라고 할 수 있는 인류학에서도 어떠한 부분에 초점을 두느냐에 따라 문화의 개념은 달라진다. 먼저 비물질적인 것과 물질적인 유산을 포함하는 한 인간 집단의 생활양식의 총체로 문화를 정의하는 입장은 총체론적 정의이다. 저명한 인류학자인 타일러(E.B, Tylor)가 대표적이며 그의 저서 『원시문화(Primitive Culture)』(1871)에서 문화를 '지식, 신앙, 예술, 법률, 도덕,

관습 그리고 사회의 한 구성원으로서의 인간에 의해 얻어진 다른 모든 능력이나 관습들을 포함하는 복합 총체'라고 규정하고 있다(한상복 외, 1985).

반면에 관념론적 문화 정의는 구체적으로 관찰가능한 모든 현상을 문화에 포함시키는 총체론적 관점과는 다르게 주관적인 측면을 강조하여 관념적인 영역만을 문화로 간주하는 입장이다. 즉, 관찰 가능한 도구, 행동, 제도 등을 포함하지 않고 우리가 관찰할 수 있는 행동으로 이르게끔 하는 기준, 표준, 규칙을 문화라고 부르고 있다. 인류학자 구드이나프(W. H. Goodenough)에 의하면 문화란 사람의 행위나 구체적인 사물 그 자체가 아니라 사람들의 마음속에 있는 모델이요, 그 구체적인 현상으로부터 추출된 하나의 추상에 불과하다. 우리는 사회마다 그 성원들의 행동에서 공통적으로 나타나는 기준 또는 규칙을 발견할 수 있다. 한 사회 성원들의 생활양식이 기초하고 있는 관념 체계 또는 개념 체계가 문화로 간주된다. 여기서 분명히 해 두어야 할 것은 구체적으로 관찰된 행동 그 자체(patterns of behavior)가 아니라, 그런 행위를 위한 또는 그런 행위를 규제하는 규칙의 체계(patterns for behavior)가 곧 문화라는 것으로 사람들은 이 규칙에 따라서 행동하게 된다(한상복 외, 1985: 68). 즉, 이러한 문화의 개념 정의는 인지주의적 정의로 불리어진다. 인지 체계로서의 문화는 집단의 구성원이 사회적인 삶을 살아가기 위해서 알아야 하는 지식 체계로서 문화를 바라보는 것이다.

2. 문화 개념의 변화

역사적으로 변화해 온 문화의 개념[2)]을 살펴보면 다음과 같다(Bocock, 1997; 크리언, 2004). 첫 번째 정의는 15세기의 저술들에서 찾아볼 수 있으며, 영어의 경작(cultivation)의 의미로 '곡물을 경작하다', '가축을 사육하다'의 의미로 사용하였다. 영어에서의 농경(agriculture), 원시농경(horticulture)과 같은 단어에서 그 의미를 찾을 수 있다.

2) 여기서는 영어권의 'culture' 개념을 중심으로 살펴본 것이다.

두 번째 정의는 16세기 초반에 등장하기 시작했다. 식물이나 동물의 경작(cultivation)이라는 의미에서부터 나아가 인간의 정신이나 마음과 같은 보다 추상적인 의미로 확대되어 사용된다. 저명한 사상가인 프란시스 베이컨과 토마스 홉스가 인간 정신의 문화에 대해 저술한 시기로, 당시에는 특정 계급이나 소수의 사람들만 '문화적'이라고 여겼으며, 유럽의 일부 국가만 높은 수준의 문화를 가진 것으로 여겼다. 레이몬드 윌리암스에 따르면 18세기까지 문화는 유럽에서 부유한 계층의 세련된 스타일을 향유하는 것을 의미했으며, 주로 '예술(arts)'과 관련되어 사용되어졌다. 즉, 예술가나 지식인의 작업, 엘리트 계층에 의해 추구되어지는 문명을 의미했다. 이러한 문화의 정의는 일반적으로 음악, 문학, 미술, 조각, 연극, 영화 등의 개념으로 사용되었으며, 때로는 철학, 학풍, 역사와 관련되어 사용되는 것이 보편적이었다.

그러나 20세기에 들어서면서 이러한 문화의 개념은 노동자 계급이나 하류층의 '대중문화(popular culture)'를 포함하는 것으로 확장된다. 여기서 대중문화는 대중매체(영화, TV, 스포츠, 대중음악, 신문이나 잡지)에 의해 유행되는 문화에 가까운 것으로 여겨졌으며, '세련된 혹은 교양있는 사람'이 갖는 취향의 연장선이라기보다는 그것과 갈등 관계에 있는 것으로 보았다. 이에 따라 '고급' 문화와 '대중' 문화 사이에 첨예한 구분이 있었으며, 대중문화는 종종 순수 예술의 반대 개념으로 여겨졌다.

세 번째 정의는 사회과학에서 가장 영향력 있는 것으로서, 계몽사상(enlightenment)과 함께 등장한다. 18세기 저술가들은 이 용어를 일반적인 사회발전 과정을 지칭하는 것으로 사용했다. 계몽주의적인 시각에 기반을 둔 18세기 유럽을 풍미하던 사고는 인류의 단선적 진화에 대한 믿음이다. 이러한 믿음에 따르면, 모든 사회는 하나의(단일한) 발전 과정을 거치는 것이며, 문명화(문화화) 과정의 정점은 유럽이라는 것이다. 또한 발전 과정에서 유럽은 중심적 역할을 하고 있다고 믿었다. 소위 유럽 중심적 사고라고 할 수 있다.

네 번째는 유럽 우월주의적 사고를 비판하면서 부각되기 시작된다. 단일한 문화에 대한 노선을 비판하며 등장한 복수형의 문화 개념이라 할 수 있다. 다양한 집단, 다양한 국가별로 문화가 존재하며, 계층, 하위문화와 역사적 시기에 따라 구분되는 생활양식과 공유되는 가치 및 의미가 다양하다는 점을 강조하는 것이다('자본가의 문화', '노동계급 문화' 등). 이것은 인류학적 문화 개념으로 알려져 왔다.

다섯 번째로 최근에 대부분의 사회과학과 인문학에 영향을 주고 있는 문화 개념을 들 수 있다. 이는 사회 인류학으로부터 도래했으며, 네 번째 문화의 정의처럼 집단이나 국가 내의 공유된 의미를 뜻한다. 하지만 문화적 의미의 보다 상징적 측면을 강조한다는 점에서 네 번째 개념 정의와 차이를 보이며, 문화가 무엇이냐를 규명하기 보다는 문화가 무엇을 하느냐에 강조점을 둔다. 이것은 문화를 하나의 성립된 실체(예술 등)나 문명화의 상태로 보기보다는 사회적 실천으로 보는 입장이다. 이러한 문화에 대한 사고는 의미 생산에 근본적인 역할을 담당하는 언어의 연구에서 비롯되었다.

이와 같은 정의는 언어를 중요한 사회적 실천 기재로 바라본다. 언어는 동일한 언어를 공유하는 사람들로 하여금 의미있는 의사소통을 가능하게 한다. 의미를 교환하고, 나아가 공유된 문화를 만들어나가기 위해서 언어를 통한 의사소통이 불가능하다면 개인 간의 관계 형성을 통해 구성되는 사회는 존재할 수 없을 것으로 보인다. 이러한 관점에서 사물과 사건들은 내재된 의미를 가지고 존재하는 것이 아니며, 이들에게 의미를 주는 것은 기호와 상징을 사용하는 언어인 것이다. 즉, 한 집단이 문화를 공유한다고 했을 때 그것은 언어사용을 통해 구성되고 공유되는 의미 체계를 공유하는 것이다. 이러한 정의에 따르면, 문화는 실천 혹은 실행(practices) 체계이며 그것에 의해 집단 내 의미가 생산되고 교환되는 것이다. 이 다섯 번째 정의에서 문화적 실천은 의미 생산 작업이며, 이 작업은 사인(signs)과 상징(symbols)을 사용하여 의미를 만들어나가는 과정이다. 이상에서 언급한 개념 정의를 요약하면 다음의 표와 같다.

〈표 1〉 문화 개념 변화

첫 번째 정의	땅이나 곡물을 경작하고 가축을 사육함
두 번째 정의	마음이나 정신의 수양, 예술(the arts), 문명(civilization)
세 번째 정의	사회발전의 일반적 과정, 보편적 과정으로서의 문화 (계몽 개념으로서의 문화)
네 번째 정의	특정 국가, 집단, 계층 시대의 구성원들에 의해 공유되는 의미, 가치, 생활양식
다섯 번째 정의	의미를 생산하는 실천; 의미화 작업(signifying practices)

3. 문화의 종류

(1) 주류(지배) 문화와 하위문화

한 사회집단의 특수한 부분 또는 영역에서 다른 것과는 구분되어 독특하게 나타나는 생활양식을 하위문화라고 한다. 지역이나, 세대, 성별, 직업 등 한 사회의 하위 집단들에 의해 공유되어 나타나는 문화들이다. 예컨대, 지역에 따라서 도시 문화, 농촌 문화 혹은 경상도와 전라도, 제주도 문화 등으로 구분되어 나타나는 문화를 일컬을 수도 있고, 연령에 따라서 노인 문화, 성인문화, 청소년문화 등으로 구분되기도 한다. 직업에 따라서 교사 집단의 문화, 경찰 조직의 문화, 기업인의 문화 등으로 구분되기도 하며, 이러한 집단 내에서도 다시 성별에 따른 하위문화를 구분할 수도 있다. 이러한 하위문화들은 보다 거대한 범주, 예컨대 한국 문화라는 범주 안으로 포함이 된다. 한 사회 내에 존재하는 다양한 집단의 생활양식이나 사고방식을 이해하고자 할 때, 또 집단 간 차이를 인식하고자 할 때 매우 유용한 개념이다.

(2) 표현 문화와 내재된 문화

문화의 존재 양식에 따라 문화적 가공물, 문화재 또는 쉽게 관찰 가능한 행위 등을 표현된 문화라고 하며, 그 문화재와 행동에 부여된 의미나 가치, 상징 등과 같이 직접적으로 관찰이 불가능한 영역의 문화를 내재된 문화라고 한다. 표현된 문화와 내재된 문화는 각각 별개의 것이 아니라, 한 문화의 두 측면이다. 예컨대, 각 군 사관생도의 각기 독특한 복장(예복, 정복, 약복, 전투복 등), 군장, 학년표지, 머리 형태 등은 표현된 문화이며, 각 군에서 그러한 것들에 부여한 의미(예컨대, 엄숙, 단정, 질서, 절도의식 등)는 내재된 문화이다(이종각, 1999: 43).

(3) 실재 문화와 이상 문화

문화는 이상적으로 바라고 있는 상태와 실제로 현실에서 진행되고 있는 상태의 차이로 구분되기도 한다. 특히 한 사회집단의 전통이나 이념 등은 이상문화에 속하고 그것과 반하여 현실에서 드러나는 양상들은 실재 문화라 한다. 예컨대, 한국사회가 어른을 공경하며, 예의를 지키는 효의 문화가 내재되어 있다고 할 때는 이상 문화를 지칭하는 것이 될 것이며, 실제로 지하철이나 버스 등에서 노인이 타고 있어도 자리를 양보하지 않거나, 노인을 공경하지 않는 사회적 분위기는 실재 현실 문화라 할 것이다.

(4) 물질문화와 비물질문화

물질문화란 우리가 보고 만질 수 있는 구체적인 물리적 업적과 그것을 사용하는 방법을 말한다. 예를 들면, 일상생활 상의 가재도구, 각종 기계, 도구, 건물, 차량, 의복, 공예품, 문화재 등과 그것에 부수되는 기술적 방법을 말한다. 비물질문화는 물질적이 아닌 모든 것을 포함하는데 정신문화와 행동문화로 구분하기도 한다. 행동문화는 우리의 구체적인 행동이 이루어지는 절차나 방식에 관한 문화이다. 법, 민속, 관습, 제도 등이 이에 속한다. 물질문화와 행동문화는 '표현된 문화'라고 할 수 있다. 정신문화는 학문, 종교, 도덕, 가치관 등 정신적 창조물을 지칭하는 것으로써, 인간이나 집단이 갖는 상징이나 의미와 가치를 그 내용으로 한다(이종각, 1999: 44–45).

한편, 한 사회의 문화는 물질적인 것과 비물질적인 것을 포함하여 다양한 요소들로 구성되어 있는데 이러한 구성요소들 간의 변화 차이로 인해 문화간 간격이 점점 커지는 현상을 문화지체(cultural lag)라고 한다. 미국의 사회학자인 오그번(W. F. Ogburn)은 사회변동과 관련하여 문화를 물질문화와 비물질문화로 구분하고, 종교, 가치관 및 사회제도와 같은 비물질문화는 도구나 기술 등 물질문화보다 전파나 변동의 속도가 일반적으로 느리다는 점을 지적하고 있다. 기술의 발달은 물질적 측면의 변화를 가속화시켰지만, 이에 반하여 관련된 제도나 가치는 물질 변화의 속도에 따르지 못하고 지체되는 경향이다. 대체로 정치, 경제, 종교, 윤리, 가치관 등 비물질적인 영역의 변화는 물질적 변화의 변동 속도를 따라가지 못하게 되고 이때 심각한 사회적 부조화가 초래된다. 사회의 경제적 하부구조가 변하면 그 사회의 모든 상부구조의 변화가 수반된다고 하는 마르크스의 주장과는 달리, 오그번은 비물질적 문화영역의 변화는 물질문화의 변화를 따라가지 못하고 양자간의 시간적 지체현상이 나타난다고 하였다(고영복, 1997).

4. 문화의 구성

(1) 문화체계(cultural system)

각 사회집단의 문화는 전체로서 하나의 통합된 체계를 이루고 있다. 한 사회의 문화를 이해하기 위해서는 그 사회의 역사, 자연 환경, 가족생활 조직, 언어생활, 취락 구조, 정치 및 경제 체계, 종교, 예술 등 다양한 요소들에 대한 이해가 필요하다. 이러한 문화를 구성하는 요소들은 상호 의존 관계에 있으며, 한 요소가 변하면 다른 요소에도 영향을 주어 변하게 된다. 문화체계라는 개념은 문화의 역동성을 이해하기 쉽게 해 준다(한상복 외, 1985: 76; 이종각, 1999: 36-37).

(2) 문화특질(cultural trait)

한 문화의 가장 작고, 가장 기본적인 요소를 문화특질이라고 한다. 또한 문화특질이라고 부를 수 있는 문화 요소들은 더 기본적인 단위로 나누어질 수도 있다. 예컨대, 조상에 대한 제사도 하나의 문화특질이 될 수 있지만, 여기에 관련된 조상에 대한 태도, 제물, 제사를 지내는 사람들이 입는 옷, 거기에 모이는 친척들은 모두 각기 하나의 문화특질로 간주될 수 있다. 즉, 사용되는 맥락이나 이해의 범위에 따라서 어떤 상황에서는 더 이상 쪼개질 수 없는 문화특질 단위로 여겨지지만, 또 다른 맥락에서는 다시 여러 부분으로 나누어질 수 있는 것으로 간주된다(한상복 외, 1985: 77).

(3) 문화복합(cultural complex)

많은 문화특질들은 더 작은 문화특질들로 쪼개질 수 있는 반면에 문화특질들은 서로 관련을 맺으면서 문화복합을 형성하고 있다. 그에 따라 문화특질들의 조화로운 구성이 문화복합이 되며, 엄밀히 따지면 문화특질과 문화복합을 구분하기 어려운 경우가 대부분이다. 하지만 문화복합이라는 용어는 여러 상호 의존 관계에 있는 특질들이 하나의 복합으로서의 문화 유형을 구성하고 있다는 사실에 주목할 때 사용되어 왔다. 예컨대, 자동차는 그 자체가 수많은 부품으로 구성되어 있지만 또한 넓은 의미에서 하나의 문화특질로 간주될 수 있다. 이것은 다시 고속도로, 주유소 및 자동차 정비공장, 자동차 제조 산업, 자동차 판매업, 특정 차종을 소유한 사람들의 사회적 지위 상징, 자동차 보험 및 관광 산업 등 자동차와 관련된 여러 영역 또는 부분들을 포함하는 문화복합의 한 부분을 점하고 있다(한상복 외, 1985: 78).

5. 문화의 변동

(1) 문화과정(cultural process)

한 사회의 문화를 구성하고 있는 기술, 경제, 정치, 사회구조, 신앙 등 각 부분들 간에는 끊임없는 상호작용이 이어지면서 그 사회의 문화체계가 유지되고 운영된다. 각 부분들은 서로 다른 부분에 영향을 주고받는다. 이처럼 한 사회의 문화체계를 구성하고 있는 부분들 또는 문화요소들이 시간을 통하여 끊임없이 상호작용을 계속해 나가는 과정을 문화과정이라고 한다. 이 문화과정은 문화변동을 이해하는 데 중요한 개념이다. 문화과정에서 일어나는 부분들 간의 상호작용 결과로 어떤 문화요소들은 소멸되기도 하고, 새로운 요소가 생겨나 다른 것들을 대체하기도 하며, 새로운 문화 요소들이 외부로부터 유입되어 문화과정에 영향을 주기도 한다(한상복 외, 1985).

(2) 발명과 발견

발명과 발견은 문화변동을 촉진하는 중요한 요인으로 작용한다. 문화과정 속에서 다양한 요소들은 끊임없이 상호작용하게 되는데 이 요소들 간에 새로운 조합(combination)이나 종합(synthesis)이 형성되어 발명이나 발견의 형태로 혁신(innovation)이 일어나게 된다. 발명은 이미 존재하는 문화요소들이 종합되거나 변형되어 새로운 물건이나 행동으로 나타난 것이다. 예컨대, 바퀴, 전화, 전등 등과 같이 물질적인 것일 수도 있고 종교나 신화 같이 관념적인 것일 수도 있다. 발명은 한 사람에 의하여 짧은 시일에 일어날 수도 있고, 오랜 시간을 거쳐 여러 사람들의 지식이 조합되어 나타난 공동작품일 수도 있다. 또한 서로 다른 사람이 비슷한 시기에 여러 가지 문화요소들을 조합하는 과정에서 유사한 발명을 해내기도 한다. 예컨대, 전화기의 발명은 알렉산더 그레햄 벨에 의해 이루어졌으나 비슷한 시기에 엘리사 글레인이라는 사람도 전화기를 발명하였다. 하지만 간발의 차이로 특허 신청을 늦게 하여 우리는 전화기의 발명가는 벨이라고 알고 있다. 발명과 발견들은 문화과정에 영향을 주어 추가적인 문화변동을 가져올 수도 있으며, 영향을 주지 못하고 사라져 버리기도 한다(한상복 외, 1985).

(3) 전파(diffusion)

한 사회의 문화를 구성하고 있는 요소들은 그 사회에서 발생한 것이 대부분이지만 다른 사회로부터 문화요소들이 전해져 오는 경우도 많다. 한 사회의 문화요소들이 다른 사회로 전해져서 그 사회의 문화과정에 통합되어 정착하는 현상을 문화의 전파라고 한다. 문화전파는 이웃하고 있는 두 문화 간에 직접적으로 일어나는 경우도 있고 제3자에 의해 간접적으로 일어나는 경우도 있다. 예컨대, 이웃하고 있는 중국으로부터 유교 및 한자가 전파된 것은 직접 전파의 사례이고, 교역자들이나 선교사들 또는 제3국 사람들 같은 중개인들에 의해서 한 문화의 요소들이 다른 문화에 옮겨지는 것은 간접 전파에 속한다. 문화의 전파는 이미 존재하는 문화과정에 유입되는 것으로 끝나는 것이 아니라 그 문화 과정에 있는 다른 문화요소들과 상호작용하며 혁신을 일으키기도 한다. 이런 점에서 전파는 문화변동의 중요한 자극제가 된다(한상복 외, 1985).

(4) 문화접변(acculturation)

두 개 혹은 그 이상의 다른 사회집단 성원들이 비교적 장기간에 걸쳐 접촉하며 상호작용할 때 그 결과로 어느 한쪽이나 양쪽 집단에 문화변동이 일어나는 것을 문화접변이라고 한다. 즉, 문화들 간의 접촉적인 변화라고 할 수 있다. 문화접변이 일어나는 경우는 이웃하는 문화들 간에 자발적이고 자연스럽게 일어날 수도 있고 정복이나 식민 지배 상황에서처럼 강제적으로 일어날 수도 있다. 한편, 피지배사회에서는 강제적으로 지배사회의 문화를 받아들이는 경우도 있고 선택적이고 자발적으로 받아들이는 경우도 있다. 새로운 문화요소를 받아들이는 과정에서 피지배사회의 문화가 해체를 경험하기도 하며 창조적인 새로운 문화를 만들어내기도 한다. 두 개의 문화가 전면적인 접촉을 하는 과정에서 제3의 문화를 만들어내기도 하는데 이것은 융합(fusion)이라고 하며, 한 문화가 다른 문화로 흡수되어 가는 것은 동화(assimilation)라고 한다(한상복 외, 1985).

2절 청소년문화[3]

청소년문화는 '청소년이라는 특정한 집단이 공유하는 문화, 즉, 청소년 집단의 생활양식과 사고방식'이라고 할 수 있다. 이렇게 생각하면 청소년문화에 대한 이해는 단순해 보인다. 하지만 청소년 시기의 특성과 청소년에 대한 개념 정의가 단순하지 않으며, 청소년기를 바라보는 관점이 역사적으로 변화해 왔다는 점, 청소년을 구성하는 인구집단 역시 다양한 특징을 지닌다는 점은 청소년문화에 대한 이해를 더욱 복잡하게 한다.

1. 청소년기에 대한 이해

청소년기는 인생행로에서 주변적이며 과정적인 지점(betwixt and between)으로 더 이상 아동도 아니며, 아직 성인도 아닌 시기이다(Epstein, 1998). 청소년기에 대한 접근도 시대와 지역에 따라 다양하다. 어느 나라에서나 청소년의 범주를 연령에 따라 법으로 규정하지만, 학자들은 일반적으로 청소년을 연령으로 정의하지 않으려고 한다. 청소년이란 생물학적으로 결정되는 연령범주라기보다는 아동기에서 성인기로 이행하는 과도기로 보아야 한다는 것이다. 이러한 관점에서 보

3) 이 절은 필자가 집필한 한국청소년개발원(2005) 『청소년문화론』의 1장과 2장의 주요내용을 중심으로 재구성되었음을 밝힙니다.

면, 청소년은 '자의식을 형성하기 시작하였으나 아직 부모나 여타 가족 등 다른 사람에 대한 의존이나 물질적 지원에서 벗어나지 못한 사람'으로 정의할 수 있을 것이다. 이러한 관점에서 보면 청소년의 연령은 시대 변천에 따라 달라질 수 있고, 성장과정에 따라 개인마다 다를 수도 있다. 예컨대, 농경사회에 비해 성인기로의 진입이 늦어지는 산업사회에서는 청소년기가 더욱 길어진다. 또한 학원에서 디자인을 배우고 있는 20세 학생은 청소년이지만, 회사에서 첨단 전자제품을 디자인하고 있는 20세 직원은 청소년이라기보다는 당당한 직장인이다(한국청소년정책연구원, 2007).

과연 청소년문화가 존재하는지에 대해 아직도 논란이 있고, 또 존재한다면 그 내용과 특성이 무엇인지에 관해 일관성 있는 답변을 찾기 어려운 이유는 인생에 있어서 청소년기의 의미와 사회 내에서의 청소년들의 지위가 애매모호한데서 비롯되고 있다고 볼 수 있다. 이러한 불확실한 지위에도 불구하고, 확실한 점은 역사의 발전에 따라 인생에서 청소년기와 사회 안에서의 청소년 존재의 의미와 중요성이 점차 확산되어 왔고, 청소년문화의 모습도 가시적인 것으로 부각되고 있다는 점이다(최윤진, 1998).

청소년기가 아동이나 성인과 구분되는 사회적 범주로 등장하게 된 시기는 명확하게 규정되고 있지 않지만 대략 근세 유럽으로부터 시작되었다고 볼 수 있다. 16세기와 17세기 중엽까지 서구에서는 아동을 어른의 소유물로 취급하는 것이 일반적이었다. 청소년기(혹은 사춘기 연령에 있는 범주, youth/adolescence)의 범주화는 새로운 발명과 발견의 시대로 일컬어지는 18세기에 이르러서 유럽에서 이루어졌다. 청소년기(adolescence)는 증기 기관이 발명된 시기에 등장했다고 할 수 있다. 증기 기관은 1765년 와트(Watt)에 의해 발명되었다면 청소년은 1762년 루소(Rousseau)에 의해 등장하게 된 것이다(Musgrove 1964: 33).

청소년기 개념의 등장으로 사회는 두 가지 문제에 직면하게 되는데, 첫째는 사회 구조의 어느 위치에 어떻게 이 사춘기(청소년기)를 위치시켜야 하는 지이며, 둘째는 이들을 대상으로 구체적으로 어떠한 행위 규범을 하도록 규정지어야 하는

지이다. 하지만 여전히, 18세기와 19세기에도 청소년 개념은 제대로 정립되지 못하고 있었다고 해도 과언이 아니다. 청소년에 대한 인식 전환은 20세기에 들어와 유엔을 중심으로 한 아동과 청소년에 관한 각종 선언이나 규약들이 결의되고 채택되고 공포됨으로써, 청소년에 대한 사회의 관심과 태도 변화를 반영하게 된다(최윤진, 1998).

청소년기를 논하기 위해서는 나이와 세대 개념이 항상 관련되어져야 한다. 나이와 세대는 전 세계의 모든 곳에서 인정되는 개념이지만, 문화적으로 다양하게 규정되어진다. 생물학적 세대는 대부분 동일하게 적용될 수 있겠지만, 문화적 세대 개념은 매우 다양하게 적용된다고 할 수 있다. 즉, 청소년기를 경험하는 것은 보편적이라고 할 수 있으나 그 경험 방식은 문화적, 정치적, 개인적으로 매우 다양한 것이다. 특히 사회마다 아동과 청소년, 성인을 구분하는 시기가 다르며, 청소년기 내에서도 학교생활이나, 직업 등과 관련해서 갖는 경험들이 다르기 때문이다(Wulff, 1995). 예컨대, 학생기의 연장은 연령에 상관없이 성인으로 접어드는 시기를 지연시킬 것이다. 또한 사춘기의 특성이라고 정의되었던 반항과 방황 등도 특정 시점의 서구 사회에서 나타나는 현상이지 비서구 사회의 청소년들은 다른 특성을 보이는 것이다. 마가렛 미드는 사모아 사춘기 소녀들의 원만한 사춘기 이행 과정 연구를 통해 미국 청소년들의 '이유 없는 반항'이 청소년기의 보편적인 특성이 아님을 보였다(Mead, 1928).

2. 청소년문화 연구

(1) 초기 연구

청소년문화에 대한 연구들이 태동하기 시작한 것은 1950년대부터이며, 대부분 사회학자들에 의해 연구되어졌다. 청소년문화라는 용어를 처음으로 도입한 학자는 탈코트 파슨스(Talcott Parsons, 1942/1964)이며, 그 의미는 나이와 성별에 따른 특정 역할에 의해 구조화되어진 독특한 세계를 뜻하는 것이었다. 그는 특히, 이 개념을 이성과의 데이트를 즐기며, 성인들의 책임감으로부터는 자유로움을 만끽하는 미국 중산층 청소년들을 대상으로 도입하였다.

제임스 콜만(James Coleman, 1961)은 청소년문화는 성인 사회로부터 구분되는 것임을 강조했고, 대중음악 소비시장과 밀접한 관련이 있음을 강조하였다. 그는 이러한 청소년문화의 특징을 하위문화의 개념(특히 계급 개념의 등장으로 함께 형성되기 시작)으로 설명하였다. 1960년대에 스탠리 코헨(Stanley Cohen, 1972)과 조크 영(Jock Young, 1974) 등 '일탈 이론가'들은 미국의 낙인 이론(labelling theory)을 청소년문화에 적용하였다. 코헨의 연구는 대중매체가 청소년들의 도덕적 혼란을 사회 문제화하는 과정에 초점을 맞추었다(Wulff, 1995).

한편 청소년문화에 대한 초기의 인류학적 연구들은 주로 가족과 친족에 초점을 두고 진행되어졌다. 마가렛 미드(Margaret Mead, 1928)의 선구자적 연구인 'Coming of Age in Samoa'나 빅터 터너(Victor Turner, 1967)의 '통과의례에 관한 연구' 등이 그것이다. 하지만 인류학적 연구 역시 청소년을 성인기로 진입하는 과정적 존재로 보았으며, 그 자체로서 독립적으로 무엇인가를 생산하는 단계로 보지 않았다(Wulff, 1995).

전통적인 사회화의 관점 때문에 청소년은 불완전한 성인, 삶이 무엇인지 이해하지 못하는 그 자체로서 존재 가치를 인정받지 못하는 사람으로 취급되었다. 청소년은 성인들보다 주변 상황이나 환경에 대해 덜 알고 있다고 여겨져 온 것이다. 하지만 이러한 관점에 대항하여 일련의 연구들은 청소년뿐만 아니라 아동들도 성인들이 감지하지 못하는 행위나 언어 등을 발달시키고, 사용하고 있음을 보이기도 한다(Caputo, 1995; James, 1995).

(2) 영국 버밍햄학파

청소년문화를 하위문화로 개념 짓고, 이를 계급과의 관련 하에 본격적으로 연구한 학파는 영국 버밍햄대학의 문화연구소(University of Birmingham, Centre for Contemporary Cultural Studies)라고 할 수 있다. 이들은 노동계급 청소년들을 다양한 스타일들을 통해서 지배 계급에 저항하는 주체로 그려냈다. 이들의 노동계급 청소년문화에 대한 연구는 이후에 몇 가지 측면에서 비판을 받기도 하지만 계급에 따른 청소년 하위문화를 부각시키는데 기여하였다.

버밍햄학파의 하위문화 연구에 대한 비판을 살펴보면, 일단 노동계급 청소년의 하위문화를 부각시키면서 성별에 대한 고려를 하지 않았다는 점이다. 즉, 여자 청소년들을 제외한 소년들의 문화에만 비중을 두었다는 것이다(McRobbie, 1980). 또한 하위문화의 독특성 내지는 독자성만을 부각시킨 나머지 이 문화적 형태들 사이의 다양성과, 지배 문화와의 관련성 속에서 나타나는 유사성이나 연관성에는 주목하지 않았다는 것이다(Jenkins, 1983). 특히 일부 연구자들은(Lave et al., 1992)은 버밍햄학파의 연구가 이론적이고 구조적인 측면에만 치우친 나머지 경험적 연구에는 충실하지 못했음을 지적한다. 즉, 계급 등 구조적인 측면과 함께 구조와 상호 작용하는 행위자 주체의 역할에 초점을 둘 필요성이 있음을 지적한다(Wulff, 1995). 반면에 이와 같은 이론적인 연구가 지배적인 상황에서 청소년들의 문화를 생생하게 기술한 민족지적 연구(ethnograhpic study)도 수행된 바 있는데, 폴 윌리스(P. Willis, 1977)의 노동계급 청소년 연구(Learning to Labor)를 들 수 있다.

(3) 국내 연구 개관[4)]

다음으로 국내에서 이루어진 청소년학과 유관 학문 분야에서 수행되었던 청소년문화 관련 연구 동향을 살펴보았다(조혜영, 2016). 청소년학이 출범하는 시점인 1991년부터 2015년까지 수행된 연구들 중 등재후보와 등재지에 게재된 학술지 논문들을 대상으로, '청소년'과 '문화'를 검색 키워드로 활용하여 검색된 논문 중 적절한 논문으로 선정된 101개를 대상으로 학술지의 게재분포, 연구방법별 분포, 주제별 분포를 살펴보았다.

청소년문화 관련 연구의 학술지 분포에서는 전체 논문의 56%이상이 청소년학 분야의 학술지에 게재되어 있음을 알 수 있었다. 연구방법별로는 문헌 연구가 주를 이루고 있었으며, 다음으로는 양적 연구로 나타났고, 질적 연구는 가장 적게 활용되고 있었다. 연구주제별 분포를 살펴보면 청소년문화 개념 및 이론과 관련된 연구, 청소년문화를 개관하는 연구, 하위문화와 관련된 연구, 청소년들의 생활세계와 관련된 연구, 매체환경 변화와 청소년문화를 관련지어 살펴보는 연구, 글로벌화와 관련된 연구 등으로 구분할 수 있었다.

청소년문화 연구를 위한 개념이나 이론적 논의, 방법론에 대한 연구들은 1991년부터 2015년까지 25년 동안 겨우 13편 가량 수행되어 활발한 연구가 이루어지지 않았다. 청소년문화를 개관하는 연구들은 주로 청소년 집단 내에 존재하는 다양한 하위 집단들의 구분 없이 청소년문화의 전반적인 경향성을 상정하고 그 특성을 다른 문화 영역이나, 타 세대 문화, 혹은 지역별로 중·고생들을 표집하여 살펴보는 특징을 보이고 있었다.

하위문화와 관련된 연구들은 비교적 많이 이루어졌다. 이 연구들의 특성은 하위문화의 생성에서 계급이나 사회구조에 대한 저항이나 상호작용 과정을 분석하기 보다는 특정 지역이나 하위 집단에서 나타나는 부분문화의 특성을 살펴보는

4) 이 절은 조혜영(2016)의 '청소년문화 연구 동향 분석과 발전과제'의 일부 내용을 활용하였음을 밝힙니다.

연구들이 대부분이었다. 그리고 청소년들의 생활세계를 구성하는 주요 영역이나 환경과 관련하여 청소년들의 생활모습은 어떠한지, 또 언어나 행위 양상으로 어떻게 표출되고 있는지를 기술하는 연구들이 주를 이루었다.

한편, 청소년문화의 새로운 지형 형성과 관련하여 변화하는 매체환경을 주요 배경으로 삼는 연구들이 이루어져왔다. 하지만, 새로운 청소년문화의 형성이나 변화의 특성을 다루기보다는 주류 담론은 인터넷과 모바일의 확산, 전자 게임 이용의 확산 등이 청소년들에게 미치는 폐해와 문제들에 관심이 집중되어 있는 경향이다. 그리고 글로벌화와 관련하여 국제교류, 다문화 청소년의 적응과 관련된 연구들이 이루어져왔지만, 청소년문화의 이론화를 시도하는 연구들은 아직 미흡한 실정이다.

3. 청소년문화의 성격 규정

기성세대는 청소년기를 여전히 성인 세대에 종속적이거나 과도기적인 존재로 바라보고 있으며, 보호와 육성의 대상으로 파악하고 있기 때문에, 청소년문화도 이러한 시각에서 그 성격이 규정되었던 측면이 있다. 동시에 청소년문화를 새로운 변화의 돌파구로 바라보는 시각도 공존한다. 기존의 논의에서 청소년문화의 성격은 다음과 같이 규정되어진다(김신일, 1992; 박진규, 2002).

(1) 미숙한 문화

성인들의 입장에서 청소년들의 문화를 아직 미숙하고 모자란 것으로 보는 관점이다. 즉, 청소년기를 성인으로 성장하는 과정에서 거치는 과도기 혹은 준비기로 바라봄으로써 청소년문화도 덜 성숙한 문화로 간주하는 것이다(김신일, 1992; 박진규, 2002).

(2) 비행문화

이 입장도 성인들의 입장에서 청소년들의 삶이 규범에서 벗어나, 문제아의 소행을 지향한다고 보는 관점이다. 청소년들은 공부나 일을 하기보다는 놀기를 좋아하고 사회적 규범을 깨뜨리는 것에서 쾌감을 느끼고, 규범적 질서에 따르지 않음으로써 청소년문화의 정체성을 찾는다고 본다. 청소년문화가 성인 만화나 음란물, 술이나 담배, 이성 교제 등을 즐기고 비행문화적 성격을 띈다고 보며, 이런 입장에서 청소년들은 항상 부모나 교사 또는 성인들의 감독 하에 있어야 한다고 믿는다(김신일, 1992; 박진규, 2002).

(3) 하위문화

청소년문화를 하위문화로 보는 입장이 있다. 즉, 청소년들이 사회 전체를 구성하는 한 하위 집단으로서 그들의 문화도 전체 문화 가운데 하나의 문화를 이룬다는 입장이다. 한국사회의 하위 집단은 지역, 계층, 연령, 직업, 성별 등 다양한 범주로 구분될 수 있는데, 청소년 집단은 그 중 연령 범주에 의한 하위 집단을 형성한다고 할 수 있다. 아동, 청소년, 성인, 노인 등 연령에 따른 하위 집단의 하나로서 청소년문화를 바라보는 것이다(김신일, 1992).

(4) 대항 문화 혹은 반(反) 문화

기성세대의 문화를 주류 문화라고 한다면 청소년들은 기성세대의 문화를 거부하고 자신들의 새로운 문화를 대안으로 내세우면서 개혁과 변화를 요구한다. 새로운 세대가 기성세대에게 비판을 가하고 반항하는 것은 그들이 미숙하거나 반항적인 성향을 띄어서 그렇다기보다는 기성세대와는 다른 경험을 해왔고, 그들과 다른 인생관과 역사관을 가지고 있어서 부모 세대와는 다른 삶의 방식을 추구하기 때문이라고 본다. 이러한 성향이 가장 뚜렷하게 표출되었던 것이 1960년대 세계를 휩쓴 '젊은이들의 돌풍'이었다. 그들은 기존의 사회 체제와 그것을 유지시키는 이념과 가치관을 전면적으로 부정하였다(김신일, 1992).

(5) 새로운 문화

청소년들의 문화는 새로운 문화라고 할 수 있다. 세대가 바뀜에 따라 한 사회의 문화도 바뀌어 가는데 이러한 문화변동의 선구적 역할을 하는 것이 바로 청소년 문화라고 할 수 있다. 새로운 기기나 매체를 다루는데 기성세대에 비해 더 유연하고, 새로운 스타일의 유행 문화를 이끌어 내기도 한다. 이러한 면에서 청소년문화는 한 사회의 생동적 발전을 위해 매우 중요한 활력소 역할을 한다(김신일, 1992).

4. 문화의 속성과 청소년문화

여기서는 문화의 일반적인 속성을 알아보고, 그것과 관련하여 청소년문화를 파악하고 이해하는 시각을 제시하고자 한다.

(1) 문화의 공유성

먼저 문화는 사회 구성원들에 의해 공유된다. 한 사회의 구성원들은 개별적으로 독특하게 지니고 있는 취향이나 버릇, 기질과는 다르게 다른 집단의 것과 구별될 만한 공통적인 성향을 가지는데, 이처럼 사회 구성원들에 의해 공통적으로 나타나며, 인정되는 경향을 문화라고 할 수 있다. 우리가 특정 장소나 상황에 참여했을 때 다른 참여자가 어떠한 방식으로 행위하고 대화할 지에 대해 어느 정도 예측이 가능한 것도 사회 구성원들이 문화를 공유하고 있는 데에 기인한다. 직장이나 학교에서 연장자를 대하는 태도, 사용해야하는 언어, 상호 작용 방식 등은 그 사회에서 공유되는 규칙에 따라 선택되며, 이러한 규칙에 위배되는, 즉 공유되는 규칙에 맞지 않는 언어나 행위를 사용했을 때는 사회적 제재가 가해지기도 한다(한상복 외, 1985).

문화의 공유성과 관련하여 청소년문화를 파악한다면, 일단 청소년문화는 청소년들에 의해 공유되는 문화를 의미할 것이다. 청소년이 아닌 성인이나 노인 세대, 유·아동과는 다른 청소년들에게서 대체로 공유되는 행위 양식이나 사고방식, 여러 가지 스타일을 청소년문화라고 볼 수 있을 것이다. 예컨대, 입시 문화, 패션이나 음악, 영화 등의 취향에 있어 감각 지향적 문화, 의복에 있어서는 특정 브랜드를 선호하는 경향, 교복을 유행에 맞게 줄여 입는 문화, 음식 문화에 있어서는 패스트푸드를 선호하고 쿠폰 등을 활용하는 문화, 다양한 전자 및 통신 수단을 즐겨 활용하는 문화, 즉각적인 커뮤니케이션을 추구하는 문화 등은 청소년들 사이에 공유되어 있는 문화라 할 것이다.

(2) 문화의 다양성

인간이 문화를 가지고 있다는 점은 동물로부터 구분되는 가장 큰 특성이라고 여겨져 왔다. 인간은 문화라는 수단을 통해 환경에 적응하는 것이지만 그 적응 수단으로서의 문화는 단지 한 가지 방법만 있는 것이 아니라 다양한 방식으로 나타난다는 점을 염두에 둘 필요가 있다. 예컨대, 사회마다 반가움을 표시하는 방식이 다르게 나타나며, 음식에 대한 금기도 다르게 나타난다. 인사를 할 때 서로 껴안고 반가움을 표시하는 사회도 있는 반면, 신체적인 거리를 유지하고 허리를 굽혀 인사하는 문화도 있다. 또한 힌두교도들은 쇠고기를 먹지 않으며, 이슬람교도들은 돼지고기를 먹지 않고, 미국인들은 개고기와 말고기를 타부로 규정하고 있다. 각 문화권에 따라 중요시 여기거나 금기시 되는 생활양식들이 있다. 하지만 다양한 문화들 간에는 어느 것이 더 옳거나 우수하다는 평가를 내려서는 안 되며, 그 중 어느 것이 나쁘거나 틀렸다는 평가를 섣불리 내려서도 안 된다. 특정 문화적 관습은 그 사회의 사회적 맥락 하에서 이해되어야 하며, 자기 문화의 기준으로 판단하거나 평가해서는 안 되는 것이다. 즉, 이러한 차이는 '문화의 상대성(cultural relativity)' 으로 인정되어야 한다. 이처럼 각 사회마다 나름대로 독특한 문화가 있음을 알아야 할 것이다(한상복 외, 1985).

한 사회 내에서 일반적으로 문화는 그 집단 구성원이 공유하는 사고방식이나 생활양식을 의미하지만, 사회가 복잡해지고 분화되면서 다양한 문화들이 등장하게 되었다. 즉, 문화는 특정 사회에서 공유되고 누적되는 것인 동시에 특정 사회 내의 다양한 하위 집단들은 그들의 독특한 문화를 만들어내기도 하며 이러한 다양한 문화들은 하위문화라는 이름으로 서로 공존하거나 갈등하기도 하고, 경쟁 상태에 있거나 서로 혼재되어 존재하게 된다. 이러한 맥락에서 청소년문화를 바라본다면, 청소년문화는 사회의 다양한 문화들 중 하나로 존재함을 알 수 있다. 즉, 성인문화, 아동문화, 노인문화와 다르게 청소년문화가 존재하게 된다. 이러한 입장에서 청소년문화를 하나의 하위문화로 바라볼 수 있다. 하지만 청소년문화를 하나의 하위문화로 바라보는 것은 집단 내의 동질성을 전제로 하기 때문에 청소년 집단 내부의 다양성과 역동성, 변화 가능성을 간과할 우려가 있다.

청소년문화 내부를 들여다보면 다양한 문화가 존재하고 있음을 알 수 있다. 즉, 청소년이라는 하나의 범주는 다양한 기준에 의해 분화될 수 있다. 예컨대, 성별이나, 학교급, 직업의 유무, 지역, 연령대, 관심 분야, 사회·경제적 배경 등 다양한 기준에 의해 청소년 집단은 분화되며 그와 관련하여 드러나는 청소년문화도 다양하다는 점을 인식해야 한다. 또한 한 가지 기준에 의해 구분되는 청소년 집단도 다시 여러 가지 다른 지표에 의해 세분될 수 있다. 예컨대, 학교급에 의해 청소년 집단을 구분해 보자. 먼저 학교에 다니고 있는지 여부에 따라 학생 청소년과 비학생 청소년으로 구분이 될 것이다. 또한 학생 청소년도 학교급에 따라 초등학생, 중학생, 대학생 등으로 구분될 것이다. 같은 학교급에 속하는 청소년 집단도 다시 세분화된다. 예컨대, 고등학생의 경우, 인문계 고등학생, 전문계 고등학생 등으로 구분될 것이며, 인문계나 전문계 고등학생의 경우 다시 여러 가지 관련 지표(남녀공학여부, 성적 수준, 취미 활동, 지역, 사회·경제적 배경 등) 등으로 다시 세분화될 것이다. 또한 비학생 청소년의 경우도 다양한 기준으로 세분화될 것이다. 이처럼 세분화된 청소년 집단은 청소년이라는 하나의 범주 안에서 다양한 문화들을 표출하게 된다. 이처럼 문화는 특정 국가나, 사회, 집단에 의해 공유되지만, 또한 다양하게 구획되는 집단들에 의해 다시 분화되어 다양한 모습으로 존재하는 것이다.

(3) 문화의 학습성

사회에서 공유되는 규칙들은 우리의 일상생활을 통해서 학습된다. 이러한 학습 과정은 공식적이고 의도적일 수도 있고, 비공식적으로 일어날 수도 있다. 인간이 특정 사회에 태어나서 언어를 습득하는 과정은 그 좋은 예이다. 한국 사람은 한국어를 가지고 태어나는 것이 아니라 후천적으로 한국어를 배워 익힌다. 즉, 인간의 유전적인 특질에 의해 결정되는 것이 아닌 한 사회의 구성원으로 태어나 사회생활을 해 나가는 과정에서 후천적으로 습득되어지는 것이 문화인 것이다. 인간이 한 집단의 문화 내용을 배우면서 그 집단의 생활에 적응해 나가는 과정을 사회화(socialization) 혹은 문화화(enculturation) 과정이라고 한다(한상복 외, 1985).

이러한 문화의 특성을 염두에 두고 청소년문화를 이해해보자. 청소년들은 지속적인 사회화 과정의 기로에 서 있다. 다양한 사회집단에 진입하게 되면서 청소년들은 사회의 규율이나 규칙 등 명시적인 문화 뿐 아니라, 일반적인 관행이나 관습, 편법 등 잠재된 문화도 배우게 된다. 이러한 문화화 과정을 거치면서 특정한 방식의 사고 과정이나 인지지향을 발달시키는 것이다. 하지만 다원화된 문화가 혼재되어 있는 현대사회에서는 문화화 과정이 그리 단순하게 흘러가지는 않는다. 자신이 속하고 있는 집단이나 모방하고자 하는 집단의 행위 및 사고방식이 타 집단의 방식과 상충되기도 하며, 때로는 상황이나 자신의 판단에 따라 자신의 소속 집단의 사고방식이나 행위 양식을 버리고 자신에게 유리한 타 집단의 방식을 택하기도 할 것이다. 개인들은 항상 선택의 기로에 서있고 타인들과 갈등관계에 놓이기도 하며, 때로는 모순적인 발언을 하기도 한다(Abu-Lughod, 1991).

청소년들이 살고 있는 현대 한국사회에도 다양한 집단들이 존재하며, 청소년들은 명시적 혹은 잠재적으로 다양한 사회집단의 문화를 배우고 있다. 또한 공식적으로 인정된 사회집단을 통한 문화화 과정을 겪기도 하며, 비공식적 집단에 가입함으로써 문화화 과정을 겪기도 한다. 이러한 문화화 과정은 사회에 순기능적 작용을 하기도 하고 역기능적 작용을 하기도 한다. 예컨대, 학교에 다니면서 규정된 교육 과정에 따라, 바람직한 생활 습관을 배워온 청소년 집단과, 학교 밖의 불량 집단이나 폭력 집단에 가입해 폭력 문화를 배워온 청소년을 비교해보면 문화화의 긍정적 측면과 부정적 측면에 대해 충분히 짐작할 수 있을 것이다.

문화화 과정은 단일 집단을 통해서 이루어지는 것이 아니라, 다양한 사회집단과 매체 등에 의해 다방면에서 영향을 받으며 진행된다. 청소년은 일단 가정의 구성원이며, 학생 청소년의 경우 학교의 구성원이고, 인터넷 커뮤니티의 구성원일 수도 있고, 지역 사회나 청소년 단체 동아리의 구성원일 수도 있다. 또한 아르바이트나 여타 취미 활동을 하는 동호회의 구성원일 수도 있다. 이처럼 사회화 과정은 단일하게 진행되는 것이 아니며, 한 집단에서 배운 문화가 여타 집단의 문화와 항상 조화로운 관계에 있는 것도 아니다. 즉, 학교에서 배운 교과서적 지식이 직업 현장에서 배운 실용적 지식이나 문화와 상충되기도 할 것이며, 가정에서 부모에게 배운 언어 예절이 친구 집단과의 생활 속에서는 무시되기도 할 것이다. 요컨대, 청소년의 문화화 과정은 다방면에서 진행된다고 할 수 있으며, 특히 현재 후기 산업사회, 정보화 사회에서 이런 문화화(사회화) 과정은 과거 전근대 사회(비교적 단순사회)와 비교했을 때 매우 복잡한 과정이라고 할 수 있다.

(4) 문화의 축적성

문화는 한 세대를 거쳐 다음 세대로 전해 내려가고 시간이 지남에 따라 각 세대에서 이루어진 지식들이 추가되면서 문화의 저장 창고는 팽창되어 왔다. 문자가 없던 시기에는 사람들의 입을 통하여 문화가 한 세대에서 다음 세대로 전해져 내려 왔지만, 문자의 등장으로 문화가 책이나 문서의 형식으로 저장될 수 있게 되면서 문화적 지식은 축적이 용이해졌다. 특히 정보 통신 기술의 혁명으로 많은 지식 정보가 축적되고 있다(한상복 외, 1985). 특별한 이변이 없다면 한 사회의 문화는 구성원들이 그 집단을 떠난 뒤에도 존재하게 되는데 이는 위에서 살펴본 바와 같이 문화는 구성원들에 의해 학습되며, 또한 사회적으로는 축적되기 때문이라고 할 수 있다.

청소년문화를 파악할 때도 이러한 문화의 축적적인 측면을 고려해야 한다. 물론 문화 요소들 중에 사라지거나 변화하는 것들도 있지만, 그러한 변화 과정을 거치면서 문화는 축적된다고 할 수 있다. 청소년들이 참여하여 활동하는 청소년 단체나 동아리, 동호회 등은 나름대로의 집단 문화를 공유할 것이며, 이러한 문화는 집단의 규율이나 관행 등의 형태로 지속될 것이다. 예컨대, 옷을 입는 방식이나 선후배들을 대하는 태도, 회원 가입식이나 특별한 행사를 치르는 방식 등은 그 집단이 성립하면서부터 만들어져서 구성원이 지속적으로 충원되고 교체되는 과정에서 누적되어 왔다고 볼 수 있다. 이러한 문화의 누적적인 특성은 현재 사회집단의 문화로 표출되지만 그 기능에 있어서 긍정적인 측면과 부정적인 측면을 모두 고려할 수 있을 것이다.

(5) 문화의 체계성 및 총체성

한 사회집단의 문화는 지식, 신앙, 예술, 도덕, 법, 관습 등 수많은 부분들로 구성되어 있다. 그러나 한 사회의 문화를 구성하는 이와 같은 부분들은 무작위로 또는 각기 독립적으로 존재하는 것이 아니라, 상호 긴밀한 관계를 유지하면서 하나의 전체(a whole) 또는 체계(system)를 이루고 있다(한상복 외, 1985: 72–73). 문화를 자동차의 엔진에 비유한다면, 자동차의 엔진은 수많은 부속들로 구성되어 있다. 이 부속들은 서로 간에 밀접한 관계를 맺으면서 전체로서의 엔진을 작동시킨다. 엔진의 부속품 하나가 정상적인 기능을 수행하지 못할 때 엔진은 결국 멈추게 된다. 엔진과 같이 한 사회의 문화를 구성하고 있는 부분은 상호 밀접한 관련을 맺고 있어서 어느 한 부분에 이상이 생기거나 변동이 일어나면 연쇄적으로 다른 부분에 영향을 끼치게 된다.

문화를 이해하기 위해서 사회의 다양한 측면이 유기적으로 연관되어 있음을 주목해야 하듯이, 청소년문화의 이해에 있어서도 그 유형과 특성을 파악하기 위해서는 청소년문화를 둘러싼 복합적인 맥락을 파악해야 할 것이다. 예컨대, 청소년 일탈이나 비행문화, 왕따 문화 등을 이해하고자 할 때 단순히 그러한 문화 행태를 보이는 청소년들의 개인적 잘못이나 가정적 배경만을 보아서는 안 된다. 그러한 파행적인 청소년문화가 형성되는데 영향을 끼치는 복합적 맥락을 보아야 하는 것이다. 복합적 맥락의 파악에는 다음과 같은 것들이 포함될 것이다. 우선, 청소년들을 둘러싼 환경을 보아야 할 것이다. 가정 환경, 학교 환경, 지역사회 환경 등 청소년의 삶에 밀접한 영향을 끼치는 환경이 어떠한지, 미시적 차원(가족 관계, 가정의 사회·경제적 배경, 교우 관계 등)에서부터 거시적 차원(학교나 지역 사회 환경)까지 살펴보아야 할 것이다. 또한 청소년들의 삶에 영향을 주는 교육 제도(입시제도, 성적 지향적인 학교 풍토, 경쟁주의) 등이 고려되어야 할 것이다. 이와 함께 청소년들이 접하고 있는 대중매체의 특성, 정보 문화의 특성, 청소년들의 경제 활동 참여 환경, 정서적 안정을 찾을 수 있도록 하는 문화적 환경의 유무 등 청소년의 일탈이나 비행문화를 제대로 이해하기 위해서는 그와 관련된 다양한 사회·문화적 환경, 제도, 관행 등을 총체적으로 파악해야 할 것이다.

(6) 문화의 가변성

시간을 거슬러 문화는 정체된 것이 아니라 항상 변하고 있다. 문화는 축적되고 연속되어 계승되어 왔지만, 그 과정에서 항상 변화를 수반하고 있다. 현재 한국사회의 문화가 100년 전, 1,000년 전의 한국사회의 문화와 같지 않음은 주지의 사실이다. 문화는 수많은 부분들로 구성되어 있고, 이것은 '문화의 레퍼터리(cultural repertoire)'라고 불리며, 사회의 구성원들은 이 레퍼터리에 의거하여 행동하고, 생각하며, 생활해 나간다. 이러한 레퍼토리는 시간이 지나면서 변해 나가는 것이다.

문화변동은 일상생활 과정에서 직면한 문제를 해결하기 위해 사회 내부의 구성원에 의해 새로운 해결 방법이 제시됨으로써 촉발되기도 하고, 사회 외부의 타문화 요소들과 접촉하는 과정에서 일어나기도 한다. 사회 내부에서 새롭게 시도되는 변화는 문화 혁신(innovation)이라 불리며, 사회 외부에서 들어온 요소에 의한 변화는 문화 전파(cultural diffusion)라고 할 수 있다(한상복 외, 1985).

이러한 관점에서 청소년문화 역시 지속적으로 변화하고 있다는 점을 염두에 두어야 할 것이다. 과거 60, 70년대의 청소년문화와 2,000년대를 살고 있는 청소년문화는 확연히 다름을 알 수 있다. 특히 청소년들은 사회 변화에 민감하며 새로운 유행을 받아들이는데 선구적인 역할을 하고 있기 때문에 청소년문화의 변화 모습은 여타 문화의 변화보다 더 역동적이라고 할 것이다. 예컨대, 핸드폰이나 유·무선 인터넷의 사용에 있어서 청소년문화는 매우 빠르게 변화하여 왔다고 할 수 있다. 성인 세대들은 핸드폰 구입을 청소년보다 훨씬 일찍 했음에도 불구하고 일반적으로 음성 통화에만 치중된 이용을 하는 반면, 청소년들은 통화는 물론, 문자, 사진이나 동영상, 음악 듣기, 영화 감상 등 다양한 서비스를 이용하는 등 문화에서 최첨단을 걷고 있다고 할 수 있다.

〈주요용어 해설〉

- 문화 : 가장 일반적인 정의는 한 집단이 공유한 생활양식이라 말할 수 있지만 문화의 개념은 시간을 거슬러 변화하여왔으며, 정의하는 사람이나 학문 분과에 따라 다양하게 언급되고 있다.
- 문화과정 : 한 사회의 문화체계를 구성하고 있는 부분들 또는 문화요소들이 시간을 통하여 끊임없이 상호작용을 계속해 나가는 과정
- 청소년문화 : 청소년이라는 특정한 집단이 공유한 문화라고 정의할 수 있다. 청소년기에 대한 접근 방식에 따라 청소년문화를 이해하는 것은 단순하지 않다.
- 하위문화 : 한 사회집단의 특수한 부분이나 영역에서 다른 것과는 구분되어 독특하게 나타나는 생활양식
- 물질문화 : 보고 만질 수 있는 구체적인 물리적 업적과 그것을 사용하는 방법
- 비물질문화 : 물질적이 아닌 모든 것을 포함하며 정신문화와 행동문화로 구분되기도 함
- 청소년문화를 설명해온 시각 : 미숙한 문화, 비행문화, 하위문화, 대항문화, 새로운 문화
- 문화의 속성 : 공유성, 다양성, 학습성, 축적성, 체계성, 가변성 등
- 버밍햄학파 : 청소년문화를 하위문화로 개념 짓고, 이를 계급과의 관련 하에 본격적으로 연구한 학파로 영구 버밍햄대학 문화연구소에서 이루어진 일련의 연구들을 지칭함

제 2장 청소년세대와 사회집단

청소년세대는 기성세대에 비해 새로운 것을 지향하고 변화를 좋아하며, 보다 도전적이라고 여겨진다. 청소년세대는 새로운 매체나 물질문화, 기술 문명을 손쉽게 차용하며, 사회의 신드롬을 주도하기도 한다. 시간을 거슬러 청소년세대들은 기성세대 대비 신세대로 여겨져 왔으며, 이러한 신세대는 주어진 사회, 문화, 경제적 여건과 그에 대한 대응양상에 따라 다양한 닉네임으로 불려왔다. 또한 신세대를 둘러싼 환경에 따라 이들 신세대의 의식과 가치관도 변화를 거듭하고 있다. 이 단원에서는 청소년세대가 기성세대에 비해 어떻게 새로운 세대로 인식되어 왔는지, 어떠한 새로운 행위양식과 사고방식, 스타일 등을 만들어 왔는지에 대해 알아보기로 한다. 그리고 청소년세대를 구성하는 다양한 하위집단의 특성과 청소년 문화에 대해 함께 고찰해 보도록 한다.

학습초점

- 새로운 청소년문화가 도래하는데 영향을 준 요소들을 무엇인가?
- 신세대는 기존의 세대와 어떻게 다른가?
- 시대마다 새롭게 부각되는 청소년세대의 행위양상을 일컫는 다양한 명칭들은 어떠한 특성을 지니고 있는가?
- 지식정보사회에서 청소년문화는 산업사회에서의 청소년문화와 비교하여 어떻게 다르게 이해되어야 할 것인가?
- 청소년집단 내의 다양한 하위 그룹은 어떠한 것들이 있는가?

1 절 신세대의 형성과 사회 · 문화적 배경1)

정보사회가 도래하면서 첨단 매체와 기기의 사용에 익숙한 청소년들은 과거 산업 사회에서의 위치와는 달리 사회 문화를 선도하는 입장에 서게 된다. 특히 산업화에 뒤졌지만 정보화에는 앞서가자는 정부 주도의 인터넷 육성 전략은 사이버 공간을 부각시키면서 그동안 주변적 위치에 머물렀던 청소년 집단을 사회의 주된 세력으로 떠오르게 한다. 이와 함께 1990년대에 들어 대중문화를 위시한 문화적 저변이 확대되었고, 정치 민주화의 진전이 이루어지면서 청소년들의 문화 소비에 대한 관심의 폭은 이전 세대에 비해 훨씬 확대된다.

산업화 시대를 살아왔던 성인세대들은 공장에서 만들어진 물건을 있는 그대로 사용하는 것을 당연하게 생각해 왔다. 그러나 청소년세대는 이 물건을 가지고 자기가 조작하고 변화시키는 놀이를 즐긴다. 즉, 단순히 수동적인 소비를 넘어서서 다양한 이미지를 조작하면서 만들어내는 생산 활동을 하는 것이다. 소위 말하는 디지털 콘텐츠는 바로 이들이 만들어내는 제품이다. 정보화 사회, 디지털 사회가 지향하는 놀이와 생산의 의미를 우리 청소년들은 어른들이 가르쳐 주기 전에 이

1) 이 절은 한국청소년개발원(2005) 『청소년매니아 문화의 실태와 정책과제』에서 필자가 작성한 부분을 재구성한 것임을 밝힙니다.

미 놀이를 통해 학습하고 있는 것이다(황상민, 2004).

사회 문화 환경 변화는 청소년기에 대한 재개념화와 청소년과 성인과의 관계, '청소년성'에 대한 개념을 새롭게 하고 있다. 즉, 디지털 영역에서는 청소년들이 보다 주도적 힘을 가지고 성인화되고 있으며, 오락, 게임 등과 관련해서는 성인세대가 청소년화되는 경향이다(Sefton-Green, 1998).

1. 지식정보사회와 청소년문화

청소년은 정보통신기술과 함께 성장해 온 세대로서 집, 학교, 사무실 등의 모든 공간에서 컴퓨터와 인터넷을 쉽게 접할 수 있음은 물론이요 온라인게임, CD-ROM, 휴대폰 같은 정보기기가 주변에 흘러넘치는 디지털 환경 속에서 살아가고 있다. 특히 지식정보사회를 특징짓는 정보 기술과 인터넷 커뮤니케이션 환경은 청소년문화의 범주와 국경을 허물어뜨리는 중요한 기반이 되고 있다(Jones, 1999). 90년대 이후 가장 주목할 만한 새로운 커뮤니케이션 환경은 바로 전지구적인 컴퓨터 네트워크를 통한 개인 또는 집단 커뮤니케이션이 일반화되기 시작했다는 것이다. 디지털 저장 및 압축 기술과 정보 검색 기술의 발달, 전지구적 네트워크의 형성, 그리고 사용자 중심의 인터페이스 구축 및 멀티미디어형 단말기의 발달로 일반인들까지 손쉽게 IT미디어를 사용할 수 있게 된 것이다.

이러한 IT미디어의 주체가 바로 청소년들이다. 이들은 IT를 통해 정보를 공유하고 의사소통을 하며 자신들만의 문화를 만들어가고 있다. IT로 소통되는 커뮤니케이션 공간은 정보 교류의 공간, 여가와 놀이의 공간, 쇼핑하는 공간일 뿐만 아니라, 의미를 생산하고 욕망을 발현하는 장이 되고 있다. 따라서 IT가 구성하는 커뮤니케이션 공간은 젊은 세대들의 감성, 열망, 라이프스타일, 잠재된 욕망, 문화적 창조성을 구현해내는 주요한 공간으로 젊은 세대들의 문화 형성과정의 중요한 환경이자 조건이 되고 있다(이동후 외, 2004).

정보사회에서 청소년문화의 특성은 이동성, 네트워크, 다원성, 합성, 사이버, 민주화 등으로 나타나고 있다(맹영임·정문성, 2004). 청소년은 휴대전화를 통한 고도의 이동성을 확보한다. 이들에게 휴대전화는 학습과 놀이는 물론 인간관계의 매체로서 가지고 다니지 않으면 안되는 필수품이 되었다. 휴대폰이 없으면 학교와 가정, 사회 속에서 일상생활을 할 수 없을 정도로 청소년에게는 중요한 도구가 되었다. 통화나 문자 소통은 물론이고 MP3, 보이스레코더, 디지털 카메라, PDA 기능 등 정보사회의 꽃으로 불리는 첨단 정보화 기기가 휴대폰을 중심으로 통합되면서 청소년들은 이동성을 보유한 IT환경을 만들어 가는데 앞장서고 있다.

청소년문화에서 네트워크는 주로 유·무선 인터넷 통신을 이용해서 이루어진다. 청소년들은 네트워크를 통해 상징기호를 만들고 공유하고 있다. IT 환경에서 청소년들의 네트워크는 사이버 공동체를 통해서 형성되고 있다.

또한 정보사회의 가속화로 청소년문화가 분화되고 구성요소가 보다 다양해지고 있다. 청소년들은 수많은 인터넷 사이트 및 사이버 네트워크를 통해 관심분야에 필요한 정보를 주고받고 있으며 이 과정에서 다양한 의견을 접하기도 하고 나름대로의 집단의식을 발전시키기도 한다.

역시 합성과 관련해서도 정보사회의 청소년들은 공개된 정보에 접근이 자유로워졌기 때문에 정보를 외우는 것 보다는 필요한 정보를 찾고 이것을 합성하여 새로운 정보 또는 지식을 생산해내는 능력을 발달시키게 되었다. 청소년의 지적 활동은 정보의 바다에서 수많은 정보들을 취사선택하여 자신의 목적에 맞는 새로운 정보나 지식을 합성하는데 집중되어 있다. 이것은 단지 텍스트의 수준에 제한되어 있지 않고, 이미지의 합성, 동영상의 합성 등 멀티미디어에까지 확장되고 있다.

청소년 생활세계의 중요한 부분으로 사이버 공간이 자리 잡고 있다. 청소년은 사이버 공간에서 만나고, 대화하고, 놀고, 일하고, 거래하고, 배우는 등의 상호작용을 한다. 이제 사이버 공간에서 형성되는 사이버문화는 청소년들의 대표적인 문화전형으로 정착하고 있다. 나아가, 모바일 기기의 확산은 청소년의 생활양식과 상호작용 방식에 큰 영향을 주게 된다. 컴퓨터를 기반으로 하는 인터넷의 확산을 넘어서 모바일 기기가 청소년의 일상 환경으로 자리 잡게 되었다(이승형 · 강기수, 2015; 이영주, 2005).

끝으로 정보사회는 인터넷 및 통신매체 이용에 익숙한 청소년들로 하여금, 자신들의 의사를 표현하고, 참여를 가속화시켜왔다. 관련 쟁점이 생겼을 때 자신들의 입장을 주장하고, 지지자들을 모으는 등 사회의 중요한 구성원으로서 누려야 할 권리와 책임을 인식시키는 여건을 제공해왔다.

2. 정치사회 민주화와 신세대 문화

사회 분위기 변화도 청소년문화 형성에 영향을 미쳐왔다. 우리사회의 산업화와 민주화 과정은 신세대 출현의 배경이 된다. 1970년대의 근대화와 경제발전 및 1980년대의 정치적 격변기를 거쳐 1990년대에는 사회 전반으로 물질적 풍요와 정치적 민주화를 맞게 된 시기이다. 과거의 획일적인 사회 분위기가 변화하고 정치적 민주화가 확산되는 환경은 다양한 자기표현과 소비를 하는 신세대 집단의 출현에 영향을 주었다.

IT환경의 도래와 함께 외국 문화 및 문물의 개방, 여행 자유화, 매체의 국경 붕괴 등은 이들 세대의 사고와 표현의 다원화를 자극하였다. 신세대는 가치관과 문화 형성에서 기성세대의 문화에 비해 다양성과 관용성, 탈권위주의적이고 개인주의적 지향성을 보여주었다. 이들은 부모세대와 분리되어 탈전통 및 탈근대화의 특징을 보이면서 대중문화의 지형을 변화시킨 집단이다.

이들은 영상세대로서, 영화와 텔레비전, 뮤직비디오, 광고가 만들어내는 다국적 이미지와 기호, 스타일을 적극적으로 소비하고 수용했을 뿐 아니라 대중문화가 제공하는 이미지와 스타일을 자신들의 문화적 정체성을 구현하기 위한 방편으로 적극 활용하기도 하였다.

또한 이들은 '서태지현상'으로 상징되는 대중문화의 스타들을 정점으로 능동적으로 문화를 소비하고 자신들만의 이미지와 스타일, 그리고 결속을 추구하는 팬덤현상을 드러냈으며, 자기영역에 몰입하면서 전문가 수준의 지식을 축적하는 '매니아 문화'를 부각시키기도 하였다.

매니아는 사전적으로 '열중', '열광', '심취', '몰입'을 뜻한다. 이것은 단순한 여가나 취미와는 구별되는 것으로써, 개인이 의도적으로 행하는 일종의 '긍정적 중독' 현상 혹은 조증이라고 볼 수 있다. '부정적 중독'과는 달리 자신과 타인 모두에게 도움이 되며, 궁극적으로는 삶의 질을 높이는 수단으로 작용하는 것을 의미한다(청소년문화연구소, 1999; 김석희 · 김정명, 2001; 한국청소년상담원, 2001). 진정한 매니아는 '완벽함 · 철저함'을 특징으로 함은 물론 '유연성'을 겸비한다는 점에서 '중독' 현상과는 명백히 구별된다. 자신에게 철저한 사람, 그리고 '성찰'의 의미를 충분히 실천할 수 있는 사람만이 매니아의 세계에 몰입해갈 수 있다(함인희, 2001: 16).

매니아는 기성세대의 생활방식과 규범에 대비되는 행동 특성을 보이며, '사이버 신인류', '폐인', '디지털 세대' 또는 '오타쿠' 등의 다양한 용어로 언급된다. 이들은 단순히 컴퓨터나 인터넷에 익숙한 청소년이나 아이들이 아니라 우리 사회에서 새로운 질서와 규범을 만들어 가는 사람들이다. 인터넷이 등장하기 이전에는 그 존재가 잘 알려지지 않았으며 가끔씩 천재나 기인, 아니면 놀라운 바보로서 언급될 뿐이었다. 기인, 폐인은 사이버 공간을 자신의 생활 터전으로 삼으면서 한국사회에 새로운 변화의 메시지를 던지는 사람들이라고 보고 있다(황상민, 2004).

하지만 매니아와 관련된 논의는 매우 드믄 것이 현실이다. 많은 매체나 일상생활에서 매니아라는 단어가 사용되고 있지만, 이에 대한 논의는 매우 피상적이며 그 개념정의는 상식적인 수준에서 이루어져왔다. 매니아와 관련된 학문적 논의로 문화연구 영역에서 매니아는 일반적으로 팬클럽에서 발전된 문화수용자로 인식되어왔다. 팬클럽이나 매니아 모두 대중문화 영역에서 하위문화적 성격을 갖는 것으로 보고 있으며, 적극적인 대중문화 수용자로 인식되고 있다(김창남, 1998, 2003; 김홍대, 2001).

1980년대 초반, 8bit의 MSX와 애플컴퓨터의 게임에 열광하던 중독자들은 사람들의 따가운 눈길 속에서도 청계천 주위를 맴돌았고, 이들은 국내 게임산업을 이끌게 되었다(김유식, 2004). 만화와 애니메이션 분야의 개척자들도 어린 시절부터 만화에 심취한 매니아들이었다. 이들은 음반 및 비디오물에 관한 법률, 청소년보호법 등 관련 규제들을 피하면서, 한 달 용돈의 거의 전부를 투자해 중국 대사관 앞에서 원판 잡지를 사 모으고 회현 지하상가에서 LD 카피본을 구해보며 자신의 관심 분야에 대한 연구를 지속했다. 인터넷도 없던 환경에서 소수의 네트워크 망을 가지고 매니아 문화를 지켜왔다(안영식 외, 2001).

청소년 세대들이 대중문화 요소 수용과정에서 적극적인 목소리를 내고 비판적 소비와 생산이 가능하게 된 것은 인터넷, 사이버 커뮤니티를 중심으로 한 네트워크 형성 및 상호작용이 큰 역할을 하게 되었다(이종원 외, 2003). 인터넷의 대중화와 함께 2000년대 한국 사회를 특징짓는 문화코드는 동호회(카페)를 들 수 있다. 특히 커뮤니티 활동을 하던 네티즌들이 인터넷을 통한 활동을 전개시킴으로써 대중적 관심을 끌게 되었고, 이는 사회적 영향력을 발휘하는 계기가 된다. 예컨대, '붉은 악마'는 순수하게 축구를 사랑하며, 축구에 관심을 가진 사람들의 모임이고, '노사모'는 정치인 노무현을 사랑하고 지지하는 사람들의 모임이다 '매니아들만의 공간'으로 머물던 인터넷이 월드컵 · 촛불시위 · 대선이라는 오프라인에서 강력한 힘을 발휘하였다. '붉은 악마'의 경우 2002년 6월 한 달 동안 전국을 붉게 물들였던 거리응원 준비를 붉은 악마 홈페이지를 통해 시작했고 거리응원 제안이 인터넷을 타고 네티즌에게 알려져 많은 시민과 청소년들이 이에 참여할 수 있었다(김희재, 2004; 이종원 외, 2003).

3. 하위문화를 넘어서

지식정보사회에서 청소년문화를 이해하기 위해서는 새로운 시각이 필요하다고 하겠다. 산업화 시대의 청소년문화를 설명해왔던 대표적인 개념은 하위문화이다. 영국 버밍햄대학의 문화연구소(University of Birmingham, Centre for Contemporary Cultural Studies)를 중심으로 일련의 연구자들은 전후 영국사회 노동자 계급 청소년들의 체계적 저항 수단으로 하위문화를 개념화한다. 2차 대전 이후 영국의 사회구조 와해는 노동계급의 생활터전을 위협하였고, 부모세대가 오랫동안 유지해왔던 가치관이 붕괴되기에 이른다. 노동계급 청년 하위문화는 두 가지 문화형태들에 대한 반발을 통해 생성되었다. 하나는 부모문화이며 다른 하나는 지배문화이다. 노동계급의 하위 청년문화는 노동계급 출신의 '부모문화'에 대항하여 오랫동안 유지하고 있던 전통적인 윤리의식과 규범에 반대하는 것이고, 다른 한편으로는 부르주아 지배문화에 대항하여 경제적, 정치적 착취와 그로 인한 문화적 불평등에 대한 반대를 표출하는 것이다(헵디지, 1998).

하지만 하위문화 개념은 영국과 토양이 다른 나라의 청소년문화를 설명하는 데에는 한계가 있다. 예컨대, 미국의 경우, 청소년문화 논의에서 계급 위주의 구조주의적 설명보다는 인종, 문화, 지역적 이슈에 더 민감하다. 힙합에 대한 설명에서는 계급과 관련된 하위문화 개념보다는 미국 게토지역의 모든 구성원들에 의해 공유되는 이슈와 긴장감의 연속이라는 설명을 취한다(Bennett & Kahn-Harris, 2004).

즉, 스타일, 음악, 여러 대중문화적 자원들은 기존의 '공동체(혹은 집단)'를 단순히 강화하는 것이 아니라 창조해나가는 것이라는 인식이 미국 연구자들을 이끌어 갔고, 이러한 개념은 하위문화 개념을 거부하고 보다 나은 대안적 설명 틀을 찾게 한다. Lewis(1992)는 음악이나 스타일에 기반한 청소년 집단의 형성은 '취향문화(taste culture)'로 이해될 수 있다고 제안한다. 대중음악이 자원이 되어 청소년들이 집단을 형성하게 되는 것이다. 구조적 설명을 취하는 버밍햄학파의 경우

이러한 경향을 파악하지 못한다. 음악적 취향의 경우 사회 계급, 나이, 교육 등의 범주를 가로질러 집단을 형성시킨다는 것이다(Bennett & Kahn-Harris, 2004: 10에서 재인용).

또한 버밍햄학파의 경우 하위문화와 하위문화적 정체성 형성과정에 기여하는 미디어의 역할에 주목하지 못한다. 하위문화는 청소년들이 단합하여 신비한 힘에 의해 자생적으로 만들어지는 것이라기보다는 대중매체와 문화산업의 관련성 속에서 형성되는 것이다. 이와 함께 하위문화적 접근은 청소년에 대한 제한적 접근을 취한다. 청소년들을 대체로 16세부터 21세의 연령범주로 파악함으로써 청소년 스타일의 상징적 가치 및 여타 대중문화적 자원을 청소년을 나타내는 이념적 범주로 승화시키는데 실패한다. 청소년은 인생에서 생물학적 연령의 특정 시점에 해당되기 보다는 정신 상태 혹은 마음 자세라고 볼 수 있다. 이러한 청소년의 특성은 오늘날 더욱 부각된다. '청소년' 세대가 성인, 심지어는 중년이 되어도, 젊음을 유지하는 수단으로서 음악, 스타일, 여러 가지 형태의 기록물들을 사용함으로써, 성인세대에 속하는 것을 거부하는 현상이 나타나고 있기 때문이다(Bennett & Kahn-Harris, 2004; Sefton-Green, 1998)

지식정보사회에 이르러 하위문화로 특징지어져 왔던 기존의 청소년문화는 이제 더 이상 단일하거나 동질적인 것이 아니며, 또 일정한 경계를 가지고 지속적으로 유지되기보다는 다양한 특성들과 스타일을 가지고 끊임없는 이합집산을 거듭하고 있는 것으로 파악되어야 한다(Wyne & Rob, 1997; Mallan & Pearce, 2003). 오늘날 청소년문화 구성요소, 스타일들은 매우 다양하며, 스타일, 음악적 취향, 청소년 정체성의 상호 관련성은 점차 약화되고 있다. 따라서 하위문화적 구분은 점차 여러 갈래로 분화된다. 결국 다양한 취향과 스타일들은 지속적으로 서로 뒤섞여서 끊임없이 새로운 문화적 구성요소를 만들어내는 것이다(Bennett & Kahn-Harris, 2004). 이런 맥락에서 청소년문화 탐구도 하위문화로서의 거시적 탐구가 아닌 구체적이고 개별적인 라이프스타일로서의 탐구가 요구된다(최윤진, 2002).

4. 청소년기의 연장과 청소년문화의 탈 연령화[2)]

아동기와 성인기 사이에 놓인 청소년기는 아동기의 단축(실종)으로 또 다른 한편으로는 성인기 진입의 지연으로 확장되는 경향이다(Bukingham, Bragg & Kehily, 2015). 고등교육 기간 연장, 결혼과 자녀 출산 연령의 고령화, 구직 불안정성 심화와 경제적 자립 여건이 취약해지면서 미국이나 유럽을 포함하여 산업화된 사회에서 성인기로의 이행이 지연되고 있다. 과거에는 10대 후반에 성인기 진입이 본격화되었다면 이제는 20대 중·후반을 넘어서 성인기 진입 시기가 연장되고 있다. 이러한 현상과 관련하여 청소년기를 어떻게 개념화할 것인가에 대한 논의도 등장한다.

성인기 이행 지연 시기에 대해 단순히 '연장된 청소년기(extended adolescence)'로 볼 수 없으며, 새로운 생애기간이 도래했다고 보는 시각이 있다. 이 시기에 대하여 심리적으로 과거 청소년기의 전형적인 특성과는 전적으로 다르다고 보며, 발현성인기(emerging adulthood)라고 지칭하는 미국의 심리학적 전통이 있다(한국청소년정책연구원, 2010; Arnett, 2004; Arnett, 2007). 하지만 이 개념의 보편적 적용에 대해서는 반론이 제기된다. 이 개념은 서구 생활양식으로 '정상적인 삶'을 사는 사람들을 대상으로 한다는 것이다. 중산층 출신으로 고등교육을 받고 있는 젊은이에게 주로 적용될 수 있는 반면, 그 외의 집단에 적용시키기에는 어려움이 있다고 지적된다. 성인기로의 진입 과정은 이보다 다원화되고 있으며, 특히 대학교육을 받지 않은 17세에서 20세의 청소년들을 대상으로 한 연구에서는 심지어 현재 서구 사회에서도 '발현성인기'적인 특성이 일관되게 나타나지 않음을 보이고 있다(Hendry & Kloep, 2010). 지연되고 있는 성인기로의 진입을 설명하기 위해 도입된 발현성인기 개념은 18세에서 29세까지의 산업사회의 연령집단을 설명하기에는 유용하지만 그 외의 지역에 대해서는 적절하지 않다는 것이다(Blatterer,

2) 이 절은 조혜영(2016)의 '청소년문화 연구 동향 분석과 발전과제'의 일부 내용을 활용하였음을 밝힙니다.

2007; 한국청소년정책연구원, 2012에서 재인용).

한편, 청소년문화와 특정 연령대의 결합이 해체되고 있는 현상이 부각되고 있다. 청소년문화가 특정 연령대에만 국한되어 나타나는 것이 아님을 주목해야 한다는 것이다. 청소년문화에서 보였던 스타일이나 표현 양식들은 점차 여러 세대에 걸쳐 나타나고 있다(Bennet, 2011). 청소년들의 전유물로 여겨졌던 컴퓨터 게임이나 대중음악도 여러 세대들이 향유하고 있는 실정이다. 매체나 상업광고들은 성인들에게도 젊은이의 취향, 젊음의 감수성(sense of youthfulness) 등을 누릴 수 있음을 설파한다. 청소년기의 경험이 단지 청소년 연령대에 국한되는 것이 아니라, 문화적 의미가 되어 다양한 세대에 걸쳐 향유되는 것이다(Bukingham, Bragg & Kehily, 2015). 즉, 청소년문화는 특정 연령범주에 국한되어 나타나는 행위나 표현양상이라기보다는 청소년기에 향유되었던 일련의 미적 스타일, 미학적 실천 감수성 등을 설명하는 개념으로 전 생애주기에 나타날 수 있다고 본다. 그에 따라 여가 패턴이나 선호하는 라이프스타일 등으로 세대를 구분하는 경계는 점차 모호해지고 있다(Bennet, 2011).

2절 청소년세대와 다양한 명칭

1. 세대의 개념

새로운 청소년세대와 그 문화적 특성에 대해 살펴보기 전에 먼저 세대 개념에 대해 알아보도록 하겠다. 세대에 대한 다양한 관심이 증가해 왔지만 세대의 개념은 여전히 모호하고 혼란스럽다. 세대는 연령이나 생애단계를 의미하기도 하고(20대 청소년세대, 노인세대 등), 부모-자녀 관계를 가리키기도 하며(노부모-성인자녀 등), 역사적 경험을 공유하는 사람들이라는 의미로 사용되기도 한다(전후

세대, 419세대 등)(박재홍, 2002). 세대는 고정되어 있는 실체라기보다는 유동적이라 할 수 있으며, 구조적이기보다는 역동적인 개념이다. 현 시점의 신세대는 미래시점에서는 기성세대가 되며, 지금의 기성세대도 과거에는 새로이 부상하는 신세대였다(윤옥경, 2000). 여기서 더 나아가 세대는 특정 사건에 대한 반응으로 동일한 정체성이 체화된 집단, 즉 집단의 구성원들끼리 '공통된 의미지평(common horizon of meaning)'을 공유하고 있는 경우를 말하며, 세대 연구는 이 '의미지평'을 공유하는 '연령'에 우선적으로 주목한다. 그에 따라 동일한 경험을 공유하는 동년배의 특성을 가진 집단이 가장 일반적인 세대 개념이다(오찬호, 2009).

세대의 어원을 추적하면 고대 그리스어의 'genos'에서 유래하는데 그 주요 의미는 자녀의 출산, 새로운 존재의 출현이었다. 그러나 세대에 해당하는 유사한 계통의 어원들을 폭넓게 검토해 보면 출생 및 재생산의 의미뿐 아니라 역사상의 어떤 시대, 인생의 어떤 시절 혹은 생애주기 단계, 어떤 가족이나 인종 등 다양한 뜻으로 사용되었다고 한다. 세대라는 용어는 어떤 존재를 전제로 하여 그와 다른 새로운 존재의 출현이라는 상대적 의미로 사용되었는데 그 용어에는 자신이 속한 '어느 집단과의 공통점과 그 밖의 다른 집단과의 차이점'이라는 함의가 내재되어 있다고 볼 수 있다(Nash, 1978; 박재홍, 2002에서 재인용).

2. 한국사회에서 청소년세대 논의

청소년세대를 이전 세대와의 비교를 통하여 파악한다면 주로 정보화, 디지털, 글로벌 환경과 결합되어 특징지어지고 있음을 알 수 있다. 그리고 정치적 성향으로는 탈정치화의 특징을 지님을 알 수 있다.

한국사회의 세대를 크게 근대화/산업화세대, 386/민주화세대, 정보화/디지털세대로 구분지어 볼 때 청소년세대는 정보화/디지털세대로 볼 수 있다. 1970년대 급속한 경제발전을 이끌었던 주역인 근대화/산업화세대는 가족보다 일을 중요시하고 국가를 위해 헌신했던 세대이다. 386/민주화세대는 1980년대 민주화 경험을 공유한 집단으로 경제적 풍요와 1997년 외환위기를 동시에 경험한 세대이다. 정보화/디지털 세대는 디지털 기술의 발전으로 인한 글로벌화, 세계화, 네트워크화를 경험한 집단으로 한국적 가치보다 세계적 규준을 중요시하며 적극적으로 문화를 소비하는 집단이다. 또한 탈정치화되어 있으며 문화코드로 동질감을 확보하는 세대이기도 하다(함인희, 2007).

한국사회의 세대를 청소년기의 역사적 경험에 따라 식민지·전쟁체험세대, 산업화·민주화세대, 386세대, 탈이념·정보화세대로 구분하기도 한다. 1940년대 이전에 출생한 사람들로 구성된 식민지·전쟁체험 세대는 일제 식민지, 한국전쟁을 경험한 세대로 권위주의와 예의, 신의, 인정 등의 가치를 중시하는 특성을 가지고 있다. 산업화·민주화운동 세대는 1941~1970년 출생자로 1960~70년대의 도시화 및 민주화운동을 청소년기에 겪은 세대이다. 이 세대의 특성은 전통적인 가치와 근대적 가치가 혼재하고 진보를 추구하지만 보수적인 면도 함께 가지고 있다. 386세대는 1980년 5.18 민주화운동과 1987년 6.10 민주화항쟁을 경험하면서 사회변혁을 지향하고 진보적인 이념을 가지고 있는 세대로 평가된다. 탈이념·정보화세대는 1970년대 이후 출생한 사람들로 비교적 풍요로운 환경에서 성장한 세대를 일컫는다. 이들은 민족과 지역의 경계를 뛰어넘는 지구화와 인터넷으로 대표되는 정보화라는 환경 속에서 자란 세대로서 소비주의, 개인주의, 탈권위주의적 성향을 가지고 있다(박재흥, 2005, 2009).

한편, 한국사회의 다양한 출생 집단들이 공유하는 역사적 사건, 행동방식, 의식특성을 중심으로 생애주기별 발달단계를 고려하여 모두 여섯 개의 집단으로 세대를 구분하기도 한다. 먼저, 60대 이상인 해방 전후 복구세대는 한국전쟁을 경험한 세대로 민주주의와 공산주의라는 이데올로기의 극한 대립을 겪은 세대이다. 50대는 근대화세대, 40대는 경제부흥기 세대로 이들은 급격한 경제발전과 도시화를 경험한 세대들이다. 한편 30대는 민주화세대로 소위 '386세대'라 불리며 민주화운동을 주도했던 연령집단이다. 20대는 자율화세대(혹은 X세대)로 민주화가 정착된 시기를 경험했고, 신인류세대(혹은 N세대)는 인터넷의 보급과 정보산업의 확산으로 사이버문화를 경험한 세대이다(황상민 · 김도환, 2004).

1990년대 초반에 등장한 신세대 논의는 우리 사회에서 세대에 대한 관심을 증폭시키는 계기가 되었으며, 청소년에 대한 새로운 이해가 필요함을 제기하게 되었다. 1990년대 이후 '신세대'에 대한 논의가 더욱 강조되었던 이유는 이 '신세대'가 이전 세대에 비해 사고방식이나 행동양식에서 큰 차이를 보였기 때문이다. 이후 신세대를 통칭하는 다양한 알파벳 이니셜이 등장하게 되었는데, 이는 상업적으로 사용되기도 하고, 청소년들이 보이는 행동양식을 보다 단순화하여 강조하기 위한 용어로 사용되기도 하였다. 그러한 예들은 'X세대' 'W세대' 'N세대' 등이 있다. 요컨대, 이러한 세대들은 기성세대와는 확연히 다른 특성을 보인다는 데에서 중요성을 부여받고 있다(정성호, 2006).

3. 청소년세대의 다양한 명칭

(1) X세대

X세대라는 말은 캐나다 작가 더글러스 커플랜드(Douglas Coupland)의 소설 「제너레이션-X (Generation-X)」에서 유래되었다. 기성세대인 베이비붐세대(1945~1964년 출생)와 상당히 이질적인 형태를 보이고 있지만 '마땅하게 정의할 용어가 없다'는 뜻에서 X라는 글자가 붙여졌다. 이들은 1965~76년 즈음에 태어난 세대로 물질적인 풍요 속에서 자기중심적인 가치관을 형성했고 처음 TV의 영향을 받다가 점차 컴퓨터에 심취하기 시작했다. 대개 맞벌이 부부 사이에서 키워졌고 50% 정도가 이혼 또는 별거한 부모와 함께 자라나 가정에 대한 동경과 반발심리를 동시에 가지고 있다. 이들은 베이비붐세대와는 달리 성(性)에 대해서 차별적 가치관을 두지 않고 사회공통의 문제보다는 개인적으로 어떻게 살아가는가의

방법에 더 큰 의미를 두고 있는 특징을 보인다(동아일보사, 2004).

X세대가 태어나기 시작한 1965년은 북미사회에서 특별한 의미를 지닌다. 1965년은 학생운동이 본격화된 시점이기도 했고, 미국사회 전반이 월남전에 휩쓸려들기 시작한 때이기도 했으며, 급격한 인구 감소가 시작된 시점이기도 했다. 이 시기는 미국 젊은이들에게 사상 유례가 없는 집단 좌절과 실망을 안긴 시기였는데, 1965년 이후 출생한 젊은 세대들이 당시 미국의 사회 문화적 상황에 적응하려 안간힘을 쓰던 모습을 꼬집기 위해 X세대가 사용된 것으로 보기도 한다. 그 이후 X세대는 전세대의 젊은이들이 누리던 풍요함과 낙관적 미래를 향유하는 대신에 빈곤, 실업 그리고 비관적 미래에 직면해 어떻게 대응해야 할지를 몰라서 우왕좌왕하면서 살아가는 젊은이들의 독특한 행동을 총칭하는 것으로 이해되었다(한국청소년정책연구원, 2008).

한국에서 X세대는 주로 광고와 마케팅 분야에서 이용되었다. 1990년대 경제적 풍요와 함께 등장한 세대로 자유분방하며, 뭔가 튀는 행동을 하고, 제멋대로며 타인의 눈치를 보지 않고 반항적인 신세대를 지칭하는 용어로 사용되었다(이명진, 2003).

(2) Y세대

Y세대는 베이비붐 세대의 자녀들로서 에코 부머(Echo Boomers), 메아리세대, 밀레니엄 세대 또는 디지털 세대로 불린다. 보험회사 프루덴셜사가 미국 청소년들을 대상으로 실시한 지역사회봉사활동 실태조사보고서에서 처음 사용한 것으로 알려져 있다. 미국에 살고 있는 11-18세 청소년 1,000명을 상대로 실시한 설문조사에서 응답자의 95%가 지역사회를 위해 봉사활동에 참여하기를 원하는 것으로 나타났는데, 프루덴셜사는 이들을 매사에 긍정적이고 참여적이며 'Yes'라는 대답을 선호하는 세대라는 뜻에서 Y세대라는 이름을 붙였다고 한다(한국청소년정책연구원, 2008).

다른 한편에서는 베이비붐 이후 출생률이 낮아짐에 따라 인구구성의 밑 부분이 가늘어져 Y자형을 그리고 있는 것을 빗대어 이 말이 만들어졌다는 설도 있다. Y세대는 많은 부분에서 X세대의 특성을 수용하고 있지만 생활양식 면에서는 차이가 많다. 예컨대, X세대가 패션이 튀고 대중문화에 열광하면서 자기주장이 강하며, 기성세대에게 다소 충격적인 모습을 보여주었다면, Y세대는 대부분 컴퓨터를 보유하고 서구식 사고나 생활방식에 거부감이 없으며 쇼핑을 즐기는 세대이다. 유행에 민감하고 소비 일변도의 세대여서 기업의 마케팅 전략 차원에서 부정적 뉘앙스의 X세대라는 말을 버리고 Y세대라는 새로운 이름이 붙여졌다고 보는 이도 있다(한국청소년정책연구원, 2008).

(3) Z세대

2000년대에 들어서면서 소비시장에 막대한 영향을 끼치는 10살 안팎의 어린 세대를 말하는 명칭으로 Z세대가 등장하였다. 유행에 극히 민감한 점이 강조되어 붙여진 이름으로 Z라는 글자에 특별한 의미가 있다기보다는 단순히 X세대와 Y세대의 다음세대라는 뜻에서 등장했다. 'betweens'의 준말인 '트윈세대'라고도 불리며, 대체로 키드(어린이)와 틴에이저 사이에 낀 세대, 주로 8~14세에 해당되는 어린이와 청소년 사이의 연령층을 포함한다. 대중성을 극도로 지향해 영상매체로의 진출이 활발하며 기존의 것을 섞는 퓨전에 대한 감각이 뛰어나다. 비록 어린 나이지만 경제호황기에 자란 탓으로 구매력이 높고 유행에 민감하며 부모들이 승용차나 가전제품을 살 때도 의사결정에 큰 비중을 차지하여 소비시장에 막대한 영향을 미친다. 이들은 인터넷은 기본이고 이메일과 실시간 채팅으로 친구들과 대화한다. 인터넷게임과 랩을 좋아하고 헐렁한 힙합 의상을 즐겨 입는다(동아일보사, 2004).

(4) N세대

X세대와 Y세대에 이어 등장한 N세대의 'N'은 Network, New, Next, Newtype, Netizen 등 다양한 용어로 포장되었고 네트세대, N세대, 네트워크 세대 등 유사한 용어들로 사용되었다. 하지만 그 핵심은 컴퓨터, 인터넷, 이동전화와 같은 디지털 미디어를 매개로 커뮤니케이션을 하여 스스로 역동적 체계를 발전시킨 정보화 세대라는 것에 있다. 컴퓨터와 정보통신의 발전 속에서 성장한 N세대는 X세대와 Y세대의 특성과 공통된 감성 및 문화를 나누면서 이미 유아 시절부터 즐겨온 영상, 인터넷, 게임, 휴대폰 등을 삶의 필수 요소로 생각한다. 이들은 편지를 쓰는 대신에 이메일을 이용하고, 얼굴을 맞대고 하는 대화보다는 모니터와 컴퓨터를 매개로 한 채팅을 즐기며, 막강한 정보력을 무기로 다른 사람들과 끊임없이 소통한다. 물론 이전의 청소년세대들도 컴퓨터나 인터넷을 활발하게 사용했다. 그런데 이들에게 있어 컴퓨터와 인터넷이 생활의 편의성을 높이는 기회나 수단에 머물렀던 반면에, N세대에게는 생활세계의 일부이자 두뇌의 연장으로 인식된다. 나아가 N세대는 자신들의 소비 욕구를 아주 신속하게 생산적인 욕구로 바꿀 줄 안다. 예컨대, 이들은 온라인에서의 아바타나 PC게임, 동영상을 소비하면서 디지털이미지를 쉽게 수용하고 생산할 줄 안다. 이러한 과정에서 N세대는 문화의 소비자에서 문화의 생산자로 탈바꿈한다(이동연, 2004; 한국청소년정책연구원, 2008).

또한 N세대는 새로운 나만의 것을 추구하고 다양성을 적극적으로 수용한 세대이자 일방적으로 정보를 받아들이는데 만족하기보다는 직접 참여하는 것을 선호하는 독립적이고 자율적인 세대이다(한상진, 2002). 일찍이 N세대의 부상을 예고한 탭스콧(Tapscott, 1998)은 "어릴 적부터 디지털 문명에 익숙해져 컴퓨터를 능수능란하게 다루는 본격적인 사이버 세대로 아날로그 매체인 책과 신문보다 디지털매체인 통신이나 인터넷을 통해 모든 문화를 수용한다"고 N세대의 특징을 집약한 바 있다.

(5) R세대/W세대

2002년 한일월드컵 개최를 계기로 R세대(Red Generation) 혹은 W세대(World Cup Generation)가 등장한다. R세대는 월드컵을 계기로 거리 응원의 모습으로 광장에 나타나면서 문화적 충격을 준 청소년들이 원류였다. R세대는 집단적인 붉은 티셔츠, 태극기 패션, 록 스타일의 애국가, 보디페인팅 등 사이버공간에서나 일어날 것 같은 일들을 열린 광장으로 과감히 끌어내면서 기성세대는 생각하지도 못하던 문화적 충격을 주었다. 이들은 월드컵을 계기로 자기들만의 축제 문화를 구축하면서 새로운 세대로 등장하였을 뿐 아니라, 기성세대와도 무리 없이 화합했다. 그들은 공동체를 추구하면서도 그 안에서 자신이 '튀길' 원하며, 수동적, 폐쇄적인 태도로 일관하다가도 자리를 박차고 뛰쳐나가 온몸으로 응원했다. 또한 대중적 유행에 대한 맹목적인 추종의 태도를 보이면서도 자신들만의 새로운 문화와 유행을 창조하려는 노력을 보였다. 그런 점에서 R세대는 수단과 방법을 가리지 않고 승리하는 것을 지상과제로 여겨온 '개발연대 세대'와 달랐으며, 강한 민족적 성향과 집단의식을 강조하지만 민주화 투쟁을 경험하면서 지나치게 엄숙하고 형식적인 태도를 보인 '386세대'와도 구분되었다. 그렇다고 이들을 단순히 N세대로 치환시키기도 어렵다. 일반적으로 N세대는 사이버공간에 매몰된 채 개인주의적인 성향을 보이며, 국가에 대해서도 무관심한 세대로 간주되기 때문이다. 이와는 달리, R세대는 인터넷으로 네트워크화되어 있으면서도 최첨단 멀티미디어인 대형 전광판과 개방된 광장을 중심으로 모여서 대규모의 단체 응원을 펼친 세대였다. 이들은 다양한 개성, 집단적인 공동체 의식, 개방된 애국주의를 동시에 보였으며, 월드컵을 일과 놀이가 결합된 축제로 승화시킨 새로운 세대로 평가된다(한국청소년정책연구원, 2008).

(6) 웹 2.0세대

청소년들은 새로운 정치·사회적 흐름의 선두에 나서고 있다는 평가를 받으면서 '웹 2.0 세대'라 불리기도 한다. '웹 2.0'이 누구나 데이터를 생산하고 공유할 수 있도록 한 '사용자 참여' 중심의 인터넷 환경을 말한다면, '웹 2.0 세대'는 인터넷 공간에서 쌍방향 커뮤니케이션을 통해 자신의 자아의식과 사회의식을 스스로 형성해가는 10대들을 지칭한다. 2008년 5월 서울 시내 한복판에서 잇따라 열린 '촛불문화제' 참석자의 상당수는 교복을 입은 10대 청소년들이었다. 서울뿐만 아니라 대전과 부산 등 지방의 촛불문화제 현장에서도 청소년들이 대거 참가하였다. '광장'을 찾은 청소년들은 여러 면에서 기성세대는 물론 이전의 청소년세대와 달랐다고 평가된다. 먼저, 무거운 정치적 이슈나 엄숙한 이념이 아니라 청소년이 소비자인 학교급식의 안정성과 직결된 쇠고기 문제, 0교시 수업 부활, 야간자율학습, 우열반 허용 등 자신의 삶의 세계를 위협하는 현실에 대한 각성과 경쟁 위주의 교육정책에 대한 불만이 이들을 광장으로 불러 모은 주된 동인이었다. 2.0세대는 자신의 욕구와 의견을 표현하는 방법에 있어서도 다르게 평가된다. 이들은 격정적인 분노를 토해내면서도 즐겁고 발랄했다. 상당수는 친구들과 '문자질'을 하거나 집회 도중 딴청을 피우면서 "미친 소를 청와대로" 또는 "우리는 살고 싶다" 등의 구호를 외쳤다(김호기, 2008).

한 손에는 촛불을, 다른 한 손에는 휴대전화를 든 2.0세대의 행동은 민첩성의 측면에서도 남달랐다. 오늘날 인터넷 게시판과 메신저 및 문자메시지는 누구나 사용하는 도구이지만, 2.0세대의 정보통신 수단 사용은 더 빠르고 강력했으며 능수능란했다. 이들은 노트북 자판 속도보다 더 빨리 촛불집회 현장 소식을 문자메시지로 써서 날랐고, 실시간으로 카페 사람들에게 전달했으며, 카페 게시판을 통해 다른 회원들과 공유했다. 또 인터넷 포털에 미국산 쇠고기 기사가 뜨면, 이들은 주저 없이 수백 건의 댓글을 연이어 올렸다. 이들이 댓글을 다는 데 필요한 시간은 1분이면 족했다. 그런 점에서 '2.0세대'는 개인주의적이면서도 쌍방향 소통을 중시하고 모바일과 인터넷을 자신의 가장 중요한 표현수단으로 삼는 '디지털 노마드'세대이자 자아실현을 소중히 하는 '탈(脫)물질주의' 세대이고, 그러면서도 부모인 '386 세대'로부터 사회비판 의식을 알게 모르게 학습한 격세유전적 특징을 가진다(김호기, 2008; 한국청소년정책연구원, 2008).

(7) 88만원 세대

기성세대에게 저임금노동으로 착취당하며, 비정규직노동자가 대부분이라 직업시장을 떠돌아다녀야 하는 20대의 현실을 '88만원 세대'로 통칭하기도 한다. 이 호칭의 유래는 전체 비정규직 평균 임금 119만원에 20대 급여의 평균비율 74%를 곱하면 88만원 정도가 된다는 것에서 붙여졌다. 청소년들은 높은 대학 등록금, 열악한 아르바이트 환경, 비정규직 일자리 대량 창출 등 신자유주의 환경 속에 성장하면서 기성세대가 경험하지 못한 격렬한 경쟁 속에 살아갈 수밖에 없다는 것이다. 따라서 지금의 20대는 상위 5%정도만이 비교적 좋은 직장을 가질 수 있고 나머지는 비정규직 업무에 종사하게 될 것이라고 저자들은 전망한다(우석훈·박권일, 2007).

(8) 세대 명칭과 청소년 이해

청소년세대를 명명하는 호칭들은 이들이 변화하는 사회 환경에서 독특한 행위양상으로 반응하고 있음을 드러낸다. 예컨대, 사회 환경에 따른 청소년들의 공통적 대응양상을 통하여 청소년들을 패러독스 세대라고 위치 짓기도 한다. 386세대든, 개발세대든, 전쟁세대든 간에 기성세대는 통제와 자율, 집단주의와 개인주의, 인간과 기계, 민족주의와 세계주의, 그리고 온라인 공간과 오프라인 현실 중 하나를 선택하고 고수하려는 경향을 보였다. 그런 점에서 이들은 '양자택일(either-or) 세대'였다. 반면에 지식정보사회의 청소년은 서로 충돌하는 요소들이나 가치관 사이의 조화 가능성을 타진하고 직접 실천하고자 했다. 그런 점에서 이들은 '패러독스 세대'라고 할 수 있다(김종길 · 김문조, 2006).

하지만 이들 호칭을 사용하는 과정에서 청소년들의 다양한 사회화 과정을 단순화시키는 폐단을 낳기도 하였다. 신세대, X세대, N세대, G세대 등은 미디어나 광고회사, 보험회사, 통신업계들은 상업화된 언어로 청소년세대의 복잡한 지형을 단순화시켜왔다. 이러한 경향은 청소년 집단은 단일한 특성을 지닌 연령 집단이라는 가정에 기반을 두고 있다. 이 가정은 청소년기를 생물학적 발달단계의 한 특성으로 파악하는 전통에서 유래한다. 청소년기를 '질풍노도의 시기'로 파악한 스탠리 홀(G. Stanley Hall)이 대표적이며, 이후 연구자들은 청소년은 사춘기의 공통성을 지닌 연령 집단이라고 전제해 왔다. 이러한 전제 하에 청소년의 공통적 특징을 유형화하고 성인과의 차별점을 찾거나 규정하는데 주력해 왔다. 이러한 경향은 '청소년주의(youthism)'이라 불린다(Cohen, 1997; 원용진 · 이동연 · 노명수, 2006에서 재인용). 청소년주의는 청소년을 단일 범주로 파악하며, 단일 범주인 청소년은 특정한 심리적 특성을 공유하고 있다고 간주한다. 그리고 이 시기에 형성된 태도와 가치는 이후의 삶에도 큰 영향을 미친다는 사실에 주목한다. 또한 청소년기는 자율적인 성인기로 넘어가는 과도기이므로 반항적이며 이 반항을 통해 전 세대의 문화전통을 변형시킨다고 본다.

청소년들이 비슷한 생애주기 단계에 있다고 하더라도 이들이 같은 사회 경험을 가진 것으로 보아서는 안 된다. 비슷한 연령대에 속해 있더라도 이들이 단일한 집단으로 동일한 경험을 하는 것은 아니다. 하지만, 학교나 대중매체 등은 청소년들을 단일한 집단으로 끌고 가는 경향이 크다. 한편, 경제활동으로부터 유예되는 기간이 늘어나고 교육기간이 길어짐에 따라 이들이 성인문화와 구별되는 공통의 문화를 발전시킬 가능성도 높아지고 있다. 반면, 부모의 사회경제적 배경, 성별, 지역차 등은 청소년 집단 내의 분화를 이끌고 있다(원용진 · 이동연 · 노명수, 2006). 결국 청소년세대를 이해하고자 할 때 청소년들의 공유된 시대 경험과 의식을 파악하는 것과 함께 항상 청소년이라는 범주 내에 존재하는 다양한 하위 범주, 개별적인 주체의 행위 양상 등도 함께 고려하여야 할 것이다.

3절 청소년집단 내의 다양한 사회집단[3]

1. 사회집단과 하위문화

사회 내에는 다양한 집단들이 존재하고 집단의 규모와 집단 간의 관계 성격도 다양하다. 서로 갈등 관계에 있기도 하며, 공존 공생 관계일수도 있고, 포함 관계를 형성하는 등 여러 가지 모습으로 존재한다. 예컨대, 한 직장이라는 집단 내에도 여러 가지 하위 집단이 있을 것이다. 같은 학교 졸업생들끼리 만나는 모임, 취미가 같은 사람들끼리 모이는 동호회, 성별, 입사시기별 모임, 노동조합 등등이 있을 것이다. 이러한 집단들은 나름대로의 문화를 공유하고 있다. 여기서 한 직장 내의 다양한 하위 집단들이 만들어내는 문화는 하위문화가 될 것이며, 이런 하위문화를 아우르는 문화는 모문화(parent culture)라 할 것이다. 마찬가지로 청소년들도 다양한 방식으로 하위 집단을 이루며, 다양한 하위문화들을 만들어 나가고 있다.

하위문화라는 개념은 보다 엄격한 의미에서 사용될 때는 한 사회에서 주도권을 행사하는 문화나 모문화와 내용과 구조상 조화를 이루지 않으며, 나름대로 독특한 생활양식을 취할 때 그것을 모문화에 대한 하위문화라고 한다. 하위문화의 구성원은 항상 모문화의 구성원이지만, 하위문화의 가치나 행위는 모문화를 따를 수도 있고, 거부할 수도 있다(Epstein, 1998). 하위문화는 피지배 문화에 의해 생산되는 것이며, 지배 문화에 의해 생산되지 않는다. 많은 부분 하위문화는 비행과 연결되지만 항상 일치하는 것은 아니다(필 코헨, 1998).

오늘날 사람들은 하위문화들의 존재, 즉, 다양한 삶의 스타일들이나 사회 세계들을 점점 더 분명히 인식하고 있으며, 이러한 명시적인 하위문화적 실체들에 대한 그들 자신의 인식에 따라 미래의 행동 경로를 결정하고 계획을 세움으로써 자신들의 행동을 점차 구조적으로 형성해 가고 있다. 이러한 경향은 다양한 '족' 집

3) 이 절은 필자가 집필한 한국청소년정책연구원(2015) 『청소년문화론』의 1장의 주요내용을 중심으로 재구성되었음을 밝힙니다.

단의 출현으로 가시화되고 있다(존 어윈, 1998).

2. 청소년 집단의 유형

청소년 집단을 구분하는 유형은 보통 아래와 같이 제시될 수 있지만 이러한 집단 구분이 상호배타적인 것은 아니며, 서로 겹치는 부분이 있을 수 있고, 하나의 집단이 복합적인 성격을 지닐 수도 있음을 염두에 두어야 한다.

(1) 동료 집단(clique)

동료 집단은 2~12명 정도의 규모를 가진 집단으로, 보통은 5~6명으로 구성되는 친구 집단을 말한다. 이들 청소년 집단은 대체로 같은 취미와 비슷한 활동에 관심을 나타내는 동성친구들 간에 유지된다. 동료 집단 구성원들은 서로 깊은 얘기를 나누거나 매일 점심을 같이 먹기도 하고, 같은 학원에 다니면서 공부하기도 하고, 경우에 따라서는 같은 취미를 가져서, 음악이나 연극에 같이 몰입하기도 한다. 동료 집단은 구성원들끼리 서로를 끌어당겨 집단에 머무르게 하는 사회적 환경을 제공해주는 친구 관계를 의미한다(박진규, 2002). 주로 청소년기 초기(11~13세)에 형성되며 강한 응집력을 갖는다(주은희, 2001).

(2) 패거리 집단(crowd)

패거리 집단은 비슷한 성격과 특성을 지닌 청소년들이 조직되지 않은 형태로 어울려 다니는 무리들을 말한다. 이들은 서로가 의도적으로 모이거나 의견을 같이 나누면서 상호 작용을 유지하지는 않는다. 또한 물리적으로 가깝게 모여 있지만 조직화되어 있지도 않다. 하지만 이들은 서로의 존재를 의식하며, 또한 서로가 서로에 의해 영향을 받는다. 이들은 동료 집단과 달리 소속 청소년들끼리 깊은 유대감이나 우정을 나누는 사회적 환경과 기회를 갖지는 않는다. 하지만 때때로 필요에 따라 패거리 집단의 구성원들은 위계질서를 갖는 집단으로 일시적으로 조직화되어 다른 패거리 집단과 경쟁을 벌이기도 한다. 패거리 집단은 구성원들 서로 간의 우정과 관심, 취미에 기초해서 유지되기보다는 사회적 평판이나 고정관념에 의해 유지된다. 보통 사교파라고 알려져 있는 패거리들은 옷을 멋있게 입고 다니며, 학교에 대해서는 비교적 긍정적인 태도를 견지하여 학교 일에도 적극적으로 참여하고 주말에는 끼리끼리 어울려 다니기를 좋아한다. 하지만 공부벌레들이라고 알려진 집단은 옷에는 별로 신경을 쓰지 않고 학교에 가면 주로 혼자 공부하는데 시간을 보낸다. 이러한 집단에 대한 인식은 기존의 평판과 고정 관념에 따라 형성되는 경우가 대부분이며, 실제의 집단은 몇 개의 동료 집단 문화가 함께 어우러져 패거리 집단 문화를 만들어 내기도 한다(박진규, 2002).

(3) 성별 집단

남성과 여성, 성별에 따른 역할 구분은 어느 사회에나 존재해왔다. 이러한 성별 역할 구분에 대한 사회적 기대와 범위 규정은 시대와 사회에 따라 다르다. 특히 청소년 집단에 있어서도 성별에 따른 여러 집단이 형성되어 왔다. 물론 성별(gender) 구분은 생물학적 구분이라기보다는 사회·문화적 관습에 따른 성역할 구분이라고 할 수 있다. 문화에 따라 여성의 역할을 보다 많이 제약하는 사회도 있고, 여성의 사회 활동을 비교적 활발하게 허용하는 사회도 있다. 나아가, 남성과 여성의 차별 금지를 명시적으로 규정해 놓은 사회도 있다. 또한 성 구별이 적용되어 조직된 특수 집단도 존재한다. 예컨대 비구승과 비구니, 신부들로만 구성된 수도원과 수녀들로만 구성된 수녀원 등이 그것이다. 한편, 과거에는 남성들의 집단이라고 여겨지던 군대나, 사관학교, 경찰 등에도 이제 여성들이 자리 잡게 됨으로써 성별에 따른 직업 집단 구분은 점차 무너지고 있다고 할 수 있다. 여기서는 남녀의 성별에 따른 사회·문화적 차이를 논하기보다는 청소년기에 이루어지는 성별에 따른 집단 형성과 그에 따른 청소년문화에 대해 살펴보겠다.

청소년기는 동성 친구들 간의 교류가 활발한 시기라고 하겠다. 물론 이성에 대한 관심도 높지만 동성 간에 형성하는 또래 집단이 청소년들 간의 정서적 교감형성 및 사회화에 큰 역할을 한다고 하겠다. 대표적인 성별 또래 집단의 예를 들어보면 미국 대학 사회에 존재하는 소로리티(sorority)와 프래터너티(fraternity)집단을 들 수 있다. 소로리티는 여학생들이 서로 모여 자매애를 키워가는 집단이며, 프래터너티는 남학생들이 모여 형제애를 키워가는 집단이다. 이들 집단은 구성원을 뽑는 과정에서도 자기 집단의 성격에 맞는지를 검토하여 구성원을 받아들이며, 한 건물에 모여 숙식을 하는 등 공동의 생활을 하기도 한다. 하지만 이들 집단은 주로 백인 중산층 학생들을 중심으로 형성되며, 타 집단, 특히 유색 인종에 대해서는 폐쇄적인 특성을 가짐에 따라 비판을 받기도 한다.

(4) 연령 집단(age group)

연령은 사회 집단을 형성하게 하는 중요한 요인이다. 어느 사회에나 연령에 따라 유년, 소년, 청년, 장년, 노년 등으로 구분하는 연령 단계를 둔다. 개인의 능력에 관계없이 특정한 연령에 도달하면 초등학교에 입학해야 한다든지, 군대에는 몇 살에 가야 한다든지, 부모의 동의 없이 법적으로 결혼할 수 있는 나이는 몇 살이며, 투표권을 행사하기 시작하는 나이 등이 정해져 있다.

연령 단계에 의해 조직된 집단을 연령 집단이라고 한다. 연령 집단에의 가입과 탈퇴는 자유 의지에 의한 것이 아니라 출생에 의해 결정되는 친족 집단과 같이 의무적인 사회가 대부분이다. 연령 집단에의 소속은 성년식과 밀접한 관계를 맺고 있다(이광규, 1980). 같은 연령 집단에 속한 사람들은 특정한 연령이 되면 의례를 거쳐 사회의 성인으로 대접받게 되는 것이다. 이러한 성인식이 치러지는 시기는 대체로 사회마다 정해진 생물학적 연령에 따르게 된다. 청소년기도 대체로 연령에 의해 구분되고 있고, 청소년 기본법에 따르면 9세에서 24세로 규정하고 있다. 청소년 기본법에 규정된 연령 범위가 비교적 포괄적이기 때문에 연령 집단에 따르는 청소년문화도 다양하게 분화되어 있음을 주지하여야 할 것이다. 즉, 학교급 별로는 초등학생, 중학생, 고등학생, 대학생의 문화로 구분되어 나타날 것이며, 발달 과정상으로 살펴보아도 사춘기 이전과 사춘기, 사춘기 이후 등으로 구분되어 나타날 것이다.

(5) 또래 집단

또래 집단은 비슷한 연령 또는 비슷한 성숙 수준에 있는 아동과 청소년, 청년들이 비교적 밀접한 상호 작용을 주고받는 집단이라고 할 수 있다. 청소년기는 가족 의존적인 성향에서 점차 벗어나 친구 관계에 보다 의존하게 되는 시기인 만큼 청소년들은 자신의 귀속 집단을 만들어 나가게 된다. 비슷한 취향이나 취미 활동을 공유하거나 관심이 비슷한 친구들끼리 자연스럽게 집단을 형성하게 된다.

또래 집단의 기능은 우선 청소년들로 하여금 사회적 지원과 안정감을 제공해주는 역할을 한다. 유사한 발달 과정에 놓여 있는 청소년들은 여러 가지 스트레스와 갈등 해소를 위해 부모보다 또래 집단에 의지함으로써 정서적인 안정감을 제공받는다. 둘째, 또래 집단은 준거 집단의 역할을 한다. 급격한 변화를 겪는 청소년기에는 자신의 경험과 행동을 판단하는데 기준이 되는 준거 집단이 특히 필요하다. 부모와의 갈등이나, 학교로부터 받는 스트레스에 대처하는 방식 등을 준거 집단을 통해 찾을 수 있는 것이다. 셋째, 또래 집단은 보다 성숙한 인간관계를 형성하는 기회를 제공한다. 친구 관계를 통하여 청소년들은 부모와의 관계를 통한 상하 관계에서 배우지 못했던 수평적이고 보다 평등한 관계에 대해 배우게 되는 것이다. 즉, 친구 관계를 통하여 무엇을 기대하고 무엇을 기대하지 말아야 하는지에 대해 배우게 된다. 넷째, 또래 집단은 청소년의 정체감을 추구하는 과정에서 중요한 역할을 한다. 새로운 역할을 시험해보고자 할 때 또래와의 상호 작용을 통해 격려를 받을 수 있고, 이를 통해 긍정적인 자아상을 발견하게 된다. 그러나 또래

집단의 기능이 반드시 긍정적인 것만은 아니며, 바르지 못한 또래 집단에 소속됨으로써 부정적 정체감을 형성하게 될 수도 있다(정옥분, 1998). 이러한 또래 집단은 청소년이 가정에서부터 사회로 적응하는데 중요한 역할을 담당하게 되며, 집단의 성격에 따라, 청소년문화의 특성도 다양하게 나타난다고 할 수 있다.

청소년들이 또래 집단을 형성하는 과정에 중요하게 개입하는 요인으로는 지리적·공간적 근접성, 유사성, 지향성을 들 수 있다. 먼저 지리적·공간적 근접성은 청소년들이 사는 곳이 서로 가깝다든지, 같은 학급이나 같은 학원에 다니는 것이 또래 집단을 형성하거나 유지시키는 주된 요인으로 작용한다는 것이다. 두 번째로 유사성은 성격이나 취미, 신체적 조건, 부모의 사회·경제적 배경, 성적 등이 유사할수록 또래 집단이 형성될 가능성이 높다는 것이다. 마지막으로 지향성은 또래 집단의 활동과 밀접히 관련되어 있다. 즉, 학업에 보다 관심이 있는 집단, 학교 규칙에 저항하는 집단, 놀이나 유행을 지향하는 집단 등 또래 집단이 지향하는 바가 비슷한 경우이다(조성남 외, 2002). 어떤 의미에서는 무엇을 지향하느냐가 비슷한 또래 집단을 형성하기 때문에 두 번째 요소인 유사성을 중심으로 형성되는 것과 엄격히 구분은 힘들다고 하겠다.

(6) 사이버 집단

정보화 사회의 특성을 반영하여 청소년들의 사회집단은 현실에서 뿐 아니라 사이버 상에서 활발히 이루어지고 있다. 청소년들은 인터넷상에서 가상 공동체를 형성하여 자신들의 공동의 관심사를 표명하고 담론을 형성하며, 나아가 실생활에서 지속적인 관계를 유지하기도 한다. 이러한 가상 공동체는 특정 관심이나 지식을 공유하고, 사회집단으로 구체화되면서 현실 사회에서도 큰 사회 세력으로 등장하기도 한다. 청소년들은 이러한 가상 공동체 참여에 있어 성인들보다 훨씬 활발하다. 특히, 시공간적 제약이 비교적 심한 청소년들의 경우 인터넷을 통한 공동체 참여는 시공간적 제약에 구애받지 않고 네트워크를 형성할 수 있으며, 특히 가입과 탈퇴의 구속력이 적고, 자신의 입장을 비교적 자유롭게 표명할 수 있어서 청소년들의 사이버 공동체 형성은 매우 활발하다(정용교, 2003).

특히 기존에는 청소년들의 집단화가 비슷한 관심이나 취미 등을 공유하는 친구들끼리 현실 세계에서 주로 이루어졌다면, 근래에는 비슷한 관심이나 취미를 공유하는 사람들을 만나기 위해 사이버 상의 커뮤니티를 찾고 있는 것으로 나타나고 있다. 한편, 사이버 커뮤니티 참여가 오프라인 상의 집단 유대나 결속력 강화와 직접 연결되지는 않음을 알 수 있다(황진구 외, 2003). 이는 현실에서의 집단 참여와 사이버 상에서의 집단 참여의 기능과 성격이 다름을 반영하는 것이라 할 수 있다. 면대면 접촉이 아닌 사이버 상에서의 집단 참여는 집단 귀속에 대한 부담감이나, 구성원으로서의 책임감이나 의무 등 집단을 통한 문화 공유나 문화 창출의 의미보다는 개인적인 필요성이나 요구에 의해 가입을 하거나 유대를 형성하고 있는 것으로 보인다.

3. 청소년 집단화와 부작용

청소년이 사회집단을 형성하고 자신이 속한 집단에의 참여를 통해 사회화되는 것은 자연스러운 성장 과정의 일부이지만 최근에는 청소년 집단화의 부작용으로 집단적으로 개인을 괴롭히거나 폭력이나 비행문화를 만들어가는 현상이 등장하고 있다. 특히, 특정 집단에 소속됨으로써 자의가 아닌 집단 압력에 의해 특정 청소년을 괴롭히는 사례도 보이고 있다. 이러한 현상은 오늘날의 청소년들이 입시 위주의 지나친 경쟁적 교육 풍토, 각종 폭력물이 난무하는 영상 매체에의 노출, 개별화·원자화된 사회 풍토, 윤리 의식의 부재 등에서 비롯된다고 할 수 있다. 특히 학교에 다니는 청소년들을 중심으로 급우를 괴롭히는 사례들이 빈번하게 등장하고 있으며, 이러한 집단 따돌림은 '왕따' 현상으로 지칭되고 있다.

왕따 현상은 우리사회에 1990년대 들어서 부각되기 시작하였다. 이는 1980년대까지만 하더라도 그리 심각하지 않았으며, 일본이나 유럽 선진국에서 나타나는 사회 현상이라고 여겨졌었다. 그러나 1990년대 후반에 들어서면서 집단 따돌림 현상이 심각하게 나타나게 되었고 이에 대한 논의도 활발하게 진행되어져 왔다. 집단 따돌림 현상은 '아주 큰 것', 혹은 '으뜸', '우두머리' 라는 뜻의 '왕'이라는 접두어와 함께 사용되어져서 왕따라는 용어로 고착화되었고, 이 용어는 비슷한 아류 및 하위 유행어들을 파생시켰다. 예를 들면 '집중 따돌림'을 의미하는 '집따', '은근히 따돌린다'는 '은따', '전체 따돌림'을 의미하는 '전따', '개인적으로 따돌림'을 나타내는 '개따', '평생 따돌림'을 의미하는 '평따' 등의 용어가 있다. 왕따 현상에 대한 연구들에 따르면 집단 따돌림은 특정 지역이나 특정 학교 수준에서만 보이는 현상은 아니며, 지역이나, 학교급, 국가를 불문하고 나타나는 현상이라고 한다. 집단 따돌림의 가해자와 피해자는 개인적 특성에 기반한 것이라는 논의도 있지만, 전반적으로는 따돌림이 일어나는 맥락을 살펴보고 적절한 사회적 개입을 해야 한다는 점이 강조되고 있다. 집단 따돌림의 가해자와 피해자간의 갈등 조정이라는 미시적 상황 해결에만 초점을 맞출 것이 아니라 이러한 현상이 일어나는 보다 넓은 사회 문화적 구조를 제대로 분석할 필요성이 제기된다(박진규, 2002).

청소년들이 다양한 하위 집단을 이루고 다양한 문화를 만들어나가면서 사회화되고, 성인으로 성장하는 것은 바람직하고 이상적인 일이지만, 청소년 집단화의 부작용으로 집단에 소속되지 못하는 소수자를 만들어내고, 이들을 낙오시키며, 가해하는 일이 발생하는 것은 건전한 문화화의 과정이라고 할 수 없다. 이러한 현상을 막기 위해서는 전반적인 학교교육과정의 개선과 함께 사회 전체적인 의식구조 개선이 필요하다. 성인 사회의 단순한 집단의식, 즉, 우리 편이냐 아니냐를 따지는 이분법적 도식을 버리고, 다양한 사회집단과 다양한 의견을 가진 구성원이 서로 공존할 수 있는 분위기를 만드는 것이 중요하다고 하겠다.

〈주요용어 해설〉

- 신세대 : 1970년대의 근대화와 경제적 풍요, 1980년대 정치 민주화를 배경으로 다양한 자기표현과 소비를 하며 출현한 집단이며, 지식정보사회의 도래와 글로벌화의 가속으로 이들의 사고와 표현은 더욱 다양해진다. 이들은 영상세대이며, 대중문화의 다양한 이미지와 스타일을 적극적으로 소비함으로써 자신들의 문화적 정체성을 구현하고 있다.
- 신세대 가치관 : 부모세대나 기성세대에 비해 다양성과 관용성을 지향하며, 탈권위주의적이고 개인주의적 지향성을 보이며, 부모세대와 분리되어 탈전통, 탈근대화의 특징을 보인다.
- 세대 : 연령이나 생애단계, 부모-자녀관계, 역사적 경험을 공유하는 사람들을 의미한다.
- X세대 : 캐나다 작가 더글러스 커플랜드의 소설 「제너레이션 X」에서 유래되었으며 북미에서 65~76년에 태어난 세대로 물질적인 풍요 속에서 자기중심적인 가치관을 형성했고 TV와 컴퓨터의 영향을 받은 세대로 "마땅하게 정의할 용어가 없다"는 뜻에서 X라는 글자가 붙여졌다.
- N세대 : 'N'은 Network, New, Next, Newtype, Netizen 등 여러 의미를 뜻하며 핵심은 컴퓨터, 인터넷, 이동전화와 같은 디지털 미디어를 매개로 커뮤니케이션을 하여 스스로 역동적 체계를 발전시킨 정보화 세대를 뜻한다.
- R세대/W세대 : 2002년 한일월드컵 개최를 계기로 등장한 세대로 R세대(Red Generation) 혹은 W세대(Worldcup Generation)라고 불린다. 월드컵을 계기로 거리 응원의 모습으로 광장에 나타나면서 문화적 충격을 준 청소년들이 원류로 집단적인 붉은 티셔츠, 태극기 패션, 록 스타일의 애국가, 보디페인팅 등 사이버공간에서나 일어날 것 같은 일들을 열린 광장으로 과감히 끌어내어 기성세대는 생각하지 못하던 문화적 충격을 준 세대이기도 하다.
- 매니아 : 기성세대의 생활방식과 규범에 대비되는 행동 특성을 보이며, '사

이버 신인류', '폐인', '디지털 세대' 또는 '오타쿠' 등의 다양한 용어로 언급되는 집단이다. 특정한 분야에 심취하여 몰입함으로써 전문가적인 지식을 보유하고 있으며 인터넷의 등장으로 네트워크가 형성되어 지식 정보를 공유하며, 사이버 공간을 자신의 생활터전으로 삼는다. 이들은 적극적인 대중문화 수용자이며, 이들은 단순히 컴퓨터나 인터넷에 익숙한 청소년이나 아이들이 아니라 우리 사회에서 새로운 질서와 규범을 만들어 가는 사람들이다.

제 3장 청소년과 학교문화

본 장은 청소년 성장과정의 주요 공간이자 핵심 장소인 학교문화의 특성을 살펴보는데 그 목적이 있다. 구체적으로는 오늘날 학교교육 장면에서 나타나는 학교 구성원들의 삶의 장면들을 문화라는 얼개를 중심으로 분석하고 최근 새롭게 제기되는 학교에서의 학생 권리 주장을 청소년복지라는 개념에 기초해 향후 학교현장과 우리사회가 당면하고 있는 과제들을 밝히고자 하였다. 이런 목적을 달성하기 위해 먼저 선행연구문헌들을 통해 청소년복지란 개념을 살펴보고, 구성원에 따른 학교문화의 특성을 탐색하였다.

학습초점

- 청소년에게 있어 학교는 어떤 의미를 가지는가?
- 청소년복지란 개념을 설명할 수 있는가? 아동복지와 청소년복지는 어떻게 다른가?
- 구성원을 중심으로 학교문화의 특성을 설명할 수 있는가?
- 학생문화와 청소년문화의 개념과 의미는 무엇인가?
- 청소년 복지실현을 위한 학교문화의 과제를 설명할 수 있는가?

1절 학교교육과 청소년의 삶[1]

학교는 청소년 삶의 주요 공간이다. 2021년 현재 9~24세의 청소년 인구 830만 6천 여명 중 학령인구(6~21세)는 약 770만명이다. 초등학교 이상 대학교까지 각급 학교에 재학 중인 학령인구는 706만2천명으로 학령인구의 약 91.7%를 차지하고 있다(여성가족부, 2022). 청소년의 주요 생활환경 중 학교는 가정을 제외하고 청소년의 하루 일과 중 가장 많은 시간대를 보내는 공간이다. 삶의 양식을 문화라는 포괄적 개념으로 포섭한다면, 단연 청소년문화의 대부분은 학교라는 공간에서 생산된다고 간주할 수 있다.

하지만 학교는 청소년에게 만족스러운 문화공간인가? 이 질문에 대해 청소년의 응답은 그다지 낙관적이지 않다. 여성가족부(2014; 2017; 2020) 청소년 종합실태조사에 따르면 현재 다니고 있는 학교생활이 만족스럽다는 긍정적 응답은 2014년 85.9%, 2017년 88.3%로 증가하였다가 2020년 83.0%로 5% 감소하였다. 2020년 학교생활 만족이 다소 감소한 것은 코로나 19 확산으로 학교생활이 원활히 이루어지지 못한 결과일 수도 있다. 그러나 학교를 다니는 청소년들은 학업 스트레스, 진로부담감 등은 물론이고 교육내용 및 교육방법, 학교시설 및 설비, 학교 주변 환경 등 학업에 관련된 항목들과 교사 및 또래와의 관계 등으로 인한 스트레

1) 이 장은 필자가 집필한 한국청소년정책연구원(2015) 『청소년문화론』의 3장의 내용을 중심으로 재구성하였음을 밝힙니다.

스, 학교 부적응 문제 등을 안고 있다. 실제로 청소년들은 학교가 입시 준비에나 도움이 될 뿐 인격 형성이나 적성·소질 계발에는 별 도움이 안 된다고 생각하며(박효정 외, 2003: 57), 교사와의 의사소통 및 상호 이해가 부족하다고 판단하는 청소년이 더 많은 것으로 나타나고 있다(박효정 외, 2002). 심지어 공식적 교육의 중핵 기능을 담당하고 있는 오늘날의 학교교육이 이른바 학력주의(學歷主義)란 미명아래 제 1의 공리이자 가치라 할 수 있는 학습자의 '전인 발달'을 일찍이 포기한 채 청소년 일탈을 조장하는 주요 원인 공간이란 모진 비판도 감수해야 했다(한준상, 1996: 275).

당초 학교교육에 대한 사회적 합의는 청소년 개개인의 수준에서 어엿한 사회구성원으로의 안착을 목적으로 하는 문화의 내면화 과정 곧, 학교교육과정을 통한 사회화(socialization) 또는 세대와 세대사이의 삶의 전승을 의미하는 공식적인 문화전계(enculturation)에 있다. 이러한 내면화 과정에 청소년 각자의 삶의 질을 실질적으로 높이고, 학생의 포괄적 권리까지 인정해야 한다는 요구마저 등장하면서 오늘의 학교는 학교교육이 본래부터 지향하는 '전인발달(全人發達)'(McLaren, 1989)은 물론, 청소년 삶의 질적 수준을 개선하는 주요한 삶의 공간으로 변환할 것을 요구받아 왔다(최윤진, 1998; 유네스코 한국위원회, 1998). 이러한 요구는 학업 청소년을 중심으로 제도적·비제도적 교육장면에서 구체적으로 나타나고 있다. 이를테면 형식적 교육장면에서 나타난 두발 자유화 운동, 학생회 법제화, 학교 운영위원회의 학생 참여권 요구, 학교 교칙 제·개정 과정에서의 학생 의견 수렴 요구, 정당하지 않는 학생 체벌금지 요구 등으로 구체화되었으며, 심지어 교실붕괴, 학교붕괴 등의 일탈적 사회행동으로도 비추어지기 시작하였다. 또한 비형식적 교육장면에서도 탈학교 및 학력철폐운동, 자발적 학업중단 현상, 대안학교 및 대안교육 공간 요구 등으로 확산되었다(한국청소년단체협의회, 2002: 9-48). 이러한 일련의 현상은 교육 및 사회 장면에서 적지 않은 파장과 이슈들을 생산하였고 실제로 대안학교 인정 및 도시형 대안학교의 출현(서울시대안교육센터, 2002), 학업중단청소년지원협의회 구성(김규태, 2002, 49-69; 문화관광부,

2004), 학교 밖 청소년 지원에 관한 법률 제정(2014.5) 등 실제의 현실 변화도 가져오게 하였다.

본 장은 이러한 문제의식을 바탕으로 오늘날의 교육현장에서 나타나는 학교 구성원들의 삶의 스펙트럼을 문화라는 틀을 중심으로 분석하고, 최근 새롭게 제기되는 학교에서의 학생권리 주장을 청소년복지라는 개념에 기초해 향후 학교현장과 우리 사회가 당면하고 있는 과제들을 밝히는데 그 목적이 있다. 이러한 목적을 달성하기 위해 먼저 청소년복지란 개념에 대해 선행연구문헌을 중심으로 기존의 개념들을 정리하고, 새롭게 제기되는 청소년복지의 요구가 학교현장과 어떠한 관련성을 갖고 있는지에 대해 검토하고자 한다. 또한 오늘의 학교현장이 어떠한 문화적 특성을 함의하고 있는지에 대한 분석적 작업을 학교 구성원을 중심으로 살펴보고, 각 영역의 특성을 논의하고자 한다. 특히 그 동안 청소년문화로 가늠되었던 학생문화가 오늘날의 청소년문화와는 다른 구도로 제한적인 속성을 갖고 있으며, 이와 밀접한 제한된 청소년에 대한 사회 인식을 지적함으로써 결국 오늘날 청소년의 삶의 질을 개선하기 위해 대두되는 학교 및 사회적 차원의 과제와 대응방안을 구안하고자 하였다.

2절 청소년복지와 학교교육

학교란 현장은 청소년의 안녕을 위한 주요 공간이자 범주로 이해될 수 있다. 아니 학교는 청소년복지의 중심 주제이자 주요 공간으로 보아도 무방하다. 왜냐하면 청소년들은 생활시간의 절대량을 학교에서 보내고 있고, 청소년 인구의 대다수가 학업 청소년이기 때문이다. 또한 학교란 공간은 청소년들에게 갈등을 야기하는 주요한 사회구조적 요인 중의 하나이며, 학교생활의 만족도에 따라 그 시기의 삶의 질이 결정된다. 학교생활에 부적응하는 아이들의 상황은 여전히 위기적이며, 최근 이주배경 청소년 및 중도입국 청소년 등 새로운 학교생활 부적응 유형도 급증하고 있는 추세이다. 더욱이 청소년의 인권과 참여를 중시하는 최근의 국내외 추세는 포괄적인 청소년의 권리를 학교 공간에서도 수용하기를 요구하고 있다. 따라서 청소년의 삶을 질적으로 개선하고 안녕을 공고히 하기 위해 학교라는 현장을 제외할 수 없으며 오히려 주요한 삶의 현장이란 점을 청소년복지란 측면에서 인식할 필요가 있다. 하지만 전통적으로 청소년복지란 주제를 연구해 온 사회복지학에서는 청소년복지의 관점에서 구체적으로 학교란 공간을 주목한 바가 미흡하고, 사회적으로도 학교란 공간은 청소년의 권리와 상충되는 영역으로 보는 관점이 우세하다. 이러한 흐름과 관점은 학생이 아닌 청소년으로서의 삶(문화)을 학교를 중심으로 이해하기 위해서는 적절하지 않다. 따라서 이 절에서는 청소년복지의 관점에서 학교라는 공간을 바라보아야 하는 입장이 왜 필요하며, 어떻게 보아야 하는지에 대한 논의를 하고자 한다.

1. 청소년복지의 개념

우리 사회에서 청소년복지란 개념이 나타나게 된 것은 그리 오래 전 일은 아니며, 청소년복지란 개념이 사용되기 전에는 아동복지에 포함되거나 아동복지의 연장선상에서 다루어져 왔다(이종복 외, 1998: 303). 또한 청소년복지는 전통적으로 복지서비스의 수혜 대상을 한정하여, 이른바 어려운 청소년 혹은 국가 유공자 자녀 및 제대 군인 자녀 등 사회적 지원이 필요한 대상으로 제한해 왔다. 특히 청소년복지에는 '청소년의 삶의 안녕 보장'이란 말뜻과는 달리, 전통적으로 빈곤아동, 다문화청소년, 가출 및 학업중단 청소년 등 소수의 취약계층 청소년을 중심으로 상담 및 복지서비스를 받아야 하는 대상으로 삼아 현실적으로는 청소년의 삶 대부분을 차지하는 학교 장면에 대한 접근은 비껴나 있었다. 그러나 청소년의 삶의 질에 대한 인식의 전환이 요구되면서 청소년복지의 정체성 확립에 대한 연구관심이 나타나게 되었고, 동시에 학교현장에 대한 탐색도 시도되기 시작했다. 또한 제한적인 청소년들에 대한 복지적 접근이 아닌, 일반 청소년 모두의 삶의 질적 개선을 위한 적극적인 접근도 시작되었다.

아동복지와 구분 없이 사용되던 청소년복지 개념이 구체화 된 것은 1980년대, 보다 명확히 말하자면 '청소년 건전 육성'이 국가정책의 주요 목표로 등장하게 된 1985년부터이다. 유엔(UN)은 1985년을 세계 청소년의 해로 제정하였고, 청소년 정책을 주요 정책의 하나로 다룰 것을 각 회원국가에게 권고한 바 있다. 이에 우리정부도 이때부터 청소년정책을 국가의 주요정책 중 하나로 다루기 시작하였다. 이후 1987년 '청소년육성법', 그리고 1991년의 '청소년기본법'의 제정은 청소년이라는 특정 인구계층에 대한 전 국가적·사회적 관심을 모으게 된 계기였으며, 이 시기를 기점으로 하여 청소년복지라는 독립적 개념에 대한 학문적, 실천적 접근이 시도되었다. 그러나 청소년복지를 언급하는 학자와 이론가들의 학문적 기반이 여전히 사회복지학 혹은 아동복지학에 기초함으로써 '아동복지와 다른 청소년복지'에 대한 본격적인 개념화가 이루어지는 시기는 1990년대 중반으로 늦추어지게 되었다.

초기에는 청소년복지란 개념이 사회복지 현장에서 요구되는 실천적 주제였다. 달리 말해 초기에는 청소년복지라는 개념이야말로 사회복지실천의 현장에서 요구되는 주제어 중 하나였다. 이수민(1968: 2)은 청소년복지를 "청소년의 신체적·정신적 건강과 인격의 성취"라는 다소 추상적이고 포괄적인 정의로 언급하면서, 이를 위해서는 지역사회의 모든 기관과 시설, 특히 보건·교육·사회복지 분야의 기관과 시설이 적절한 프로그램을 통해 수행되어야 한다고 하였다. 그의 청소년복지란 개념과 영역에 대한 논의에는 학교교육에 대한 지원이 일부 포함되고 있지만, 대체로 청소년의 복지 욕구를 충족시키기 위한 주요 주체는 역시 학교 외적 기관과 시설이 중심이 되는 한계를 갖고 있었다.

김치묵(1977: 43)은 청소년복지를 "청소년의 인격 형성에 중요한 영향을 주는 교육·환경·보건·직업·인간성 회복·여가선용 등을 복지적 차원에서 현재의 상황을 검토하여 앞날을 위하여 반드시 고려되어야 할 문제 등"으로 제시하였다. 하지만 그는 청소년복지와 아동복지에 관한 개념 구분을 시도하지 않음으로써 결정적으로 복지 대상의 주체가 중복되고 따라서 청소년복지가 갖는 아동복지와의 차별적 측면들을 구명하지 못한 한계를 가졌다. 그러나 청소년복지의 주제를 '인격 형성에 영향을 주는 제 요인'으로 구체화시킴으로써 청소년복지에 대한 논의를 한 단계 더 진전시켰다.

김성이(1993: 4-6)는 청소년복지에 대한 시각 전환이 필요하다고 전제하면서, 청소년복지를 '잔여적 개념'과 '제도적 개념'으로 구분하여 살펴보았다. 즉, 청소년 욕구와 경제시장 간의 상호 작용에 적응하지 못함으로써 문제 현상이 빚어질 때 이를 충족시켜주는 것을 잔여적 개념의 청소년복지라 하였고, 반면에 정상적이고 일반적인 청소년들 모두가 갖는 공동의 인간적 욕구를 충족시켜주는 것이 제도적 개념으로써의 청소년복지라 정의하였다. 여기서 잔여적 개념은 사회적 기능을 제대로 수행하지 못하는 일부 계층에게 프로그램과 서비스를 시혜적으로 제공하는 것으로 그 대상과 방법에 있어서 제한적이며 지금까지 사회복지 현장에서 주로 사용되어진 개념이라고 지적했다. 반면에 제도적 개념은 일부 청소년이 아닌 모든 청소년을 대상으로 청소년 환경을 포함하는 적극적·예방적 개념으로 보았다. 그는 제도적 개념으로써의 청소년복지에 동의하면서 청소년복지란, "가정이나 사회로부터 버려지거나 적응하지 못하는 청소년들뿐만 아니라 모든 청소년들의 안녕에 관심을 갖는 것"으로 이해했다. 그러나 그 역시 아동복지와의 차별성에 대한 논의는 생략한 채 사회복지학적 관점에서의 청소년복지의 개념을 확립하는데 그치고 마는 한계를 가졌다. 물론 그는 청소년복지 연구가 정상 과학으로서의 패러다임을 형성하지 못함으로써 아직까지 학문적 정체성을 갖추지 못했다고 지적하였지만(김성이, 1990: 8-11), 이러한 지적은 여전히 아동복지와의 경계선을 긋는 데에는 실제적인 효용이 부족하였다.

아동복지와 청소년복지의 구분에 대한 본격적인 접근은 이용교로부터 시작하였다. 이용교(1993: 11)는 개념상의 구분이 "청소년과 아동의 연령을 어떻게 구분하느냐"와 "청소년복지의 정체성을 어떻게 확보하느냐"에 달려있다고 주장하였다. 여전히 청소년복지란 개념을 사회복지학의 영역에 두는데 동의하고 있지만

(이용교: 1998), 처음으로 청소년복지의 영역에 대한 독자적 정체성의 필요를 제기함으로써 논의의 범주를 확장한 것은 적지 않은 시사점을 주었다.

그러나 청소년복지가 아동복지와 어떠한 점에서 상이한지, 그리고 어떠한 복지서비스가 필요한지 등에 대한 청소년복지의 독자적인 영역 구축과 그 필요성, 정책적 지원 부문에 대한 구체적인 논의는 노 혁(1998)이 제기하였다. 그는 기존의 아동복지학적 관점에서 제한적으로 사용되어왔던 청소년복지의 개념이 현재의 시대적 요청과 상황에 적극적으로 부응하지 못하고 있음을 지적하면서 구체적으로 청소년복지의 개념과 정체성을 세우는 시도를 하였다. 그에 의하면, 청소년기는 인생에 있어 가장 중요한 노동력 함양의 시기이며, 동시에 청소년에게 주어진 가정의 환경과 상황에 따라 장차 삶의 방향이 좌우되는 중요한 시기로 간주되었다. 따라서 향후 양질의 노동력을 양성한다는 정책적 차원에서 청소년 혹은 청소년복지에 대해 공공복지서비스가 관심을 가져야 하며, 이러한 부문들이 아동복지와 차별성을 갖고 있는 것이라고 주장하였다. 아동복지와의 명확한 금 긋기를 시도한 그로서는 청소년복지의 독자적인 영역의 모색과 구체적 시기의 시작을 1987년 청소년육성법의 제정으로부터 찾으면서 이후 한국청소년기본계획 수립에 따라 3대 사업의 하나로 청소년복지가 제시되면서 청소년복지란 개념과 영역이 그 독자성을 확보하기 시작했다고 평가하였다. 그러나 그는 지금까지의 의욕적인 정책 의도와 비교할 때 청소년복지는 기존의 복지사업과 크게 다를 것이 없다고 보았다. 따라서 청소년복지의 개념과 그 독자적 정체성이 확립되기 위해서는 첫째, 아동과 다른 청소년의 특징에 기초하고, 둘째, 아동과 다른 사회변화 및 청소년의 역할 변화를 중심으로 사회적 지원과 정책적 고려가 이루어져야 한다고 지적하였다. 이러한 논의를 바탕으로 그는 청소년복지는 청소년의 올바른 성장과 발달에 목적을 두고 이를 위해 공동의 노력과 참여가 전제되어야 한다고 주장하였다.[2)]

---

2) 노혁은 '아동복지-청소년복지'에 대한 개념적 차이에 대한 논의를 Kadushin의 아동복지란 개념 정의를 차용하면서 출발하고 있다. Kadushin은 아동의 건강과 교육, 유해환경으로부터의 보호는 국가의 임무이며 따라서 아동복지의 대상은 주로 부모와 자녀간의 사회적 역할 수행이 부족하거나 미비한 아동들이라고 보았다. 반면에 노 혁은, 청소년은 가족으로부터의 보호와 지원이 아동

아동복지와의 일정한 성공적 결별을 선언한 노혁은, 그러나 사회적 지원과 정책적 고려라는 측면에 있어 여전히 학교교육의 외적 영역을 강조하였다. 물론 그는 향후 요구되는 청소년복지 지원 서비스 내용에는 학교사회사업, 직업교육 프로그램 등을 포함하였지만 학교교육 현장의 혁신적 변화에 대한 언급을 하지 않음으로써 학교교육의 중핵적 변화가 아닌 측면적 변화로부터 그 해결 방안을 찾는데 그쳤다.

청소년복지의 정체성을 청소년학의 정체성과 연결시키고자 했던 조흥식(1999)은 노혁의 정의에 기초해 청소년복지는 "청소년기의 특성을 고려함으로써 아동이 아닌 청소년을 대상으로 하여 그들의 복지를 위하여 국가를 비롯한 사회구성원 전체가 행하는 사회복지의 하나"라고 정의하였다. 그러나 그 역시 청소년복지를 강화하기 위한 정책의 대상 영역에 여전히 학교교육 현장을 적극적으로 다루지 못한 한계를 갖고 있었다.

지금까지의 논의를 통해 청소년복지란 개념과 연구 내용들은 한 결 같이 학교교육이란 현장을 주요하게 다루지 않았음을 알 수 있다. 사실, 이 점은 사회복지학으로부터 학문적 세례를 받은 청소년복지의 '태생적 한계'였다. 그러나 청소년복지에 대한 새로운 개념 정치의 요구가 높아지고, 사회복지학의 관심 영역이 보다 포괄적인 영역으로 확산되어 가는 실정에서 학교현장은 청소년의 삶의 질을 개선하기 위해 적극 포섭해야 할 현장으로 계속 대두되었다. 더욱이 실제 청소년 삶 현장에서 학교는 청소년의 주요 권리를 획득하고 인정받아야 하는 절실한 공간으로 부상하기 시작하였다. 그럼에도 불구하고 청소년복지란 주제로 수행된 연구들은 대체로 청소년의 일탈과 비행 등 '청소년문제'와 '어려운 청소년'에 대한 연

보다 현저히 적음으로 인해 청소년복지란 개념은 근본적으로 아동복지와 다르다고 보았다. 즉, 청소년들은 아동과는 달리 가정의 역할과 영향이 적으며, 반면에 독자적으로 생산과 소비 그리고 문화 등 다양한 사회 분야에 영향을 미칠 수 있다는 점에서, 청소년에 대한 가정의 지원보다는 오히려 사회의 지원과 지지가 요구된다고 보았다. 다시 말하자면, 아동복지에 비해 청소년복지는 사회의 지원과 지지망의 구축이 더 많이 요구되는 복지 대상이란 점이다(Kadushin(1974). Child Welfare Service. New York : Macmillan. 노 혁(1998)에서 재인용).

구가 주류였고, 학교를 포함한 전체 청소년 삶에 대한 접근은 미흡한 실정이다. 특히 1990년대에 들어와 청소년복지에 대한 연구가 양적으로 증가하고 질적으로 심화되면서 청소년복지가 일부 문제 청소년이나 요보호 청소년에서 벗어나 전체 청소년의 학습과 생활로 확산되었지만, 최근의 논의들조차도 학교교육을 정면으로 다루고 있는 연구들은 쉽게 발견할 수 없다(이용교, 1998: 83-87). 오히려 학교생활과 학교교육이란 주제는 사회학과 교육학, 심리학 등에서 강세를 띠고 있을 뿐이다.[3)]

2. 학교현장에 대한 접근의 필요성

청소년에 대한 인식의 변화는 청소년 연구영역의 확장과 접근 방식의 다양화로 연결된다. 청소년학(Youthology)[4)]의 정립이 요구되는 요즘, 학교는 청소년을 이해하기 위해서는 비껴갈 수 없는, 반드시 탐색해야 할 공간이다. 그러나 지금까지

3) 교육학과 사회학에서 학교교육에 대한 논의들은 전통적으로 강세이다. 한 개인이 사회의 한 구성원으로의 성장과 발달을 이루는 주요한 장소로 학교를 인식하고, 학교의 기능 역시 문화의 세대전수로 규정하는, 이른바 파슨스(Parsons)를 위시한 기능주의적 이론들과, 혹은 지배 이데올로기의 재생산적 기능을 중심으로 학교교육을 바라보는 갈등론적 논의들이 초기의 학교교육 담론들을 대표하고 있다. 1990년대 이후에는 학교라는 교육현장과 학교 외의 장면에서 발생하는 청소년문화와 관련된 논의들이 주를 이루었다(조혜정(1996). 학교를 거부하는 아이, 아이를 거부하는 사회. 서울: 또 하나의 문화; 한준상(1997). 동숭동의 아이들: 청소년의 파격문화. 서울: 연세대출판부). 반면에 심리학에서는 학교교육이 개인과 집단의 의식과 가치관, 그리고 행동에게 미치는 심리역동성에 대해 관심을 두고 있다.

4) 청소년학의 학문적 정체성이 확실히 정립되었다고 볼 수는 없다. 청소년관련학과, 한국청소년학회, 한국청소년정책연구원(구 한국청소년개발원)의 연구자들을 중심으로 청소년학의 학문적 정체성을 세우기 위한 시도와 노력이 지속되었지만 완전한 학문의 범주에서 바라본다면 여전히 진행형 상태이다(차경수(1998). “청소년학 연구의 전망과 과제”, 청소년학 연구. 5(2). 서울: 한국청소년학회; 한국청소년학회(1999). 청소년학 정체성 확립의 방향과 과제. 1999 학술대회 보고서(1999. 2. 23). 서울: 한국청소년학회; 권일남(1999). “청소년지도의 학문적 정립방향에 대한 일 고찰”. 한국청소년연구. 9(2). 서울: 한국청소년개발원; 한준상(1999). 청소년학 연구. 서울: 연세대학교 출판부). 특히 이 주제에 대해서는 이미리 외(2014). 청소년학개론. 서울: 학지사: 41-83을 참고할 것.

의 논의가 그러했던 것처럼 청소년복지에 대한 선행연구들의 접근은 학교란 삶의 공간을 탐색하는데 적극적이지 않았다. 또한 학교의 청소년 삶에 대해 다른 학문과의 연계 작업을 수행하는데 인색했다. 어쩌면 이러한 양상들은 근대 이후 대중교육의 확산 과정에서 내면화된 학교에 대한 불확실한 믿음으로부터 비롯되었는지도 모른다. 즉, 학교가 청소년에게 있어서는 숭고한 배움터이자 안전한 공간이며 반면에 학교 외의 장면은 청소년의 건강한 성장과 발달을 저해하는 공간 요소로 간주하는 편향된 인식의 산물이 그간 학교를 청소년 삶의 안녕과 연계시키는데 중요한 장애가 되었을 것이다. 이른바 숭고한 이념으로 무장된 학교라는 제도적 장치만으로도 학생 개인의 삶의 수준을 높일 수 있고, 사악함과 유해함으로 가득 찬 학교 외의 장면에서는 사회로부터 도태되거나 낙오되기 쉬운 소수의 청소년들을 구호적 차원에서 배려해야 한다는 인식이 있었기 때문인지도 모른다. 그래서 개인의 복리 증진을 위한 지원은 학교라는 장면을 비껴나야만 했고, 따라서 학교라는 현장에서 정작 낙오되고 도태되는 아이들은 그 흔한 복지지원은커녕, 무능력자라는 낙인과 홀대, 냉소를 묵묵히 이겨내든지, 혹은 자포자기적인 심정으로 절망의 늪으로 가라앉을 수밖에 없었다.

청소년의 학교생활을 이해하기 위해서는 하나의 학문적 패러다임에서 접근하기보다는 간학문적 접근을 통한 중층적 이해가 요구된다. 이러한 의미에서 삶의 실천 영역에서 학교와 학생에 대해 적극적으로 개입할 필요가 있다는 주장은 설득력을 갖는다. 김기환(1996: 164-165)은 학교로부터 사회 구성원에게 부여되는 학습 권리, 자아실현의 기회 부여 등은 사회사업의 궁극적 가치 체계인 배분적 사회 정의와 인간의 존엄성 실현이란 사회사업의 목적과 부합하고 있으며, 응용 실천학문인 사회사업학이 전문직으로서의 정체성을 확보·유지하기 위해서는 교육학이나 상담학 등의 인접 학문 등을 응용해야 한다고 논의하였다. 그는 실제 학교현장에서 보이는 교육제도의 병폐 등으로 인해 학생들은 심리적 스트레스를 받고 있으며, 자아실현과 잠재력 계발이 저해되는 치명적인 위기에 빠져있다고 보았다. 따라서 학생들의 자아실현과 잠재력 개발을 저해하는 학교제도나 환경을 변화·개선시키기 위해서는 학문 간의 긴밀한 협조체계를 이루어 학교라는 현장에 개입함으로써 좁게는 학교가 자신에게 주어진 사회적 기능을 완수하도록 원조하고 궁극적으로는 교육의 목적을 달성할 수 있도록 적극 지원해야 한다.

이제 청소년들의 삶을 개선하고 상실된 그들의 권리와 인격을 회복하기 위해서는 학교란 영역과 학교교육을 받는 청소년에 대해서도 정면으로 조망해야 한다. 청소년 시기가 반드시 학교교육을 이수하는 시기라고 한정할 수는 없지만 청소년 시기에 있어서 학교교육은 대단히 중요한 환경 변수로 작용하며, 학교교육 장면으로부터 일탈되거나 적응하지 못하는 청소년들도 역시 당연히 사회적인 관심과 도움을 받아야 한다. 왜냐하면, 이들에게 불리하게 작용하는 삶의 요소들을 제거하고 이 시기에 건강한 성장과 발달을 완성할 수 있도록 지원하는 이 모든 것들이 건강한 청소년문화의 구현과제이기 때문이다.

3 절 학교문화 특성에 대한 이해

1. 구성원을 중심으로 본 학교문화의 특성

문화란 개념은 "인간행위를 위한 일련의 지침이나 지표"(Kluckhorn, 1962; Mead, 1978), 혹은 "한 인간이나 시대 또는 집단의 특정 생활방식"(Williams, 1983)으로 이해된다. 곧 문화란 인간행위의 준거이자 사회적 규범으로써 사회 구성원의 명시적 혹은 묵시적 합의와 인준에서 비롯되는 인간의 산물이다. 또 문화란 개인의 행동·사유의 자유권과 사회체제의 수용가능 영역이 맞물리는 접점지대에서 그 가치가 결정되며, 동의되는 수준과 범주를 의미하는 보편성에 따라 그 의미가 다르다. 그래서 문화에는 보편성이 널리 인정되는 준거문화(standard culture)와 이에 대한 반동적 성격의 대항문화(counter culture), 준거문화와는 목표와 내용에 있어서는 일정 부분 공유하면서 표현 등 방법론 상의 이질성을 특성으로 하는 대안문화(alternative culture), 그리고 준거문화에 뿌리를 두되 영역의 독자성이 성숙되지 못하거나 성숙과정 중에 있는 하위문화(subculture)로 구분할 수 있다(Roberts, 1978).

일견, 학교문화는 사회 구성원의 일정한 합의를 중심으로 학교 구성원, 그리고 사회 구성원간에 보편성이 인정되는 준거문화적 특성을 갖고 있는 것처럼 보인다. 여기서 학교교육에 대한 사회 구성원의 합의는 "학교 혹은 학교교육이 사회에 어떠한 기능을 해야 하는가"라는 이른바 '학교교육의 기능'과 학교장면에서 무슨 내용을 가르치고 어떻게 학습할 것인가라는 '교육과정'(curriculum)에서 대표적으로 나타난다. 이 중 학교가 갖는 사회적 기능과 역할은 근본적으로 학교교육의 정당성 여부를 가늠하는 기준으로써 그 기능에 따라 학교는 학생들에게 무엇을 어떻게 가르칠 것인가에 대한 구체적인 내용, 즉 교육과정을 결정한다. 이 두 가지 측면은 오늘날의 학교교육이 갖는 효용성과 효과를 결정하는 것으로 두 가지 모두 사회 구성원의 합의를 전제한다. 사회 구성원 모두가 이러한 합의를 한 후 이로부터 교육의 책무를 일임 받은 교육행정 관료와 교사집단, 그리고 학업청소년의 교육 수요를 실질적으로 지원하는 학부모 집단 간에는 상호 인정하는 범주에서 학업 청소년의 교육을 결정하기 때문에 대체로 학교문화(학교 내의 삶의 양식)는 일정한 보편성을 근간으로 하는 준거문화적 특성을 보인다.

그러나 현실은 그렇게 간단하지만은 않다. 왜냐하면 학교라는 공간에는 교사와 학업 청소년이란 두 집단이 주요 구성원으로 자리하고 있으며, 이들 간의 복합적인 상호작용에 따라 이질적인 문화적 양태들로 다시 구분되기 때문이다. 즉, 구성원에 따라 학교문화는 교사와 교사간의 문화(교사문화), 교사와 학생간의 문화(수업문화), 학생과 학생간의 문화(학생문화)로 다시 세분화되며, 따라서 학교문화에는 이들 세 문화영역을 중심으로 각기 다른 문화양식과 특성들이 혼재하고 있기 때문이다. 따라서 학교문화를 단순히 준거문화적 특성의 문화 지대로 바라보기보다는 각 구성원들의 삶의 양식에 근거하는 다양한 문화적 다중 지대로 살펴보는 것이 바람직하다.

(1) 교사문화의 문화적 특성

먼저, 교사집단은 교육의 책무를 사회 구성원으로부터 일임 받은 주체이다. 학교라는 공간에서 구조적으로 상층에 존재하는 이들은 교육현장에서 성장세대들에게 사회가 요구하는 규범들을 있는 그대로 전수시켜야 하며, 그 규범이 지식의 형태로 나타나게 될 때 교육의 효과성과 효율성에 주목하게 된다. 학교 조직이 보다 관료화되고 형식화됨으로써 교육을 담당하고 있는 교사들이 학생들에게 요구하고 있는 것은 마치 제품 생산의 공정과정을 연상시키는 일련의 통과적 절차와 통제성을 지니고 있다.

통과의례 장면으로서의 교육현장은 마치 생산성을 최고의 가치로 여기는 공장에서 노동자들에게 요구하는 것들, 말하자면 시간 엄수(punctuality), 규율 엄수(regularity), 주의집중(attention), 침묵의 강요(silence) 등과 같은 통제양식이다(Hechinger, 1992). 여기서 교사는 생산현장의 관리자 모형을 따르며, 적절하고 효과적이며 효율적인 관리 지배양식은 능력 있는 교사의 자격 기준으로 대치된다. 또 학교의 기능과 역할은 '무엇을 배웠는가'라는 효용적 가치보다는 '어떤 졸업장을 받았는가' 라는 서열적 가치가 중시되면서 점차 약화되기 시작했다. 지배자 중심의 관리자 모형이 그러하듯, 학습자는 단순히 교육의 객체화로 대체되고, 학습과정보다는 결과중심의 평가로부터 자유롭지 못하다.

이러한 교사집단의 지배 관리적 분위기는 내부적으로도 위계적 질서와 획일성이라는 특성을 갖는다. 우리나라 학교현장에서 교사간의 위계성은 교장−교감−부장(주임)교사−평교사로 이어지는 단선형적 위계질서로 편제되어 있고 이러한 위계질서는 공적인 관계에서만이 아니라 일상에까지 확산, 강조되는 경향이 있다(정향진, 1992: 63−64). 서로 공통된 목적과 의무감으로 무장되어 있는 교사집단의 이 같은 위계적 문화양식은 형식적인 절차와 과정에 치중하고, 목적의식에 근거한 생활양식 역시 획일성으로부터 벗어나기가 쉽지 않다. 물론 교사들의 자율성을 강조하는 추세가 최근 두드러지게 나타나고 대안교육 및 대안학교란 특수한 교육환경에서는 이런 경향과 현상이 매우 약화되기도 하지만, 아직까지 교사문화는 일정한 영역으로부터 벗어나거나 일탈하는 것을 용납하지 않고 보편성과 기준양식을 주축으로 삼는 준거문화적 특성을 지닌다.

(2) 수업문화의 문화적 특성

교사와 학업 청소년이 만나는 교실 장면에서 나타나는 수업문화 역시 교육내용을 효과적으로 전수시켜야 하는, 교육의 책무성이 연장되는 공간이자 학업의 성취도를 확인받는 공간이다.

교육과정을 중심으로 진행되는 수업문화는 통상 표면적 교육과정(formal curriculum)과 잠재적 교육과정(latent curriculum)을 중심으로 형성된다. 한국 중등교육의 수업문화를 살펴본 이용숙(1993: 45-72)에 의하면, 표면적 교육과정과 잠재적 교육과정 모두 '획일성'이란 공통점을 갖고 있다. 그는 한국 중등교육의 표면적 교육과정이 백과사전적 사실을 나열식으로 구성한 교과서와 상대 평가제도, 일제식·주입식 수업방법으로 인해 질적 빈약성을 면치 못하고 있다고 논의하였다. 이러한 획일적인 교육과정의 편제와 수업방법은 교사와 학생간의 자유로운 상호 의사소통 구조를 근본적으로 저해하고 있으며, 오히려 경직된 수업 분위기와 구도로 수업문화를 지배하고 있음을 설명해 주고 있다. 잠재적 교육과정 역시 ① 획일주의, ② 권위주의와 위계질서에 대한 순종, ③ 형식주의와 결과 우선주의, ④ 폭력에의 순응, ⑤ 비교 우위주의와 경쟁적인 동료관계 수용 등의 특성으로 요약된다. 사실 교사와 학생간의 자유로운 토론과 대화의 문화는 우리의 수업 장면에서 교육여건 상 기대하기 쉽지 않은데, 이 같은 현상의 원인은 바로 수업 장면 자체에 잠재해 있는 표면적 - 잠재적 교육과정의 특성들로부터 비롯된다. 특히 이용숙은 이러한 잠재적 교육과정이야말로 학업 청소년들에게 획일성과 위계성이라는 상호 연결된 핵심 문화를 자아내게 한다고 주장하였다.

따라서 오늘날 학교문화의 주요 구성요소인 수업문화 역시 청소년들의 소질과 적성을 중시하고 이를 계발하기 위한 경험주의적 교육관이 스며들어 있기보다는, 일정한 가늠대를 기준으로 사회적 요구와 학교교육의 목표에 따라 획일적으로 구성되는 문화적 특성을 보이고 있다. 따라서 수업문화 역시 일정 가치에 의해 지배되는 준거문화적 특성을 보인다.[5)]

(3) 학생문화와 청소년문화의 문화적 특성

학교문화의 세 번째 구성 요소인 학생문화에 대한 이해와 분석은 좀 더 신중해질 필요가 있다. 그것은 학교라는 제한된 공간에서 부여되는 '학생'이란 기호가 분명 '그 시기, 그 장면 내의 청소년'으로부터 근거하되, 청소년문화와는 다른 문화적 상징성을 내면화하고 있기 때문이다. 따라서 학생문화에 대한 이해에는 학생문화 자체에 대한 이해와 함께 청소년문화의 문화적 특성과의 상호 비교를 통한 동질성 혹은 이질성을 동시에 비교해 볼 필요가 있다.

먼저, 학생문화를 Williams와 Kluckhorn의 문화 개념에 기초해 보면, "청소년 중 학업 청소년들이 학교라는 제한된 공간에서 이루어지는 삶의 양식" 혹은 "학생으로서 당연히 기대되는 일련의 행동 지침이자 지표"이다. 여기서 학생문화는 학생이란 사회적 지위에 의해 형성한 문화 지대이며, 학교라는 범주는 학생이란 지위를 강화시켜주는 공간적 이미지이다. 그래서 청소년들에게 '학교'는 단순한 공

5) 하지만 최근의 수업문화는 변신을 거듭하고 있는 실정이다. 2009학년도 개정 교육과정을 통해 등장한 '창의적 체험활동'은 수업장면을 학교 안만이 아닌 학교 밖 장면으로까지 실질적으로 확대시켰다. 특히 학교는 창의적 체험활동을 통해 학교 교육과정의 진행을 학교와 지역사회가 긴밀히 연계·협력하여 수행할 수 있게 하는 계기를 마련하게 되었다. 이어 중학교 교육과정 중 학생들이 시험부담에서 벗어나 꿈과 끼를 찾을 수 있도록 수업운영을 토론, 실습 등 학생 참여형으로 개선하고 진로탐색 활동 등 다양한 체험활동이 가능하도록 교육과정을 유연하게 운영하는 자유학기제(자유학년제)의 등장은 수업문화의 획일성을 전환시킨 계기라 할 수 있다. 이를 통해 향후 수업문화의 특성변화를 예측해 볼 수 있으며 나아가 학교문화의 변신도 전망해 볼 수 있다.

간적 개념 이상이다. 그것은 본질적으로 학생이란 지위와 신분에서는 청소년시기에 갖는 자유로운 문화적 향유와는 동급 수준의 자유로움을 만끽할 수 없음을 의미한다. 즉, 교육이란 활동은 생태적으로 세대 간의 부딪힘과 교류가 있을 수밖에 없고 그 주도권이 기성세대에게 주어지고 있는 지금의 학교에서만은 청소년문화가 갖고 있는 자유로움과 해방 의식은 제한적일 수밖에 없다.

이러한 제한은 사회로부터 부여되는데, 바로 기성세대의 의식으로부터 연유된다. 대체로 어른들은 '청소년'을 '학생'으로 '청소년문화'를 '학생문화'로 규정하려 한다. 청소년문화의 존재를 쉽사리 인정하지 않고 학생문화로만 보려는 이들은 청소년 시기를 '배워야 하는 학습 시기'이자 이 시기의 발달과업을 성공적으로 수행해야 하는 시기로 보려는 경향이 있다. 즉, 오늘날의 학생문화란 개념에는 청소년 시기의 생활양식을 학교라는 공간과 학생이란 사회적 지위에 제한하려는 사회적 규범이 일정하게 개입되어 있다.

그러나 청소년을 학생이란 지위로 제한하고 그들의 문화를 학생문화로만 인정한다는 것은 비학업 청소년 집단을 무시할 뿐만 아니라 청소년의 삶과 문화를 학교 중심으로 해석하려는 오류를 범한다. 비록 학교에 다니는 학업 청소년이라 할지라도 그들의 삶은 학교 안은 물론 학교 밖에서도 역동적으로 이루어지고 있으며, 그 양태 역시 다양하게 존재한다는 사실들이 간과된다. 더욱이 학생문화를 형성하는 이 시기의 발달단계는 청소년이므로 학생문화를 본질적으로 청소년문화의 한 부분으로 인식하는 것이 중요하다.

청소년문화의 한 부분이란 점에서 학생문화는 청소년문화의 하위문화적 특성을 갖는다. 사실 청소년들이 취학 연령이 된 이후 학교라는 현장에 편입되면서 갖는 이른바 '학생'이라는 사회적 지위를 벗겨놓고 보면, 학생은 청소년을 이르는 호명이자 또 다른 이름이다. 그러므로 학생문화에 대한 이해에 앞서 청소년문화에 대한 이해가 전제되어야 한다.

통상 청소년문화란, 기성세대가 일구어낸 주류 문화로부터 그 자양분을 공급받고 기성세대와의 긴밀한 문화전계를 통해 형성되는 하위문화 지대이다. 그래서 청소년세대는 기성세대의 사회·경제·문화적 결과물들로부터 문화적 단초들을 담금질한 세대이다. 이들이 지금 향유하는 문화물은 부분적으로 기성세대가 형성해 놓은 정치·경제·문화·사회의 토대로부터 연계되어 있다. 동시에 이들의 문화에는 기성세대의 그것과는 이질적인 특성들도 지닌다. 그것은 지금의 결과물이 기성세대에 의해 형성되었다는 점에서 연계성을 갖는 것이며, 동시에 그러한 결과물은 A. Comte의 말을 빌리자면 청소년과 문화 역시 변화의 유기체이기에 기성세대가 형성해 놓은 위치에서 일정하게 변화·발전하였으므로 이질적이다(김민, 1997a).

특히 최근의 청소년문화는 기성세대와 분리되어진 세대 영역을 공통분모로 하여 그들만의 독특성과 이질성을 갖는 문화 지대이다. 한국사회에서 70년대 중반 이후의 청소년들은 기성세대가 생산해 놓은 풍요로운 경제적 기반 위에서 노동시장에 본격적으로 진입하지 않아도 되는, 그래서 성인에게 기대되는 역할과 책무에 대해 일정 시간의 지불유예기간(moratorium)을 갖는 '사회적 유한층'이다. 마르크스적 관점을 차용하자면, 이들은 생산과정의 억압적 체제 안에 포섭되어 있지 않기 때문에 기성세대와는 달리 하부 토대의 규정에서 그만큼 자유로움을 만끽한다(백욱인·하종원, 1998). 즉 생산과 경제보다는 소비와 문화를 중심축으로 성장 초기부터 풍부한 대중문화의 토양 속에서 자신들의 문화적 단초들을 형성하고 단련해 온 세대이다.

다시 말하자면, 이들은 포스트모더니즘에 기반을 둔 문화 속성을 양육과정에서 학습하고, 자본주의적 소비문화양식과 정보문화가 내재하고 있는 과학문명의 합리적 사고를 탈 근대적 사회발달 과정에서 자연스럽게 체화함으로써 기성세대와의 격차를 한층 벌려 놓았다. 포스트모더니즘으로부터 사상적 세례를 받고 소비문화와 정보문화로의 편입 과정에서 자신만의 문화 지대를 구축할 수 있었던 오늘날의 청소년들은 그 동안 기성세대들이 고이 지켜왔고 절대적인 진리체제라 믿어왔던 지배질서에 정면으로 도전하며, 기존의 고유한 진리만을 추종하는 경직된 사유방식을 거부하기도 한다.

푸코가 자신의 이론의 무질서하고 파편적이며 분절적인 아이덴티티에 만족하며, 위계질서를 지니고 이론의 특권을 인정하는 총체화 된 담론체계를 거부하는 것처럼, 오늘의 청소년들 역시 자신의 개성을 굳이 전체의 성격에 맞추려는 '소모적인 고민'을 더할 필요가 없다고 생각하고 있다(김 민, 1997, b). 즉, 1990년대 이후의 이들은 이전의 청소년과는 달리 자신의 삶에 대한 주체적인 설계와 뚜렷한 주관적 요소들도 갖고 있으며, '자유로움'과 '해방의식'으로 무장하고 있는 세대이다. 따라서 오늘날의 청소년문화는 준거문화에 의해 순순히 복종당하거나 지배당하지 않으려는 '반문화'적 요소들도 발견되어진다. 때로는 방법론에 있어서 준거문화와는 다르게 새로움을 추구하는 이른바 '대안문화'적인 요소도 있다. 이러한 양상들은 세대 간의 문화적 공감대를 세대내의 문화적 공감대가 압도하는 경우일수록 더욱 그러하다.

반면, 학생문화는 청소년문화로부터 자연스럽게 형성된 자유와 해방의 인식들을 인위적으로 강제해야 하는, 그래서 청소년들에게는 결코 자유롭지 않은 문화지대이다. 학생들이 학교생활 또는 삶 전반에 대해 불행을 느끼는 근본적인 원인은 자신의 삶을 주체적으로 설계하고 영위할 수 없다는 데에 있으며 이는 학교 내외부적 요인들로부터 연유된다(조용환, 1994: 117- 149). 그런데 학생문화에도 청소년문화에서 보이는 반문화적 요소들과 대안문화적인 요소들도 발견되어진다(또 하나의 문화, 1997: 143-161). 초기에는 단순히 학교문화에 대한 거부감과 반항의 표현에[6] 그쳤지만 최근에는 기존의 준거문화 자체를 바꾸려는 시도까지 하고 있다.

6) 그 동안 자의적 선택과는 상관없이 주어졌던 억압과 강요로부터 청소년들은 숨죽여 왔다. 그러나 1980년대 후반, 본격적으로는 1990년대 들어와 기존의 지배질서와 서술적 양식을 거부하는 포스트모더니즘과 신세대로 불리는 청소년들의 이질적인 문화적 감수성이 결합하면서 이와 같은 억압과 강요는 보기 좋게 거부당하는 대상체로 폄하되기 시작한다. 그들로부터 폭발적인 인기를 얻었던 당시 서태지와 아이들의 〈교실이데아〉, 젝스키스의 〈학원별곡〉, HOT의 〈열맞춰〉, 강산에의 〈공부해서 남 주자〉 등의 대중가요들, 그리고 학교문화에 대한 비판적 사회담론들을 견인한 영화 〈여고괴담〉 등은 학교현장에 대한 이들의 모진 현실과 도전, 저항 등을 대표적으로 꼬집은 문화물(text)들이다.

(4) 학교문화의 성격

학교문화는 구성원 간의 상호작용과 집단적 특성에 따라 교사문화와 수업문화, 학생문화로 구성된다. 이 중 교사문화와 수업문화는 위에서 살펴본 대로 '준거문화적' 특성을, 학생문화는 청소년문화의 '하위문화적' 특성을 지니면서 동시에 청소년문화로부터 배태되는 '대안문화'와 '반문화'적 특성을 지니고 있는 다중적인 문화 지대이다. 한편, 준거문화적 특성의 교사문화와 수업문화는 학교라는 현장을 중심으로 청소년문화의 자유로움과 해방의식으로부터 자유롭지 못한 학생문화를 강제하는 요인이라고 볼 수 있다. 즉 예전의 순응과 복종 혹은 모범과 엘리트의식으로 대표되었던 기존의 학생문화는 달리 지금의 학생문화는 학생 주체인 청소년의 문화적 변화를 담지하여 예전과는 다른 학생문화를 형성하게 된 것이다. 이러한 내용을 그림으로 표현하면 다음과 같다. 학교문화의 성격을 단순화시켜 표현한 〈그림 1〉을 통해 오늘의 학교문화가 어떠한 성격과 특성을 가지고 있는지를 파악할 수 있다.

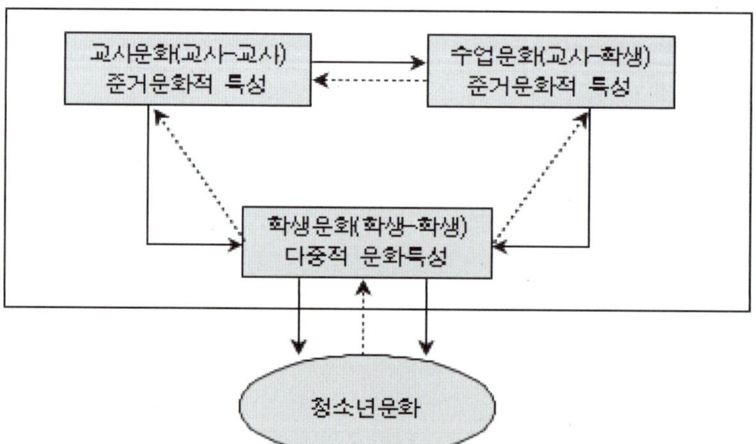

〈그림 1〉 학교문화의 특성

먼저 실선은 주는 쪽에서 받는 쪽에 대한 영향력이 있음을 의미한다. 이와는 달리 점선은 일정한 영향력을 갖고 있되 상대 문화의 정체성을 강제하거나 인위적으로 조정하는 정도의 영향력은 아님을 의미한다. 교사문화는 수업문화와 학생문화에, 수업문화는 학생문화에, 그리고 학교문화의 바깥에 위치하고 있는 청소년문화는 학생문화에 일정한 영향력을 준다. 이러한 구도는 교사문화가 학생문화의 상층 구조에 위치하면서 수업문화를 조정하고 있고, 반대로 학생문화는 사회적 압력에 더하여 교사문화와 수업문화에 의해 학교 내에서 자율성과 주체성을 제한당하거나 상실당하고 있음을 보여준다. 학교문화의 이러한 장면을 공식적 학교문화와 비공식적 학교문화로 구분하고 있는 시라이시 요시로(白石義郎)는 학교문화를 일컬어 "학교 집단 특유의 행동양식, 특히 그 배후에 있는 가치 유형과 집단 규범"이라고 정의하면서 미리 통합되고 조정된 교사집단의 문화가 학생문화에 대한 압력으로 바뀌면서 학교문화의 갈등이 이루어진다고 논의하고 있다(조용환·황순희 역, 1992: 145).

결론적으로 지금의 학교문화는 오늘날 자유로움과 해방 의식으로 표현되는 청소년들의 문화적 감수성을 인정하지 않음으로써 이른바 학교문화의 갈등적 요소를 구조적으로 갖고 있음을 보여준다. 즉, 학교 내부 조차에서도 청소년 개인 삶의 주체성과 자율성을 인정하지 않을 뿐만 아니라 오늘날 청소년 세대가 갖고 있는 독특한 문화적 감수성이 오히려 제한당하고 있음을 나타낸다. 따라서 학교문화의 갈등은 이와 같은 학교문화의 현재적 구도로부터 시작된다고 볼 수 있다.

2. 학교문화의 갈등, 그 시작과 끝

근대화 이후 가정으로부터 교육의 기능을 부여받은 학교가 말 그대로 '공부하는 공간'이라는 기본적인 의미 이외의 또 다른 의미를 갖는 이유는 청소년들이 생활시간 대부분을 이곳에서 보내기 때문이다. 그들은 생활시간 대부분을 학교 장면에서 보내면서 한정된 지식의 습득만을 전수받는 것이 아니라 그들만의 독특한 세계, 문화, 의식, 가치관을 쌓아왔다. 반면에 교사집단을 중심으로 한 지배문화적 양상의 학교문화는 제도화된 사회적 규범과 가치 규범을 형식적 그리고 잠재적 교육과정의 형식으로 청소년에게 내면화시킴으로써 학교문화의 갈등 양상이 나타나게 된다.

결국 학교문화의 갈등의 시작은 오늘의 청소년을 청소년 그대로 바라보지 않는 인식으로부터 시작된다. 청소년이 학교라는 현장에 편입되면서 이들에게는 이른바 사회가 청소년들에게 기대하는 전통적인 역할 기대의 또 다른 이름인 '학생'이란 명칭이 새롭게 부가된다. 조용환(1993: 5-17)은 학교는 청소년에게 학생의 정체를 강요하는 곳이며, 그들은 현실과 분리된 제도적 교육기관, 즉 학교에서 대부분의 시간을 보내면서 학생이라는 신분의 굴레 속에 갇혀 청소년 고유의 정체성이 퇴화되거나 부정적 이미지로 변화된다고 하였다. 그에 따르면, 학생과 청소년은 사회가 받아들이는 용어 그 자체에 있어서 차별적인 의미를 함축하고 있다. 학생은 미래를 위해 현재를 유보하는 삶의 존재이며, 그 삶의 정체성은 미래에 담보되어 있다. 만약 가정과 학교, 사회 등 청소년의 삶을 둘러싸고 있는 주요 환경들이 학생으로서의 청소년 가치에 집중한다면 결국 그 관심은 현실이 아닌 미래에 있다. 따라서 미래를 위한 그들의 현재적 삶은 늘 보호와 관리의 대상이며, 그들만의 독자성을 현실로부터 인정받기란 용이하지 않다. 그러한 의미에서 학생은 기성세대 중심의 관점에서 바라보는 안일한 청소년 관(觀)이다.

반면에 청소년은 미래의 중요성을 내재하면서 동시에 현재적 삶의 의미도 중시되는 용어이다. 청소년기는 점차 청소년의 참여와 권리에 대한 세계적 흐름을 씨줄로, 이질적이고 독자적인 세대문화의 폭발적인 확산력을 날줄로 삼아 낡아빠지고 안일하기만 한 기성세대의 청소년 관을 전환하도록 압박하고 있다.

그러나 여전히 청소년을 학생으로 제한하고자 하는 편협한 사회 인식은 쉽사리 전환하지 않으려는 반동성을 갖고, 학교는 여전히 삶의 지혜를 배워야 하는 숭고한 곳이며 청소년은 이러한 학습의 의무로부터 결코 벗어날 수 없다고 믿게 한다. 이러한 인식과 이에 터한 제도적 장치들은 청소년들의 실제적 삶을 극도로 제약해 왔으며, 학생이란 범주로만 묶어두어 결국 청소년 삶의 비정상적 제한이라는 결과를 가져왔다. 이른바 "어른이 생각하는 학교와 아이가 바라보는 학교" 사이에는 크나 큰 괴리가 존재하는 것이다.

이에 대한 가장 명징한 대비 사례가 바로 1990년 5월 12일에 제정된 구 청소년 헌장과 지난해 10월 25일에 제정된 새로운 청소년 헌장이다. 구 청소년 헌장에서 청소년은 학생이라는 범주에 더욱 가깝다. 여기서는 청소년을 사회 구성원이라는 독립된 인격체로의 정체성을 인정하고 있다기보다는 오히려 미래의 주인공으로 권리를 유보시키고자 하는 기성세대의 강고한 의지가 강조되고 있다. 그래서 모든 청소년은 "…… (미래를 위해) 스스로 적성과 능력을 갈고 닦아야 하며, 가정에서는 어른을 공경하는 몸가짐과 밝은 성품을 익혀야 하고, 학교에서는 교양과 지식과 체력을 길러야 한다. 또 사회와 국가로부터는 성장과 발달에 필요한 지원을 받아, 청소년 모두가 보호받고 사회생활에 잘 적응할 수 있도록 도움 받아야 함 ……"을 강조한다.[7] 반면에 「새로운 청소년 헌장」은 그 동안 학생이라는 범주에서 퇴화되거나 상실된 청소년의 지위를 성인과 동등한 사회구성원으로서 존중하고 그 인권과 시민권을 회복하며 청소년의 자율성과 참여에 대한 사회적 약속을

7) 1990년 5월 12일에 제정된 「구 청소년 헌장」의 전문은 다음과 같다.

〈청소년 헌장〉

청소년은 새 시대의 주역이다.

뜨거운 정열을 가슴에 품고 자연과 학문을 사랑하며 한 마음으로 굳게 뭉쳐 조국 발전의 일꾼이 되어, 세계와 우주로 힘차게 나아가 인류의 자유와 행복을 이룩한다.

여기에 우리 모두가 나아갈 길을 밝힌다.

1. 청소년은 출생, 성별, 학력, 직업, 그리고 신체적 조건에 따른 어떠한 차별도 받지 않는다. 모든 청소년은 적성과 능력을 갈고 닦아 스스로 어려움을 헤쳐 나아가는 슬기와 용기를 갖춘다.
1. 가정은 청소년이 정서를 가꾸고 애정과 대화를 나누는 곳이다. 어버이는 올바른 삶의 본을 보이며, 자녀는 어른을 공경하는 몸가짐과 밝은 성품을 익힌다.
1. 학교는 청소년이 조화로운 배움을 통하여 교양과 지식과 체력을 기르는 곳이다. 자질을 존중하고, 자아실현을 통하여 삶을 윤택하게 하는 길을 가르치며, 문화의식과 민주 시민정신을 높인다.
1. 사회는 청소년이 즐겁게 일하며 보람 있게 봉사하는 곳이다. 성장과 발달을 도와주며, 더불어 사는 기쁨과 여가선용의 마당을 제공하고 건전한 환경을 만든다.
1. 국가는 청소년을 사랑하고, 이들을 위한 정책에 최대의 노력을 기울인다. 배움터와 일터를 고루 갖추고, 도움을 필요로 하는 청소년 개개인을 각별히 보호하여 적응하고 자립하도록 이끈다.

명기하였다. 이는 실질적인 청소년의 권익 증진에 대한 사회 인식의 변화를 촉구하는 선언문인 셈이다. 이와는 달리 구 청소년 헌장의 각 항목은 청소년의 건강한 미래를 위해서는 청소년 개인과 가정, 학교, 사회, 국가의 의무와 책임을 명기하는데 그치고 있다. 그런데 그 건강한 미래라는 것은 대단히 추상적이어서 보다 구체적으로 풀어볼 필요가 있다. 청소년을 학생으로 대치시킨 기존의 인식에서 학생이 자신에게 부여된 의무를 다하기 위해서는 성적 지상주의 사고와 실천이 뒤따르지 않으면 안 되었다. 그것은 곧 출세를 학력(學歷)으로 대치시켜왔던 그 동안의 교육 등식과도 절묘하게 부합되는 것으로, 건강한 미래를 확실하게 보장받기 위해서는 결국 학교현장에서부터 성공된 인생을 살아야 함을 의미하였다. 청소년을 학생으로, 건강한 미래가 곧 성공된 학업생활로 제한된 인식은 그 동안 청소년 삶을 희극적이리라 할 만큼 비참한 실정으로 몰아갔다.

지금까지 학교에서는 소수를 위해 다수가 희생되는 것은 물론이며, 그 낙오의 대열에 자식을 놓치고 싶지 않으려는 학부모들의 노력은 차라리 눈물겨웠다. 낙오된 아이들은 비정한 사회로부터 비정함을 다시 배우는 악순환을 거듭하였다. 심지어 이러한 현상들로 인해 오늘날 학교가 청소년 비행 발생 요인이 될 수 있는 내적인 요인들을 갖고 있다는 논의도 제기되기도 하였다(이석재, 1998: 100-104). 그래서 이와 같은 현상을 일종의 병리 현상으로 규정하고 그 근원을 기존의 가정과 사회로부터 학교교육 자체로 돌려 학교교육이 청소년문제 발생의 진원지일수도 있다는 '학교교육 원인론'이 제기되기도 하였다. 또한 교육현실에 대한 위기적 상황 인식은 그 동안 학교교육이 사회적 욕구뿐만 아니라 개인의 요구를 충분히 만족시키지 못함으로써 비롯된다고 보고, 결국 학교라는 공간은 여전히 청소년들의 생활에서 절대적 비중을 차지하고 있음에도 불구하고, 불행히도 이들에게 더 이상 '발전의 장'으로 기능하지 않는다는 비판마저 거세지기 시작하였다(조혜정, 1996)

청소년문화의 특성이 생활조건에 의해 기본적으로 규정되고 있다는 측면에서 청소년들의 생활에서 절대적 비중을 차지하고 있는 학교는 이제 정말로 이들에게

'발전의 장'으로 기능하지 않는지도 모른다. 학교교육이 교육행정에서부터 교사교육에 이르기까지 개혁의 수단을 갖지 못하는 한, 동시에 학교교육 자체가 개혁의 현장이 되지 않는 한, 학교교육은 청소년에게 무의미한 동시에 사회적으로 생존의 가능성 역시 희박하다는 평가를 피할 수 없게 되었다(한준상, 1991). 이 같은 주장을 뒷받침하듯, 급격한 사회변화에 학교교육은 능동적으로 대처하지 못하고 있으며, 미래 사회에 부응할 수 있는 대응방안을 마련하지 못하고 있다는 혹독한 평가도 이어졌다. 즉, 학교는 인간이 만들어 놓은 사회 제도 중에서 가장 그 효율성이 떨어지고 있는 제도의 하나로써 평가받거나(Mullin, 1991), 혹은 기존의 전통적 교육행정 구조나 계획이 더 이상의 교육적 성과를 얻어낼 수 없다는 인식하에, 공식적 교육기관에서 학습자가 습득한 교육 결과에 대한 책무성을 재확인 받아야 한다는 평가도 나왔다(Finn & Rebarber, 1992). 따라서 학교는 학습자를 둘러싼 여러 사회 환경과의 경쟁에서 뒤처진 기관으로 전락되었다는 비판도 받고 있다(고영희, 1985). 교육개혁위원회가 여러 조치를 강구해야 했던 1990년대의 상황은 더 이상 물러설 수 없다는 이 같은 절박한 교육현실과 인식으로부터 출발한다.

학교문화의 갈등의 끝은 곧 청소년의 제한적인 오늘의 삶을 해방함으로써 가능하다. 여기서 해방이라 함은 학생으로서의 구속과 제한으로부터 벗어남을 의미하는데 곧, '학생으로서의 청소년'이란 이해에서 벗어나 '청소년으로서의 학생'으로 이해하는 '인식의 전환'과 구체적인 '현실 변화로의 치환'을 의미한다. 사실, 근대적 사유에 의하면 학생은 청소년을 의미하는 대표적인 이칭(異稱)이었다. 그것은 근대 이후 대중교육의 확산과 교육기회의 확대를 통해 빚어진 상징적 사건이었다. 그러나 학교는 점차 애초에 상정하였던 목표와 기능을 상실하고 오히려 교육의 부작용과 역기능을 생산하기 시작했다. 이와 관련하여 한준상(1997: 49-67)은 오늘날의 학교가 청소년의 놀이성을 파괴해 왔던 점을 심각하게 반성해야 한다고 논의한다. 이 논의의 중심에는 지금껏 학교교육이 청소년으로부터 놀이문화를 박탈하는 주요한 공간이자 기제로 작용하였다는 비판이 숨어있다. 그는 원래 학교란 놀이 혹은 여가의 장소였으나 오늘날 청소년들은 오히려 학교로부터 놀이와 여가의 문화를 박탈당한 피폐화된 존재로 남았다고 보았다. 결국 어원적으로 '노동과 생업으로부터 벗어나 주변의 자연에 감사하거나, 절제하고 지적 탐구의 바탕이 되는 여가'라는 문화의 의미가 제대로 회복되는 학교문화만이 학교교육의 정상화를 위한 전제 조건인 셈이다. 따라서 피폐화 된 청소년의 삶을 바로 세우고, 학교교육 기능의 정상화를 도모하기 위해서는 학교현장에서부터 새로운 학교문화를 세워야 하며, 이는 곧 청소년 삶의 질을 개선하기 위한 복지적 실천이자 주제에 다름 아니다. 그러기 위해서는 무엇보다 오늘날의 청소년을 학생의 지위와 신분에서 묶어 바라보기보다는 그들도 독립된 사회 구성원의 하나로 인식하는 자세가 요구된다.

4절 청소년복지 실현을 위한 학교문화의 과제

오늘날 사회는 다양한 변화의 와중에 서 있다. 이제 학교문화도 시대 변화에 부응하여 과거의 흔적들을 꼼꼼히 살펴보고 이에 근거해 새로운 학교문화를 창조해야 할 책무를 갖고 있다. 우선은 정상적이지 못하고 허물어진 학교문화부터 치유해야 한다. 우리 모두가 의도적으로 공교육 붕괴를 조장해 왔기 때문에 그 책임은 우리 모두에게 있다. 교육부도 일찍이 '21세기 지식기반 사회에 살아남을 수 있는 인재를 기르기 위해'라는 대전제를 설정하고 '교육비전 2002: 새 학교문화창조'를 발표하면서 학교가 사회전반의 변화노력을 수반해야 하는 실천 운동의 장면이라고 입장을 내세운 바 있다(교육부, 1998). 또한 2009학년도 개정교육과정과 자유학기제의 시행 등으로 인해 바야흐로 입시위주 교육, 단편 지식을 암기하는 낡은 방식의 주입식 교육이 학교현장에서 약화되거나 사라지고 학교가 전인교육이라는 본연의 위치와 기능을 회복할 것 같다.

하지만 낙관하기에는 너무 이르다. 왜냐하면 학교교육이 일관되게 교육의 본질을 추구해야 한다는 기본 명제가 지금껏 제대로 지켜진 적이 없었기 때문이다. 교육이 그 자체의 내재적 논리를 갖고 운영되기보다는, 광복 이후 지금에 이르기까지 정치·경제논리에 의해 좌충우돌하면서 역사를 질러 왔기 때문이다. 기존의 천재를 평범한 아이로 탈바꿈시킨 교육을 이제는 평범한 아이가 창의적이고 인간다운 인간으로 변하는 교육으로 바꾸어야 한다. 그 핵심은 다름 아닌 청소년의 삶의 질을 최우선으로 고려하는 학교문화의 변화에 있다.

학교문화가 변하기 위해서는 학교문화를 구성하는 교사문화, 수업문화, 학생문화 모두 변해야 한다. 교사문화와 수업문화의 변화도 중요하지만 궁극적으로 학교문화의 진정한 변화는 학생문화, 나아가 청소년문화의 변화를 탄력적으로 수용하면서 시작되어야 한다. 그런 측면에서 지금까지의 교육개혁은 교사문화와 수업문화에 치중해 온 감이 적지 않다. 그것은 역설적으로 우리의 성장세대에게 자신의 삶을 재단하고 펼쳐 보일 수 있는 기회를 주지 않았음을 의미한다. 더욱이 오늘날은 전지구화가 가속되어져 문화적 자생력을 배양하지 않는다면 문화 기형아가 되는 시대이다. 그래서 우리의 청소년들이 스스로 문화적 자생력을 배양하고 자신의 삶에 주체적 존재가 되도록 지원하는, 보다 포괄적인 관점에서 학교문화를 창조하는 실천적 대응방안들이 구안되어야 한다.

1. 교사문화의 변화

학교에서 교사가 차지하는 위치는 중요하다. 비단 학교교육뿐만 아니라 교육의 전반적 개혁을 이루어내기 위해서는 교사집단의 자발적이고 능동적인 참여가 전제되지 않고서는 안 된다. 교사집단이 스스로 학교교육과 교육개혁의 '주체 중 하나'라는 인식 하에 교육의 본질을 성취하기 위한 활동을 자발적으로 실행할 때 새 학교문화 창조도, 교육개혁도 이루어질 수 있다. 이를 위해 교사들의 인식 전환이 우선되어야 하겠지만, 교사들이 자부심을 갖고 학교생활을 할 수 있는 여건 조성도 뒤따라야 한다. 즉 새 학교문화 창조를 의도한 대로 달성하기 위해서는 교사의 의식 개혁과 질 높은 교사 양성, 그리고 교사들이 자부심과 긍지를 가지고 근무할 수 있도록 하는 여건 조성이 선행되어야 한다. 왜냐하면 학교교육의 질은 학생의 질과 동시에 교사의 질로써 평가되며, 교사의 적극적이고 자발적인 참여 없이는 학교교육의 변화와 발전을 기대하기 어렵기 때문이다.

그러나 교사문화의 변화에 있어 가장 중요한 것은 청소년 개개인을 단순히 '전체 학습자' 곧 '학생'으로 볼 것이 아니라, '하나의 인격체'이자 '청소년 개인'으로 보는 태도의 변화이다. 지금의 학교문화 위계구조상 교사집단의 문화는 획일적이며 위계적인 문화적 특성을 지니고 있다. 이러한 획일성과 위계성은 때때로 교육의 본질적 기능과 목적을 강제하기도 하는데 통상 학생 개개인의 개성은 이러한 획일적 교사문화에 수용되기 어려워 쉽사리 반문화적 양태로 낙인찍히기 마련이다. 준거와 기준을 거부하고 자신의 개성을 자연스레 드러내는 학생과 그들의 문화는, 학교 또는 사회의 집단적 기준에 의거한 교사문화의 준거문화적 특성으로 인해 문제 학생, 비행문화 등으로 낙인찍힐 뿐이다(이혜정, 1989; 조혜정, 1996).

이제 청소년 개개인의 개성과 특성을 이해하고 수용할 수 있는 교사문화의 문화적 수용력이 요구된다. 청소년을 학생으로 볼 것이 아니라 학생을 청소년으로 바라보는 인식이 중요하다. 그러기 위해서는 청소년들이 갖고 있는 문화적 기반과 특성을 이해하는 것이 선행되어야 한다. 기성세대와는 다른 요즘의 청소년들이 갖고 있는 문화적 의식, 규범, 특성들을 끊임없이 관찰하고 살펴보는 교사들의 자세와 연구관심이 요구된다. 이러한 일련의 변화를 유도하기 위해 예비 교사인력 양성과정인 사범대 교육과정에서부터 청소년문화 및 청소년심리 등 최근 급변하는 청소년의 가치관에 대한 교직과목의 설치, 청소년지도사의 학교 내 전문인력 활용 방안의 제도화 등을 적극 검토할 필요가 있다.

2. 수업문화의 변화

교사문화의 변화를 전제로 하면 수업문화의 변화는 그렇게 어려워 보이지 않는다. 그러나 수업문화의 변화는 보다 전문적이고 복합적인 요인들이 존재함으로써 변화 자체를 결코 낙관할 수만은 없는 문제이다. 여기에는 교사문화와는 별도의 외부적 요인들이 존재한다. 즉, 잠재적 교육과정이야 차치하더라도 표면적 교육과정, 이른바 무엇을 가르칠 것인가에 대해서는 부분적으로 교사가 개입될 여지와 영향력이 있을 뿐, 보다 거대한 이데올로기가 숨어있기 때문이다. 이러한 의미는 수업문화의 변화를 촉진하기 위해서는 단지 교사 개인의 변화 노력에 의해 이루어지기보다는 보다 포괄적으로 교육과정의 계획과 운영의 변화가 전제되어야 함을 뜻한다. 그래서 수업문화의 변화 역시 교육에 관한 기성세대의 인식 전환과 합의를 전제로 한다. 보다 넓은 범주에서 기초된 교육적 토양은 교사와 학생간의 대화와 만남의 장을 주도할 것이며, 단순히 지식 전수의 시간으로 상징되는 수업문화의 변화도 선도할 것임에 틀림없기 때문이다.

이런 상징적 사례는 적지 않다. 일찍이 교육인적자원부(1999)는 「교육발전 5개년계획」에서 학생중심의 교육과정 운영을 근간으로 해 고등학교 과정별 필수과목 축소, 선택교과의 학교선택제를 학생선택제로 점진 전환, 단위 학교에서의 교육과정 편성권 부여 확대 등의 혁신적인 실천과제들을 명시한 바 있다. 나아가 자유학기제의 전면 도입을 통해 학생참여형 수업문화의 변화를 꾀하는 등 지금까지의 교사 중심의 교과활동에서 벗어나 학생 중심의 교과활동을 지향하고 나아가 교과 외 교육활동을 활성화하려는 움직임을 가속화 하고 있다. 사실 지금까지의 학교교육은 정해진 지식을 어떻게 하면 효과적으로 그리고 효율적으로 가르칠 것인가라는 측면에서만 관심을 두었지 학생의 요구나 기본 관심에 기초한 교육과정은 홀대해 왔다. 또 생명력 없는 교과서 속의 지식 전수도 교사 중심으로 이루어졌고 획일적인 교수방법을 사용함으로써 즐겁지 않고 풀죽은 학교문화를 유도해 왔던 것도 사실이다. 또 교육과정이 입시에 치중하다 보니, 대입 실패를 인생 실패로 인식하게 되고 이에 따른 많은 부작용도 해마다 치러왔었다.

교사문화의 변화를 전제로 한 수업문화의 변화는 그래서 학습자 중심의 다양한 교육과정, 학습자의 욕구와 흥미에 기초하는 다양한 교수–학습 방법의 선택에 달려있다. 개인의 소질과 특기를 살려 자신의 능력을 최대한 발휘할 수 있도록 하는 수업문화의 변화가 절실히 필요한 연유가 여기에 있다.

3. 학생문화의 변화

자신의 주체적·자율적 권리와 학습의 선택권을 상실한 채 학교라는 공간에서 형성되는 학생문화는 학교문화에서 대체로 종속적인 위치에 서있었다. 반면에 오늘날의 청소년들은 과거의 청소년들과는 달리 이 같은 종속적 지위를 순순히 감내하기보다는 자신의 문화양식으로 해체·재구성하려는 적극성을 보인다. 이런 현상은 과거 학교현장에서 소외되고 내몰리기만 하던 대부분의 아이들의 그것과는 분명 다르다. 그럼에도 불구하고 학생과 학생문화에 대한 우리의 시각은 편협하였다. 학생으로서의 청소년과 학생문화로서의 청소년문화를 인정했을 뿐, 청소년으로서의 학생을, 청소년문화로서의 학생문화를 바라보지는 못했다. 학문적 연구관심도 이러한 인식의 틀에 제한되어 학생문화를 청소년문화의 한 부분으로 인정하기보다는 학교문화의 산물로만 살펴보았다. 따라서 거듭 논의했던 바와 같이 청소년으로서의 학생을 인정하고 학생문화 지대를 청소년문화라는 포괄적인 범주에서 바라보는 것이 필요하다.

특히 학생문화, 나아가 청소년문화에 대한 지금까지의 연구는 대부분이 비동조적인 측면에 주력하여 비행문화 등 일탈적인 문화 지대에 초점을 맞추었을 뿐, 청소년문화를 총체적으로 이해하지 못했다. 물론 청소년문화는 청소년이 안고 있는 존재적 모순으로 인해 사회 전체의 지배적인 문화의 입장에서 볼 때 비 동조적이라고 볼만한 요소가 동조적인 요소보다 더 많을 가능성이 있다. 그렇더라도 그 현상을 '청소년의 문제'가 아닌 '청소년의 현실'로 인식해야 한다. 그러나 유감스럽게도 그 동안 청소년문제 자체도 청소년의 현실로 인식하고 연구하려는 움직임은 미흡했다(조용환, 1998).

더욱이 청소년문화연구에 있어서 최근의 신세대 사유방식과 신세대문화의 특성 연구는 부족한 실정이다. 대중문화영역을 중심으로 형성되고 있는 문화 지대(대중음악, 영상 문화 등), 사이버 공간을 중심으로 이루어지고 있는 온라인문화 지대는 그야말로 요즘의 청소년문화의 현주소를 파악할 수 있는 영역들이다. 특히 오늘의 학생문화가 이와 같은 신세대문화 지대와 긴밀한 연계성을 두고 있으며, 그 근원적인 변화가 이루어지고 있는 모태라는 점에서 상호 연계되는 연구가 요구된다. 학생문화의 변화를 요구하기에 앞서서 학생문화에 대한 정밀한 연구 시도가 전제되어야 하는 이유가 여기에 있다. 그래서 그들 문화가 학교현장에서 어떻게 형성·연장되고 있으며, 그 특성과 성격은 무엇이고, 청소년들에게 보여지는 기능과 역할은 무엇인지에 대한 후속 연구들이 향후 누적적으로 지속되어야 한다. 이러한 연구들이 선행된다면 학생문화에 대한 요구도 보다 더 구체적이고 현실적일 것이다. 그 중에서도 청소년 스스로가 문화의 주체로써 자생력을 일궈야 한다는 논의는 학교문화의 시대적 변화 요구에 있어서 가장 기본적이며 중심적인 위치에서 벗어날 수 없다.

그래서 청소년들은 자신의 삶과 문화를 건강하게 향유할 수 있는 문화적 자생력을 스스로 복원하고 회복해야 하는 삶의 과제를 안고 있다. 풍요로운 문화의 향유와 구가는 스스로의 올곧은 문화적 의지로부터 나오기 때문이다. 그것은 곧 자신의 삶에 대한 주인 의식을 공고히 하는 것과 깊은 맥락이 있다. 지금까지 수동적이고 소극적인 삶의 인식을 능동적이고, 적극적인 삶의 주체로 변신하려는 스스로의 의지가 향후 새로운 문화창조와 향유에 있어서 중요하기 때문이다.

동시에 청소년들은 삶의 지혜를 배우면서 이를 삶의 현장에서 실천해야 하는 과제도 안고 있다. 삶을 살아가는데 필수적인 지식과 지혜, 이른바 미래 사회에서 요구되는 공동체의식 등을 자신의 삶에서 실현해야 한다. 물론 이와 같은 삶의 변화를 적극적으로 지원하고 청소년들의 의사와 욕구를 수렴하는 다양한 제도적 장치도 아울러 필요하다. 사실, 이러한 기회가 이전의 그들 삶에 제대로 주어진 바가 없고 생소하기만 하여 당장 성공적일 수는 없을 것이다. 또한 학교라는 공간이 아직은 변혁의 와중에 있어서 학생문화의 위치와 정체성을 어떻게 실현할 것인가도 과중한 부담으로 다가올 것이다. 그러나 이 모든 과제의 중심에 스스로가 서 있고, 청소년 역시 학교문화 변혁과 창조의 주체자라는 인식을 굳건히 한다면, 그리고 기성세대와의 협력적 관계를 유지한다면, 시간은 걸리더라도 진정한 학교문화를 건설할 수 있을 것이다. 기성세대 역시 청소년들에게 믿음과 신뢰의 지원을 아끼지 말고 그들 스스로 문화적 자생력을 이루어낼 수 있도록 학교 안과 밖의 현장에서 적극 도움을 주어야 한다.

4. 사회의 지원과 협력

학교문화의 변화와 새로운 학교문화의 창조는 학교교육의 개혁이란 현실적 과제에 있어서 효과적인 전술일 뿐만 아니라 청소년 삶의 질적 개선과 제고라는 복지실현의 측면에서도 효율적인 전략이다. 청소년의 삶을 풍요롭게 하고 건강하게 하기 위해서는 학교문화 내부의 변화가 뒤따라야겠지만 동시에 사회 자체의 적극적인 지원과 협조 없이는 불가능하다. 전체 문화의 틀 속에서 학교문화가 나름대로 정착하려면 주변의 문화영역들의 지원과 협조 없이는 불가능하기 때문이다. 그러한 의미에서 학교문화의 개혁은 사회변화를 전제한다.

우선 청소년을 독립된 인격체로, 사회의 동반자로 인식하는 파트너십이 필요하다. 그들을 학교현장에서의 학생으로 묶어두기 보다는 삶의 일원으로, 함께 문화를 일구어내는 문화 공동체의 일원으로 인정하고 협력하는 인식의 정립이 필요하다. 더불어 학교 외 장면에서 청소년들의 삶에 건강함을 줄 수 있는, 학교 외 교육체제(out of school education system)를 정비하고 학교교육과의 유기적인 연결망도 구축해야 한다. 사실 청소년에 대한 학교 외 교육의 필요성은 UN에서도 일찍이 그 필요성을 역설하였다(유네스코한국위원회, 1998). 1964년 프랑스 그레노블에서 개최한 '청소년에 관한 전문가 회의'에서는 학교와 대학이 청소년들로 하여금 급변하는 세계에 충분히 대처할 수 있도록 준비시키는 교육은 미흡하다고 보고, 그 보완책으로 모든 국가들에서 학교 외 교육의 실시를 권고한 바 있다. 여기에는 학업 청소년뿐만 아니라 비학업 청소년, 예컨대 학업중단 청소년, 졸업생, 비진학 청소년, 추수 교육이 필요한 청소년 모두를 대상으로 이들의 욕구에 근거하는 다양한 교육과정이 학교 외 장면에 배치되어 학교교육을 보완하고 지원하는 형태의 교육체제를 제안하고 있다.

이제 청소년들에게 불리하게 작용하는 삶의 요소들을 제거하고 이 시기에 건강한 성장과 발달을 완성할 수 있도록 사회체제가 변화하는 것은 결코 미룰 수 없는 시대적 요구이며 동시에 청소년복지 실현을 위한 실천적 과제이다. 그들의 삶에 절대적인 위치로 자리 잡고 있는 학교와 학교교육은 그래서 비껴갈 수 없는 개혁의 대상이다. 무엇을 위해 왜 할 것인가라는 사회적 합의가 이루어졌다면, 이제 우리에게 남은 과제는 '어떻게 하느냐'이다. 이 점에 있어 청소년 삶의 질을 개선하기 위한 우리의 실천과제는 이제 그들의 자생성과 주체성을 신장시키기 위한 사회적 배려이다. 그것은 곧, 학생으로서의 청소년이 아닌, 청소년으로서의 학생임을 인정해주는 사소하지만 중요한 인식의 전제로부터 출발한다. 이러한 작은 실천들이 모아지면서 좀 더 큰 실천적 합의들이 이루어질 수 있다. 이렇게 우리가 합의한 실천들이 이루어진다면, "청소년의 인간다운 삶을 보장하고 청소년 스스로 행복을 가꾸며 살아갈 수 있도록 여건과 환경을 조성한다"는 새로운 청소년 헌장이 단지 선언문에 그치는 것이 아니라 당당한 우리 삶의 지표로 서게 될 것이 틀림없다.

제 4장 청소년과 대중문화

본 장은 청소년기의 자아정체감 형성에 영향을 미치는 대중문화에 대한 이론적 검토를 위해 작성되었다. 구체적으로 이 글은 대중문화가 청소년에게 미치는 영향을 청소년의 대중스타 수용현상을 중심으로 살펴보았다. 최근 청소년들이 연예계 스타나 스포츠 스타를 향해 열광적인 찬사와 애정을 보내고 스타를 모방하며 동일시 하는 현상은 역할모델과 관련해 중요한 청소년 문화현상으로 대두되고 있기 때문이다. 이를 위해 이 글에서는 먼저 청소년학에서의 대중문화의 의의와 대중스타의 대중문화 · 대중매체와의 관련성, 청소년들의 대중문화 수용현상에 대해 고찰하였다. 특히 대중문화 수용현상에 대한 이론적 이해를 확장하기 위해 현재의 대중문화 수용방식을 청소년기의 발달심리적 측면과 문화이론적 측면에서 정리하고 대중문화 수용현상이 청소년에게 미치는 영향과 과제를 탐색하였다.

학습초점

- 청소년 연구에 있어 대중문화가 갖는 의의는 무엇인가?
- 대중문화의 개념과 의의를 청소년과 연결하여 설명할 수 있는가?
- 청소년들이 대중스타를 수용하는 현상을 어떻게 이해해야 하는가?
- 대중문화가 청소년에게 미치는 영향은 무엇이고, 청소년 대중문화 수용현상이 갖는 과제는 무엇인가?

1절 청소년학 연구에서 대중문화의 의의와 현황1)

1. 1990년대의 대중문화와 청소년문화[1)]

'문화'란 곧 삶의 또 다른 이름이다. 그래서 문화는 당대의 삶살이가 그 자체로 고스란히, 그리고 숨 가쁘게 부딪치는 공간이다. 삶살이 자체를 문화라 지칭하는 수많은 학자와 그들의 논의를 차용하지 않는다 하더라도 문화를 삶에 편입시키거나 혹은 문화를 삶의 전형으로 보는 접근 방식은 보편적인 경향이다(Bourdieu, 1995: 20-29; 원용진, 1996: 16-19).[2)]

지금까지 인간이 사회를 이루며 삶을 이어오는 가운데 문화는 엄연히 존재해 왔으며 때로는 삶의 역사를 가르는 주요한 좌표로 그 기능을 수행해 왔다. 무릇 삶이 인간 역사의 기초가 되듯, 문화에 대한 끊임없는 인식은 과거의 삶을 반추하고 오늘의 삶을 진단하며 미래의 삶을 예견하는 역사적 의미를 갖고 있다. 그것은

1) 이 장은 필자가 집필한 한국청소년정책연구원(2015) 『청소년문화론』 4장의 내용을 중심으로 재구성되었음을 밝힙니다.

2) 원용진에 의하면 문화란 인간이 의미를 만들어 내는 실천의 장이며 따라서 문화연구는 문화의 상징적 측면에 관심을 두어야 할 것을 주장하고 있다. 피에르 부르디외(Pierre Bourdieu) 역시 지배계급의 정제된 의식의 정형으로 불린 초기의 문화적 개념을 이제는 문화인류학적인 의미가 함의된 삶의 양식으로 이해하지 않는다면 문화적 실천을 '완벽하게' 이해할 수 없다고 하였다.

곧 문화가 '과거의 삶으로부터 생명수를 받고 현재의 삶을 반영하는 거울이며, 미래 사회상을 가늠하는 잣대'라는 말에 다름 아니다. 특히 새로운 문화를 민감하게 받아들이는 성장세대에 대해 관심 있는 사람이라면, 문화에 대한 지적 인식의 칼날은 무뎌져서는 안 된다. 왜냐하면 문화에 대한 지적 인식은 새로운 문화에 대한 사회학적 비판과 교육적 통찰을 통해 성장세대의 올바른 문화돋움을 지지해줄 뿐만 아니라, 기존 문화와의 탄탄한 가교를 맺어줌으로써 새로운 사회적 연대, 세대적 협력을 이루는 통합적 기능까지 수행하기 때문이다.

새로운 성장세대에 대한 관심은 문화로부터 기초한다. 왜냐하면 그들의 삶의 모습과 내용, 형식이 전세대의 그것과는 판이하기 때문이다. 전술된 문화의 개념을 대입하자면 성장세대의 문화가 기성세대의 문화와 큰 차이를 보이고 있는 것이다. 물론 새로운 세대란 어느 시대, 어느 사회에나 존재하기 마련이고 그들은 당연히 기성세대와는 어떤 식으로든 차이를 갖기 마련이다. 그럼에도 불구하고 유독 성장세대와 관련하여 최근 우리사회에 떠들썩한 논쟁과 담론이 이는 것은 사실 요즘의 성장세대가 기성세대와 비교해 갖는 세대 차가 과거의 세대 차보다 훨씬 크고 단절적이라는 사실에 기인한다.

한국사회에 있어서 문화에 대한 지적 관심의 기원은 이미 문화가 중요한 사회적 화두(話頭)로 등장하는 1980년대까지 거슬러 올라간다. 문화와 관련해 1980년대를 상징하는 지성사적 사건이라면 단연 '사회구성체 논쟁'을 꼽을 수 있다. 획일적이며 전체주의적 문화가 중심이던 척박한 현실에서 감히 문화를 논한다는 것은 그 당시로서는 경박하기 그지없는 일이었다. 기껏해야 1980년대 초 본격 수입된 프랑크푸르트 학파의 '문화산업론'을 제외하고는 문화연구 및 문화이론에 대한 논의는 거의 없었다 해도 과언이 아니던 시절이었다. 당시 문화와 자본주의 재생산의 연관 문제를 심각하게 제기한 사회구성체 논쟁은 현대사회를 재조명할 수 있는 기제를 기대하던 지식인들에게 새로운 논의의 물꼬를 터 주었다. 그람시의 그림자가 짙게 드리우고 신 마르크스주의로부터 부분적으로 이론의 빚을 진 사회구성체 논쟁은 문화 등의 상부 구조적 제 요인들을 통해 자본주의라는 단단한 모순

껍질로 둘러싼 현대사회를 재단할 수 있는 가능성을 제공하였다. 특히 1989년의 세계사적 격변과 뒤이어 터진 구소련 몰락의 숨 가쁜 드라마는 단순히 동구권 텍스트의 권위에 기대어 오던 한편의 지식인들에게 충격으로 다가왔다. 마침내 그들의 금서 목록에 올라있던 아리스토텔레스의 '시학'은 서고의 묵은 먼지를 털어내고 속속 서점의 진열대에 등장하기 시작했고, 상부 구조적 요인들에 대한 논의가 학계에도 봇물처럼 쏟아져 나오기 시작했다.

이러한 지적 관심은 직접적으로 월간 '사회평론', 월간 '예감', 주간 '시사저널' 등이 1991년, 1992년에 대중문화를 특집으로 다루게 하였으며 어지간해서는 문학과 역사의 바깥으로 관심을 주지 않았던 주요 계간지들도 1990년대 초를 정점으로 대중문화에 대한 분석적인 논문을 게재하기 시작하였다. 본격적인 문화이론을 게재하는 문화 전문 계간지 '문화과학'과 '리뷰(REVIEW)'가 창간되었고, 문화영역에 과감하게 지면을 할애하는 '상상'과 같은 잡지도 나왔다. 이러한 지적 관심은 두루 알다시피 1990년대 초반부터 우리의 문화적 신경을 섬세하게 자극하고 지적 소화액을 맘껏 분비시킨 다양한 문화 담론들을 창출시켰다.

이렇게 1990년대는 적어도 한국사회에서 문화에 대한 연구관심을 포괄적으로 확장하고 동시에 그 수용 영역과 대상 계층을 넓히면서 그 동안 소수에게 지배되어 왔던 고급문화 대신 대중문화가 대중에게 확산·침투되는 시기였다. 이른바 고급문화에 밀리기만 하던 대중문화가 우리사회에 화려하게 등장한 것이다. 특히 대중문화는 1990년대 들어와 한국사회에 있어 10대와 20대 초반의 세대에게 그 주도권을 넘기면서 대중문화는 곧 청년문화, 혹은 청소년문화와 등가의 가치를 갖게 된다. 대중매체의 방송 프로그램, 대중가요, 가상세계는 물론이고 당시 오프라인에서 나타난 록카페, 노래방 등의 신문화적 상징 공간, 영상 광고 등에 있어 이들 청소년 집단은 문화적 헤게모니를 주도하며 주요 소비집단이자 동시에 생산집단이 된 것이다. 청소년을 일러 생비자(prosumer)라 칭하게 된 것도 이즈음의 일이었다. 따라서 이전의 주요 청소년문화영역이었던 학생문화 대신 다양하고 이질적인 대중문화가 새로운 청소년문화의 주요 영역으로 등장하게 되었다.

2. 대중문화의 개념과 의미

대중문화는 크게 두 가지 개념으로 구분된다. 즉, "불특정 다수에 의해 향유되는 문화"란 의미의 '매스 컬쳐'(mass culture)와 "다수에 의해 일반적으로 동의되면서 인기가 있는 문화"란 의미의 '파퓰러 컬쳐'(popular culture)가 그것이다. 여기서 대중(mass)이라는 말에는 고립, 분산되어 있고 주체성을 가지지 못하고 있으며 따라서 비합리적이고 열등한 집단이라는 폄하적 의미가 담겨 있다. 반면에 파퓰러(popular)란 의미는 매스보다 중립적이거나 긍정적인 의미를 갖고 있는데, 특히 '대중적인 향유와 취향'에 대한 지지라는 의미가 함의되어 있다. 따라서 매스 컬쳐는 '열등한 집단의 저속한 문화'란 의미라면 파퓰러 컬쳐는 '다수의 사람이 향유하는 대중적인 문화'란 의미로 받아들여졌다.[3)]

이러한 맥락에서 강준만(1994: 20-22)은 대중문화 비판이란 관점에서 대중문화 자체를 상업성, 획일성, 저속성 등의 부정적 의미가 함의되고 있는 매스 컬쳐와, 일반 다수에 동의되는 문화란 의미가 강조되는 파퓰러 컬쳐에 대해 논의한 바 있다. 그는 매스 컬쳐에서 '매스'는 한 집단의 구성원이나 개인을 나타내기보다는 무차별적인 집합체를 의미하는 것으로 다소 경멸적인 의미를 띠고 있는 반면에, '일반적으로 넓게 확산되어 있으며 동의되고 있는'이라고 정의되는 '파퓰러'란 단어에는 대중문화의 민주적 성격에 대한 기대와 희망이 담겨 있다고 논의하였다.

매스 컬쳐란 개념에는 일종의 계급적 속성이 포섭되어 있는 반면에 파퓰러 컬

3) 매스 컬쳐(mass culture)는 텍스트의 대량복제가 가능한 대중매체가 등장한 근대 자본주의 이후의 문화산물로 한정되지만 파퓰러 컬쳐(popular culture)는 자본주의 이전의 민중 문화적 개념까지 포괄한다. 물론 현대의 파퓰러 컬쳐 역시 대부분 대중매체에 의해 생산·유통된다. 따라서 현대사회에서 매스 컬쳐와 파퓰러 컬쳐는 동일한 대상을 각기 다른 시각에서 정의하는 개념으로 보아도 크게 틀리지 않는다. 그러나 '삶의 양식'이라는 좀 더 보편적인 문화의 개념을 염두에 두면 매스 컬쳐라는 개념으로는 대중적 문화 현상의 적지 않은 부분을 놓치게 된다. 따라서 일반적인 의미에서 대중문화의 개념은 파퓰러 컬쳐로서의 대중문화, 즉 다수의 사람들이 소비·향유하는 문화라는 관점으로 접근하는 것이 일견 타당하다. 사실 어떤 문화든 그것이 대중의 삶 속에서 존재하며 대중에 의해 수용되지 않으면 아무런 의미가 없다(김창남, 1995 : 24).

쳐란 단어에는 대중문화 자체를 악의적인 개념으로 상징화하는 일부의 관점을 불식하고 나아가 대중문화이론가들에게 대중문화의 영향과 기능을 순수한 학문적 관점으로 바라볼 수 있는 여지를 제공하고 있다. 따라서 대중문화와 청소년문화 간의 관계를 바라보고자 할 때 파퓰러 컬쳐가 아닌 매스 컬쳐로 개념 상 다루고자 하면, 이는 성장세대의 대중문화향유와 관련되어 쉽사리 폄하의 대상으로 떨어뜨릴 우려가 있다.

흔히 대중문화의 저급한 계급성을 지적하는 이론가들은 대중문화의 존재 자체에 대한 평가 이전에 대중문화가 수용자에게 미치는 영향에 대한 논의에 집착하곤 한다. 그들이 갖고 있는 대중문화 존재에 대한 인식은 단지 고급문화 이외의 범주에 있는 잔여 문화적 양식을 의미한다. 이들에 의하면 대중문화는 고급문화의 상대적 개념이며, 저급성과 상업성이란 성격으로 포장되어 있어 건강한 문화를 저해하고 나아가 지배계급의 이데올로기를 확산시키는 주요 도구로써 개념화된다. 이러한 개념에 기초하여 이들은 규범적 비판의 칼날을 앞세워 퇴폐와 향락, 외국 문화의 무비판적 수용이라는 이름으로 지금의 대중문화양식과 문화양태, 또 이러한 문화 방식을 향유하는 계층에 대해 우려의 목소리를 내고 있다. 사상적 측면에서 신보수주의적 입장에 서 있는 이들에게 대중문화와 문화 환경이란 소재, 대중문화양식을 향유하는 계층은 저급한 계급성의 상징을 의미한다.

그러나 이러한 관점은 하위문화를 억압하는 지배문화의 형태라는 '문화적 종속주의', 혹은 '문화적 상대주의'를 수용하지 않는 '문화적 절대주의'라는 지적을 받으면서 고급문화의 지배적 향유 이외에는 결정적인 대안과 해결 방안을 제시하지 못한다. 또 이들이 지니고 있는 규범적 비판의 칼날 뒤에는 기성세대 혹은 지배집단의 편견이 도사리고 있으며, 보다 꼼꼼히 살펴보면 이러한 인식의 토대에서 문화 이데올로기의 잔재가 발견된다. 따라서 대중문화를 대중의 삶을 반영하는 거울이자 그들의 삶 그 자체로 보는 관점은 문화적 상대성을 유지하면서 동시에 오늘날 대중이 갖는 삶의 특징을 고스란히 이해하고 수용할 수 있는 관용적 관점이라 할 수 있다. 아울러 대중문화를 주요 문화적 상징으로 차용하는 오늘날의 성장세대를 폄하하지 않은 채 이들의 삶의 특성과 성격을 파악할 수 있는 유효한 관점이다.

3. 대중문화의 계급과 경계의 와해: 아비투스와 크로스 오버, 그리고 퓨전

신보수주의적 언설과는 일정한 거리를 유지하면서 현대사회의 계급 분화와 계급 구조를 문화적 지형으로 분석한 부르디외(Bourdieu, 1995)는 문화의 계급성과 문화 이데올로기에 의한 새로운 패러다임을 제시하고 있다. 아비투스(habitus)와 문화자본(cultural capital)이라는 그의 독특한 개념은 문화 분석의 주요 도구로 사용되는데, 여기서 아비투스란 "일정 방식의 행동과 인식, 감지와 판단의 성향 체계(문화적 취향)"로써 개인의 역사 속에서 개인들에 의해 내면화되고 체화되며 또한 일상적 실천들을 구조화하는 메커니즘을 의미한다. 즉 개인의 사회적 성향들의 결합이란 의미의 아비투스는 사회의 장(場: field)에서 지배계급의 의미있는 이해관계들–권력–에 기초해 형성되며 요구된다.

따라서 아비투스는 사회 구성원의 행위 문법의 일종으로서 특수한 실천들의 생산을 위한 도식(schema) 내에서 하나의 계급을 다른 계급과 구별 짓는 구실을 한다. 예컨대 어느 대학교수가 고급 취향을 갖고 있기 때문에 바흐의 곡을 좋아하고, 어떤 육체노동자나 상점 점원은 중간 취향을 갖고 있기에 '푸른 다뉴브강'을 좋아한다면 여기서는 각자가 향유하는 문화 취향이 개개인의 사회 계급성과 직접적인 연상이 어렵다. 그러나 그 교수가 고상한 취미를 갖고 있는 교수였던 아버지와 훌륭한 교양을 갖춘 어머니의 밑에서 좋은 취향을 체화하였다면 이는 곧 사회경제적 계급성과 긴밀한 관계성을 유지하게 된다. 즉 교수는 그의 역사적 장면에서 일정한 문화적 자본을 상속받고 습득한 사람임을 알 수 있다. 부르디외는 이러한 일단의 변수들이 통계적으로 일정한 상관관계를 유지하면서 개개인의 행위문법 –아비투스– 들이 나타나며, 이러한 문화자본의 상속과 아비투스의 형성이 결국 개인과 사회에 있어서 계급 구분에 영향을 주고 있다고 밝히고 있다(참고: Lecht, 1996: 100-101).

부르디외의 이론이 설득력을 갖고 있음에도 불구하고 현대사회에서 나타나는 대중문화적 특성은 보다 복잡한 양상을 띠고 있다. 그 중에 대표적인 예가 고급문화와 대중문화(mass culture)의 경계선을 무너뜨리는 '파퓰러 컬쳐'의 등장이다. 이러한 파퓰러 컬쳐의 등장이 고급문화와 대중문화 간의 계급성을 허무는 대표적 사례는 대중문화의 주요 영역이라 할 수 있는 대중음악에서 두드러지게 나타나는데, 그 양식은 '고급문화의 대중성 획득'과 '하위문화의 주류 영역으로의 성공적 진입'으로 정리된다.

예를 들어보면 다음과 같다. 고급문화의 전형으로 불리는 클래식 음악은 최근 새로운 편곡과 연주 양식으로 대중성을 획득하는데 성공하고 있다. 흔히 크로스오버(cross-over)라는 문화양식은 세계적 테너인 루치아노 파바로티를 정점으로 1990년부터 새롭게 창출되어, 바네사 메이(Vanessa Mae), 유진 박 등에 이르러서는 클래식과 팝, 록 등의 경계선을 자유롭게 넘나들며 근대적 개념의 문화계급성을 무너뜨리고 있다(Storey, 1993: 20-21). 루치아노 파바로티는 1990년 푸치니의 '아무도 잠들지 않으리라'라는 음반으로 영국 대중음반 판매 순위 1위에 올려놓았다. 양적인 면에 있어서 그와 같은 상업적 성공은 작곡가와 연주자, 또 노래를 대중문화로 만들어 놓았다. 이러한 명백한 대중적 인기는 고급-대중문화 간의 뚜렷한 구분에 대해 이의를 제기하는데 충분한 근거가 되었다. 또 파바로티가 일구어낸 고급문화에서의 대중성 폭은 기존의 고급-대중문화 구분의 계급적 배타성마저 위협하였다. 또 최근에는 퓨전 문화(fusion culture)라 하여 장르마다의 고유 경계선과 국적마저 무너뜨리고 새롭게 차용, 융합, 창출하는 문화적 현상이 유행이 되고 있다. 이와 같은 크로스오버나 퓨전 현상들은 그간의 고급문화와 대중문화간의 계급적 경계선을 와해시키고, 고급문화의 대중성 획득을 용이하게 하는 문화적 현상임에는 틀림없다.

한편, 1980년대 말과 1990년대에 들어와 미국의 흑인 하위계급문화의 전유물,

혹은 억압에 대한 저항의 대표적 음악 유형인 랩(RAP)이 주류 음악의 순위 척도로 유명한 빌보드 차트 수위를 차지하게 된다. N.W.A(Niggers With Attitude), 퍼블릭 에너미(Public Enemy), 아이스 티(Ice-T), 아이스 큐브(Ice Cube), 시스터 소울저(Sister Souljah), 투 라이브 크루(2 Live Crew) 등과 같은 랩 아티스트들은 급진적이고 충격적이며 가끔은 노골적이기까지 한 그들의 랩뮤직으로 주류 문화에 성공적으로 진입하였다(D. Kellner, 1997: 322-358). 한국에서도 서태지가 한 순간에 기존 음악의 조류를 밀어내고 그 동안 일부 소수집단과 세대에 의해 선호된 록 음악과 댄스뮤직을 한 순간에 주류의 흐름에 올려놓으며 결국 '주류질서의 전복자'라는 화려한 명성을 획득하게 된다(강헌, 1994: 178-201).

이렇게 고급문화가 대중성을 획득하면서, 그리고 하위문화가 주류 문화영역을 장악하면서 90년대의 대중문화 개념은 이제 악의적인 의미를 갖고 동시에 제한적인 의미를 갖는 매스 컬쳐의 개념을 극복한다. 그리고 파퓰러 컬쳐의 대중문화 시대를 구가하게 된다. 즉, 90년대 대중문화는 계급을 구별짓는 문화적 속성이 퇴화되고, 현대사회의 대표적 삶의 전형으로 등장하게 된 것이다. 그리고 그 대표적 삶의 전형인 대중문화의 주체로 10대와 20대의 청소년들이 자리 잡기 시작했다.

4. 청소년학에서의 대중문화연구 현황

그럼에도 불구하고 지금까지 청소년연구 영역에 있어서 대중문화는 비중 있게 다루어지지 않았다. 문화비평 혹은 매스 커뮤니케이션 영역을 중심으로 형성된 연구집단을 제외하고는 청소년학(Youthology)에서는 무관심한 편이었다. 청소년 분야에서 대중문화 논의가 활성화되지 못하고 무관심하게 된 이유는 문화향유자에 대한 '청소년'과 문화내용이자 실천행위인 '대중문화'에 대한 뿌리 깊은 폄하적 인식으로부터 비롯된다. 먼저 청소년이라는 특정 집단은 사회적 지위를 안정되게 획득한 구성원이라기보다는 전통적으로 성인이란 지위를 획득하기 위한 과정의 대상자로 간주되었기 때문에 일정한 유예기간을 감수해야 하는 개체 · 집단 · 시기로 보아왔다. 이들에게 있어서 대중문화의 향유란, 그들의 삶의 한 양식이 아닌 단순한 여가의 한 형태로 제한해 보았기 때문이다. 그래서 이러한 관념에 포섭된 대부분의 지식인들은 청소년이 향유하는 대중문화가 무국적 문화이자 가소성이 큰 불안정한 문화란 인식에 머무는 경우가 많았다. 즉 청소년의 취향이 매우 다양하고 일회적이며, 그 시기의 특성에 따라 일관적인 문화양태를 유지하지 못함으로써 청소년의 대중문화 향유방식은 하나의 문화양식으로 인정받지 못하고 단순히 일시적인 유행으로 치부되는 경향이 강하였다. 따라서 청소년 세대의 능동적 대중문화 수용여부와 그 가능성은 초기부터 진지하게 받아들여지기보다는 오히려 무비판적으로 유행에 빠져드는 일부 청소년문제의 하나로 치부되기 일쑤였다.

학문의 영역에서 대중문화연구가 소외받은 또 하나의 이유는 대중문화 자체를 천박하게 바라보는 지배적인 편견으로부터 기인한다. 이른바 절대적 질서와 믿음을 숭배하는 모더니스트들이 마치 계급적 속성이 잔재하고 있는 지배계급의 독단적 문화형성 과정에서 하위계급문화를 간과하듯, 학문적 영역에서 대중문화를 하나의 독립적인 연구영역으로 주목하기란 쉽지 않은 일이었다. 고급문화와 대중문화간의 경계선을 긋고 대중문화를 폄하함으로써 고급문화를 숭상코자 하는 입장에서 대중문화는 저항하고 부정해야 하는 대상이었다. 대표적으로 지금껏 학교를 중심으로 하는 제도 교육에서 이미 청소년 세대의 삶의 일부로 천착된 대중문화는 주요한 텍스트로 수용되지 못하였다. 중등교육의 음악 교과에서는 서구의 고전 음악과 가곡이 주류를 이루었고, 고등교육과정에서도 이러한 양상은 크게 변하지 않았다. 만약 청소년들의 대중문화 향유방식에 불만을 갖고 있다면, 먼저 우리 사회가 청소년들에게 바람직한 문화적 관점을 스스로 세울 수 있는 기회를 제공해 주었는지, 문화적 향유방식에 대한 실질적 교육의 기회를 제공하였는지, 대중문화의 실질적 창출자는 누구인지를 곰곰이 생각해 볼 일이었다. 나아가 다양한 문화적 체험의 기회가 충분히 제공되었는지에 대한 자평도 빼놓을 수는 없다. 이런 과정을 간과하고 단지 대중문화, 혹은 대중문화에 심취되어 있는 성장세대에 대해 차가운 냉소만을 보내는 것은 결국 청소년들의 문화적 이중성만을 배태시키는 교육적 책임의 방기라 아니할 수 없다.

이와 같은 이유들로 인해 문화에 대한 청소년의 주체성과 자율성에 대해 우리 사회는 애초부터 인정하지 않으려는 경향이 강하였다. 그래서 문화의 교육적 기능을 주목하면서 대중문화를 통해 청소년교육의 가능성을 진단했던 움직임은 다행스런 일이자 주목할 만한 일이었다. 특히 서울대가 1999학년도부터 현대문화를 주도하는 대중문화를 다루는 강좌들을 개교 50년 만에 교육과정에 포함시켜 다른 학문과의 연계를 강화하는 등 인문학 개혁방안을 추진했던 것은 대중문화연구의 활성화를 고무한 획기적인 일이었다(김대용, 1998: 113).[4] 차제에 대중문화를 우리 시대의 압도적인 문화현실의 하나이자 청소년에게도 그들의 감수성과 의식을 표출하는 주도적인 표현 양식으로 당당히 인정하는 사회적 인식의 변화가 뒤따라야 한다. 특히 오늘날의 청소년문화가 이미 대중문화로부터 영향을 적지 않게 받고 있는 현실을 감안하여 그들의 문화양태와 문화공간들을 면밀하게 분석하는 이론가들의 노력들이 지속적으로 이루어질 필요가 있다.

2절 청소년의 대중문화수용에 대한 이론적 고찰

1. 대중매체와 대중문화, 그리고 대중스타

대중스타의 탄생은 대중문화의 확산과 같은 궤적을 그린다. 역사적으로 대중문화의 확산은 기술적 혁신에 근거한 매체(media)의 발명·발달의 역사와 밀접하다. 따라서 대중스타와 대중문화 그리고 대중매체는 삼각형의 세 꼭짓점에서 서로 연결된 동일한 크기의 변과 같다. 근대 사회에 들어와 과학기술의 획기적 발달에 힘

4) 한국교육학회 교육철학연구회에서는 '98년도 연차 학술 대회(1998. 11. 13-14)에서 문화 개방과 문화교육이란 주제로 '문화의 교육적 기능'을 탐색하는 작업을 시도한 바 있다.

입어 세 꼭짓점을 연결하는 각각의 변은 서로 상응하는 체제를 이루며 그 영역을 부단히 확장하기 시작하였다. 하지만 실제로 각 영역을 확장하는데 기본적인 힘을 부여한 것은 단연 대중매체였다. 대중매체가 인류의 일상에 안착하면서 삼각형의 영역에 포섭된 공간은 무한히 확장되기 시작하였고 그 힘 역시 놀라울 정도로 증폭되기 시작하였다.

구체적으로 라디오의 발명은 대중스타와 대중문화의 탄생을 동시에 알린 전조였으며 최초로 대중스타를 '대중'이 공유할 수 있도록 한 계기였다. 초기 무선전신의 기술적 발달을 기초로 말과 음악을 고주파 라디오 전파로 전환하여 송·수신할 수 있게 되면서, 인간은 의사소통에 있어 비로소 구어단계와 인쇄단계를 넘어 전자단계로 들어서게 되었다. 매체유형에 근거해 구어단계, 인쇄단계, 전자단계로 의사소통의 역사를 구분한 포스터(Poster, 1991)의 '정보양식론(mode of information)'에 따르면, 각 역사단계에 해당하는 의미생산과 교환의 정보 양식은, 인간의 존재양태와 주체를 결정하고 재결정하는 방식으로 인간의 사회적 관계를 구조화, 재구조화, 탈구조화한다. 이 점에 있어 라디오는 본격적인 전자단계의 의사소통체계를 제공하였고, 특히 전자매체를 중심으로 인적 관계의 분리(메시지의 발신자와 수용자)와 각 주체를 연결짓는 물적 상품(프로그램, 스타 등)의 존재를 본격화했으며 상호간의 관계 역시 구조화를 이루게 한 최초의 매체였다.

필름의 발명과 기계적 촬영술의 도약적인 발전에 힘입어 초기 활동사진(motion picture)이 영화(movie)로 탈바꿈한 이래, 은막의 대중스타가 이미지를 앞세워 대중에게 강력한 힘을 발휘하게 된 계기는 할리우드(Hollywood) 영화산업의 등장과 밀접하다. 제2차 세계대전 이후 막강한 자본을 배경으로 등장한 할리우드 영화산업은 잘 짜여진 각본과 당시 최첨단의 영화기술을 앞세워 효과적인 스타산업 시스템을 꾸려가기 시작하였다. 대중으로 하여금 실재와 허상의 경계를 무력화하는 다양한 영화장치 중에서도 스타는 단연 효과적이고 효율적인 장치였다. 허상의 이미지로 구성된 은막의 스타들은 대중으로 하여금 실재를 잊게 하는 존재이자 현실에도 지대한 영향을 미쳐 이제는 경계의 무력화뿐만 아니라 실재 자체를 바꾸는 힘으로도 기능한다. 그래서 은막의 스타들은 당대의 유행을 창출하고 또 삶의 형식과 내용의 변화를 유도하며 리드해 가는 기제로 작동되었다. 스타들의 헤어스타일이나 메이크업, 패션 스타일, 심지어 스타가 입었던 청바지가 당대의 기준으로 작용하면서(이경기, 1995: 104-108) 대중문화의 인공성에 대한 은막스타의 힘은 강력하기만 하였다.

TV는 대중문화가 일상문화로 안착할 수 있게 한 매체였다. 또한 프로그램과 수용자와의 관계에서 거대한 자본의 힘을 역시 일상적으로 부여하는 계기를 제공한 매체였다. 이로써 대중스타는 수용자의 일상을 지배하는 힘을 구조적으로 갖추게 되었고, 동시에 자본의 권력 앞에는 수동적이고 종속적인 위치를 점유하게 되었다. 이는 TV라는 대중매체와 수용자와의 사이에 영향력 있는 이데올로기적 중개자, 혹은 탁월한 대중의 상품 구매력을 유인하는 상품 그 자체로써의 대중스타가 비로소 일상적으로 배치되었음을 의미하며, 곧 스타산업 시스템이라는 새로운 문화산업의 주도적 기능이 향후 TV를 중심으로 발현될 것이라는 예언으로 받아들여졌다(White, 1987).

여기에 더해 VTR은 전파와 필름이 갖는 일회적이고 공공적인 힘을 사적 영역에서 누적적이고 안정적으로 포섭 가능하게 하는 물리적 기계력을 발휘하였다. 특히 비디오 매체는 현실의 끊임없는 재현과 상업적 이윤 추구의 독특성을 음악을 통해 연결함으로써 뮤직 비디오라는 새로운 장르의 상품을 탄생케 하였고, 나아가 청소년문화를 지배적인 소비문화로 편입시킨 장본인이라는 지적을 받기도 하였다(Jameson, 1985). 특히 뮤직비디오 클립만을 전문적으로 송출하는 M-TV의 탄생은 TV와의 성공적인 매체 결합을 주도하였고, 아울러 본격적인 영상세대의 문화적 감수성을 보편화시킨 대표적인 매체였다. 즉, 이전의 활자세대와는 확실히 다른 문화적 감수성을 대중화시킨 매체로써 문화적 측면에서의 세대 차를 강화시킨 매체로 평가받기에 이르렀다

그러나 이러한 매체의 역사는 오늘날 성장세대의 문화적 의미를 충분히 설명하기에는 부족하다. 대중문화의 흐름과 맥락에서 지금의 성장세대가 갖는 독특한

문화적 특징을 아우르고 포섭하는 일대 상징으로 요약되는 컴퓨터와는 비교할 수 없다. 현대 청소년문화의 대중문화적 특성을 압축하여 보여주는 컴퓨터는 이전의 메시지 발신자와 수용자의 일방적 커뮤니케이션(one way communication) 관계를 쌍방적 커뮤니케이션(two way communication) 관계, 나아가 다방향 커뮤니케이션(multi-way communication)으로 전환함으로써 수용자인 대중의 참여를 가능케 하였고, 과학기술의 적응력이 빠른 성장세대가 대중문화의 주도권을 잡게 함으로써 수용자의 핵심 세력으로 성장세대를 자리매김하게 한 혁신적인 매체였다. 특히 개인용 컴퓨터를 기반으로 획기적인 발달의 속도를 보인 정보통신기술과 네트워크 테크놀로지에 의해 창출된 인터넷은 가상현실을 창출하면서 현실의 시간과 공간을 확장하였으며 나아가 소비자로써 국한되었던 수용자 대중의 기능을 생산의 영역까지 넓히는 주력 미디어로 컴퓨터를 자리잡게 하였다.

컴퓨터와 인터넷은 대중문화와 대중스타의 영역에 독특한 전환점을 제공하였는데 먼저, 대중문화의 영역에서 컴퓨터와 인터넷은 수용자이기만 했던 대중이 자생적 문화 생성력을 발휘할 수 있는 통로와 공간을 제공하였다는 점에서 특기할 만하다. 특히 컴퓨터의 전지전능한 기술적 힘은 '특수한 개인의 문화 생산력의 산물'로 인식되어 왔던 문화예술의 영역에 대중이 용이하게 참여할 수 있도록 하는 기반이 되었다. 아울러 인터넷의 힘을 빌려 수용자간의 네트워크를 구축함으로써 수용자 개인들은 집단적 체계를 갖추어 또 다른 공공의 힘을 발현하게 하는 계기를 부여하였다. 지금까지의 대중매체가 '대중을 대상으로' 하는 대중적 매체라 한다면 컴퓨터와 인터넷은, 그리고 최근의 스마트폰 등의 뉴미디어의 등장은 쌍방향-다방향 전달체계와 네트워크 체계를 기반으로 '대중으로부터의' 문화생성을 가능케 하는 대중문화의 진정성을 발현한 것이다.

대중매체의 발달과 대중문화의 변화는 대중스타의 영역에도 곧 전이되어 팬과 스타간의 일방향적 관계와 제한적 소통 양식에 적지 않은 영향을 미치게 되었다. 주지하다시피 컴퓨터와 네트워크 테크놀로지의 발달에 근거한 과거 PC통신과 지금의 인터넷은 팬들의 스타에 대한 소통을 원활하고 용이하게 하였으며 단위 집단의 게토(ghetto)를 형성할 수 있게 하였다. 특히 인터넷을 기반으로 '사이버 커뮤니티'를 형성할 수 있게 되면서 팬들은 동일한 대중스타를 선호하는 집단 간의 집단적 의식과 행동을 용이하게 할 수 있게 되었다. 사이버커뮤니티(cyber-community)는 팬에 대한 스타의 일방적 영향력을 제어하는 기반이 되었으며 팬과 스타간의 상동성을 가능케 하였고, 어떤 점에 있어서는 오히려 스타에 대한 팬의 방어·제어적 장치의 기능까지 가능케 하였다.

이처럼 대중매체의 출현과 역사적 발달은 대중문화의 일상화는 물론이고 대중문화가 인간 삶의 전범(典範)으로 안착하게끔 확산하는 기능을 발휘하였다. 특히 대중스타를 중심으로 살펴보면 대중스타와 대중문화를 향유하는 대중사이 혹은 대중스타와 팬과의 관계에 있어 힘의 역동성을 전환하고 변주하는 주요 요인으로 작용하였다. 동시에 청소년문화의 관점에서 보자면 그동안 대중문화수용자의 위치에서 주변부에 머물렀던 청소년을 주도적인 문화의 향유자, 소비자, 그리고 생산자의 위치에 이르게 한 요인이었다.

2. 대중문화에 대한 비평: 편입문화론과 발터 벤야민

대중매체로부터 근원적 힘을 빌린 대중문화의 등장과 속성에 대한 문화이론가들의 평가는 상반적이다. 전술한 바와 같이 강준만(1994)은 대중문화 비판이란 관점에서 매스 컬쳐(mass culture)와 파퓰러 컬쳐(popular culture)를 구분하여 논의한 바 있다. 문화향유 주체인 대중을 어떻게 보느냐라는 인식의 차이에 따라 이처럼 대중문화는 고급문화에 대한 저항적이고 폄하적인 개념(매스 컬쳐)으로 사용되거나, 중립적으로 평균적인 대중의 문화, 혹은 새로운 가능성의 문화(파퓰러 컬쳐)로 호명되는 상반적 평가를 받고 있다.

대중문화를 소위 매스 컬쳐처럼 폄하적인 문화로 살펴보는 이론가 집단에는 매튜 아놀드(M. Arnold)와 리비스(F. R. Leavis)가 있다. 문화를 일컬어 위대한 인간의 정신적 유산, 인류 최고의 완성적인 관념으로 제한하는 아놀드와 리비스주의자들에게 대중문화는 단지 '비(非)문화'이자 '반문화'에 불과하다. 아놀드에게 있어 진정한 문화는 두 가지 의미를 갖는다(Storey, 1993). 하나는 문화가 곧 지식체계라는 점으로 이 점에 있어 문화가 물질적 문명과 차이를 가지며 나아가 그 지식 체계는 완전무결한 지적 체계로 곧 뛰어난 인간 사고와 표현의 정수임을 의미한다. 또 다른 하나는, 문화란 이성과 신의 의지가 널리 퍼지도록 노력하는 것으로 여기서 문화가 갖는 빛과 아름다움은 문화 자체가 인간에게 도덕적·사회적 이득을 준다는 성격을 명확하게 해준다. 즉, 문화는 완벽에 대한 연구이며 이 완벽은 어떤 것을 가진다는 의미보다는 어떤 것이 되어 가는 것을 뜻하며, 일련의 외적 상황에서 드러나는 것이 아니라 정신과 영혼의 내면에서 이루어진다는 점이다. 다시 말하면 매튜 아놀드에게 있어서 문화는 최선을 알기 위한 노력이며 또한 모든 인류를 위해 그런 지식이 널리 알려지도록 하는 노력이다. 따라서 인류가 진정한 문화를 향유한다는 것은 문화가 갖는 빛과 아름다움으로 인해 인간의 정신과 영혼의 내면을 그리고 삶마저 완벽하게 하는 과정이다. 반면에 진정한 문화의 영역에 포섭되지 않는 대중문화는 이들에게 있어서 단지 결핍의 상징, 인간의 삶을 몰개성화로 이끄는 기제로 평가될 뿐이다. 나아가 대중이 대중문화의 공허한 텍스트와 생산물을 소비한다는 것은 삶의 기본적이고 진정한 욕구에 대한 대리만족과 억압의 형태에 지나지 않고 따라서 대중문화를 소비하면 할수록 진짜 욕구에 대한 만족은 더욱 어렵고 이와는 상반되게 대중의 공허감은 더욱 커져 이런 순환적 작용에 따라 대중문화는 더욱 널리 소비된다고 보았다. 그 결과 대중문화의 중독자를 양산하며 그들에게 대중문화의 향유는 지루함과 산만한 시간 죽이기 사이에서 충족 받지도 못하며 끊임없이 오가는 하나의 악몽일 뿐이란 것이다.

이러한 관점을 대중문화에 대한 비판이론으로 구축한 이론가들이 바로 프랑크푸르트 학파(Frankfurt School)이다.[5] 후기 자본주의사회의 성격 변화에 주목하

5) 물론, 매튜 아놀드와 리비스주의 그리고 프랑크푸르트 학파 사이에는 분명한 경계가 있다. 예컨대 아놀드와 리비스주의자들은 대중문화가 문화적·사회적 권위에 위협을 가한다고 염려한 반면에 프랑크푸르트 학파는 오히려 대중문화가 사회적 권위를 유지한다고 주장하였다. 아놀드와 리비스는

여 문화를 집중적으로 연구한 프랑크푸르트 학파의 이론가들은 문화산업의 측면에서 대중문화를 비판하였다. 정보기술의 사회적 영향을 낙관적으로 전망하고 있는 포스터의 정보양식론과는 달리, 프랑크푸르트 학파의 비판이론은 자본주의가 발전하여 후기 산업사회에 이르자, 하부구조로서 경제생산의 사회관계가 사회·정치·문화생활의 전 과정 즉 상부구조를 결정하는 것이 아니라, 반대로 사회의 의미체계가 생산과 지배의 사회관계를 재생산하는 주요 메카니즘으로 작용하고 있음을 주목하였다. 프랑크푸르트 학파 가운데 아도르노(Adorno), 호르크하이머(Horkheimer), 마르쿠제(Marcuse) 등의 연구자들은 이러한 논의를 전개시켜 '편입문화론'(incorporation theory of culture)을 완성시켰다.

대중문화를 이데올로기와 자본주의 사회의 상업성을 결합한 문화산업의 산물이라고 비판하는 이들에 따르면, 후기 자본주의사회의 지배계급은 기술혁신을 통하여 모든 것을 상품화함으로써 기존의 지배체제를 유지하고 확장한다고 보았다. 특히 대중매체에 기반하고 있는 문화산업(culture industry)이 후기 자본주의 사회의 핵심 산업으로 등장하게 되었다. 문화산업은 문화상품을 대량 생산하고 대량 소비를 자극한다. 노동시간의 단축과 함께 생산된 재화를 고임금의 형태로 일정 수준 재분배받게 된 노동자 계급은, 자본주의의 물질적 풍요에 편입해 안주한다. 이들로 하여금 앞다투어 문화상품을 소비하도록 유인하는 것이 바로 문화산업이다. 대중매체를 통하여 대량으로 쏟아져 나오는 문화상품은 사람들을 획일화하고 탈 개성화하여 수동적인 소비 대중으로 만든다. 대중문화가 인간의 건강한 비판력과 창의력을 마비시키고, 저항 정신을 고갈시키며, 변혁 의지와 에네르기를 지배체제 안으로 흡수하는 것으로 바라본 것이다.

하지만 대중문화와 문화산업이 미치는 효과를 부정적으로 평가하지 않는 이

대중문화의 수용이 '무정부'를 초래한다고 보았으나 프랑크푸르트 학파는 '순응'을 예견하였다. 그러나 대중문화에 대한 접근 방식에 있어서 발터 벤야민을 제외한 대부분의 프랑크푸르트 학파 이론가들은 많은 면에서 리비스주의의 전통에 부합한다(Storey, 1993: 149-160). 이는 프랑크푸르트 학파의 비판이론이 애초부터 대중문화가 갖는 가능성보다는 후기 자본주의 속성에 삼투되는 대중문화의 부적 영향에 대해 더 큰 무게 중심을 가진 결과이기도 하다.

론가도 있다(이민희, 2001: 24). 그 대표적인 이론가가 바로 발터 벤야민(Walter Benjamin)이다. 역시 프랑크푸르트 학파의 일원이었던 그는 문화산업이 야기하는 복제성, 재현성과 같은 문화적 변동이 대중들에게 그 전과 전혀 다른 예술 수용방식과 가능성을 제공함으로써 능동적인 수용자로 치환하는 기능을 갖는다고 논의하였다. 그는 대표적으로 회화(繪畫)와 영화를 비교하면서, 수용자들은 수동적으로 텍스트의 의미를 읽어야 하는 회화와 달리, 텍스트와 비평적인 거리를 확보할 수 있게 하여 대중이 능동적으로 텍스트를 읽을 수 있게 하는 계기를 제공하는 영화의 수용방식을 주목하였다. 그가 보기에 문화산업의 등장은 예술 수용방식에 있어 획기적으로 수용자의 능동적인 측면을 부각시킨 것으로 보여졌다. 이러한 그의 논의는 자신의 논문 '기술복제 시대의 예술 작품'에서 '아우라의 파괴'라는 개념으로 압축되고 구체화된다(Benjamin, 1973: 219). 그에 따르면 고유한 예술작품에는 그것만이 지니는 '광휘(Aura)'가 있다. 그런데 이 광휘는 실제로 존재하는 어떤 실체적 특성이 아니라 단지 감상하는 이들이 시공간적으로 유일무이하며 일회적으로 감상할 수밖에 없는 예술 작품에 덧붙인 의미일 뿐이다. 말하자면 아우라란 단 하나뿐인 예술 작품에서만 느낄 수 있는 유일무이한 일회적 현존성이다. 가짜가 아닌 진품이 가지는 절대적 권위에 대해 전통적인 예술을 대할 줄 모르는 대중은 감히 이의제기를 할 수가 없다. 말하자면 예술작품을 종교적 대상처럼 무비판적으로 받아들여 왔는데 그런 수용자의 수동성을 낳은 중요한 특성이 바로 아우라라는 것이다. 그런데 기술복제가 가능한 시대, 문화산업이 등장한 시대에 들어서면서 예술 작품의 복제와 재현은 가능하게 되었다. 그러면서 예술 작품의 진품성은 그다지 중요하지 않게 되었다. 아우라가 파괴되기 시작한 것이다. 그 파괴의 주체는 바로 문화산업이었고, 이러한 아우라의 파괴는 대중의 문화수용에 있어 능동적 수용을 가능케 한 지점이었다(김 민, 2002).

3. 청소년 대중문화수용에 대한 시사점

대중문화의 성격에 대한 상반된 이 두 비평은 오늘날 대중이 대중문화를 어떻게 소비하며 문화산업은 수용자에게 어떤 영향을 미치는가에 대한 담론을 이끄는 주요 축이다. 특히 프랑크푸르트 학파의 편입문화론과 벤야민의 논의는 이러한 축의 핵심에 놓여있다. 즉, 편입문화론에 따르면 후기 자본주의 사회의 문화산업에 의해 생성되는 대량적 문화는 그 문화를 소비하는 대중으로 하여금 수동적 수용자로 위치짓게 하며, 나아가 소수 계급의 이데올로기적 지배에 포섭되게 하고 대중문화의 상업성에 매몰되게 한다. 수용자는 대중문화를 소비함으로써 탈 개성화되며 수동적인 소비대중에 머무른다. 이들에 따르면 대중문화와 문화산업은 대중의 비판적 의지와 창의력을 마비시키고, 저항 정신을 고갈시키며, 동시에 변혁의 의지까지 앗아간다. 이와 관련하여 대중문화의 소비를 통해 비판력과 저항력을 상실하고, 감각적인 삶에 탐닉하는 현대인을 마르쿠제는 일차원적 인간으로 개념화 한 바 있다(Marcuse, 1968). 반면에 벤야민은 현대 문화산업이 갖는 대중문화의 독특성으로 인해 과거의 소극적이고 수동적인 문화적 수용체제로부터 현대인이 해방되고 있음을 예언하고 있다. 텍스트와 수용자 대중간의 미시적인 힘의 관계를 주목한 그에 따르면 문화산업은 문화적 텍스트의 수용에 있어 대중을 기존의 수동적 수용자의 위치로부터 벗어나 능동적 문화소비를 하는 주체로 전환시켰다고 보고 있다.

여기서 우리는 이러한 문화수용과정에 대한 상반된 논의와 흐름이 고스란히 청소년의 대중문화소비에 대한 담론에도 연장되고 있음을 주목할 필요가 있다. 즉, 청소년의 대중문화소비 양식이 대중문화에 의한 지배의 양식에 함몰되는 것인지, 아니면 대중문화의 향유를 통해 청소년은 바야흐로 대중문화를 지배하는 주체로 대두되고 있음인지에 대한 논의가 가능하기 때문이다. 실제로 청소년이 수동적인 대중문화 소비주체인지, 아니면 전통적으로 소극적 대중문화 소비세력의 자리에서 벗어나 이제는 적극적인 대중문화의 향유자인지에 대한 논의는 최근 청소년문화 현장 및 대중문화 수용실태－특히 대중스타 수용실태와 관련하여－에 대한 분석적 연구뿐만 아니라 대중문화의 전반적 측면에서 청소년의 지위와 역할을 가늠케 하는 중요한 논의의 지점이 된다.

사실 이러한 논의는 지금까지 적지 않게 수행되어 왔는데 특별히 대중스타 수용과 관련한다면 대체로 초기 문화산업 과정에서 청소년은 전자의 지위와 역할을 수행하는 것으로 주로 논의되었고, 최근에는 후자인 능동적 소비자의 논의가 대두되고 있는 것으로 보인다. 즉, 한국사회의 경우 1990년대 이후 대중문화의 최대의 수혜자라 할 수 있는 성장세대가 등장하면서 초기에는 대중스타에 대한 일방적인 모방과 추종 현상이 '오빠부대'라는 조어를 낳게 하였고(청소년대화의 광장, 1995), 이후에는 청소년이 대중문화의 구매력을 본격적으로 가지게 되면서 창조적 문화소비자 혹은 문화 생비자(prosumer)라는 이칭까지 확보하면서 팬덤 문화라는 신조어를 낳기도 하였다(Fiske, 1992: Jenkins, 1992: 조은 외, 2000). 특히 이러한 논의의 배경에는 컴퓨터와 인터넷 등의 뉴미디어가 발달하면서 대중문화에 대한 참여의 기회와 통로가 많아지는 주변의 변인과도 관련이 깊다.

3절 청소년의 대중스타 수용에 대한 이해

1. 선행연구 검토

서구권에서는 성장세대가 대중문화의 주 소비자 세력으로 등장하기 이전에도 청소년들의 대중스타 수용실태에 대한 연구는 수행되어왔는데, 장르상으로는 대중음악을 중심으로 수행되었고(Bennet & Ferrell, 1987; Brown & Hendee, 1989; Denisoff & John, 1983: 이상 최우신·김영희, 1999: 172에서 재인용; Roe, 1993: 40-55; Kellner, 1995: 469-526; Raviv 외, 1996), 전통적으로는 청소년 하위문화연구를 중심으로 전개되어 왔다. 이를테면 딕 헵디지(Dick Hebdige, 1979)의 고전적인 책 '하위문화(subculture)'는 1976년에서 1977년에 이르는 영국의 펑크 하위문화(punk subculture)에 기반해 테디 보이부터 라스타파리안스에 이르는, 주로 여자청소년의 컬트 문화를 다루었다. 헵디지의 연구는 청년 하위문화에 대한 최초의 이론적 설명으로 평가되고 있다. 또, 클럽문화에 지대한 관심을 두고 있는 사라 손톤(Sarah Thonton, 1996)은 1990년대 오해되고 있던 청소년의 문화현상을 미디어를 통한 대중음악의 이입 과정을 중심으로 사회학과 문화연구에 기반해 연구하였다. 특히 사이몬 프리쓰(Simon Frith)를 지도교수로 두고 스트라스클라이드 대학(Strathclyde University)에서 박사학위 논문을 청구한 이래 사라 손톤의 지속적인 청소년 하위문화연구는 문화사회학에 대한 피에르 부르디외의 논의가 갖는 이론적 가능성을 청소년 하위문화에 실제로 적용, 확장한 것으로 평가되고 있다(Redhead, 1997: 102).

이러한 선행연구들을 요약해 살펴보면 다음과 같다. 먼저, 대중스타 수용현상에 있어 서구 청소년들은 대중음악 장르의 대중스타를 선호하고 있고, 연구자들은 청소년의 스타수용 현상의 상징적 영역으로 대중음악 장르를 선호하고 있었다.[6] 아울러 이러한 현상을 탐색하는 연구방법으로 실증적 연구와 함께 다양한 학제적 접근을 취하고 있다. 특히 청소년 하위문화, 혹은 클럽문화라는 영역을 통해 시도되는 일련의 문화연구(cultural studies) 작업들은 대중매체와 대중문화, 그

6) 이는 우리의 경우도 마찬가지인데 이를테면 초기의 연구들, 특히 청소년대화의 광장(1995)과 최우신, 김영희(1999)의 연구가 그렇다. 이 연구에서 우리나라 청소년들이 가장 좋아하는 대중스타는 대중음악 가수들이었다. 구체적으로 청소년대화의 광장에서는 '좋아하는 스타의 활동 영역'이란 질문에 가수 37.7%, 탤런트, 24.5%, 농구선수 22.7%, 영화배우 4.8%, 개그맨 4.0%의 순이었다. 최우신, 김영희의 연구에서도 청소년이 '좋아하는 연예인의 유형'으로 가수가 67.7%로 압도적이었다. 대중스타 중에서도 가수가 선호되는 주된 이유는 직업 특성상 청소년들의 공감을 지속적으로 얻을 수 있기 때문인 것으로 추측된다. 즉 맡은 배역이나 상품에 따라 이미지를 변환시켜야 하는 배우나 모델과는 달리 가수들은 추구하는 음악에 따라 비교적 일관된 메시지를 전달하기 때문이다(최우신, 김영희, 1999: 179). 조아미(1998)의 연구도 물론 청소년 대화의 광장 연구 결과를 토대로 삼았지만, 청소년의 대중스타 우상화 현상에 대한 연구에 있어 대중음악 가수들을 대상으로 삼아 수행하였다. 특히 청소년과 대중스타와의 영향과 관계에 있어 대중음악이 주요 영역으로 다루어지는 이유는 아무래도 관련 문화산업의 주 소비자 세력이 10대 청소년인 것과 무관치는 않다.

리고 대중스타라는 도식 안에 청소년을 주 화자(話者)로 삼는 부가적 연구업적까지 얻고 있다.

반면에 우리의 경우는 아직까지 청소년과 대중스타간의 관계 설정에 있어 일방적 모방 혹은 추종의 현상으로 분석하는 관점이 뚜렷하다. 물론 초기 강명구(1993)의 청소년 하위문화에 대한 포괄적 연구와 김창남(1995)의 문화 분석적인 연구가 있지만, 아직까지 대종을 이루는 선행연구들은 오빠부대(청소년 대화의 광장, 1995)와 같은 일방적 추종 관계의 설정에 가깝다. 그래서 청소년은 오늘날 대중문화의 주요 소비자임에도 불구하고 여전히 대중스타와의 관계에 있어 객체화된 상태에 머물러 있는 실정이다.

1990년대 이후의 연구들도 역시 이러한 맥락에 있는데, 이를테면 조아미(1998: 1-20)는 연구를 통해 대중음악을 중심으로 청소년들의 스타 모방 및 수용실태를 '우상화(idolization)'라는 개념으로 포섭해 다룬 바 있다. 또, 최우신과 김영희(1999) 역시 연예인과 그 팬으로써의 청소년간의 관계를 일방향적 관계(스타→청소년 팬) 안에서 청소년을 수동적 문화향유자라는 존재로 다루었다. 따라서 두 연구 모두 '우상화'란 개념을 사용하였지만 정작 우상에 대한 청소년의 모방 행동이나 숭배 행동은 일반인들이 생각했던 것처럼 보편적 현상은 아니라는 결과를 낳았거나(조아미, 1998: 14), 혹은 연예인을 선호하는 청소년의 성향을 우상화라는 개념의 우산으로 쉽게 덧씌우는 경향을 갖고 있다(최우신, 김영희, 1999: 186).[7]

이러한 이론적 경향성은 흔히 우리사회가 갖는 청소년들에 대한 일반적 통념에 기초한다. 즉, 청소년들은 그들이 처한 현실적 억압과 구속을 대중문화의 향유를 통해 해소하거나 대리 만족의 도피처로 삼으려는 경향을 보이고 있어, 대중문

7) 여기서 최우신과 김영희의 연구 결과는 조아미의 연구 결과와 대비된다. 조아미는 일반인이 생각하는 정도로 청소년들의 대중스타 추종과 우상화 수준이 그렇게 높지 않게 나왔다고 보고한 반면, 최우신과 김영희의 연구는 응답자 중 우상화 수준이 '상'인 집단이 20.9%이고 전체적으로는 '중간 이상'인 집단이 86.1%로 나타나 일반적인 현상이었다고 보고하였다. 두 연구 모두 Raviv 외(1996)의 청소년의 우상화 연구에 사용한 조사지 문항을 번안·수정하였는데 이처럼 상반된 연구 결과가 나타난 것이다. 이는 향후 우리나라 청소년의 대중스타 수용실태에 대한 종합적이고 정밀한 후속 연구가 필요하다는 점을 시사하는 대목이다.

화의 핵심적 전파자라 할 수 있는 대중스타를 무의식적으로 동경하고 모방하려는 하위문화를 생산할 것이라는 기대가 그것이다. 실제로 임희섭(1986)은 오늘날 많은 도시의 청소년들이 중압감과 열등감을 불러오는 현실 장면을 외면하고 비슷한 입장의 다른 청소년들과 어울려 그들 나름으로의 생활양식과 보람을 찾으려고 하고 있으며, 그들은 텔레비전이나 영화를 통해서 알게 되는 대중문화 취향의 청소년문화를 형성하고 그들의 화제도 대중문화의 스타들을 중심으로 엮어지게 된다고 논의하였다. 그들은 알게 모르게 대중문화의 스타들을 동경하고 그들을 모방하려 하며 대중음악과 춤을 즐기고 서로 어울리는 가운데 청소년 하위문화를 만들어 가고 있으며 이것을 청소년 대중문화의 실체로 보고 있다.

그러나 최근 적극적인 대중문화의 수용자인 일부 청소년 집단의 경우에는 이러한 논의에서 비껴나 있음도 주목할 필요가 있다. 이를테면 팬클럽을 조직하고 클럽 활동에 적극적인 청소년들이 여기에 포함되는데 우리사회에서는 1990년대 서태지 신드롬 이후 본격적으로 등장하였다. 이른바 대중문화의 수용에 있어 적극적 수용자라 할 수 있는 신세대 청소년의 등장이 바로 여기에 해당한다. 김현섭(1999)은 이와 관련해 서태지 음악을 통한 하위문화적 접근이 필요하다면서 단순히 서태지라는 가수를 음악적 잣대로만 평가할 것이 아니라 새로운 '문화적 아이콘'으로 그를 칭해야 한다고 언급하였다. 실제로 빌보드지로부터 문화적 아이콘이란 찬사를 얻었던(Billboard, 1996. 4. 20) 서태지는 팬들과의 공명 지대를 확보하고 이를 기반으로 청소년의 하위문화적 진지를 구축하여 '가수' 서태지가 아닌 '서태지' 그 자체로 자리매김 되었으며 이러한 자리매김에는 이미 탈권위적이고 자유로운 사유로 무장한 10대의 열렬한 지지가 있었기에 가능하였다. 이들의 지지는 서태지 은퇴 이후 서태지 기념사업회를 중심으로 자신들만의 '서태지 문화'를 생성하는 문화적 힘으로 치환하는데 이는 우리사회의 대중문화 특히 청소년 하위문화에 있어 획기적인 사건이었다. 어쩌면 서태지 팬들이 보인 이같은 하위문화적 자기 역동성 혹은 문화적 자생력은 서태지가 문화적 아이콘이 아니라 서태지의 팬들이 문화적 아이콘임을 상징하는 대표적인 사례라 할 수 있다.

일부이긴 하지만 대중문화에 대한 적극적인 참여와 대중스타에 대한 상동성을 발휘하는 청소년들은 흔히 대중문화에 휩쓸리거나 대중스타에 일방적으로 추종할 것이라는 일반적 통념과는 다른 문화양식을 갖고 있었다. 양재영(1994)은 청소년 집단의 대중문화 수용과정을 연구하면서 문화산업의 논리가 일방적으로 청소년들에게 전달되거나 적용되는 것은 아니며 이들은 나름의 방식으로 대중문화를 수용·변용시키며 그 과정에서 자신들의 욕구를 만족시키고 있다고 보았다. 그의 연구는 팬클럽에 참여하면서 대중문화를 적극적으로 수용하는 청소년 집단의 하위문화를 대상으로 삼아 이들의 대중문화 수용과 소비행위가 적극적이고 능동적이며 대중문화와 청소년간의 단순한 도식에서 벗어나 문화소비자인 청소년 상호간에도 역동적인 힘이 작용하고 있다고 보았다. 즉, 그들은 문화산업 및 대중스타의 영향과는 상관없이 독자적으로 팬클럽 활동을 통해 서로 동질감을 느끼고 또 결속력을 갖는 등 일종의 집단 정체성을 보이면서 문화적 주체 가능성까지 보여준 것이다. Fiske(1992) 역시 과거와는 달리 팬들이 문화산업의 상업적 상품의 소비에서 벗어나 팬 자신들만의 문화도 생산한다고 지적하면서 과거의 소비와 수동성으로 상징되던 팬을 능동성과 저항성의 측면에서 해석해야 한다고 주장하였다.

실제로 최근의 팬 문화는 문화적 텍스트를 선택하는 행위는 물론 텍스트에 접근하는 방식과 해석의 형태에 있어 기존의 지배적인 문화수용 양식과 차이를 보여준다. 따라서 청소년의 대중스타 수용실태에 대한 접근과 분석은 오빠부대와 같은 대중스타에 대한 일방적 수용실태에서 지금의 팬덤(fandom)이라고 불리는 적극적 수용의 실태까지 다룰 필요가 있다.

2. 대중스타 수용: 발달심리적 측면에서의 이해

청소년들은 스타를 보면서 자기만의 신화를 꿈꾼다. 청소년들은 규격화되고 틀에 박힌 현실의 불만을 스타를 통해 혹은 스타가 창출하는 문화적 상품(노래, 공연, 경기 등)의 향유를 통해 심리적으로 보상받고 위로받는다. 이들은 자신과 스타를 동일시함으로써 자신의 꿈을 실현하는 대리적 창구로 스타를 삼거나 혹은 현실을 유예하는 기제로 사용하기도 한다. 청소년들은 그러한 경험 자체만으로 자신의 현실을 위로받고 수용하며 나아가 스타와의 적극적인 결합을 통해 공동체 의식까지 형성, 집단적 동조행동마저 불사한다. 아이러니컬하게도 이들은 스타가 허상의 모습이며 인위적으로 꾸며지고 연출되어진 '상품화된 이미지'임을 알면서도 그렇게 스스로를 인식하며 규정하는데 그침이 없다.

청소년기에 스타를 중심으로 형성하는 신화적 이미지와 그에 따른 동일시 현상은 일찍이 청소년 발달의 독특한 특성을 통해 익히 알려져 왔다. 전통적으로 발달심리학적 측면에서 살펴보는 이 견해는 청소년의 대중스타 수용현상을 다음과 같이 네 가지 측면에서 논의해 왔다.

첫째, 청소년기의 대중스타 수용은 이 시기의 심리적 긴장과 갈등, 그리고 이들이 처한 현실세계의 억압된 불만과 욕구를 효과적으로 해소하거나 혹은 도피의 현상으로 인식되었다. 청소년기는 심리적 긴장과 갈등으로 점철되며 이는 마치 통과의례처럼 겪어야 하는 이 시기의 보편적 현상으로 정의되어 왔다. 스탠리 홀(S. Hall)의 '질풍노도기'를 비롯하여 '심리적 이유기', '성장폭발의 시기', '주변인' 등 다양한 청소년기의 이칭(異稱)은 이 시기의 정서적 불안을 대표하는 개념들이다. 또 '개인적 우화'와 같은 개념은 대중스타 혹은 대중스타가 산출한 텍스트들이 청소년들에게 어떻게 전달되고 대리 표명되는지를 설명하는 개념이다.

정서적 긴장감과 현실적 불만·욕구를 가득 안고 있는 청소년들은 이러한 불안정한 정서를 대신 표출할 통로와 도피의 기회를 갖고자 하며 그러한 효과적 방법의 하나로 대중문화 특히 대중스타를 깊게 수용하거나 심취하려는 경향을 보인다는 것이다. 핵심은 정서적 긴장감이 높을수록, 현실적인 불만과 욕구가 많을수록 대중문화, 혹은 대중스타에 대한 일방적 의존성이 높다는 점이다. 실제로 TV와 영화를 보는 행위는 프로이드 식으로 말하자면 '억압된 욕망'을 대리한다는 샌디 플리터만-루이스(Sandy Flitterman-Lewis, 1987)의 포괄적 견해는 정서적 불안정성의 수위가 높은 청소년의 경우 그 경향이 높으리라는 점을 짐작케 한다. 이러한 입장은 다시 김창남(1995)의 연구에서 '나만의 상상적 공간으로의 도피'라는 개념으로 지지되었다.

둘째, 발달심리학적 견해에서 청소년기는 부모 이외에 다양한 역할모델의 대상을 추구하는 시기이다. 청소년기 이전에는 청소년들에게 부모가 거의 전지전능한 신과 같은 존재로 비춰졌다가 추상적·논리적 사고가 가능해짐에 따라 부모의 한계를 인식하게 되고 따라서 새로운 인간상을 추구하는 과정에서 대중매체를 통해 접하는 대중스타를 모델로 삼는다(조아미, 1998: 1–2). 즉 청소년기에는 동성의 부모에게 국한되었던 동일시의 범위가 넓어지면서 다양한 범주에서 역할 모델의 대상을 찾게 되는데 이때 대중매체에 의해 이미지화된 대중스타가 역할 모델이 된다. 따라서 청소년들의 대중스타에 대한 모방과 숭배의 현상은 이 시기에 있어서 의식적이고 무의식적인 동일시 과정, 역할모델을 추구하는 과정으로 파악되며, 청소년기의 자연스런 표현의 양식으로 간주되기도 한다(최우신, 김영희, 1999: 187).

셋째, 청소년기에 수용되는 대중스타는 수용자 자신의 자아정체성 형성과 수립에도 영향을 미치지만 동시에 대중스타가 이성일 경우, 이 시기의 이상적인 이성형으로 간주되면서 청소년기의 성 정체감(gender identity) 정립에도 영향을 미친다. 흔히 청소년들은 이성 친구 선택에 있어 잘 생긴 사람이 성격이나 능력, 성취 등의 심리적 특성에서도 우세할 것으로 믿는 경향이 있는데(Udy & Eckland, 1984; 한상철 외, 1997: 52에서 재인용), 이 같은 경향은 특히 저 연령층의 청소년들과 여성 청소년들에게 강한 것으로 나타났다. 이러한 청소년기의 발달적 특성은 대중스타의 외모에 쉽게 집착하는 청소년의 스타수용실태와 매우 밀접한 관련이 있다. 이를테면 대중스타 추종에 있어 고등학생보다 중학생이 가수의 외모를 더 중시하고 또 이 같은 경향이 남성보다 여성 청소년에게 더욱 높다는 공통된 선행연구(Raviv, 1996; 조아미, 1998; 최우신, 김영희, 1999)들의 결과가 이를 지지한다.

넷째, 청소년기에는 대중스타에 대한 집단적 추구를 통해 또래집단과의 동질성을 확보하고 대인관계를 확장하는 등 이 시기의 심리사회적 발달 특성과 밀접하다. 청소년기는 또래들과의 동조적 행위에 민감한 시기이며 이러한 사회적 교류와 관계의 강화는 이 시기의 자아정체성 형성과 또래 문화의 정립에 지대한 영향을 미친다. 특히 동조성을 청소년기의 발달적 특징이라 할 때 이는 곧 대중스타를 중심으로 이들이 보여주는 다양한 집단적 동조 행위들, 즉 동일한 가치관이나, 태도, 행동 패턴, 문화양식을 쉽게 이해할 수 있는 단서라 할 수 있다.

이처럼 청소년의 발달심리학적 측면에서의 대중스타 수용방식의 이해는 긴장과 갈등 심리의 해소를 위해, 현실 도피적 기제로, 대리 만족과 대리 체험의 대상으로, 역할 모델의 대상이자 이상적인 이성형의 모형으로 추구되고 있으며, 나아가 자신과 동질의 사고와 행동을 구현하는 집단적 체험의 장으로 정리된다. 특히 집단적 동질성의 확보와 추구를 중심으로 보여 지는 대중스타에 대한 일방적이고 의존적인 수용은 흔히 모방과 숭배의 형식으로 전화되어(Raviv, 1996) 흔히 '오빠부대'라는 추종 현상으로 보여지기도 한다.

여기에 덧붙여 청소년의 대중스타 수용방식이 추종적 경향을 띄고 있는 데에는 이민희 외(1999: 34)의 연구에서도 언급한 바와 같이 청소년문화의 형성이 대중매체에 의존하는 경향이 점점 더 높아지고 있다는 점도 고려할 필요가 있다. 즉, 청소년문화 형성에 있어 대중매체에 대한 심각한 의존이 대중스타의 의존성을 낳는다는 지적은 가뜩이나 해방구가 거의 없는 오늘날의 청소년들이 문화적 상품주의가 강한 대중매체에 의존케 함으로써 결국 대중스타를 중심으로 형성되는 스타산업 시스템에 종속케 한다는 논의로도 이해될 수 있기 때문이다.

3. 대중스타 수용: 문화이론적 측면에서의 이해-팬덤을 중심으로

대중스타가 청소년의 하위문화를 결정짓는 주요한 변수라는 사실은 문화이론가들에 의해 수행된 다양한 선행연구들을 통해 명백히 밝혀졌다. 청소년은 대중스타가 산출하는 문화상품을 소비하면서 서로간의 동질성을 확인하고, 공유하며[8], 점차 자신들의 문화양식을 산출해 간다. 10대 청소년의 문화소비성향과 문화산업 간의 영향력에 관심을 모으고 있는 이들 연구들에 따르면 청소년 하위문화가 점차 스타와의 일방적 관계에서 벗어나 팬의 주체적 참여성향이 뚜렷해지면서 자신들의 문화 지대를 창조하고 확장하는데, 이를 일러 팬덤(fandom)이라 부르고 있다(Fiske, 1992; Thornton, 1996).

최근 우리사회도 청소년들이 팬덤이라는 이름으로 대중문화의 수용 형태를 변형시키면서 하위문화(subculture), 클럽 문화(club culture)를 형성, 조직적으로 자기들만의 게토를 구성하는데 열중하는 것으로 나타나고 있다. 일찍이 인디 음악, 테크노 음악 등 장르로는 음악을 중심으로, 지역으로는 서울의 홍익대와 이태원을 중심으로 형성되는 하위문화, 클럽문화는 여전히 완숙한 수준이라 보기는 어렵지만 적어도 역동적 측면에서 보자면 이미 온라인에서는 왕성한 활동을 벌이고 있다. 온라인상의 팬클럽 활동실태를 살펴보면 과거 전통적으로 스타덤(stardom)에 근거하는 스타 추종의 활동에서부터 팬덤(fandom)에 가깝거나 본격적인 팬덤 현상을 야기하는 팬클럽이 있는 등 다양한 실정이다. 여기서 팬덤이란 용어는 열광적으로 추종한다는 뜻의 'fanatic'과 집단적 증후군이라는 뜻의 '-dom'이 결합된 말로 원래는 특정 대상에게 지나치게 몰두하는 사회적 병리 현

---

8) 여기서 공유는 대중스타가 산출하는 음악, 공연, 작품, 영화 등 문화적 텍스트에 대한 공유가 있고, 대중스타 자체를 문화적 텍스트로 삼는 공유가 있다. 스타가 산출하는 문화적 텍스트에 대한 공유는 대체로 저 연령층의 청소년이나 남성 청소년, 그리고 대중스타에 이제 막 몰입하는 청소년 하위문화에서 주로 보이는 공통된 경향이다. 반면에 스타 자체를 공유하는 경향은 연령이 높을수록, 여성일수록, 그리고 팬덤 문화가 일정 수준 도달한 팬클럽에 의해 공통적으로 나타난다(Susan McClary, 1994).

상을 지칭하던 말이었다. 이 단어에 새로운 의미를 부여한 이는 존 피스크(John Fiske)로, 그는 1989년경에 적극적인 대중문화수용자들을 더 '평범한' 수용자 층과 구분하기 위해 이 용어를 사용하였고, 그 때부터 이 용어는 청소년 하위문화를 읽는 새로운 키워드로 부각되었다(Fiske, 1992). 이들은 선호하는 대상 스타에 대한 열렬한 관심과 애정, 열광과 환호를 억압된 욕망의 탈출구로 삼는데 이들이야말로 대중스타 탄생의 구조적 배경이자 원천이며 동시에 스스로가 스타덤에 오르려는 속성도 갖는다.

팬덤 문화와 비슷한 용어로 일본 청소년 하위문화 현상에서 사용되어지는 '오타쿠(お宅)'라는 용어가 있다. 이 용어 역시 팬덤이란 용어와 유사한 맥락에서 이해된다. 즉, 처음에는 어느 한 현상이나 분야에 몰입하는, 일종의 편집증(paranoid)적 행태를 갖는다는 점에서 사회 병리적 증후로 보았다.[9] 원래 '당신, 댁'이란 뜻을 가진 오타쿠란 용어는 일본어의 카타카나로 풀이하면 '이상한 것을 연구하는 사람'이란 의미이다. 오타쿠는 남들에게 이상하게 보일 만큼 대중문화 현상에 적극적으로 몰입한다는 점에서 팬덤과 동일한 의미의 용어이다.

하지만 팬덤이 단지 대중스타와 그들이 산출한 문화상품에 적극적으로 동조하며 조직적으로 움직인다고 해서 새롭게 주목받는 이유는 아니다. 또 이들이 최근 스타와 사회에 놀라울 정도로 거대한 압력을 행사하는 이익 집단화가 되고 있다는 점도 충분한 해명이 되지는 않는다. 그보다는 오히려 팬들이 대중문화 생산물의 '적극적 소비와 수용'의 차원을 넘어 대중문화 텍스트의 생산에 직·간접적으로

9) Jenkins(1992)에 따르면 스타와 팬 간에 보이는 사회 병리적 증후는 20세기 근대성의 기능성 장애징후이자 자율 결핍의 상징으로 묘사되며, 공동체의 부재와 불완전한 정체성으로 인해 위로를 받아야 하는 현대인의 끊임없는 시도로 표상된다. 이러한 현상을 압축적으로 보여주는 영화가 바로 영화 '더 팬(The Fan)'이다. 이 영화에서는 야구에 미친 주인공이 삶에 아무런 희망도 없이 오로지 야구만이 삶의 전부라고 생각하며 야구에 집착하는 병리적 현상을 그리고 있다. 이 영화에서 주인공은 자기가 좋아하는 야구선수를 위해 살인마저 저지른다. 곧 영화는 팬을 사회적 병리현상의 일부로 비정상적으로 어느 한 곳에 집착하는 개인으로 묘사한다. 한편, C세대(Chemical-generation: C-generation)라는 용어도 있는데 이 용어는 원래 약물에 중독되어 일상을 향유하지 못하는 사람을 지칭하였다가 최근에는 팬덤, 매니아, 오타쿠와 같이 어느 한 분야나 대상에 몰입하여 일상적 생활 과제를 수행하지 못하는 사람을 지칭하는 말로 사용되고 있다.

참여하며, 나아가 다양한 방법으로 문화의 생산과정에 적극적으로 개입하려는 개인적·집단적 의지를 갖고 있다는 점이 더 중요하다.

나아가 Jenkins(1992)는 팬의 적극성이 일정한 유형과 패턴을 가진다고 논의하면서 팬에 대한 대안적인 용어로 영역침범자(poachers)와 유목민(nomads)이라는 용어를 제안한다. 어떤 텍스트가 나타나든 그것의 일방적 수용자가 아닌, 그 반대편에 자리 잡은 새로운 수용자들은 그들의 유용성과 즐거움에 따라 오히려 텍스트를 취사선택하는 능동적인 수용자로 바뀌었으며 그러한 의미에서 영역침범자를 의미하는 poachers를 제안한다. 또, 끊임없이 다른 텍스트를 접하고 새로운 자료들을 전용하며 새로운 의미를 만든다는 의미에서 nomads라는 용어도 도입하였다. 여기서 poachers나 nomads 모두 오늘날 팬의 능동성과 적극성, 생산성을 새롭게 해석한 용어라 할 수 있다.

이처럼 팬덤 현상이 사회문화적으로 의미를 갖는다는 것은 문화론적 측면에서 청소년의 대중문화수용, 특히 청소년과 대중스타와의 관계에 있어서 적지 않은 의의를 제공한다. 즉, 새로운 문화소비 주체세력이자 생산세력으로 대두된 오늘날의 청소년들과 그들의 하위문화의 자생적 특성을 통해 프랑크푸르트 학파가 우려하였던 획일적이고 천편일률적인 대중문화의 틀을 무너뜨릴 수 있게 되었고 나아가 무비판적인 소비주체 세력의 지위에서 비판적인 생산주체로 청소년 수용자의 지위가 전환되고 있음을 시사한다. 그런 점에서 팬덤은 프랑크푸르트 학파의 편입문화론을 전복할 수 있는 또 다른 문화적 힘을 갖춘 셈이다.[10)]

10) 피스크(Fiske, 1992)는 오늘날의 팬집단이 지닌 주요 특징 중의 하나로 '생산성'을 꼽았다. 마돈나의 10대 소녀 팬들이 마돈나라는 대중문화 아이콘을 소비하면서, 자신의 성이 갖는 의미를 기존의 가부장적 지배문화에 지배되지 않은 채 스스로 통제하며 만들어 내고 있으며, 저항이든 수용과 변용의 방식이든 간에 이런 팬덤의 행동양식은 이미 주어진 대중문화를 무비판적으로 받아들이는 태도와는 거리가 멀다는 것이다. 이처럼 팬들은 겉보기에는 지배집단의 정치적, 경제적 이해관계를 대변하는, 지배문화로서의 대중문화에 동조하는 것 같아 보이지만 실제로는 지속적으로 그들 자신의 이해관계, 즉 기존과는 다른 자신만의 새로운 정체성을 창출하는 식으로 대중문화를 소비한다. 이러한 청소년 팬들의 새로운 소비문화의 변화와 관련하여 일찍이 세르토(Michel de Certeau)는 '창조적 소비'라 하였으며 그러한 팬들을 일러 '창조적 소비자'라 하였다. 세르토의 용어를 빌리자면 오늘날의 청소년들은 대중문화의 창조적 소비자로 새롭게 등장하고 있으며 나아가 생산의 영역까지 침범하는 창조적 생비자인 셈이다.

따라서 팬덤 문화는 우상화와 다르다. 일방적인 대중스타에 대한 동일시와 숭배, 모방이 우상화의 개념에 포섭되는 현상이라 한다면, 팬덤 문화는 신성성이 강조되는 스타의 허상을, 그리고 그 허상을 실재처럼 포장하는 이미지를 실체로 치환시켜 결국 스타와 팬들과의 관계에 있어 동등성을 확보한다. 이러한 동등성은 팬으로 하여금 스타와 스타가 산출하는 문화 자체를 그리고 그 의미까지 능동적으로 해석하고, 스타가 의도하지 않은 의미까지 적극 생산하는 힘을 갖게 한다. 실제로 영국의 청소년 하위문화 연구들은 스타와 팬의 관계에서 헤게모니의 수평적 형평성이 유지되면서부터 이러한 문화적 자발성들이 청소년 하위문화의 자생력을 강화시켜 집단 간의 공동 영역과 그 경계를 실현시켜 클럽 문화를 형성하는 기반으로 작용한다고 논의하였다(Redhead, 1997).

여기서 팬들은 팬덤의 대상을 여러 번 반복해 보면서 상세히 관찰하는 행위를 통해 점차 이야기 구성 방식을 자신들의 통제 하에 두며 수용자로서의 자신을 단순한 일반 수용자가 아닌 능동적인 수용자로 변화시킨다. 이처럼 팬들은 텍스트에 대한 능동적 해석을 통해 의미를 적극적으로 해석하고 생산한다. 팬들에 의해 수행되는 능동적인 해석은 팬덤의 특수한 수용 양식, 즉 비판적이고 해석적인 실천의 특수한 경향이다. 이렇게 스스로를 규정하고 포섭하는 과정에서 팬들은 팬 공동체의 선호된 해석을 실천하게 된다. 텍스트에 대한 해석을 공유하는 사람들은 서로 팬 조직을 결성하여 활동하기도 하는데, 이러한 조직적인 공유는 팬 개인에게 텍스트에 대한 지식을 넓혀주고 새로운 텍스트를 생산·분배·소비하기도 하며 스스로의 힘을 확대시킨다.

또한 팬 집단은 대안적인 사회 공동체로서의 가능성까지 함의한다. 즉, 팬덤 집단은 자신들의 불만족스러운 현실에 대항하여 창조성과 차이를 수용하는데 보다 개방적이며 경제적인 고려보다는 인간적인 문화를 형성하여 민주적 가치가 재생산되고 가공되며 촉진되는 공간으로 기능한다. 실제로 이런 사례가 오래 전에 있었다. 2001년 4월2일 당시 '대중문화 개혁을 위한 연대 모임'에서는 한국 대중음악의 발전을 염원하는 팬의 입장에서 ▲ 균형있는 음반시장 발전 ▲ 내실있는 공연

문화 활성화 ▲ 다양한 음악 장르의 공존을 통한 대중음악의 체질개선이란 목표 아래 시민운동, 음악 소비자 운동, 팬덤 문화운동을 전개한 바 있다.

> "우리들은 한국 대중음악의 발전을 염원하는 일반 음악팬들로서 균형있는 음반 시장의 발전과 내실있는 공연문화의 활성화, 다양한 음악장르의 공존을 통한 대중음악의 체질개선을 위해 지금 이 순간부터 본격적인 시민운동, 음악 소비자 운동, 팬덤 문화운동을 펼치고자 합니다. ……중략……우리들은 이 운동이 결실을 볼 수 있도록 장기적인 정책대안을 가지고 끈질기고 당당하게 연대할 것입니다. 대중음악의 개혁을 염원하는 음악팬들과 음반소비자들과 팬덤 문화집단들의 적극적인 참여를 호소합니다."
> (대중문화 개혁을 위한 연대 모임의 선언문 중에서)

이상의 논의에서 살펴보면 청소년의 대중스타 수용현상은 발달심리적 측면에서 살펴보든 혹은 문화이론적 측면에서 살펴보든 청소년의 자아정체감 형성과정에서 나타나는 자연스러운 현상이며 문제는 청소년 대중이 자신에게 미치는 대중문화의 영향력에 대해 그리고, 구체적으로는 대중스타의 힘에 대해 수동적이거나 일방적인 의존성을 가질 때이다. 특히 여기서 의존성이라는 것은 청소년 수용자가 어떤 상황에 놓여있는가에 따라 같은 정도의 자극이라 해도 상대적으로 큰 편차가 나는 것임을 주목할 필요가 있다. 즉, 두 논의 모두 대중스타에 대한 청소년의 수용이 일방적으로 수동적이거나 의존적일 때 청소년 개인의 발달이나 청소년 하위문화의 형성과 정립의 차원 모두에 긍정적이지 않을 수 있음을 시사하고 있다.

이와 관련하여 피스크(J. Fiske, 1992)는 청소년 집단을 연령, 계급, 그리고 자본으로부터 소외된 집단이라고 규정하고 이들은 팬덤 문화의 소비를 통해 자신들의 결핍된 문화자본(cultural capital)을 획득하고 다른 사람들과의 차별성을 지님으로써 자신의 정체성을 확보하고자 한다고 논의하였다. 그에 따르면 자신들의 억압된 육체적, 정신적 욕구를 표출하지 못하는 상황에서 그리고 다양한 자신의 독창성과 정체성을 보장받지 못하는 상황에서 스타는 그들의 영웅이자 신화로 기능한다고 보았다. 즉 스타에 대한 의존성이 개별 수용자 주체의 상황적 요인과 밀접함을 보여주는 것으로 이러한 시각과 입장은 발달심리학적 견해와도 일치한다.

4절 청소년의 대중문화수용의 영향과 과제

1. 대중스타 수용이 청소년에게 미치는 영향

청소년기에 대중스타를 수용하고 추종하는 경험은 청소년들에게 어떠한 영향을 미치는가? 그것은 성장세대에게 긍정적인 경험인가, 아니면 부정적인 경험인가? 또 그것도 아니면 이 시기에 자연스럽게 거쳐야 하는 통과의례적인 것이며 일종의 중립적 자극이어서 개인에 따라 달리 나타나는 것인가? 사실 이 질문에 대한 응답의 필요성은 일찍이 제기되었지만 우리의 경우 선행연구들은 그리 많지 않다. 이는 첫째, 청소년의 소비문화와 관련해 팬덤현상이 비교적 최근에 나타났고, 둘째, 관련 연구자들이 청소년의 대중문화 수용 및 대중스타 수용과 관련해 지속적인 연구관심을 기울이지 않았거나 쉽게 관심을 갖지 않은 영역이었기 때문이다. 설사 선행연구가 있다 해도 일반화하기 어려워 이 부분에 대한 응답은 결국 긍정적 영향과 부정적 영향의 가능성 모두를 열어놓고, 이를 중심으로 논의할 수밖에 없다.

우선 청소년기에 대중스타를 수용하는 경험이 갖는 긍정성은 다음과 같다.

첫째, 자기 인식을 촉진시키는 계기가 되어 청소년 자신이 자아정체감의 형성과 수립에 긍정적인 영향을 미칠 수 있다는 점이다(Raviv 외, 1996). 또 대중스타 수용의 경험은 개인의 자아정체감뿐만 아니라 집단적 정체성과 소속감도 갖게 하는데 이러한 집단적 정체성과 소속감의 형성·발전 과정에서 청소년 수용자는 다시 자신의 자아정체감 형성·수립과정에 긍정적인 영향을 받을 수 있다. 이처럼 자아정체감 형성과 수립에 대중스타 수용경험이 긍정적인 효과를 발휘할 수 있다는 개연성은 일찍이 행동주의 심리학의 사회학습이론에서 모델링 효과(modeling effect)로 지지된 바 있다.

둘째 이 시기의 대중스타 수용은 청소년들로 하여금 다양한 문화경험을 체득하는 기회이자 공간으로 작용할 수 있다. 개인적으로 스타와의 다양한 접촉 시도 및 접촉 경험을 통해, 혹은 서로 좋아하는 팬클럽 활동을 통한 집단적 체험을 통해, 청소년들은 스타와의 상호작용, 또 다양한 친구들과의 상호작용 경험을 얻을 수 있으며 이러한 문화적 경험은 청소년이 사회적 존재로 성장하는데 긍정적인 영향을 미칠 수 있다. 특히 팬클럽 활동은 인터넷과 스마트폰의 보급에 따라 오프라인상의 팬클럽에서 온라인과 모바일상의 팬클럽으로 주 활동 무대를 옮겨가 연예인 관련 홈페이지는 좋아하는 아이돌 스타의 프로필, 일정, 음악 등 각종 정보를 함께 나누는 한편 게시판으로의 기능도 수행하면서 활발한 상호 작용을 하고 있다. 팬클럽 회원들은 그 집단의 회원이라는 정체성을 형성하면서 서로간의 동질감을 공유하고 심지어는 같은 가족이라는 소속감마저 느낀다. 이러한 적극적이고 집단적인 스타수용 현상은 스타에게는 자정적 효과를 주는 옴부즈맨의 역할, 모니터링의 기능도 갖는다. 즉 스타가 팬의 입장을 고려하면서 자신의 태도와 행위를 제한하는 것으로 이는 또 다른 의미에서는 적극적인 문화소비자로서 탈바꿈한 지금의 청소년 팬들의 위세를 대변하는 사례이다.

셋째, 이러한 경험은 청소년기의 긴장과 갈등, 현실에 대한 불만과 억압되었던 욕구들을 대리 분출하는 스트레스 해소의 기능, 통로까지 수행한다. 실제로 김창남(1995)은 대중음악을 중심으로 청소년 하위문화를 분석하면서 청소년들은 대중음악을 통해 자신의 스트레스를 해소하고 대중문화를 향유하는 행위를 통해 억압적 욕구와 현실 불만을 해소하고 있음을 논의하였다.

넷째, 청소년들의 대중스타 수용은 아직까지 대부분의 청소년은 소극적인 개인적 수용에 머물고 있지만, 일부의 경우 대중스타 수용을 통해 적극적인 사회참여 기회를 갖고 있으며,[11] 스스로가 사회변화의 주체라는 경험을 하는 기회도 된다.[12] 대중문화의 영역에서 활발하게 벌어지고 있는 시민운동 차원의 활동이나 오프라인 영역에서 자기 목소리를 키우는 사이버 커뮤니티가 많아지면서 이 같은 경향은 더욱 활성화되고 있는 추세이다. 청소년들은 기성세대와 사회에 팬클럽과 대중스타야말로 자신들의 이야기를 하는 상징이며 동시에 이들을 중심으로 사회에 자신의 목소리를 전달하는, 효과적인 소통의 통로이자 공간으로 인식함으로써 기꺼이 '오빠부대'에 참여하거나 팬덤 현상을 주도하기도 한다.

다섯째, 청소년들은 대중스타를 비롯하여 문화산업이 창출하고 주도하는 대중문화의 소비를 통해 창조적 소비의 경험을 누리고 이를 통한 창조적 소비자, 문화생비자로서의 경험과 지위까지 얻고 있다. 이들은 대중스타 수용 및 대중문화향유 과정에서 단순히 소비에서 머물지 않고 창조적인 그들만의 하위문화마저 형성하고 생성할 수 있다. 실제로 팬과 픽션(fiction)이란 용어가 합성된 팬픽(fanfic)이란 10대 문화는 팬클럽 회원들이 스타를 주인공으로 삼아 서로 돌려가며 이야

11) 오래전 한 일간지(조선일보. 2001. 8. 26)에 흥미로운 기사가 실렸다. 그 기사는 아래와 같다.
"지난 23일 한국음악저작권협회는 '이재수 음반에 대한 협회 입장'이라는 해명문을 홈페이지에 올렸다. 컴백홈 패러디를 둘러싼 서태지와 '음치가수' 이재수 측의 법정 다툼과 관련, 이재수 측에게 노래 사용을 사전 승인한 적이 없으며 분쟁의 쟁점인 '저작 인격권' 보호를 위한 규정과 관리가 미흡했다고 자인하는 내용이었다. 서태지가 지난달 소송을 낸 직후 서태지 팬클럽은 연일 이메일로 서태지를 옹호하는 여론 공세를 펴면서, 협회와 문화관광부엔 저작권 관리 소홀에 대한 해명을 요구했다. 음악저작권협회는 결국 팬클럽의 끈질긴 항변에 두 손을 들고 말았다."
이 현상은 단지 한 팬클럽의 끈질긴 의사 표명에 의해 음악저작권협회가 승복하였다는 본문의 기사 말고도 두 스타 사이의 갈등과 분쟁에 팬이 어떻게 작동하고 있는가를 살펴볼 수 있는 좋은 사례가 된다. 실제 두 스타의 다툼 속에 나름대로 합당하다고 생각하는 팬클럽의 팬들은 매우 활발하게 자신의 의사를 표명하였으며, 이는 상대방 팬클럽의 활동과 비교하면 적극적이었다. 해당 스타는 법정에서 소까지 제기했지만 대부분의 의견 제시는 팬 차원에서 주도적이었다.

12) 팬들의 사회참여에 대한 사례 중 전술한 "대중문화 개혁을 위한 연대 모임"은 전형적인 시민운동의 한 사례라 할 수 있다. 이와는 달리 자신들이 좋아하는 스타의 이름으로 사회참여한 사례가 있는데 탤런트이자 영화배우인 J씨의 팬클럽 '아도니스'의 사례가 그것이다. 아도니스는 그들이 좋아하는 연예인 J씨의 이름을 앞세워 복지시설 봉사를 벌이는 사회참여 활동을 전개해 화제를 모았다. 팬들의 이런 활동은 단순히 팬클럽 차원의 사회봉사 활동, 사회참여 활동으로 끝나지 않고 연예인 J씨의 이미지에도 긍정적인 영향을 미쳤다.

기를 짓고 읽는 것으로 팬클럽 활동의 연장 선상에서 살펴볼 수 있는 현상이다. 물론 이러한 팬픽이 일부의 경우, 동성애적 경향을 띠고 있고 성적 표현과 묘사가 많아 문제라고도 지적되지만, 문화적 생산자로써 적극 참여하는 기회를 제공하고 팬과 스타 사이에 팬이 고정적으로 참여하는 공간과 기능을 부여했으며, 그리고 스타를－여전히 상상의 영역에서는 벗기지 못하였지만－신성의 영역에서 분명하게 탈화(脫化)시켰다는 점은 의미가 있다.

한편, 대중스타 수용현상이 청소년에게 미치는 부정적 영향은 다음과 같다. 대체로 이러한 부정적 영향은 긍정적 측면이 과도성을 갖거나 혹은 스타에 대한 지나친 의존성에 기인한다.

첫째, 청소년 팬의 스타에 대한 지나친 수용과 의존적 경향은 편집증적 성향을 불러올 수 있으며 이로 인해 이 시기의 다른 발달과업 수행에 악영향을 미칠 수 있다. 이를테면 신체적·정신적 건강이나 학업에 소홀히 하거나 다른 사람과의 대인관계 형성에도 부적 영향을 미칠 수 있다(한국청소년문화연구소, 1999).

둘째 지나친 집단적 동질성은 청소년 팬클럽들을 새로운 '이익단체'로까지 변모시키며 이들이 지지하는 연예인의 '보호'와 '위상 확립'을 위해서는 스스로에게만 '합당한 폭력'으로 규정될 수 있는 과격한 집단행동까지 서슴지 않기도 한다. 특히 문제화되고 있는 안티 사이트까지 포함하여 악플을 포함해 각종 사이버 테러와 폭력이 끊이지 않고 있음은 아직 우리 팬클럽 수준이 미성숙함을 보여주는 증거이기도 하였다.

셋째, 청소년기의 대중스타 수용현상은 이 시기에 자연스러운 현상이고 또 이러한 현상에 10대 청소년들이 적극적이라는 점 때문에 쉽게 문화산업의 함정, 소비 산업사회의 상업성에 성장세대가 포착되어 희생자가 되기 쉽다는 점이다. 따라서 건강한 성장세대의 여러 잠재적 가능성이 자칫하면 철저히 계산된 자본의 그물망에 사로잡혀 이용만 당할 우려가 있다. 이것은 그간 후기 자본주의 사회가 갖는 철저한 상업적 본성과 관련하여 10대 청소년들의 대중스타 수용현상에 대한 기성세대의 대표적인 우려였다. 이러한 우려는 작게는 기획사의 스타 마케팅에 의해서 크게는 자본주의 사회의 배금사상과 물신풍조에 의해 확산되었다.

마지막으로, 대중스타 수용현상이 단순히 문화적 포퓰리즘(popularism: 대중추수주의)의 경향에 종속될 수도 있다. 팬덤이란 현상이 단지 긍정적 가능성만 갖고 있지 않고 문화소비자의 힘을 너무 지나치게 과대평가함으로써 초래될 수 있는 부적 영향이 바로 문화적 포퓰리즘이다. 즉 각 개인이 갖는 다양성과 독특성에 기인하는 스타수용 현상보다는 집단적·대중적 인기와 경향에 압도됨으로써 본질적인 팬덤 자체의 건강성을 잃을 수도 있다. 특히 문화가 만사를 해결한다거나 문화를 소비하는 대중들을 무조건 찬양하는 최근의 '문화 포퓰리즘적' 경향이 청소년 대중스타 수용에도 영향을 미칠 가능성은 적지 않다.

2. 과제와 대응방안

적극적인 대중문화의 향유자인 청소년 팬클럽은 대중문화산업을 뒷받침할 소비층을 활성화하고 스타·기획자·미디어가 독점하던 권력을 청소년 소비자들도 공유케 하며 일정 영역에서는 청소년의 참여도 가능케 한다는 점에서 긍정적이다. 그러나 일부 연예인의 비도덕적 행동에 대한 맹목적 편들기, 팬클럽 간의 극심한 반목, 광신적 청소년들의 일탈행위 등 아직은 빈곤한 철학과 설익은 열정은 향후 극복해야 할 숙제이다. 스스로가 성숙의 단계를 거쳐 발전해 간다면 흔히 오빠부대라고 폄하받기만 했던 수동적 소비자로만 여겨져 온 10대 청소년 팬들은 바야흐로 대중문화 권력을 견제하는 대안적 집단으로의 전환도 가능하다. 문제는 청소년들의 대중문화 및 대중스타 수용현상이 어느 정도의 수준에서 어떻게 전개되고 있는지에 대한 적확한 실태의 파악이며 이것이 전제되어야 그에 따른 적절한 사회적 이해와 지원방안을 제시할 수 있기 때문이다.

이러한 맥락에서 향후 제기되어지는 과제와 이에 따른 대응방안을 제시하면 다음과 같다. 먼저, 청소년들의 대중문화의 수용현상이 연령과 성별, 가정의 소득수준과 경제적 지위에 따라 차별적인 수용과 격차가 있음을 감안할 때(Raviv, 1996), 한국사회에서 청소년 대중문화 수용현상에 대한 면밀한 실태연구가 수행될 필요가 있다. 특히 우리의 경우 지역에 따른 문화적 향유의 격차가 크고, 연령 및 성별, 가정의 소득에 따른 격차 역시 크다는 점을 감안하여 대중문화수용에 대한 현황 및 실태연구가 선행되어야 한다.

둘째, 청소년시기의 열정적인 문화적 욕구를 건강한 하위문화영역으로 변환할 수 있도록 체계적인 청소년문화 지원전략을 수립할 필요가 있다. 청소년 하위문화의 건강성이 담보될 수 있는 문화적 통로와 기회를 체계적으로 수립·구축하여 성장세대에게 제공할 필요가 있다. 오늘날 청소년의 대중스타 수용이 갖는 부적 영향은 대중문화 텍스트와 정보의 속물근성(snobbism)에 일부 청소년들이 지나치게 몰입함으로써 야기되는 결과이다. 즉 대중스타를 포함하여 대중문화가 산출하는 다양한 텍스트들과의 관계에 있어 건강한 자신을 지켜나가기 위하여 현실의 문화영역을 더욱 강화하여 청소년으로 하여금 다양한 문화경험을 그 시기에 체험하도록 종합적인 청소년문화 지원전략을 구축해야 한다. 여기에는 다시 다음과 같은 세부 방안들이 고려될 수 있는데, 첫째, 지역사회 중심·청소년중심의 국가지원 전략방안을 수립하여야 한다. 최근 지역별 문화산업단지 구축 등 문화콘텐츠 개발에 국가적 차원의 관심과 지원이 이루어지고 있는데, 청소년문화 지원이란 관점에서 보다 세밀하고 체계적인 지역중심의 문화지원 전략 수립과 청소년중심의 문화콘텐츠 개발에 더욱 많은 관심과 지원이 요구된다. 둘째, 지역사회의 다양한 문화 인프라를 활용하여 청소년문화 리터러시(literacy) 함양을 위한 문화교육을 학교와 지역사회 중심으로 전개하는 방안을 고려해 볼 필요가 있다. 이는 각 지역사회에 설립된 청소년시설 및 다양한 청소년단체 활동들을 통해서 현실적으로도 가능한 일이다. 나아가 이렇게 청소년문화 교육에 가용 가능한 자원과 프로그램들을 묶어 청소년문화 네트워크 형태로 구축해 보는 방안도 고려해 볼 필요가 있다. 특히 이러한 모든 현실 수준에서의 청소년문화지원 전략들은 청소년을 대중문화산업의 건강한 주체적 생산자로 키움으로써 단순히 대중문화수용에 대한 대응 전략에서 머물기보다는 청소년들이 자신의 적성과 흥미에 기초하여 문화를 수용하고 문화창조성을 기를 수 있도록 여건을 조성한다는 차원에서 더욱 의의가 있다.

셋째, 지나친 소비위주의 일방적 문화추종에서 벗어나 청소년의 주체적·자생적인 문화수용과 문화적 창출의 기회 장면이 가능하도록 지원하는 방안도 필요하다. 여기에는 저연령층과 여자청소년의 스타추종 경향이 다른 층과 비교해 크다는 점을 감안하여 다양한 층을 대상으로 하는 지원방안으로 확보되어야 한다. 특히 청소년들이 주체적으로 그들의 문화를 스스로 만들고 실험하고 실천하는 체험적 문화활동 장면으로 대중문화 수용현상이 이루어지도록 유도하고 지원하는 방안이 검토되어야 한다. 이를테면 대안적 문화운동의 형태로 청소년의 팬클럽 활동을 유도하고 조직하며 지원하는 것이 하나의 사례라 할 수 있다. 대부분의 팬클럽을 직·간접적으로 지원하는 기획사를 통해 이러한 영향력을 확보하고 유도할 수도 있다는 점을 감안하여 새로운 청소년운동의 한 모델로 정립되도록 지원하는 '청소년 팬클럽 문화운동'을 청소년활동 영역의 주요 영역으로 삼고 모범적인 사례들을 전파할 필요도 있다. 특히 청소년들의 대중스타 관련 자생적이고 자율적인 활동을 지원하기 위해서는 그에 적합한 시설과 프로그램이 확보될 수 있어야 그 효과가 극대화될 수 있다. 따라서 청소년들의 대중문화에 대한 욕구가 건강하게 발산되고 소통될 수 있는 시공간의 확보와 프로그램 개발·보급도 요청된다.

마지막으로 청소년의 대중문화 수용에 있어 청소년들을 '문화적 마취 상태'로 바라보는 기성세대와 사회적 인식의 전환도 필요하다. 청소년들이 문화의 주체적 참여자로 충분히 기능할 수 있으며 자발적이고 자생적인 문화향유와 생산·소비가 가능함을 인식하여야 한다. 단순히 대중문화수용 및 대중스타 수용에 있어 억압하고 규제하는 차원에서 벗어나 이제는 청소년들이 대중스타와의 관계를 통해 그들 속에 잠재되어 있는 창의적인 에너지를 생산적인 방향으로 이끌고 갈 수 있도록 지혜를 모아야 할 때이다.

제 5장 청소년과 비행문화

이 장에서는 청소년 비행을 사회 · 문화적 차원에서 폭 넓게 조명해 보고, 유럽 청소년 비행문화 사례를 살펴봄으로써 한국청소년 비행문화에 대한 이해를 보다 다각적으로 파악해보고자 한다. 이 장은 첫째, 청소년비행문화를 '일탈사회학'의 입장에서 정의해 보고, 이에 대한 기본적인 이론노선을 탐색한다. 둘째, 한국청소년 비행문화는 입시위주의 학습, 학력서열, 계층문제, 개인주의화, 상업주의와 대중매체, 인터넷 등 다양한 동기가 작용하여 복합적으로 나타난 구조적인 사회문제이자 정책부재의 문제이다. 한국 청소년비행의 주요 요인과 원인을 맥락적으로 추적해 본다. 셋째, 유럽 각 국 청소년 비행문화는 그 사회의 환경과 배경에 따라 상이한 모습을 보여 줄 것이다. 우리에게는 생소한 독일과 영국, 프랑스의 대표적인 청소년 비행문화사례를 비교해 봄으로써 청소년 비행문화에 대한 이해와 폭을 확장시켜 보자. 마지막으로 청소년 비행에 대한 대책마련과 노력을 고민해 본다.

학습초점

– 비행, 일탈, 범죄의 개념을 파악하고 있는가?
– 청소년 비행을 아노미, 하위문화, 낙인, 갈등, 통제이론과 연관시켜 설명할 수 있는가?
– 청소년비행의 주요요인과 원인에 대해 말할 수 있는가?
– 유럽청소년 비행문화와 한국청소년 비행문화의 사회문화적 차이를 분석할 수 있는가?
– 청소년비행 방지를 위한 대책마련과 노력들은 무엇인가?

1절 비행의 개념과 이론

1. 비행 개념에 대해 질문해 보기

청소년 비행 개념은 비슷한 맥락에서 사용되는 일탈과 범죄의 개념과는 다소 차이가 있다. 그러나 이 개념들은 반사회적인 행위와 관련되고, 행위의 결과에 따라 사회의 감시와 통제, 보호와 교정이 뒤따르게 된다는 점에서 공통점을 찾을 수 있다. 즉 사회규범과 무질서 사이의 긴장이 충돌하는 상태라고 할 수 있을 것이다. 이 절에서는 각 개념에 대한 정의와 주요이론을 살펴본다.

(1) 비행(delinquency)

청소년이 위법행위자 혹은 일탈행위자일 경우 '청소년범죄'보다는 '청소년비행'이라는 단어를 일반적으로 사용한다. 비행은 범죄와 어떻게 다를까?

비행의 단어 'delinquency'는 사회규범에 위반되는 행위를 뜻한다. 단지 청소년 비행은 "행위자의 행위를 중심"으로 법률적 판단을 하게 되는 '범죄'와는 달리 "일단 행위자를 중심으로 규정"되는 것이 일반적이다(범죄백서, 1996: 239. 청소년개발원, 2006: 45). 환언하면 미성년자로서 지켜야 할 사회·법률적 규범에 대한 위반행위 혹은 청소년에게 기대되는 사회적 규범 혹은 가치에 어긋나는 일탈행동까지 청소년 비행이라고 포괄적으로 정의할 수 있을 것이다. 그러면 도대체 비행과 범죄의 경계는 어떤 기준으로 나누어질까? 또한 법적인 차원에서는 청소년범죄와 청소년비행은 어떻게 정의되어져야 할까? 이와 같은 질문은 현재까지도 많은 논란의 여지가 있다. 일반적으로 청소년비행은 음주나 흡연, 결석, 가출 등과 같은 단순한 비행행위에서부터 물리적·정신적·언어적 폭력, 절도, 성범죄, 사이버 범죄 등과 같은 위법행위를 포함하게 된다. 현재 우리나라 소년범죄는 형사상 책임연령의 대상이 되는 만 14세부터 법적인 미성년 개념인 만 20세까지로 규정되고 있다. 한편 만 12세부터 14세 까지의 청소년도 "보호자의 정당한 감독에 복종하지 않은 성벽이 있거나, 정당한 이유 없이 가정에서 이탈하거나, 해롭게 하는 성벽이 있으면서, 그의 성벽 또는 환경에 비추어 장래 형벌법령에 저촉되는 우려가 있는 12세 이상의 우범소년"의 경우에 소년법을 적용시키고 있다(청소년개발원, 2006: 46에서 재인용). 이 경우는 만 12세의 나이라 할지라도 상황적 여건 혹은 개인적 성향에 따라 범죄의 우려가 있다고 판단되면 '우범소년' 혹은 '문제행동'으로 간주되는 "촉법소년"으로 규정하고 있다[1)]

(2) 일탈(deviance)

일반적으로 일탈은 "커뮤니티나 사회에서 많은 사람들이 받아들이는 일련의 규범에 순응하지 않는 행위"로 볼 수 있다(기든스, 2009: 549). 여기서 일련의 규범이란 사회에서 관습처럼 통용되고 수용되는 가치체계와 행위를 말한다. 사회학적인 관점에서 일탈행위는 "어떤 행위가 왜 일탈 행위로 간주되는지 그리고 왜 이러한 일탈 개념이 사회에서 사람들에게 각기 다르게 적용되는지"를 이해하고자 하며 따라서 "형법 영역 밖의 행동"도 연구의 대상이 된다(기든스, 2009: 550). 이 점은 '범죄'가 법적인 차원의 적용 및 해석, 처벌과 이에 대한 정부의 정책적 차원

1) 법무부는 2023년 촉법소년 13세 연령하향 개정 추진 예정에 있다.

에 관심을 갖는 것과는 사실상 매우 상이한 것이다.

(3) 범죄(crime)

반면 범죄는 '위법'행위에 중점을 둔 '사실'만을 다룬다. 즉 법에 위반된 행동만을 지칭하는 것이 범죄이다. 이를 테면 법규를 어긴 행위가 범죄사실로 인정되면, 이에 상응하는 사법적인 형벌이 따르는 것을 전제로 한다. 따라서 범죄는 법률적 차원에서 다루어지며, '범죄학'은 범죄측정, 범죄추이, 범죄양상, 범죄예방, 정책 마련 등을 집중적으로 다룬다. 이 점이 바로 일탈과 범죄의 차이라고 할 수 있다. 범죄의 연구범위가 형법 영역과 정책적 차원에서 주로 다루어진다면, 일탈은 형법영역 밖의 사회구조와 집단 및 개인, 사회권력, 계층 간의 관계와 행위, 원인을 규명하려는 것이다.

2. 비행 이론

비행이론은 일탈과 범죄 차원에서 보다 폭 넓게 다루어져 왔다. 19세기 후반 프랑스 사회학자 에밀 뒤르켐(Emile Durkheim, 1858-1917)이 '아노미'개념을 통해 사회적 일탈을 언급한 것을 시작으로 하여 이후 미국을 중심으로 비행·일탈·범죄사회학이 본격적인 학문영역으로 발전되었다. 사회적 비행을 논의할 때 중요하게 다루어지는 몇 가지 이론은 다음과 같다.

(1) 아노미(Anomie)이론

아노미는 고대 그리스어 'anomia'에서 기원한 단어로서 '~이 결핍된' 혹은 '부재한' 상태를 의미하는 'absence from'의 뜻이다. 즉 아노미는 사회질서 및 규범, 가치관, 조직과 구조가 사라진 사회적 혼란 속에서 나타나는 사회·개인적 불안정상태를 말한다. 아노미를 사회학에서 처음으로 사용했던 뒤르켐은 1893년 자신의 불멸의 저서『사회적 노동의 분업』(De la division du travail social)과 1897년『자살론』(Le suicide)에서 자살의 한 원인으로 아노미를 주목했다. 질서와 규범이 사라진 혼란의 시기에 사회구성원은 삶의 가치 뿐 아니라 목적의식까지 잃게 되고, 무기력하게 된 개인의 욕망이 폭증하면서 자살까지 이를 수 있다는 논리이다. 이와 같은 형태의 자살을 뒤르켐은 '아노미적 자살'로 명명했는데, 한 개인이 사회와의 연결고리를 더 이상 찾지 못할 때 발생한다고 보면서 개인과 사회와의 부적응을 강조한다. 이를 테면 전통적인 농경사회에서 현대적인 산업사회로의 이행기에 기존의 사회규범은 새로운 사회규범으로 대체되어야 하는데, 대체규범이 부재한 이 이행기 과정에서 사회 구성원들은 방향성을 상실하게 되고, 개인은 더 이상 사회와의 연결고리를 찾지 못하여 결국 아노미 상태로 빠지게 된다는 논지이다. 이 상황에서 '일탈'은 넘쳐나는 선택의 자유 속에서, 혹은 대체규범이 결핍된 상태에서 목적의식과 방향성을 상실한 채 살아가는 현대사회의 개인들에게 불가피하게 나타날 수 밖 에 없는 사회적 현상으로 간주된다. 뒤르켐은 사회에서 일탈의 두 가지 기능을 다음과 같이 언급한다. 첫째, 일탈은 "적응적 기능"을 하게 되는데, 이 기능은 "새로운 생각과 도전을 사회에 도입하여 혁신적인 힘"이 될 수 있다는 점이고, 둘째, 일탈은 "좋은 행동과 나쁜 행동 간의 경계를 촉진" 시켜 "범죄적 사건이 집단적 연대를 강화하고 사회적 규범을 분명하게 하는 집단적인 대응을 촉진"시킬 수 있다는 것이다(기든스, 2009: 551). 이 일탈에 대한 뒤르켐의 이론은 가톨릭 중심의 유럽사회에서 자살이 하나의 범죄행위 혹은 개인의 선택으로 여겨지던 기존의 사고에서 자살의 원인을 사회와 연결시켜 개인과 사회구조와의 관계 속에서 나타나는 '사회의 힘'이라는 인식전환에 크게 기여한다. 이 뒤르켐의 이론을 정교하게 발전시킨 학자가 로버트 킹 머튼(R. K. Merton, 1910–2003)이다. 머튼의 화두는 "문화목표"(cultural goal)와 "제도화 된 수단"(institutionalized means)이다. 문화목표란 "한 사회에서 거의 모든 성원이 바람직하다고 규정하는 것이며 동시에 소유하기를 원하는 대상"이다. 제도화 된 수단이란 "이러한 문화

목표를 달성하는 합당한 방법"을 말한다(한국청소년개발원, 2006: 49). 머튼은 문화목표와 제도화 된 수단 간의 괴리가 일어날 때 바로 아노미 현상이 되는 것이고 사회적 일탈이 발생한다고 보았다. 문화목표의 예로서 물질적 성공이나 권력 등을 들 수 있다면, 제도화 된 수단은 이를 달성하기 위한 노력, 성실 등과 같은 합리적인 방법이다. 그러나 이 수단이 현실세계와 갈등을 일으키게 될 때 결국 개인은 사기, 절도 등 부당한 방법을 이용하여 이 목표에 달성하려고 한다. 즉 목표와 수단 사이에서 '일종의 긴장'이 형성되는데 바로 이것을 머튼은 아노미로 해석하고 있다. 뒤르켐이나 머튼의 관점에 따르면 결국 –사회변동에 의해서건 혹은 현대사회의 합의된 규범에 의해서건 간에– 사회구조는 그 자체에 모순이 있으며, 이 모순과 현실 간의 괴리가 바로 아노미 상태로서 사회일탈을 일으키는 핵심 모티브로 규정하고 있다.

(2) 하위문화(Subculture)이론

하위문화는 흔히 지배문화에 대항하여 다양한 하위집단이 만들어내는 '문화적 실천'이다. 이 문화적 실천에는 대부분 하위집단의 욕구나 저항이 드러나곤 한다. 그러면 하위집단은 무엇인가? 하위집단은 지배집단에 저항하는 청소년·청년세대, 남성중심의 사회에 반대하는 여성집단, 사회지도계층의 대척점에 있는 노동자집단 등을 들 수 있다. 즉 하위집단은 계급, 성, 세대라는 각기 다른 속성을 통해 집단적 정체성이 구분되는 집단을 말한다. 사회일탈이론에서 하위문화이론은 이 집단적 정체성 및 속성과 관계한다. 하위문화이론의 대표적인 학자인 알베르트 코헨(Albert Cohen)은 비행소년들, 즉 "그들의 지위에 좌절감을 느낀 하층 노동계급 청소년들이 자주 갱 집단과 같은 일탈 하위문화에 가담"하는 것을 보며, 이런 하위문화는 "중간계급의 가치를 거부하고 그것을 일탈과 반항을 찬양하는 규범으로 대체"시킨다고 주장한다(기든스, 2009: 552). 사회저층계급의 청소년들은 이 하위문화를 통해 자신들의 지위를 확보하고 정체성을 확립하게 되며 자신들만의 준거틀을 가지게 된다.[2] 따라서 이 하위문화이론은 "중상층의 가치와 대립되는 비공리성(nonutilitarian), 악의성(malice), 부정성(negativistic), 단기쾌락주의(short run hedonism), 다면성(versality)" 등의 특징을 갖게 된다(한국청소년개발원, 2006: 53).

(3) 낙인(Labelling)이론

'낙인을 찍는다' 혹은 '낙인이 찍힌다'는 것은 일종의 주홍글씨이다. 너새니얼 호손의 대표작〈주홍글씨〉의 주인공 헤스터 프린처럼 한 번 찍힌 낙인은 일생의 굴레가 되어 평생을 그 낙인 속에서 살아야만 한다. 즉 낙인이론의 관점에서는 '행위자'가 중요하게 간주되는데, 한 번의 비행 낙인이 평생 따라다니면서 계속적인 사회적 일탈행위를 반복하게 만든다는 것이다. 낙인이론은 소속집단 혹은 계층적 차이에 따라 비행과 일탈의 개념이 적용되고 정의되는 차이에 관심을 둔다. 누구는 타인에 의해, 혹은 스스로에 의해 비행청소년 혹은 일탈자로 인식되고 누구는 그렇지 않다. 누구는 "낙인찍기에 저항할 수 있는 자원과 힘"을 갖고 있는 반면 누구는 해명할 기회조차 없는 것이다(앤드류 에드거/피터 세즈윅, 2007: 327). 그리고 한 번 이런 낙인이 찍히면 사회에서의 정상생활이 불가능해지며, 결국 이 낙인찍힌 자들은 자신들이 소속감과 안식을 느낄 수 있는 비슷한 비행집단에서 일탈적 위법행위를 일상적으로 하게 되는 것이다. 이처럼 낙인이론은 사회와 개인, 혹은 집단 간의 문제에서 파생되는 것이 아니라 '일탈자와 비일탈자의 상호작용'에서 발생한다는데 동의한다.

2) 제9장 청소년 대항문화와 대안문화 참조.

(4) 갈등(conflict)이론

비행의 피해자, 즉 희생자의 입장에 관심을 갖고, 이에 대한 선별적인 대책마련을 실시하는 권력집단이 비행과 범죄, 일탈을 자신들의 권리유지 차원에서 수용한다. 다시 말하면 범죄의 희생자를 감소시키기 위해 권력집단은 더욱 강경한 범죄예방방책을 마련하고, 법 집행 역시 더욱 강화된다. 갈등이론은 이처럼 –피해자의 입장이기는 하지만– 사회구조와 사회집단 간의 이해를 충족시키기 위해 그 법적인 권리와 통제를 더욱 강화시키며, 결국 사회의 갈등증폭을 정당하게 합리화 시킨다는 것이 핵심이다. 나아가 이 갈등이론은 결국 엘리트 권력을 유지시키는 수단이 된다는 점에서 흥미롭다.

(5) 통제(control)이론

통제이론은 사회조직이 안정하게 지탱될 때 인간의 행동 역시 사회규범에 따라 규제되고 최소화 되지만, 사회구조와 조직이 불안하거나 와해되었을 때 이에 대한 통제력 역시 약화되어 개인의 비행을 통제하지 못하는 상황에서 범죄와 일탈이 발생한다고 본다. 즉 일탈적 충동과 이를 저지하려는 물리적 통제 간의 불균형이 초래한 결과라는 것이다. 여기에서 사회와 개인 간의 결속은 중요한 상호작용을 한다. 즉 개인과 사회와의 결속이 강할 때 사회는 통제와 순응을 통해 유지 되지만, 그 결속력이 약하다면 비행과 일탈이 발생하게 된다. 여기서 일탈의 주인공은 결국 자기 통제의 수준이 낮은 개인들이 대부분이라고 할 수 있다.

2절 청소년 비행의 발생요인과 양상

1. 청소년 비행의 주요 요인

청소년비행의 요인은 크게 가정환경적 요인, 개인적 요인, 교육환경적 요인, 지역환경적 요인, 대중매체 및 대중문화의 요인, 인터넷문화의 요인 등으로 나눌 수 있다.[3]

(1) 가정환경적 요인

가정환경적 요인은 청소년비행을 설명하는 가장 고전적인 방법이다. 청소년비행을 저지르는 청소년의 경우 대다수가 결손가정이나 빈곤가정 출신이라는 것은 이미 다양한 통계자료에 의해 확인된 사실이기도 하다. 그러나 여기서 현대사회 가족구성의 변화와 결손가정의 의미에 대해 잠시 생각해 볼 여지는 있다. 왜냐하면 가족의 의미와 가족구성은 시대에 따라 변화해 오고 있고, 특히 현대사회의 특성상 그 가족의 개념 역시 더욱 다양해지고 있기 때문이다. 우선 새로운 가족구조의 변화를 살펴보자. 후기산업사회의 가장 큰 특징 중의 하나는 다름 아닌 여성의 고학력화와 이에 따른 활발한 사회진출일 것이다. 여성의 사회진출은 기존 남성 의존적이었던 여성의 삶을 경제적으로나 사회적으로나 독립적으로 만들게 한 결정적인 요인이라는 것은 부인할 수 없다. 또한 이혼율의 증가 역시 이런 여성의 사회적 위치의 변화와 어느 정도 상관관계가 있는 것도 사실이다. 이러한 여성의 사회적 위치는 기존 자녀양육의 형태를 변화시키는데 일조한다. 이제는 '싱글맘 혹은 싱글대디', '워킹맘', 한부모 가정 등의 단어가 더 이상 낯설지 않으며, 이와 함께 가족구조 역시 전통적인 형태에서 더욱 다양하게 변모하고 있는 중이다. 예를 들면 가족은 꼭 혈연으로 이루어져야 한다는 전통적인 시각을 탈피한다. 재

3) 노용오(2005) 참조.

혼가족, 양부모가족, 대체가족 등 혈연으로 맺어지지 않았지만 부모 혹은 양육자의 역할을 할 수 있는 성인과 자녀세대가 함께 살아가는 가족형태도 가족으로 보아야 한다. 이 관점에서 다음과 같은 결손가정에 대한 분류는 결손가정의 개념을 좀 더 포괄적으로 확대해서 보고 있다.

- 범죄적 유형을 가진 가정
- 강압, 편애, 무관심, 과잉엄격, 학대, 질투, 계부모, 그 밖의 간섭적인 친척에 의한 불만족한 인간관계가 있는 가정
- 부모 중 한 사람이 신체적 혹은 정신적 무능력을 가진 가정
- 인종, 종교, 습관 및 기준의 차이 또는 부도덕한 상황에 의한 사회적 혹은 도덕적으로 부적응된 가정
- 실업, 저소득, 취업모와 같은 경제적 압박을 받는 가정(표갑수, 1994: 노용오, 2005: 183-184 재인용)

위의 결손가정분류는 문제가정의 상이한 형태를 보여주는 지표로서, 결국 가정환경이 청소년비행의 중요한 요인이 될 수 있다는 것을 다시 한 번 확인시켜 주고 있다. 정상가정이든 결손가정이든 간에 결국 양육자의 양육방식의 문제이고, -위의 분류에서 확인할 수 있듯이- 각 가정마다 갖고 있는 경제문제, 관계문제, 정서문제, 건강문제 등이 복합적으로 작용해서 청소년비행을 일으키는 원인이 되는 것이다.[4)]

4) '결손가정'이라는 개념이 가족구조변화와 함께 그 의미를 충분히 함의하고 있지 못하고 있음을 비추어 볼 때, 부모 양친으로 구성된 가족형식만을 정상가정으로 정의하고 그 이외의 가족 형태를 모두 결손가정으로 치부해서는 안 될 것이다. 그렇다면 현재 3쌍 중의 1쌍이 이혼하고 있는 한국현실에서 청소년 전체의 삼분의 일이 결손가정 출신이라는 웃지 못하는 상황이 벌어지는 것이다. 물론 비행청소년의 가정환경적 요인을 분석했을 때 정상가정보다 결손가정 출신이 많다는 것은 주지하는 사실일 것이다. 하지만 결손가정 출신이기 때문에 모두 비행청소년이 되는 것은 아니고 또 반대로 정상가정 출신이기 때문에 비행청소년이 되지 않는 것도 아니다.

(2) 개인적 요인

개인적 기질 혹은 성향이 문제가 되는 경우이다. 이 기질은 선천적으로 타고날 수도 있고, 후차적으로 가정생활, 학교생활, 교우관계 등에서 발생할 수 있다. 선천적인 경우는 정신적, 육체적으로 문제가 있을 때 불안정하고 파괴적이며 통제력에 대한 자제심의 결핍으로 상황을 스스로 통제하지 못한 채 충동적인 결과를 초래할 수 있다. 후천적인 요인은 원만하지 못한 학교생활, 또래관계, 가정문제 등에서 야기될 수 있는데, 주로 열등감이나 반항적인 성격으로 나타난다.

(3) 교육환경적 요인

교육환경적 요인을 대표하는 것은 다름 아닌 학교이다. 가정에서보다 학교에서 더 많은 시간을 보내야 하는 청소년에게 학교는 중요한 사회화의 장소이자 사회적 관계를 만들어 주는 집합체이다. 따라서 학교는 교과학습이나 지식습득 뿐 아니라 사회에서 통용되는 가치와 도덕의 습득, 사회적 보호와 양육의 역할을 제공해야 한다. 그러나 한국사회에서 학교교육의 방향은 입시위주로 흘러간 지 이미 오래이고, 교육환경의 불평등이 낳은 학교서열의 불평등은 이미 학생 간의 계층적 불평등을 더욱 구조화시키고 있는 실정이다. 또래집단은 대부분 비슷한 성향을 가진 개인들로 이루어지기 마련인데, 학교에서 인정받지 못하는 자신들의 존재감 혹은 집단적 소속감을 형성 할 수 있는 비슷한 또래집단을 이루어 다양한 양상의 비행으로 빠지게 되는 것이 전형적인 과정이다. 1989년 개봉된 영화 "행복은 성적순이 아니잖아요"는 당시 제도권 교육의 문제성과 이에 대한 사회적 담론에 원인을 제공했었다. 30 여년의 시간이 흐른 지금 '행복은 성적순이 아니다'라는 외침은 보다 치열해 진 현대사회의 경쟁 속에서 더욱 공허하게 들려지고 있다.

(4) 지역환경적 요인

서울에서 강남과 강북의 결정적인 차이는 교육환경 및 사회·문화적 환경의 차이일 것이다. 대한민국 사교육 시장의 엄청난 규모까지는 차치하더라도 강남과 강북 간 사교육의 질은 이미 한국교육계의 고전적인 화두가 되었다. 이 교육환경의 차이와 더불어 지역의 사회·문화적 환경 역시 그 편차는 매우 크다. 특히 지방에서 부족한 교육여건을 만회할 수 있는 수단이 사회·문화적 환경과 긴밀한 관련이 있음을 무엇보다도 상기해야 한다. 이 사회·문화적 환경이란 대표적으로 청소년 수련관, 방과 후 학습 등을 책임질 수 있는 관민차원의 지역 공동체, 청소년의 문화생활을 영위할 수 있는 다양한 프로그램과 이를 지원하는 지역사회의 참여 등을 들 수 있다. 이러한 지역환경적 요인은 결국 부족한 학업을 보충해 주는 것에 그치는 것이 아니라 건전한 여가시간 활용을 위한 다양한 사회문화 인프라를 제공해 줌으로써 청소년시기의 일상을 더욱 풍요롭게 만들 수 있을 것이다. 서울의 지역 간 격차, 도시와 지방의 차이는 결국 학생들로 하여금 상대적 박탈감과 사회적 배제를 일으키는 요인으로 작용하고, 소위 '민감한 지역'에서 청소년비행의 기제가 나올 가능성은 더욱 클 수 있다.

(5) 대중매체와 대중문화의 요인

TV로 대표되는 대중매체는 현대생활의 일상에서 중심을 차지하고 있다. TV에서 방영되는 '공주드라마'는 어떻게 하면 예쁜 옷을 입고 백마 탄 멋있는 남자를 만날 수 있을까를 부추기며 패션과 외모지상주의를 주도하기도 하고, '막장 드라마'는 이 사회에 불륜을 정당화시키기도 하며, 수많은 범죄관련 시리즈는 폭력과 외설, 범죄마저도 일상화시키기까지 하고 있다. TV하면 또 광고를 빼놓을 수 없다. 모든 번쩍이는 상품들은 '이것을 사용해야만 최고가 된다'는 메시지를 쉬지 않고 내보내면서, 결국 이 트렌드를 따라가지 못하는 소비자를 시대적으로 뒤처지게 만들어 버린다. 아이돌 그룹이 대세인 대중문화 현상 또한 여기에 기여한다.

날씬하고 인형 같은 소녀그룹 멤버들은 청소년들에게 하나의 문화아이콘으로 간주되면서 이들의 패션과 외모 등은 점점 표준화 되어가고 있는 실정이다. 여기에 여가수들의 '섹시 컨셉'이 봇물처럼 터져 나오면서 '섹시몸매지상주의'와 다이어트 열풍, 몸짱 및 얼짱 신드롬이 한국사회를 몰아가고 있다. 언제부터 예쁜 얼굴과 날씬한 몸매에 대해 '착하다'라는 표현이 사용되기 시작하였는가? '착하다'는 것이 외모와 관계된다는 것 자체가 어불성설이지만, 한국사회는 이 표현을 쓰는데 주저함이 없다. 이처럼 대중매체와 대중문화의 영향력은 이제 사회의 윤리와 가치관이 되어 그 영향력과 파급효과가 엄청나게 된 것이다. 특히 청소년세대가 대중매체와 대중문화의 주요 소비자로 부상하면서 이 세대의 또래문화에게 끼치는 영향은 절대적이기까지 하다. 대중매체의 다양한 폭력양상과 외설문화가 청소년 또래문화에게 여과 없이 수용되면서 사회의 부조리에 대한 비판과 고민보다는 사회규범과 표준에 대한 기준을 변화시키고 있는 양상을 보여주고 있다고 해도 과언이 아니다. 소비위주의 물질만능주의, 상업주의, 지상외모주의 등은 청소년의 감성을 자극하기 위해 더욱 더 선정적이고 외설적이고 폭력적인 대중매체와 대중문화는 청소년비행의 중요한 원인제공을 하고 있다.

(6) 인터넷문화의 요인

유튜브, 틱톡, 인스타그램, 페이스북, 트위터 등 인터넷 문화는 대중매체로서 확고한 위치를 차지했다. 이는 정보의 공유, 시간과 공간을 초월한 소통의 기능과 같은 긍정적인 영향과 함께 '인터넷 중독'이라는 표현이 나올 만큼 그 역기능 역시 심각하다. 인터넷은 사이버공간과 가상현실에서 이루어지기 때문에 현실의 상황과는 판이하게 다르다. 이 현상은 때로는 현실과 가상 간의 차이를 망각시키기도 하고, 현실세계를 그 만큼 쉽게 상상하게 만들기도 한다. 예를 들면 인터넷 상의 게임을 모방한 폭력이 점점 증가하고 있으며, 채팅이라는 '매우 쉬운' 소통수단을 통해 원조교제와 같은 일탈도 흔하게 일어나고 있다. 인터넷이라는 혁신적인 기술은 점점 더 발달하고 있지만, 이에 상응하는 윤리의식과 사회규범은 매우 부재한 상황에 처해 있다. 외모는 성인의 모습이지만 정신연령은 어린아이 수준에 있는 비균형적인 성장상태인 것이다. 전형적인 '정신문화지체현상'으로 파악할 수 있는 이 현상은 우리에게 진정한 인터넷 문화담론의 필요성을 일깨워 주고 있다.

2. 청소년 비행문화 양상

이 장에서는 청소년비행의 대표적인 유형을 다루고자 한다. 각 유형의 양상과 특징은 '청소년문제론'에서 구체적으로 다루어지는 주제이니만큼, 이 장에서는 그 개념을 살펴보고, 특성과 문제점을 간단하게 살펴보고자 한다.[5)]

(1) 가출

'가출'의 개념은 집을 나가 '일정한 시간 혹은 기간' 동안 밖에서 지내는 행위를 말한다. 청소년가출의 동기는 대부분 부모의 통제에서 벗어나려는 이유, 현 가정상태의 불만족, 혹은 가족의 기능이 정상적으로 수행되지 못할 때의 경우 등을 들 수 있다. 기존 '청소년연구'에서 가출의 원인을 청소년 개인 혹은 가정차원의 '사적인 문제'에서 찾으려는 경향이었다면, 이제는 문제가족 혹은 가출청소년의 원인을 사회적 차원에서 이해하고자 한다. 사회적 차원이란 그 동안 사적인 영역으로 치부되었던 '가족'해체의 원인을 경제문제나 교육문제, 학업문제 등 사회적 환경에서 이해하고, 이에 대한 구체적인 사회복지정책의 필요성을 강조하며, 궁극적으로 가족해체문제를 사회문제로 인식하려는 것이다.

가출청소년의 특징은 대부분 가족해체를 경험한 청소년이라는 것이 일반적이다. 가족해체란 부모의 이혼, 별거, 자살, 가출 등 가족의 '구조적' 결손형태나 알코올, 질병, 등 가족의 '기능적' 결손형태, 혹은 신체적, 정신적 폭력 등과 같은

5) 한국청소년개발원(2006)의 〈청소년문제론〉 참고

'병리적' 결손형태, 가족적 냉대와 무관심 같은 '방임적' 결손형태 등을 의미한다. 이와 같은 문제가정환경 속에서 학업의 무관심은 학업중단으로 이어져 급기야는 가출이라는 형태로 발전하게 된다. 가출청소년의 특징은 가출이 '개인적 행위'이지만 가출이후는 비슷한 상황의 청소년들이 함께하는 '또래집단의 유형'이 흔하게 보인다는 것이다. 즉 가출이후의 경로는 대부분 -동성이든 이성이든-친구의 자취방이 가장 흔한 경우이고, 이후 숙식을 해결하기 위한 아르바이트, 혹은 유흥업소 등의 순으로 가는 경우가 흔하다. 미성년자이고 인권의 사각지대에 있는 청소년의 유흥업소출입은 가출청소년들이 쉽게 숙식과 용돈을 해결하는 방법이기도 하지만, 이후 그 상황에서 벗어나는 것이 어렵다는 것과, 폭력과 약물, 성매매 등 또 다른 비행에 쉽게 노출될 수 있다는 특징이 있다. 다시 말하면 이러한 가출청소년의 상황적 요인은 가출의 장기화를 더욱 부추기는 핵심요인이 된다.

(2) 학교폭력

비행청소년의 가장 중요한 형태의 하나는 폭력행사이다. 무엇보다도 이 폭력의 단계와 강도가 상식의 수준을 벗어나 신체적 폭력과 수치심유발이라는 정신적 폭력까지 골고루 드러나는 경우가 다반사이다. 흔히 폭력이라고 하면 신체적인 가해로 한정시키는 경우가 많은데, 폭력의 유형 역시 물리적, 정신적, 언어적, 심리적 유형 등 매우 다양하게 나타난다. 학교폭력의 특징을 살펴보면 다음과 같다. 첫째, 조직적인 폭력유형과 함께 비조직적인 집단따돌림 같은 유형이 더욱 빈번히 발생하는 추세이며, 둘째, 졸업 세레머니와 같이 그 폭력의 수위가 상식의 선을 넘어가고 있고, 셋째, 이러한 폭력에 대한 죄의식 혹은 반성과 같은 도덕적 개념이 점점 상실되어 가며, 넷째, 단지 '재미'로 이루어지는 일회성 폭력 역시 증가추세이며, 다섯째, 폭력주동연령 역시 점점 낮아져 초등학생부터 시작되는 경향이 더욱 흔하게 나타나고 있다. 학교폭력이 청소년비행에서 매우 중요한 위치를 차지하는 이유는 무엇보다도 폭력 이후의 결과에서 찾을 수 있다. 특히 폭력피해

학생들의 폭력 후유증은 학업중단이나 우울증, 심하면 자살로까지 이어질 수 있기 때문이다. 따라서 학교폭력은 단순히 학교차원의 폭력문제가 아니라 이 사회의 문제로 조명되어야 하며, 이에 따라 학교와 학부모, 기관과 정책, 시민단체와 청소년 조직 간의 상호연계로 이루어 해결책과 대안을 마련해야 할 것이다.

(3) 학업중단

일반적으로 학업중퇴로 이해되는 학업중단은 학교에 의한 제적과 자의적인 자퇴로 나누어지는데, 그 원인과 동기 역시 매우 다양해지고 있다. 과거에 학업중단은 대부분 경제사정에 따른 '본인의 의지와 어쩔 수 없는' 상황적 요인, 혹은 문제행동 으로 인해 학교에서 '잘리는' 소위 제적되는 경우가 대부분이었다면, 요즘 학업중단의 동기가 내신의 불리함에 따른 '자발적 중단'에서부터 '지루하고 시간 낭비같은' 학교로부터 하루 빨리 '독립'하고 싶은 '성인세계'에 대한 동경, 성적부진이나 학교부적응과 같은 '도피형' 이유 등 다양해지고 있다. 자발적 학업중단은 보다 나은 학업결과나 성취결과라는 뚜렷한 목적의식을 갖고, 자신의 미래를 적극적으로 개척하려는 의지가 분명히 보이며, 학업중단의 결과 역시 이에 상응하는 경우가 대부분이다. 반면 성인세계 동경은 하루빨리 독립적인 개인으로서 학교와 기성세대의 통제를 벗어난 '자유로운' 생활에 대한 막연한 기대감, 이로 인한 비행의 위험 등을 포함하고 있다. 도피형 학업중단은 학교라는 조직과 제도에 대해 문제성을 보이는 유형으로서 낮은 학업성취도, 교칙위반과 집단생활의 문제 등과 같은 학교생활의 부적응과 관련되는 경우가 흔하며, 제적의 양상을 보이기도 하고 자발적으로 학업을 중단하기도 한다.

학업중단의 최근 경향은 개인의 문제차원을 넘어서 청소년 자신, 가정, 학교 등 전체 사회에 존재하는 다변적인 요인들이 복합적으로 작용하여 나타난 일종의 사회이탈 현상으로 보며, 특히 기존 교육제도의 문제점과 교육복지정책에 대한 결핍에서 그 원인을 찾는 경향이 증가하고 있다. 즉 입시위주의 교육환경은 교육정책에 대한 근본적인 의문을 제기하기에 이르렀고, 이에 대해 직·간접적인 영향을 미치는 사교육환경이 계층문제와 연결되면서 한국사회의 고질적인 문제가 교육이라는데 동의를 하게 되는 것이다. 이를 극복하기 위해 대안학교의 설립이 증가하고 있고, 새로운 교육방법의 도입을 추구하는 자율학교설립 역시 주목을 받고 있다. 그러나 이러한 대안적 교육형태 역시 교육 질의 문제, 정책적 차원의 지원 문제, 학교 간 수준격차의 문제, 또 다른 교육심화의 원인을 제공한다는 비판 등에 직면하고 있다.

(4) 약물비행

약물비행은 대부분 사법처벌의 대상이 되는 만큼 한 사회의 안녕과 건강을 추구하고자 하는 국가보건정책의 중요한 사안이다. 흔히 접하는 연예인들의 향정신성 의약품 사용 혹은 마약남용 등과 같은 뉴스는 마약사용 연예인이라는 사회적 '낙인'이 됨으로써 연예인 생활에 종지부를 찍을 정도로 그 사회적 파장은 매우 크다. 특히 경제기적과 함께 이루어진 상업주의와 소비주의, 극도로 현대화 되어가는 한국사회에서 개인을 보다 '원자화'시키고 '고립'시키면서 일시적인 '향락과 쾌감'문화가 증가하고 있고, 정보통신의 발달은 마약류에 대한 일반인의 접근을 보다 용이하게 하여 지속적인 사회적 현안이 되고 있다. 약물비행의 양상을 좀 더 구체적으로 살펴보자.

- 약물오용(misuse)

의학적인 목적으로 약물을 사용은 하지만 의사의 처방 없이 임의로 사용하거나 지시대로 사용하지 않는 경우를 말한다. 일상생활에서 가장 흔하게 볼 수 있는 사례로서 가장 대표적인 경우가 약국에서 임의대로 살 수 있는 감기약을 들 수 있다. 좀 더 강력한 효과를 기대하고자 약품사용설명서에 있는 기준보다 더 많은 양의 약을 복용한다거나, 시간 간격을 지키지 않는 경우 등이 있다.

● 약물남용(abuse)

남용은 말 그대로 약물을 기준 이상으로 많이 쓰거나 함부로 사용하는 경우를 말한다. 약물남용으로 규정하는 경우는 첫째, 약물사용이 정상적인 –학교생활, 직장생활 등– 일상생활에 해를 미치는 경우, 둘째, 신체적인 상황을 고려하지 않고 약물을 복용함으로써 그 결과가 직접적으로 해를 미치는 경우(약물복용 이후 운전 등), 셋째, 위법으로 간주되는 약물을 사용하는 경우, 넷째, 약물사용으로 인해 문제가 있음을 인식하지만 그래도 지속적으로 사용하는 경우를 들 수 있다.

● 약물의존(dependance)

약물의존은 약물사용이 수위를 넘어 조절행위가 어려운 상태를 말한다. 약물의존의 상황은 대부분 약물중독으로까지 진행되는 것이 특징이다. 약물의존은 약물중독과 비교했을 때 약물내성으로 인한 약물사용증가, 혹은 이에 따른 금단현상, 장기간 사용, 중단노력에도 불구하고 사용이 지속되거나 오히려 증가 등이고 중독은 조절불능의 상태를 말한다.

● 약물중독(addiction)

약물중독은 첫째, 기준 이상의 수치를 넘어 선 과다복용으로 더 이상 통제가 가능하지 않은 상태, 둘째, 효과를 충족하기 위해 점점 더 과다한 양이 필요한 경우, 셋째, 약물사용이 일상의 중심이 됨으로써 다른 활동이나 생활 등이 전혀 등한시되는 경우, 넷째, 조절불능상태에 이르러 약물사용이 강박적인 집착이 되는 경우, 마지막으로 과다사용으로 인한 육체적, 정신적 손상에 대해 병리적 재활이 필요한 경우 등을 들 수 있다(한국청소년개발원, 2006: 203–205). 청소년의 약물비행 실태는 음주와 흡연, 환각목적으로 사용되는 금지된 약물 및 제품복용까지 다양하다. 가장 손쉽게 구할 수 있는 본드와 같은 흡입제부터 진통제, 수면제, 각성제, 신경안정제 등이 있으며, 향정신성 마약류 등도 있다.

약물비행에 대한 대책 및 지도방안의 핵심은 무엇보다도 '사전예방'에 있다. 왜냐하면 약물비행은 특징상 반복의 위험에 처하기 쉽고, 한 번 의존의 상황이 되면 육체적, 정신적인 해가 매우 크며, 재활의 시기까지 -개인적·사회적 차원에서- 장기간의 노력이 들어가야 하는 과정이기 때문이다. 약물비행이 다른 비행과 다른 점이 바로 이것이다. 따라서 이에 대한 대책 및 지도방안으로서 가정, 학교, 지역사회 간의 상호협력이 더욱 절실하게 요구된다. 특히 학교는 약물에 대한 적절한 예방교육을 정기적으로 실시함으로써 약물비행에 대한 올바른 지식과 사용을 선도해야 하고, 실제적인 약물실태를 관심 있게 관찰하여 상황을 정확하게 파악하고, 이에 대한 신속한 조치를 취할 수 있는 관련기관 및 지역공동체와 협력체계를 구상해야 할 것이다. 지역공동체는 약물비행에 대한 예방교육과 치료와 재활, 심리상담 등 보다 전문화 된 정책마련에 있어 보다 개방적이고 탄력적으로 대응해야 할 것이다. 약물비행은 특성상 신속히 대응하면 할수록 그 피해와 영향이 더욱 감소된다는 특징을 감안할 때, 이에 대한 신속한 대응방안과 대책마련이 약물비행의 선도를 좌우한다고 해도 과언이 아니다. 약물비행에 대한 사회의 인식적 전환이 필요한 시기이기도 하다.

(5) 자살

자살은 한 개인이 선택할 수 있는 가장 극단적인 방법으로 생을 마감하는 경우이다. 한국청소년 사망원인의 1위는 바로 자살이다(청소년정책분석평가센터 2022). 특히 청소년 자살은 해마다 계속 증가하고 있는 추세로서 시급한 정책과 사회적 관심이 요구되는 상황이다. 지금까지 자살에 대한 한국사회의 인식은 개인적 차원의 문제에서 보는 관점이 지배적이었다. 즉 사적인 차원의 문제로서 개인의 부담으로 치부되었던 것이다. 그러나 자살의 원인은 개인적 사안에 앞서 그 근본적인 동기를 사회가 제공했다는 점에 좀 더 유의할 필요가 있다. 앞에서 언급한 뒤르켐의 주장대로 자살요인은 사회의 통합력과 결속력이 부족할 때 사회적 부담감이 증가하고 이에 대한 보호 장치가 결여되어 있을 때, 혹은 생활에 대한 비판이나 사회의 부적응이 심화되었을 때 발생한다는 점을 주지할 필요가 있다. 청소년의 자살 역시 이에 적용시킬 수 있다. 성적만능주의와 출세만능주의에 따른 집단적, 인격적 서열화의 사회에서 학교성적에 대한 부담은 한국청소년의 공통된 사안일 것이다. 성적이 인생의 모든 것을 좌우한다는 이 사회의 실제는 결국 '적자생존'과 '자연도태'라는 이론을 당연시하게 되면서 이에 대한 청소년세대의 부담은 가중될 수밖에 없는 상황에서 자살은 개인의 선택이 아니라 이 사회가 동기를 제공한 '합작품'이 된다. 이 관점에서 보자면 학교생활의 문제점이나 가정의 문제점 역시 학생 개인의 문제가 아니라 이 사회가 근본적인 원인을 제공했다고 할 수 있다. 반면 자살이라는 심리적, 사회적 결과를 정책적 차원에서 어떻게 방지하고 어떤 대책을 세워야 하는지에 대해서 아직 한국사회의 제반적인 노력은 매우 미미한 실정이다. 결국 자살을 사회의 차원에서 어떻게 인식하고 이에 대한 제도적 보호 장치를 어떻게 마련하는지에 초점이 모아져야 할 것이다.

3절 유럽청소년 비행문화

지금까지 살펴 본 비행과 일탈, 범죄 개념과 이론적 설명 및 청소년 비행의 요인과 양상은 청소년 비행문화를 이해할 수 있는 기본적인 분석틀을 제공한다. 형법영역 안에서와 밖의 행위까지 연구영역으로 보는 청소년 비행은 행위자를 중심으로 청소년비행의 위법행위와 일탈행동까지 포괄한다는 점에서 보다 폭 넓은 이해를 가능하게 한다. 그러면 이 절에서는 우리에게 잘 알려지지 않은 유럽청소년의 비행문화사례를 살펴봄으로써 청소년 비행에 대한 다양한 시각과 논의점을 찾아본다.

1. 유럽청소년 비행문화 사례

(1) 독일사례: 스킨헤드(Skinhead)[6)]

독일의 분단과 통일역사는 한반도 분단과 통일의 가능성을 비교할 수 있는 중요한 연구대상이 되어왔다. 특히 독일통일 이후 청소년 스킨헤드의 폭력과 범죄는 나치정권의 망령을 되살리게 할 만큼 세계의 이목을 집중시켰다. 왜냐하면 스킨헤드가 극우적 성향을 갖고 있고, 외국인혐오와 인종주의 같은 비뚤어진 사상에 근거한다는 우려 때문이다. 물론 스킨헤드 현상은 독일에서만 발생하는 것이 아니다. 유럽 각 국에서 외국인을 대상으로 한 청소년·청년 극우적 성향의 폭력사건은 꾸준하게 발생되어 왔다. 한국사회에서는 아직 스킨헤드 현상이나 극우성향의 청소년·청년 집단의 조직화 된 세력화와 외국인을 타겟으로 한 폭력이 본격적으로 사회문제로 집중되어 다루어 진 적은 아직 없다. 그러나 이미 다문화사회로 진입한 한국사회와 이주노동자 및 결혼이민자 등 외국인 거주증가가 일상화된 지금 다문화 청소년 혹은 외국인을 목표로 한 청소년 폭력이 조직적으로 발생할 수 있는 여건은 충분히 조성되었다. 그래서 독일 스킨헤드 집단과 같은 청소년 비행의 대표적인 조직폭력문화가 흥미로운 이유가 있는 것이다.

스킨헤드는 두피가 드러날 정도로 짧게 깎은 머리모양을 했다고 해서 붙여진 이름이다. 이 머리모양과 함께 스킨헤드는 가죽잠바, 부츠, 멜빵바지 등과 같은 패션스타일을 고수한다. 이 스킨헤드의 기원은 어디에서 시작되었을까? 스킨헤드하면 떠오르는 나라는 독일이지만 그 기원은 영국에서 시작되었다. 1969년 영국 록밴드 그룹인 '슬레이드(Slade)'가 콘서트에서 최초로 짧은 헤어스타일과 멜빵바지, 작업용 부츠를 신고 강하고 역동적인 퍼포먼스를 선보인다. 슬레이드의 이 퍼포먼스는 당시 다른 록밴드와 비교했을 때 외형적인 특징과 음악성에서 분명한

6) 이 절은 이영란〈통일 이후 독일청소년 일탈문화에 대한 연구〉(2007)에서 부분적으로 발췌하였음을 밝힙니다.

차이를 보여주었고, 당시 영국 언론 '레인보우'는 처음으로 스킨헤드란 단어를 사용하면서 기존 청소년·청년 하위문화의 양상과는 분명하게 선을 그었다. 이처럼 과격하고 역동적인 록밴드에서 시작한 스킨헤드의 하위문화양상은 1970년대에 들어 좀 더 다양하게 나타난다. 스킨헤드의 외형적 특징은 유지하지만 관심에 따라 훌리건처럼 난폭한 폭력을 자행하는 집단, 극우성향 집단, 좌파성향 집단, 비정치적 집단, 1969년 스킨헤드의 정신을 강조하는 '69년 정신집단'(sprit of 69) 등으로 나누어진다.

흔히 스킨헤드하면 떠오르는 것이 외국인을 상대로 한 폭력이다. 그래서 스킨헤드를 극우성향 청소년의 폭력집단으로 단정 짓는 경우가 많은데, 이 성향은 스킨헤드 집단 중 단지 하나의 줄기에 해당될 뿐이다. 최초의 극우성향적 스킨헤드는 영국의 극우조직의 등장과 함께 성장했다. 이 성장은 1970년대 중반 서구유럽 경제 및 사회상황과 관련 있다. 제 2차 세계대전 이후 30여 년 동안 경제부흥을 이룩했던 서구유럽은 이후 경제침체기에 들어서면서 대량실업과 공장폐쇄, 장기파업과 이로 인한 공권력과의 대치 등 매우 혼란한 시기에 들어선다. 특히 경제호황기에 비숙련 노동인력이 대거 필요했던 상황에서 –영국의 경우는 인도, 파키스탄 등 옛 식민지 국가와 독일의 경우는 터키, 이태리, 한국 등으로부터– 다수의 노동이민을 수용함으로써 노동력 부족을 해소했다. 하지만 경제호황기가 끝난 시점에서 이주노동자 집단은 기존 노동자계층에 의해 자신들의 일자리를 차지한 주범으로 비추어지게 된다. 이 상황에서 조직된 극우조직들은 이민자들로 인해 생기는 사회 및 경제문제를 부각시켜 사회의 조명을 받게 되고, 대부분 노동자 계급 출신인 스킨헤드 청소년 중 일부분은 이 조직에 합류하게 된다. 이전까지 노동자계급이라는 자긍심과 사회적 위상이 있었고, 노동자로서 직업적 안정이 보장되었던 이들에게 장기경기침체와 더불어 저렴한 이민자 노동력에 의해 자신들의 일자리까지 침해받는다는 위기의식이 일어나면서 극우적 조직에 합류했던 것이다. 그러나 여기서 간과해서는 안 될 점이 있다. 극우성향을 특징으로 하는 정당들은 뚜렷한 정치적 극우이데올로기를 토대로 정치적 입지를 강화하고, 국민들의 지지확산을 목표로 한다면, 대부분의 스킨헤드 청소년 집단에게는 특별한 극우적 '이데올로기 성향'이 보이지 않는다는 것이다. 다시 말하면 외국인을 대상으로 하는 스킨헤드의 집단적 폭력은 꼭 사상적 배경을 갖고 있는 것은 아니다. 몰론 스킨헤드 집단에 속한 청소년 중 일부가 극우 정치집단으로 흡수되기는 했지만 대다수의 스킨헤드 집단은 이러한 극우적 이데올로기와 극우정당과는 아무런 관련이 없다. 대부분 스킨헤드 집단은 단지 특별한 조직 혹은 구심점 없이 몇 명씩 무리를 지어 다니며 단지 '재미'로 대중이 모이는 술집, 지하철, 축구장 등에서 난동과 폭력을 휘두르거나, 외국인을 대상으로 한 폭행을 통해 자신들의 존재를 사회에서 각인시키고, 이를 통해 자신들의 정체성 및 소속감을 찾고 있다. 이러한 스킨헤드 집단의 폭력적인 일탈행동은 청소년 비행의 하위폭력문화로 보는 것이 타당하다.

통일 이후 독일스킨헤드 집단은 종종 극우집단의 상징이 되어 언론의 조명을 받은 것은 사실이다. 그 이유는 스킨헤드가 저지른 외국인 거주지 방화사건과 이로 인해 사망자가 발생하면서 스킨헤드 집단의 극우적 성향이 부각되었기 때문이다. 무엇보다도 '하나가 된 독일'에 대한 전 세계의 관심은 이런 스킨헤드집단의 극우적 폭력과 나치정권의 홀로코스트와 연관시켜 이 사건을 보다 '과장되게' 이목을 집중시킨 것도 사실이다. 그러나 "독일헌법연방사무소"의 보고서에 따르면 전체 폭력 사건 10%만이 극우정당 청소년회원 혹은 극우정당과 연계되었고, 외국인을 대상으로 하는 전체 폭력 90%는 비조직적 스킨헤드 청소년에 의한 우발적인 사건으로 보고되고 있다. 극우정당과 스킨헤드 폭력문화 간의 이해관계가 거의 없는 이유는 "정치적 행위를 통해 국민지지를 얻어야 하는 극우정당들의 노선과 정치적 이해관계보다는 상황적 불만과 감정으로 폭력을 일삼는 스킨헤드 문화 간의 목표가 전면적으로 부합"되지 않기 때문이다(이영란, 2007: 146). 통일 이후 스킨헤드 집단의 –폭력–유형은 '극우확신유형', '모방유형', '또래문화유형'. '폭력유형'으로 분류할 수 있다. 극우확신유형은 극우 이데올로기에 근간으로 하여 조직적으로 청소년모임을 확장시키고 정치적 이슈로 독일사회에 영향력을 행사하려는 목표를 갖는다. 모방유형은 극우적 성향이 보이고 폭력의 목표가 대부분 외국인이기는 하지만 사상적 확신보다는 자신들이 처한 상황에 대한 불만과 사회적 불안을 외국인이라는 희생양에게 투영시키는 경우가 대부분이다. 이들의 폭력동기는 분노, 시기, 두려움, 불안, 불만 등 감정적 요인으로서 대부분은 무계획적인 상황에서 우연하게 일어나는 폭력이 대부분이다. '지나가다 우연히 외국인을 보니 화가 나서 때렸다' 정도의 수준으로서 이 모방폭력은 일회성에 그치는 경우가 다수이다. '또래문화' 유형은 자유 시간을 함께 보내는 친한 친구들로 이루어지는데, -한국의 일진회 등과 같은- 집단적 소속감이 높고, 이 소속감에 대한 증명으로 집단적 폭력에 가담하게 되는 경우가 대부분이다. 이런 폭력유형은 비판적 시각이 결여되어 있으며, 폭력 행사를 집단의 정체성 확인으로 이해한다. 마지막으로 '폭력적 유형'은 폭력과 난동이라는 매우 단순한 목적을 가진다. 따라서 이 폭력의 배경은 정치적이지도 않고 사회적이지도 않다. 이 유형은 폭력을 행사할 수 있는 상황을 일부러 만들기도 하지만, 의도하지 않은 상태에서 폭력이 행사되기도 한다. 이 폭력의 대상은 자신들이 반대라고 생각하는 모든 집단들, 예를 들면 경찰일수도 있고, 외국인일수도 있으며, 축구장의 훌리건과 대치할 수도 있다. 상황적 배경에 따라 자신들의 반대자라고 간주되는 모든 집단들이 바로 이들의 폭력대상이 되는 것이다.

그러면 누가 스킨헤드가 되고, 이들의 특징은 무엇일까? 독일 스킨헤드의 인구사회학적인 특성은 연령별로는 18세 미만이 35, 6%, 18-20세사이가 46, 9%, 25세 미만이 14, 4%, 25세 이상이 3, 1%이다. 교육수준은 1/2 이상이 의무교육 과정으로서 가장 교육수준이 낮은 기초학교 재학 중이거나 직업교육생이고, 1/4은 비숙련 노동자이며 1/5은 실업자로 구성되었다. 이들의 가정환경 역시 알코올, 폭력, 실업자 부모 등 대부분 문제가정출신이며, 주거지역은 대도시 주변의 변두리에 집중되어 있다. 특히 이런 지역은 경제적으로 매우 열악하고 사회적 관계가 배제되어 있으며, 문화적 인프라가 방치된 곳이 대부분으로 나타났다. 스킨헤드에 속한 청소년은 대부분 남자라는 특징을 갖는다(Heitmeyer/Müller, 1995: 41).

지금까지 살펴 본 독일 청소년 스킨헤드집단은 독일청소년 하위문화의 하나이자 반사회적, 반규범적 청소년 집단비행문화 현상이다. 이 스킨헤드 현상을 통해서 확인할 수 있는 것은 결국 청소년세대의 사회적 불만족과 상황적 불만이 복합되어 폭력적인 비행문화현상을 낳았다는 점이다. 또한 사회적 자존감과 정체성 형성의 어려움은 스킨헤드라는 집단을 통해 훨씬 용이하게 이루어질 수 있고, 이에 따라 집단적 소속감의 강화는 자신을 정의하는 중요한 기준이 되고 있음을 알 수 있다.

(2) 영국사례: 훌리건

한국축구를 대표하는 손흥민이 뛰고 있는 경기를 TV에서 종종 시청할 기회가 있을 것이다. 날씬하고 건장한 유럽 선수들 사이에서 왜소하게 보이기까지 하는 손흥민이 훌륭한 기술을 구사하며 팀의 우승에 기여하는 순간 갑자기 축구팬이 된 것 같은 착각도 든다. 한국에서 축구의 열기는 월드컵 때를 제외하고는 유럽의 그것과 비교할 수조차 없다. 유럽에서 축구는 취미로 하는 관람 이상의 '그 무엇인가'가 있다. 특히 영국의 축구사랑은 세대를 넘어 모든 사회구성원의 공통된 일상이고 화제이며 드라마다. 축구장 너머로 보이는 광적인 축구팬들의 응원과 또 축구팬들의 문화로 자리 잡은 훌리건의 폭력은 매우 영국적인 하나의 사회문화현상이라고 할 수 있다. 훌리건은 이제 폭력과 난동의 동의어가 되어 영국 청소년·청년세대의 비행문화가 된 지 이미 오래이다. 취미로 관람하는 축구경기가 왜 폭력과 난동의 주범이 되어 청소년의 비행문화가 되었을까? 이들이 경기장 안에서 혹은 밖에서 부리는 폭력과 난동의 근본적인 이유는 무엇일까? 단지 관람을 마친 이후 광적인 팬들의 실망과 분노를 표현하는 하나의 세레머니 같은 의미일까? 아니면 청소년·청년세대가 스포츠경기를 통해서 표현하는 사회 불만의 표시일까? 아직 훌리건 현상이 나타나지 않은 한국사회에서 이 유럽적, 특히 영국적 훌리건 현상은 매우 흥미롭다. 왜냐하면 훌리건은 스포츠를 대상으로 한 유럽의 조직적인 청소년·청년세대의 사회 일탈적 비행의 문제인데, 이러한 스포츠 하위문화를 우리의 입장에서 과연 어떻게 볼 수 있는지에 대해 생각해 볼 수 있기 때문이다.

훌리건의 어원에는 크게 세 가지 설이 있다. 첫째는 아일랜드 출신 가족인 '오홀리한'(O'Hoolihan)이라는 이름에서 유래했다고 전해진다. 이 오홀리한 가족은 19세기 아일랜드에서 폭력과 음주를 행사하기로 유명했으며, 후에 아일랜드 사람들이 즐겨가는 팝(Pub) 술자리에서조차 이 가족이 저지른 폭력과 음주가무에 대한 노래가 불려 질 정도였다고 한다. 둘째는 1898년 런던 경찰보고서에 등장했던 청년 갱단의 두목이었던 아이렌 파트릭(Iren Patrick)에서 유래했다는 설이다. 당시 런던경찰청은 런던 이즈링턴(Islington)구역의 주민들을 두려움에 떨게 했던 청년 갱단의 두목을 훌리(Hooly)라는 애칭으로 부르면서 폭력의 상징이 되었다고도 한다. 마지막으로 훌리는 아일랜드어에서 유래되었다는 입장인데, 아일랜드어로 훌리는 '야생적인'(wild)을 의미한다. 이 세 가지 유래가 공통적으로 보여주는 것은 훌리는 '폭력'과 연관된다는 것이다(Brown, 1998; Danet, 1999). 일반적으로 훌리건은 한 스포츠단체 혹은 스포츠 팀의 열광적인 팬으로서 '보통 수준의 팬'과는 전혀 다른 양상을 보여 준다. 이 훌리건들은 보통 팬들처럼 개인적인 지지자가 아니라 집단화 된 유형을 보여 주며, 집단적인 폭력이 동반되는 경우가 흔하다.

훌리건 어원이 영국에서 기원한 것처럼 축구와 관련된 훌리건이 최초로 등장한 곳도 바로 영국이다. 1960–1970년대 미디어는 훌리건을 폭력적인 축구팬현상으로 묘사하면서 점점 대중적으로 각인되기 시작하였다. 훌리건은 자기 팀을 상징하는 문양을 의복에 새기거나 팀의 깃발 등을 사용함으로서 일반 축구팬들과는 분명한 선을 긋는다. 훌리건 문화의 특징은 폭력을 하나의 '의식'으로 집행한다는 것과 '공격성의 미'를 추구한다는 것이다. 폭력은 훌리건에게 있어서 하나의 '마약'과도 같은 의미인데, 일상의 피곤함과 의무에서 탈출할 수 있는 통로로 간주되고 있다. 또한 –훌리건에 따르면– 물리적인 폭력을 동반한 다양한 제스처는 상대방보다 더 강한 인상을 주는데 유리하기 때문이라고 한다. 나아가 '강력한 남성'들의 집단적인 행동은 훌리건 존재의 중요한 동기중의 하나라고 주장하기도 한다.

훌리건 사이에서도 명예를 내세운 나름의 지침이 있다. 예를 들면 훌리건의 폭력 상대는 단지 상대편 축구팀의 훌리건이어야 한다는 무언의 약속이 그것이다. 따라서 축구경기도중 일반관람객들에게는 폭력행사를 하지 않는다. 또한 이미 폭력에 의해 넘어진 상대편 훌리건에게는 계속적인 폭력을 가하지 않으며 유리병, 돌, 통조림뚜껑, 막대기 등과 같은 무기류를 사용하지 않는 것을 원칙으로 한다. 그리고 양 팀의 훌리건들은 수적으로 대략 균형이 맞추어져야 된다는 것이다(Brown, 1998).

훌리건은 매우 조직적으로 운영된다. 축구경기가 있기 몇 주일 전부터 인터넷 소통을 통해 경기장 관람석 위치 확보에서부터 눈에 '절대' 튀지 않은 평상복 착용 등에 대해 상호 교환한다. 그래야 경기 도중 혹은 난동과 폭력을 행사한 이후 '여느 축구관람객처럼' 별 탈 없이 유유히 빠져나갈 수 있기 때문이다. 이들에게 익명성은 난동과 폭력행사에서 매우 중요하게 간주된다. 이들의 난동과 폭력대상인 상대축구팀의 훌리건에게 충분하게 폭력을 휘둘렀을 때 재빨리 사라져 일상으로 돌아가야 하는 것은 불문율이다.

훌리건들은 종종 경기장 밖에서 만나 갈등을 일부러 조장하고 폭력을 행사하는 경우도 있다. 이 경우는 경기장 관람석 대부분이 감시카메라가 작동되기 때문에 경찰의 추적을 받을 수 있기 때문이다. 결국 감시카메라와 경찰의 추적을 피하기 위해 다른 장소로 이동하여 집단 패싸움을 벌이는 양상이 최근 들어 더욱 일상화되어가고 있다. 축구팀의 팬클럽 회원 간에도 훌리건에 우호적인 집단과 혐오하는 집단이 동시에 존재한다. 훌리건이 정치적인 성향을 띠는 것은 매우 드문 일이어서 '우파적 행동' 혹은 '좌파적 행동' 이라는 정치적 분류는 큰 의미가 없다. 영국 훌리건의 인구사회학적인 특징은 사회 하위계층 출신, 특히 실업자이고, 맥주와 같은 알코올을 일상적으로 소비하며, 대부분 20세 전후의 남성들로 구성 되었다(Reid, 2000).

지금까지 살펴 본 훌리건을 정리해 보면 다음과 같다. 훌리건은 20세 전후 –대부분– 남자 청소년들이 참여하는 사회일탈적인 폭력 비행문화이다. 훌리건은 축구 팬클럽을 중심으로 축구 경기 도중 혹은 경기가 끝난 후 상대 팀 훌리건을 대상으로 난동과 폭력을 일으키는데, 그 이유는 첫째, 경기결과에 대한 불만족, 둘째, 스포츠를 통한 일종의 '의식적인 행사'와 '공격적인 미'에 대한 찬양, 셋째, 지지하는 축구클럽에 대한 특이한 애정표시, 넷째, 사회저층 출신 청소년의 잠재되어 있는 사회적 불만에 대한 표현, 다섯째, 집단적 행위를 통한 자아만족 등으로 이루어져 있다. 다시 말하면 훌리건 문화는 영국사회 사회저층 출신 청소년들의 청소년 비행문화로서 사회적이고 심리적이며 문화적인 이유들을 복합적으로 보여준다(Braun, 2008; Farin, 2002).

(3) 프랑스 사례: 시테(Cité)지역 청소년의 도시폭력[7)]

프랑스는 대도시 근교 낙후지역에 위치한 위성도시의 청소년 폭력이 오랫동안 사회문제가 되어오고 있다. 프랑스하면 파리와 예술과 낭만을 떠올리는 우리의 이미지 속에 이러한 도시폭력은 매우 어색하기만 하다. 프랑스 대도시 주변 도시폭력이 한국사회에서 처음으로 집중적으로 조명되었던 것은 2005년 11월이다. 거기에는 다음과 같은 배경이 있다.

7) 이 절은 이영란 〈프랑스 시테지역 교육 불평등 연구〉(2010)에서 부분적으로 발췌하였음을 밝힙니다.

지난 2005년 10월 27일 파리 북동부의 클리시 수 부아. 아프리카 모리타니아계의 15세 소년 바누와 튀니지계 17세 소년 지아드는 친구들과 축구를 하고 돌아가던 중 사복경찰들인 범죄단속반(BAC)과 마주쳤다. 그들은 경찰에게 검문을 당하게 되면 신분을 확인할 수 있는 서류를 제시해야 하며, 행여 말대답이라도 할라치면 바로 뺨을 얻어맞고, 잘못하면 경찰서로 연행돼 몇 시간동안 갇혀 있어야 한다는 것을 경험적으로 잘 알고 있었다. 십여 명의 아이들은 각기 다른 방향으로 도망치기 시작했고, 경찰이 그들을 쫓기 시작했다. 필사적으로 도망가던 지아드와 바누는 막다른 골목에 다다르자, 다급한 마음에 2.5미터 높이의 송전소 담을 넘게 된다. 이윽고 해가 저물고, 둘은 변압기 뒤에서 새까맣게 감전된 주검으로 발견되었다. 경찰은 주변에서 발생한 절도사건을 수사하던 중 소년들을 발견하고 검문하려 했을 뿐 무리한 추격전은 없었다고 발표했다. 그러나, 그 날 주변지역에서 신고된 절도사건은 없었다.

두 소년의 사망소식은 금세 그 지역 주민들에게 알려졌다. 분노한 청년들이 거리로 뛰쳐나와 차량에 불을 지르고 경찰과 투석전을 벌였다. 하지만, 그 자체가 그리 낯선 광경은 아니었다. 프랑스에서는 매일 100여건 정도의 차량 방화사건이 일어나고, 방리유(Banlieue, 대도시 외곽의 빈민가를 뜻하는 말)에서 청년들과 경찰 사이의 물리적 충돌은 이미 일상화되다시피 했기 때문이다. 이틀 뒤인 29일, 사회당 소속의 클리시 수 부아 시장을 비롯한 지역 정치인들과 주민 500여 명이 경찰의 무리한 검문과 폭력에 항의하는 침묵시위를 벌일 때까지만 해도 사태가 그렇게 심각하게 번질 기미는 보이지 않았다. 니콜라 사르코지 내무장관의 발언이 TV 뉴스를 통해 프랑스 전역에 알려지기 전까지는.

그 자신이 헝가리계 이민 2세인 사르코지 장관은 사건이 일어나기 이틀 전, 또 다른 방리유인 아르장퇴유를 방문해 주민들과 이야기를 나누던 중 "인간 쓰레기들은 당연히 청소해야죠. 꼭 그렇게 할 겁니다"라는 극언을 내뱉었다. 이미 올 초에도 이민자 청년들을 쓸어버리겠다며 범죄와의 전쟁을 선포해 강한 반발을 샀던 그는 지아드와 바누의 감전사 사건이 발생한 후에도 청소년들과 경찰의 충돌 현장을 초강력 호스로 청소하라고 지시하고, 보안 기동대 17개 중대와 헌병 7개 중대를 추가 배치할 것을 명령했다. 이는 방리유 주민들은 사회에서 깨끗이 제거해야할 쓰레기라는 그의 속내를 그대로 드러내 보인 것이었다. 거기에다가 30일에는 클리시 수 부아의 모스크를 향해 경찰이 최루탄을 발사하는 일도 발생했다. 이 두 가지 일은 이민자 출신들과 빈민들을 프랑스 주류사회가 어떻게 바라보고 대해왔는지를 극명하게 보여주는 상징으로 읽혀지게 된다.

이 후 청년들과 경찰 간의 격렬한 충돌은 다른 지역으로 급격히 번져가기 시작해 11월 초에는 북부 릴, 서쪽의 낭트, 남쪽의 툴루즈와 아비뇽, 동쪽의 스트라스부르, 심지어 휴양도시인 니스와 칸 등으로까지 확산되는 등 전국적인 폭동의 양상을 띠게 되었다. 다급해진 프랑스 정부는 사회소외계층과 방리유 주민들에 대한 대규모 지원계획을 발표하는 한편, 1955년 당시 식민지였던 알제리의 독립운동을 진압하기 위해 제정된 이후 1981년 프랑스령 뉴칼레도니아 사태 때를 제외하고는 한번도 사용된 적이 없었던 비상사태법을 발동하고, 소요 사태에 가담했다가 유죄판결을 받은 외국인들은 체류의 합법성 여부와 관계없이 바로 추방할 것이라는 강온 양면책으로 진화에 나섰지만, 들불처럼 일어난 폭동의 불길은 무려 3주간이나 계속 타올랐다…(중략)…

《월간인권잡지 사람 2005년 12월 호》

이 프랑스 소요는 세계의 이목을 집중시켰으며, 한국의 미디어 역시 우리에게 익숙하지 않은 대도시근교 취약지역, 방리유, 시테, 이민자후예세대 등 프랑스에 대한 또 다른 이미지를 알게 해 주었다. 프랑스의 상황을 이해하기 위해서 우리에게는 낯선 지역적 개념을 이해할 필요가 있다. 대도시 근교 취약지역이란 파리, 리옹, 보르도 등 대도시를 중심으로 형성된 위성도시지역 중 사회·문화·경제적으로 낙후된 지역을 말한다. 방리유(Banlieue)는 대도시인 "urban"의 존재 속에서 형성되는 대도시 외곽, 즉 "suburban"의 의미이다. 대도시를 둘러싸고 형성 된 위성도시로서 대도시의 성장과 함께 발달했으며, 주택난이나 상권형성 등 대도시의 기능을 흡수하는 역할을 한다. 시테는 대도시 취약지역 방리유에 위치한 대단지 아파트 주거지역을 말한다. 한국에서는 아파트가 현대화와 산업화의 상징이기도 하고, 한국의 일반적인 주거형태가 되었지만, 프랑스의 시테, 즉 대도시 취약지역 방리유에 위치한 대단지 아파트는 그 의미가 전혀 다르다. 시테는 '슬럼화', '사회저층과 이민자 게토지역', '도시폭력의 온상지' 등과 같은 이미지가 오버랩 되는 곳이다. 그러면 시테에 대한 이러한 고정관념 혹은 실체는 프랑스에서 어떻게, 왜 형성되었을까?

아파트 단지 중심의 시테주거지역은 제2차 세계대전 이후 30년 동안 지속되었던 서유럽 경제재건 및 호황의 시기(1945–1975)에 대규모 산업단지 조성과 함께 건설된다. 특히 비숙련노동인구의 유입이 대거 필요하게 되면서 이에 대한 주택난을 해소하고자 대도시 근교에 집중적으로 아파트 단지를 조성하였고, 여기에 노동자 계층을 비롯해 당시 비숙련노동자로 대거 이주해 온 북아프리카 3개국, 즉 알제리, 모로코, 튀니지에서 온 노동이주민들이 거주하기 시작한다. 당시 프랑스 정부는 임대료가 저렴한 공공임대주택을 적극적으로 방리유에 건설함으로써, 이 아파트단지인 시테는 사회취약계층이 선호하는 주거지역이 된다. 이러한 시테지역은 당시 대도시의 근접함과 편리성을 이유로 더욱 더 선호되었다. 이 시테가 프랑스 사회문제로 본격적으로 떠오르기 시작한 것은 1980년대 들어서 부터이다.

경제부흥 영광의 30년이 끝나고 서유럽 전체가 장기경제침체기에 들어가면서, 한때는 경제성장의 상징이었던 대도시 위성지역의 시테가 점점 '슬럼화' 되기 시작한다. 비숙련노동자로 프랑스에 이민 온 1세대는 이제 실업자가 되거나 3D 일자리조차도 구하기 어려운 상황에 봉착하게 되고, 이보다 더 심각한 문제는 이민자 후예세대에게 있었다. 즉 어려서 부모를 따라 프랑스에 이민 온 1.5세대와 프랑스에서 출생한 2, 3세대들이 바로 그들이다. 이들은 프랑스어를 모국어로 사용하며 프랑스 공교육을 받고, 프랑스에서 삶의 터전을 이루어가고 있는 아랍계 프랑스인이다. 유감스럽게도 시테지역에 거주하는 아랍계 프랑스 이민자들에 대한 프랑스 사회의 인식은 대부분 부정적으로 점철되어 있다. 왜냐하면 이들은 대도시 취약지역에서 일상적으로 일어나고 있는 크고 작은 폭력 및 범죄에 대부분 연관되어 있다는 고정관념이 형성되어 있고, 결과적으로 아랍계 이민자=범죄 집단이라는 등식이 프랑스 사회에서 성립되고 있기 때문이다. 이러한 고정관념과 부정적인 인식은 결과적으로 프랑스 내국인과 이민자 간의 사회·문화적 소통의 근본적인 장애요인으로 작용하고 있다.

그렇다면 시테지역 청소년들의 사회적 일탈은 어떤 이유에서 발생하고 있고, 그 양상은 어떠하며, 프랑스 사회의 시테지역 청소년에 대한 고정관념은 타당한 것인가?

시테문제의 핵심은 크게 두 가지로 볼 수 있다. 첫째, 열악한 지역사회의 환경문제를 들 수 있다. 즉 시테지역의 높은 실업률, 낙후된 주거환경 및 교육환경, 지역적 슬럼화 및 외국인 집중거주에 따른 지역적 게토화, 빈곤, 사회적 배제, 그리고 이를 타개하기 위한 정치적 대표성의 취약성 등이 바로 이를 방증하고 있다. 여기서 시테지역 청소년세대를 프랑스 주류사회로 통합시킬 수 있는 교육정책, 고용정책, 사회정책 등 실제적인 제도적 장치는 아직까지 요원할 뿐이다. 둘째, 평등과 인권, 관용을 기본사상으로 추구하는 '톨레랑스'의 나라 프랑스의 이주민정책과 사회통합정책문제를 진지하게 검토할 필요가 있다. 내국인과 이주민 집단 간의 갈등, 특히 시테지역 사회저층 출신의 대부분을 차지하는 이민자 2, 3세대와 프랑스 주류집단간의 점점 깊어지는 불신의 원인은 이 아랍계 청소년 집단이 프랑스 사회에서 흔히 '위험집단'이나 '잠재적 범죄 집단'으로 간주되어 왔기 때문이며, 프랑스 사회의 주요 이슈인 치안담론과 사회통합문제의 주요 원인제공자로 여겨져 왔기 때문이다. 물론 대도시 취약지역 시테에 사회저층 및 이주민과 외국인이 거주하는 비율이 타 지역보다 월등히 높다는 것을 감안할 때 이들의 사회적 일탈행위나 범죄행위가 높은 것은 사실이고, 여기에 프랑스계 출신보다 이민자 후예들, 특히 아랍계 프랑스인들이 더욱 집중적으로 조명을 받는 것 역시 부인할 수 없다.

도시폭력이라는 단어 역시 프랑스 미디어의 작품이다. 이 도시폭력의 중심에 시테와 아랍계 청소년들이 있다는 것은 자명한 사실이 되었다. 이 도시폭력의 유형은 다양하다. 무임승차, 단순절도 및 은닉, 공권력에 대항하는 단순 폭력행위 등과 같은 소소한 양상에서부터 전철역이나 정류장의 공공재 파손, 차량방화, 사유재 파손행위 등 심각한 위법행위까지 모두 포함된다. 최근 들어서 시테 청소년의 비행양상은 더욱 폭력적이 되어가고 있는데, 그 이유는 치안과 안전을 이유로 강화된 공권력의 과잉대응과 관련된다. 즉 경찰의 통제권리가 막강해지면서 이에 반항하는 시테 청소년의 폭력양상 역시 더욱 과격하게 된 것이다. 2005년 두 소년의 감전사 역시 이와 같은 경찰 공권력의 과잉대응과 연관되었다고 할 수 있다.

시테 청소년들은 결국 부모세대의 이슬람 문화권과 동일화하기에는 너무나도 프랑스 적이지만, 그렇다고 프랑스 주류사회로 진입하기에도 어정쩡하다. 시테 청소년이라는 굴레는 결국 이들에게 사회적 배제와 사회적 이동을 '경계'하고 오히려 잠재적인 범죄 집단이라는 고정관념만을 주고 있는 것이다. 이와 함께 시테 문제는 계층적 사회문제이자 경제문제이고 정치적 문제인 동시에 민족적, 문화적, 인종적 특수성을 포괄하지 못한 프랑스 사회의 총체 된 문제라는 점을 상기해야 한다.

2. 유럽청소년 비행문화 : 비행 vs. 정체성 찾기

지금까지 유럽 청소년의 비행문화를 독일의 스킨헤드, 영국의 훌리건, 프랑스의 시테 청소년 폭력을 중심으로 살펴보았다. 이 비행문화의 원인과 양상은 각 국이 처한 상이한 사회·문화적 배경과 환경적 요인에 기인하고 있다. 이 세 가지의 비행양상에서 공동으로 접해지는 부분은 첫째, 모두 사회취약계층 출신이라는 것, 둘째, 각기 처한 상황에서 사회에 대한 불만족을 자신만의 방식으로 표현 한다는 것, 셋째, 사회적 자존감과 소속감 및 정체성 형성을 나름의 소속집단을 통해 확립하려 한다는 것이다. 물론 그 방식에 있어서 이들은 사회적 '일탈'을 선택하고 있다. 여기에서 핵심이 되는 사안이 있다. 흔히 비행 청소년의 문제를 진단하고 원인과 양상을 파악하며, 그 해결책을 찾는데 있어 저지르기 쉬운 실수가 비행청소년을 '교화의 대상'으로 파악하여 '선도'하는 것에만 급급하다는 것이다. 즉 교육적 차원의 해결책만이 최선의 대안이 아니라, –유럽사례가 보여 주듯이– 청소년비행의 원인에는 지역사회의 환경과 문화 및 교육 인프라, 계층문제 및 주류집단 간의 갈등이 근본적으로 자리하고 있다는 것을 확인할 수 있다. 물론 유럽의 상황과 한국은 현저하게 다른 것 역시 사실이다. 아직 한국사회에서는 스킨헤드나 훌리건, 혹은 시테청소년의 도시폭력 같은 집단적 비행양상이 나타나지는 않고 있다. 그러나 한 가지 동의할 수 있는 점은 있다. 청소년비행문제는 결국 자신이 속한 사회를 이탈하기 위한 하나의 수단일 수 있으며, 그 이면에는 현실 및 환경에 대한 불만족과 사회 구성원 간의 갈등이 자리하고 있다는 점이다. 이 갈등은 계층적 갈등, 세대 간 갈등, 문화적 갈등, 주류집단과 비주류 집단 간의 갈등 등 다양한 양상을 통해 복합적으로 보여 진다. 유럽 청소년 비행문화 사례가 우리에게 주는 시사점은 바로 이것이다.

4절 비행청소년 방지를 위한 대책마련 및 노력들

지금까지 청소년 비행문화를 개념 및 이론의 차원에서 이해하고, 유럽사례와 한국 청소년비행의 요인과 대표적인 양상을 살펴보았다. 그러면 비행청소년 방지를 위해 제도적 차원에서 어떤 대책들이 마련되어져야 하고 사회적 차원에서 어떤 노력들이 실행되어져야 하는지에 대해 고민해보자. 이에 앞서 우선 청소년비행에 대한 '인식의 전환'에 대해 언급하자. 이미 개념정의에서 살펴 본 것처럼 일반범죄가 '위법적 행위'에 중점을 두었다면, 청소년범죄는 '행위자가 청소년'이라는 것에 중점을 두었다는 것이고, 여기에 두 범죄유형의 차이가 있다. 물론 청소년 비행 역시 처벌의 대상이 되는 위법행위부터 소소한 반규범적 혹은 반사회적 행위까지를 포괄하고 있다. 청소년비행의 원인은 개인적 동기에서부터 또래집단문화 및 환경적 요인 등 다양하지만, 많은 연구결과들이 동의하는 한 가지 점이 있다. 청소년비행은 아직 정신적으로 비성숙하고 자기감정의 절제가 부족하며 합리적 사고에 따른 의사결정을 할 수 없는 청소년시기에 일어나는 것으로서 결국 '환경적 요인'에 따라 결정적인 영향을 받는다는 것이다. 이 환경적 요인이란 그 사회의 속성 혹은 경향이나 사상에 의한 사회의 분위기를 말한다. 다시 말하면 청소년비행에 대한 인식의 전환이란 비행은 개인적 행위이지만, 이 행위는 그 사회의 다각적인 현실을 총체적으로 반영해주는 청사진이라는 것이다. 구체적으로 살펴보면 후기산업화가 결과한 한국사회의 급작스러운 사회변동은 '극단적인 자본주의화와 상업주의화, 개인주의화, 물질주의와 학력만능주의, 사회계층의 심화에 따른 사회적 배제와 빈곤의 악순환' 등을 한국사회에 가져다주었고, 이에 따른 전통적인 관습과 가치관, 규범의 상실은 현재 기성세대 뿐 아니라 청소년세대까지 '아노미'상황으로 처하게 만든 주요 원인으로 볼 수 있다. 이러한 사회환경적 요인이 청소년세대의 그릇된 사회화에 중요한 영향을 주었고, 이 관점에서 본다면 청소년비행에 대한 책임은 한 사회의 전체적인 책임으로 부가되어져야 한다.

청소년 일탈행위, 즉 청소년비행에 대한 분석은 그리 간단하지가 않다. 왜냐하면 위법적인 행위도 포함되지만 청소년비행은 반사회적 행위로 간주되는 가출, 흡연, 음주 등에서부터 교칙위반, 청소년세대의 하위문화, 기성세대에 대한 불순응 등까지 범죄가 아닌 영역에서 더욱 빈번하게 발생하기 때문이다. 가장 흔한 청소년비행으로 술, 담배, 도벽, 구타, 갈취, 결석, 성인사이트 접속 등을 들 수 있는데, 이 행위들은 사회적 일탈이기는 하되 범죄행위와 꼭 연관되지는 않는다. 이 점이 바로 청소년비행의 특징이자, 바로 이런 반사회적 혹은 반규범적 행위의 양상이 비행을 방지하는 대책마련 모색에 더욱 어려움을 주는 것도 사실이다. 위법으로 간주되는 청소년범죄에 대한 분석 역시 마찬가지이다. 평균적으로 청소년범죄가 총 범죄에서 차지하는 비율은 5~6% 선으로 알려져 있다. 이 중 가장 흔하게 발생하는 유형은 폭력 및 상해, 절도와 교통위반이다. 청소년 범죄의 중요한 특성은 바로 "비공리성"에 있다. 즉 청소년범죄의 주요원인이 '공명과 자신의 이익'을 추구하는 일반범죄와는 달리 대부분 '우발적 혹은 부주의에 의한 범행', '또래집단의 가담범행', '유흥비마련' 등이라는 사실이다(한국청소년개발원, 2006:290-293). 이와 같은 청소년범죄의 배경으로 흔히 가정의 결손을 꼽고 있지만, 통계적으로 실부모가 있는 경우가 전체 청소년범죄의 3/4를 차지하고 있다는 결과를 볼 때 결손가정배경은 중요한 의미를 주지 않는다. 다만 고도 자본주의사회에서 핵가족화와 개인주의의 팽배로 인한 가족 내에서의 정서적, 정신적 갈등과 문제가 더욱 중요하게 간주되어야 한다는 점이다(한국청소년개발원, 2006:295).

청소년비행의 이러한 원인과 양상, 그 특징은 방지를 위한 대책마련과 노력들에 있어서 더욱 섬세한 관심과 방법을 요구하고, 청소년 사회일탈 및 청소년비행에 대한 보다 구체적인 분석을 필요로 한다. 따라서 비행청소년 방지를 위한 대책마련이란 관·민기관의 협력 체제를 통한 청소년전문상담소 설치, 교육사회복지 차원의 현실적인 지원, 심리치료와 인성개발 등을 담당할 수 있는 전문 인력 양성, 궁극적으로 청소년비행의 사회적 책임에 대한 시민사회의 진지한 고민과 성찰 등을 들 수 있다. 또한 청소년비행이라는 특징에 따라 비행청소년의 교정과 교화의 방법에 있어서 형벌보다는 전문적인 '치료와 보호'가 우선되어야 한다. 단 치료와 보호의 의미가 미성년이라는 이유만으로 한 인격체를 교화 및 교정의 대상으로서만 간주되어서는 안 된다. 교정과 교화에는 이미 '훈육'과 '통제'가 전제되어 있기 때문이다. 이러한 조건에서 올바른 사회화를 습득한다는 것은 그 자체부터가 이미 많은 모순을 함의하고 있다. 청소년은 '보호와 육성'의 대상이기도 하지만 이미 하나의 독립된 인격을 가진 사회구성원으로 간주해야 하며, 이에 상응하는 적절한 대책마련이 시급 하다.

〈주요용어해설〉

- 비행 : 비행은 보통 범죄의 행위자가 청소년일 경우에 흔히 쓰이는 용어이다. 범죄가 어떤 위법적 행위를 저질렀느냐가 관점이라면, 청소년비행은 바로 청소년세대라는 범죄의 행위자라는 입장이 강조되는 것이다. 여기서 청소년비행은 범죄로 간주되는 위법행위로부터 가출, 성비행, 인터넷 중독 등과 같은 반사회적인 행위 등을 포괄하는 일탈적 행위까지 총체적인 의미를 갖는다.
- 일탈 : 일탈은 사회적 관습이나 가치, 법과 같은 사회규범에 순응하지 않은 행위를 말한다. 특히 일탈사회학은 사회구조 속의 인간행위가 어떻게 일탈을 양상 시키고 고착화되며 상황과 배경에 따라 상이하게 일탈행위로 적용되는지를 폭 넓게 파악하고자 하는 동기에서 발달하였다.
- 범죄 : 범죄는 위법행위에 중점을 둔 사실을 다루고 형법 내의 영역에서 주로 측정 및 해석, 해결방안 등 현실적 정책마련에 보다 우위를 둔다.
- 아노미이론 : 아노미는 사회적 혹은 경제적 불평등과 기회균등의 결여라는 모순된 사회구조 속에서 발생하는데, 결과적으로 이 일탈의 주요행위자는 사회저층 출신에서 집중적으로 나타나고 있다.
- 하위문화 : 하위문화이론은 자신이 속한 사회지위와 계층에 대한 불만을 하위문화라는 매개체를 이용하여 주류집단에 대항하는 행위에 중점을 둔다. 즉 사회저층계급 청소년들은 이 하위문화를 통해 자신들의 지위를 확보하고 정체성을 확립하게 되며 자신들만의 준거 틀을 가지게 될 수 있다.
- 낙인이론 : 낙인이론은 소속집단 혹은 계층적 차이에 따라 일탈의 개념이 어떻게 '차별적'으로 적용되는지에 관심을 둔다. 즉 낙인이론은 사회와 개인, 혹은 집단 간의 문제에서 파생되는 것이 아니라 '일탈자와 비일탈자의 상호작용'에서 발생하게 된다.
- 갈등이론 : 이 이론은 범죄의 피해자 입장을 강조한 것으로 이에 대한 권력층의 범죄 예방과 법집행에 대한 강도 높은 해결방안 마련에 중점을 둔다.

이 사실은 역으로 사회 간의 갈등을 정당화하고 사회 및 권력집단의 권리와 통제를 능동적으로 수용하게 만든다.

- 통제이론 : 사회구조와 규범이 불안한 상태에서 사회의 통제력 역시 약화되면서 일탈이 이루어 질 수밖에 없다는 이론이다. 즉 일탈의 충동과 이에 대한 통제의 불균형이 만들어 낸 결과이다.

제 6장 청소년과 소비문화

'부시맨'이라는 영화는 아프리카 오지에서 평화롭게 살던 부시부족마을에 문명의 한 조각인 빈 콜라병 한 개가 '하늘에서 뚝 떨어지면서' 시작된다. 유리병을 본 적도 없고, 그래서 사용이유 조차 없었던 부시부족에게 이 '신비로운' 빈 병은 금방 부족분란의 원인을 제공한다. 부시족의 족장은 이 병을 '신께 돌려주기 위해'(아마 그는 신께 돌려준다고 생각했을 것이다) 여행을 떠나고, 결국 빈 병을 낭떠러지 밑으로 던지면서 문명의 이기인 콜라병 같은 '불상사가 다시는 일어나지 않기를' 기도한다. 21세기 네트워킹 사회에서 청소년의 소비문화는 최첨단 기술이 동원된 새로운 콜라병을 지속적으로 갈망하게 하는 소비행태와 특징을 갖고 있다. 인터넷에 시시각각 업데이트되는 신상품과 청소년의 올바른 소비의식과 사회윤리 간 간격은 점점 더 커지고 있다.그리고 이 차이는 청소년 세대 간 위기까지 발생시킨다는 점에서 부시맨의 콜라병과 다를바 없어 보인다. 이 장에서는 21세기 청소년 세대의 소비문화를 문화 · 사회학적으로 분석하여 올바른 소비문화에 대한 논의를 확장시켜본다.

학습초점

- 소비의 개념과 포스트모던 사회에서의 소비에 대한 의미를 설명할 수 있는가?
- 후기 산업사회의 소비방식과 소비문화의 특징은 무엇인가?
- 세대의 개념과 함께 세대적 특징을 토대로 한 청소년 소비유형을 분류할 수 있는가?
- 청소년 소비자의 소비특성은 어떠하고, 소비결정요인은 무엇인가?
- 문화소비는 계층을 구분 짓는 지표가 될 수 있는가?
- 청소년 소비자의 권리와 의무는 무엇이고, 어떻게 확산될 수 있는가?
- 바람직한 청소년 소비문화에 대해 논의해 보자.

1절 소비와 소비문화의 개념

1.소비개념에 대해 질문해 보기

현대사회는 소비사회이다. 우리는 무엇인가를 끊임없이 구입하고 소비하며, 또 다시 다른 물품을 구입하는데 지속적인 관심을 갖는다. 현대사회의 일상은 소비의 일상이라고 해도 과언이 아닐 만큼 소비로 점철되었다. 다시 말하면 고도로 발전된 현대자본주의사회의 특성이 '소비'를 통해 적나라하게 드러난다고 할 수 있을 만큼 소비사회와 자본주의는 불가분의 관계를 갖고 있다. 이 관계는 서비스 영역이 점점 확장되어 가고, 모든 영역이 전문화 되어가는 후기산업사회에서 더욱 분명하게 나타나고 있다. 이 절에서는 소비개념을 소비와 소비를 하는 소비자로 구분하여 정의하고, 소비를 하는 소비자의 소비방식에 대한 전반적인 이론을 설명해 보고자 한다.

(1) 소비(consumption)와 소비자(consumer)의 개념

소비(Consumption)는 라틴어 'Con-sumere에서 기원한 단어로 'Con'은 '같이'라는 뜻의 전치사 'with'로서 '모든 것'을 뜻하는 'altogether'이며, 'Sumere'는 '취하여 없애는take up' 혹은 '어떤 것 중에서 선택하다choose'를 의미한다. 다시 말하면 소비는 어떤 전체를 선택해서 취하고 없앤다는 의미로 선택-소비-결과라는 일련의 과정을 총체적으로 포괄하는 단어이다. 즉 소비는 사고 쓰는 행위를 넘어 '계획, 구매, 사용, 처분'까지 모두 포함하는 "구입에서부터 이용결과까지 관심을 갖는 생활의 연속적인 과정"으로 보아야 한다는 것이다(이승신/김시월, 2004: 25). 여기에서 소비자는 소비를 하는 주체로서의 개인이라는 간단한 정의를 내릴 수 있다.

소비에 대한 사회과학적 관심은 고도의 산업화와 경제구조의 변화가 이루어지던 1950년대 서구사회를 중심으로 시작되었다. 산업자본주의와 소비와의 상관관계를 사회과학 연구영역으로 확장시킨 대표적인 학자는 소스타인 베블렌(Thorstein Veblen 1857-1929)과 게오르그 짐멜(Georg Simmel 1858-1918)니다. 베블렌은 미국 20세기 초 자본주의의 수혜로 등장한 '새로운 자본가' 혹은 '부유한 중간계급'의 생활양식이 유럽 상류층 생활양식을 모방하려 했던 점에 주목하면서 "과시적 소비"(conspicuous consumption)라는 걸출한 표현을 사용한다. 이 새롭게 출현한 상류계층의 과시적 소비양상은 유럽 상류층 같은 '우아하고 전통 있어 보이는' 라이프 스타일을 통해 자신들의 사회적 지위를 '은근하게' 과시하려는 형태로 나타났다. 즉 직업의 범주나 자본의 유무보다는 어떻게 우아하게 소비하는가 하는 소비행태를 통해 자신들을 다른 사회계층으로부터 구분 지으려했으며, 이런 소비행동을 베블렌은 과시적 소비로 표현한 것이다.[1] 한편 짐멜은 당시 대

1) 베블런은 이 신흥계층에 대해 다음과 같이 분석한다. "겉보기에 태평한 유한 계급 신사는...음식, 음료, 약물, 주거, 서비스, 장신구, 의상, 무기와 장구, 여흥, 부적, 우상 또는 종교를 최상의 것으로 자유롭게 소비한다...신사는 자신에게 걸맞는 상품을 자유롭게 소비해야 한다는 요구는 그것을 품위 있게 사용할 줄도 알아야 한다는 생각과 밀접히 연결된다. 그의 여가 생활방식은 합당한 방

도시로 비약적인 성장을 하던 베를린 거주자들의 생활양식을 관찰하면서 대도시라는 새로운 생활환경이 어떻게 일상생활에 영향을 미치는지 분석하였다. 짐멜은 근대적 소비양식이 대도시를 중심으로 이루어진다고 보고, 이 소비적 생활방식을 "압도하는 사회적 힘에 맞서 존재의 자율성을 보존하려는 개인의 욕구"라고 분석한다(Simmel, 1903: 318; 보콕, 2003: 35 재인용). 특히 대도시 거주자들의 패션경향을 하나의 분석틀로 이용하면서 "패션은 패션을 추구하는 소비자들이 같은 사람들과의 동류의식 속에서 자신을 통합시킴과 동시에 대중들과 구분 짓는 그런 동화와 차별로, 낯익은 것과 낯선 것의 묘한 상호작용을 통해 작동 된다"고 주장한다(앤드류 에드거 · 피터 세즈윅, 2007: 244).

소비연구하면 또 빼놓을 수 없는 이론가로 〈계몽의 변증법〉으로 유명한 프랑크푸르트 학파의 대표적인 학자 막스 호르크하이머(Max Horkheimer 1895–1973)와 테오도르 아도르노(Theodor Adorno 1903–1969)를 들 수 있다.[2] 호르크하이머와 아도르노는 20세기 후기자본주의 생활방식과 매스 미디어의 기능을 접목 시켜 모든 소비재의 사용가치가 자본가, 즉 생산자들의 통제력에 놓여있다고 주장한다. 이들은 "소비자들은 자본주의가 구매해 주기를 원하는 것을 구매 한다"고 단정 지으며 일반 소비자는 "고도로 관료화되고 도구화 된 사회의 속박 속에서 다소간 즐거움을 갖고 생존하는 가장 효율적인 방법으로서 제공되는 재화를 차라리 받아들이는 것"으로 분석하였다(앤드류 에드거 · 피터 세즈윅, 2007: 245). 호르크하이머와 아도르노는 자본과 기술이 결합해 만든 최고의 상품인 '대중문화의 생산'을 집중연구하면서 이를 '문화산업'이라는 포괄적인 용어로 정의하는데, 여

식으로 이루어져야 한다. 그로부터 훌륭한 예의범절이 생겨나는 것이다...명문가의 예의범절과 생활방식은 과시적 여가와 과시적 소비라는 규범에 어울리는 항목들이다"(베블런, 1912; 1953:64; 보콕 2004: 37 재인용).

2) 〈계몽의 변증법〉은 1947년 출판된 호르크하이머와 아도르노의 공저제목이다. 이 제목은 두 학자의 화두인 "왜 인류는 진정한 인간적 상태에 들어서기보다 새로운 야만상태에 빠졌는가?"에 대한 답을 찾기 위한 고민이 담겨있다. 기술혁명과 자본주의 발달은 인간의 이성을 토대로 한 계몽주의 사상에서 유래했는데, 이 계몽주의가 인간의 삶을 행복하게 만들기보다는 오히려 두 번의 세계대전을 일으킨 전체주의와 군국주의 발생요인으로 작용했다고 보고 있다. 그래서 두 학자는 이 책에서 계몽에 대한 의미를 변증법적으로 재성찰하고자 했다.

기에서 광고와 매스 미디어는 자본주의적 라이프 스타일을 결정짓는 가장 중요한 요인으로 강조된다.

소비이론을 무의식 차원의 환상과 연결시킨 프로이트((Sigmund Freud 1856–1939)의 이론 역시 빼놓을 수 없다. 소비는 쇼핑을 통한 대리만족이라는 차원에서 '유토피아적'인 면이 부각되는데, 프로이트의 주장처럼 이것은 "사회생활의 실제 문제에 대한 환영적 해결"이 된다(앤드류 에드거 · 피터 세즈윅, 2007: 245). 따라서 소비는 단지 외면적이고 단기적인 방법일 뿐 결국 이 사회에 내재되어 있는 실제문제의 원인과 배경을 찾아내야 한다는 것이다.

지금까지 살펴 본 소비연구 결과는 현대소비사회를 분석하는데 있어 기본적인 논지와 사상을 제공해 준다. 소비는 '나는 다르다'라는 자아표현의 방법일 수 있지만, 소비만큼 계층적 지위를 분명하게 구분 짓는 지표가 없다는데 공감할 것이다. 즉 –무엇을 소비하던 간에– 소비의 행태는 소속감의 표현이며 나와 대중, 즉 타인들로부터의 차별을 염두에 둔 것이다. 또한 소비는 고도 자본주의사회에서 결국 생산자들의 통제력에 놓여는 있지만, 자본주의의 보상으로서 소비자들은 기꺼이 이 소비에 동참한다. 동시에 소비가 가져다주는 환상을 통해 일상의 문제들을 잠시 망각할 수 있게 된다. 이와 같은 소비에 대한 기대를 프랑스 철학자이자 사회학자인 장 보드리야르(Jean Baudrillard 1929–2007)는 이렇게 표현하고 있다.

> 이것은 '소비에는 한계가 없다'는 것을 시사한다. 만약 그것을 소박하게 몰두나 탐욕으로 간주한다면 우리는 틀림없이 만족했을 것이다. 그러나 우리는 이것이 사실이 아님을 안다. 우리는 점점 더 소비하기를 원한다. 이 소비 충동은 어떤 심리학적 결정 요인의 결과도, 단순히 경쟁심의 위력도 아니다. 만약 소비가 억제할 수 없는 것처럼 보인다면, 그것은 소비가 (어느 지점을 넘어서면) 욕구의 만족이나 현실 원칙과는 더 이상 아무런 관계가 없는 완전히 관념적인 실천이기 때문이다... 그러므로 소비를 '절제하려는' 욕망이나 욕구를 정상화하려는 네트워크를 구축하려는 욕망은 소박하고 부조리한 도덕주의에 불과하다(보드리야르, 1988: 24–25, 보콕, 2003: 110 재인용).

이처럼 소비 세계는 바로 일상의 꿈이자 현실인 것이고, 이에 대한 절제는 오히려 부조리하다고 단언하고 있는 보드리야르의 주장처럼 일상에서 우리는 더 세련되고 최신식인 물품을 사용할 때 나 자신을 다르게 인식하게 되고, 또 타인에 의해 다르게 보여 지기를 바라게 된다. 그래서 이 소비에 대한 욕망은 끊임없이 반복된다. 현대사회에서 소비는 개인의 정체성까지 결정 짓게 되었다.

(2) 현대사회 이해 핵심코드: 소비성향과 소비행태

대중의 소비성향 및 소비행태는 한 사회의 역사·문화·경제·사회의 변화를 총체적으로 보여 주는 지표로서, 특히 후기산업사회인 현대사회를 이해하는 핵심코드라고 할 수 있다. 왜냐하면 소비는 자본주의 사회의 특징을 고스란히 보여줄 뿐 아니라, 21세기에 들어와 전 지구촌의 '유일한' 사상적 흐름을 지배하게 된 신자유주의로 인해 '소비의 세계화'에 일등공신으로 기여했기 때문이다. 전 지구촌에 자본주의의 '낭만적인 욕망'을 심어준 것도, 자본주의의 '야심찬 희망'을 가능하게 한 것도 다름 아닌 소비세계가 가져다 준 것이다. 현대사회의 소비는 이제 경제적 차원의 단계를 벗어난 사회·문화적인 과정으로 보아야 한다. 그 이유는 21세기 사회에서는 '어떤 필요에 따라' 물건을 사느냐 보다는 어떤 '사회적 배경과 문화적 흐름'이 소비성향을 만들어 내는가에 더 관심이 가기 때문이다. 이것은 소비방식의 변화를 시기적으로 추적해 보면 쉽게 이해할 수 있다.

산업화 이전은 전형적인 농경사회에서 소비는 아직까지 생계를 위한 필요한 물품구입 혹은 물물교환의 형식으로 이루어지던 '생계형 소비'의 양상을 보여 준다. 물론 땅의 사유화가 발생하면서 토지 소유권에 따른 생산과 소비의 관계가 나타나지만 생활에 꼭 필요한 필수품을 조달하는 당시 생계형 소비유형은 전자본주의 단계에서 나타나는 특징이라고 할 수 있다.

초기 산업화 사회, 즉 '기계화와 대량생산'이 막 시작된 18세기 후반 이후 영국을 중심으로 한 서구유럽 사회에서는 첫째, 과학기술의 발달이 '기계화'라는 생산

방식의 혁명을 가져다주었고, 이와 함께 노동의 분업화가 생겨났다. 둘째, 급격한 생산성 향상에 따른 소비의 중요성 역시 이 시기에 자연스럽게 발생하였다. 셋째, 농경경제의 지주와 소작의 관계형태가 자본가와 노동자의 관계로의 변화에 따라 노동자를 지칭하는 '대중'의 개념이 형성되었다. 넷째, 농촌인구의 도시집중화와 이에 따른 도시자본집중 및 도시발달이 이루어졌다. 다섯째, 남녀의 역할분담, 즉 남자는 노동자로서 밖에서 일하고 여자는 가사와 육아를 담당 하게 되는 사회적 역할분담이 고착화 되었다. 이와 같은 초기 산업화의 일련의 특징들은 후기산업화 시대, 즉 현대 자본주의 시대로 들어가면서 자본주의와 소비의 '절대적인' 상관관계를 이어주는 핵심으로 자리하게 된다. 이 시기 소비방식의 특징은 무엇보다도 '대중'의 등장으로 인한 대량생산과 대량소비의 시대로 들어갔다는 것이다. 도시의 급속한 발달은 언제 어디서나 구입할 수 있는– 대량소비의 환경을 '편리'하게 제공해 줌으로써 도시, 자본주의, 대중, 소비의 사각관계는 더욱 고착된다. 이제 소비는 자본의 부의 축적에 기여하는 것 뿐 아니라 –호르크하이머와 아도르노가 지적한 대로– '생산자가 소비의 가치까지 통제하면서 구매를 정당화'시키는 상황으로 변화되어 간다.

후기 산업사회는 두 시기로 분류될 수 있다. 첫 시기는 세계2차 대전이 끝난 직후 1950년대부터 서유럽과 미국을 위시로 해 '영광의 경제부흥'시기로 불려 지던 1970년대까지의 30년을 말하고, 두 번째 시기는 신자유주의와 세계화가 시작된 이후 지금까지의 시기를 말한다. 후기 산업화 첫 시기는 두 번의 세계대전 이후 서구사회에 불어 닥친 경제의 호황기에 등장한 '노동자 중산층의 대두'와 함께 시작되었다고 할 수 있다. 이 시기의 노동자 중산층은 이전 초기 산업시대의 노동자 집단과 비교했을 때 기술, 학력, 노동의 조건, 생활수준 등 모든 면에서 현격한 차이를 보여 준다. 또한 노동의 조건 및 복지를 보장하는 노동권이 제도적 장치를 통해 보완되면서 노동자의 삶의 수준은 한층 더 안정된다. 이 노동자 계층이 사회의 중산층으로 편입되면서 자신의 소비에 대한 "선택권을 행사하기 시작한 새로운 소비자 집단"이 된다(보콕, 2003: 42). 이 새로운 소비자 집단은 당시 자유와 반항으로 상징되던 청년세대의 남녀들이었으며, 이들은 자동차, 기계화 된 가전제품, 패션 등 보다 세련되고 감각적인 취향을 보여 준다. 이 '신세대 소비자'는 주어진 상품만을 구입하는 수동적인 소비자가 아니라 자신이 선택하고 요구할 수 있는 능동적인 소비자가 되어 소비패턴을 주도하게 되며, 따라서 이 시기를 '소비의 대중화'가 이루어 진 첫 시기라고 할 수 있다.

후기 산업화 시대의 두 번째 시기는 1990년 대 이후부터 현재까지라고 할 수 있다. 이 시기의 특징은 첫째, 새로운 경제 활성화를 위해 영국과 미국을 위시한 경제대국들은 기업과 자본에 대한 규제를 철폐하고, 기업 활동을 장려하기 위한 다양한 친기업 정책을 펼치는 신자유주의 정책을 시작했다. 둘째, 신자유주의 정책은 자본주의 경제구조를 더욱 합리화 시켜 전 지구촌의 '자본주의 세계화'에 기여하고 있다. 셋째, 정보·지식기반사회라는 현대사회의 특징은 이 자본의 이동을 더욱 용이하게 할 뿐 아니라 유행과 취향을 전 지구화시키는데 중요한 기능을 한다. 넷째, 네트워크 시대의 가장 큰 소비 집단이 청소년세대가 되면서 청소년 소비문화가 소비의 대중화에 결정적인 역할을 하게 되었다. 다섯째, 소비자 권리와 소비자 선택의 폭이 정보통신기술의 발달에 따라 매우 중요하게 간주되고 있다. 마지막으로 소비품목의 다양화로서 단지 물질적인 재화와 용역으로서 이해되던 소비의 행태가 음악, 영화, 스포츠, 예술 등 비물질적 소비행태의 중요성이 점점 증가하고 있다는 것이다. 21세기의 소비방식은 세계화와 정보통신기술화, 신세대 위주의 새로운 대중소비 시대화, 소비품목의 다양화 및 구체화로 설명될 수 있다. 이와 같은 소비방식과 소비행태, 소비자 집단과 소비품의 변화는 현대사회에서의 소비행위가 단순히 하나의 구입행위를 넘어 얼마나 다양한 사회·문화적 연결고리를 찾아낼 수 있는지를 우리에게 보여 준다. 무엇보다도 이 시대의 소비는 이미지, 마케팅, 상징체계, 정체성, 계층, 사회적 배제 등 한 사회의 성향과 특징, 문제 등을 고스란히 보여 주는 이 시대의 바로미터이다.

2. 소비문화와 자본주의

소비문화와 자본주의는 불가분의 관계이다. 왜냐하면 현대자본주의사회가 보여주는 소비문화의 특징은 대중화, 거대자본, 독점, 그리고 몰개성화까지 자본주의의 특성을 고스란히 보여주고 있기 때문이다. 즉 소비가 자본을 만나서 소비문화를 만들어 나가는 과정은 현대자본주의 사회의 현실을 직시하게 한다. 21세기 소비문화의 특징은 바로 이 맥락에서 이해되어야 한다.

(1) 소비가 문화와 자본을 만나면?

문화의 개념은 좁게는 예술이나 심미적 가치를 지닌 정신적 소산물로 정의되고, 넓게는 한 사회의 규범과 가치, 전통과 관습, 사고구조와 행위양식, 의식주에 이르기까지 광범위하고 총체적인 생활양식을 말한다. 또한 문화는 한 시대 혹은 한 세대를 상징하는 사회적 기호를 포괄한다. 그러면 소비와 문화는 어떤 관계를 가지며, 소비문화는 어떻게 나타나는가?

문화개념의 차원에서 본다면 소비문화는 '소비를 하는 소비자 행위의 패턴에 영향을 주는 다양한 요소'이고, 이 요소는 '사회·문화적 배경'에 따라 결정적인 영향을 받게 된다. 궁극적으로 소비자가 소비를 함으로써 일정한 양식의 소비문화를 조성하기는 하지만, 소비자의 소비를 결정짓는 요인은 소비자의 의식과 소비자의 소비를 발생하게 하는 그 '무엇인가를' 통해 소비행위가 결정된다는 것이다. 다시 말하면 한 소비의 패턴이 일정한 소비문화로 자리매김을 할 때, 소비문화는 대중적인 사회현상이 되어 그 사회를 주도한다. 이 상황에서 각 개인은 -대부분 본인의 의지와는 상관없이- 그 소비문화에 전도당하기까지 한다. 소비문화가 현대사회에서 중요하게 간주되는 이유가 바로 여기에 있다. 소비문화는 소비자가 소비행위에 참여하면서 만들어지는 하나의 소비패턴이기는 하되, 이 소비패턴은 고도화 된 자본주의 계산에 의해 '만들어진' 이미지와 욕구가 개인 소비자에게 결정적인 영향을 끼치면서 형성된다는 것이다. 소비문화와 자본이 서로 떨어질 수 없는 이유가 바로 이것이다.

(2) 현대자본주의 사회의 소비문화 특징

현대자본주의사회에서 보여지는 소비문화의 특징은 무엇일까?

첫째, '소비문화의 대중화'를 들 수 있다. 소비는 이제 더 이상 어느 특권집단의 전유물이라는 공식은 점점 해체되고 있다. 물론 아직까지도 소비양식이 사회적 집단을 구별하는 수단인 것은 분명하다. 베블렌의 '과시적 소비'는 오늘날에도 한 사회계층이 다른 사회계층으로부터 거리두기의 목적에서 이루어지며, 동시에 자신의 정체성을 증명하고 재확인하는 방식이기도 하다. 그러나 이 '소비적 특수성'은 항상 다른 사회집단 혹은 다른 계급집단에 의해 모방이 끊임없이 이루어지면서 대중화가 된다. 즉 특권집단이 전유하는 패션, 식문화, 여가문화 등 생활문화는 점점 더 다양한 계층에게 확산되면서 대중적인 생활양식으로 전환된다. 이와 같은 소비양식의 대중화는 특권집단으로 하여금 자신들만이 전유할 수 있는 새로운 스타일과 양식을 추구하게하고, 또 이를 따라하려는 대중 간의 숨바꼭질은 계속 되는 것이다. 예를 들어 '청담동 며느리 룩' 현상을 보자. 청담동 며느리 룩이란 우리나라 대표적인 부유층 거주지로 유명한 청담동 며느리들이 즐겨 입는다고 해서 붙여진 이름이다. 이 스타일의 특징은 유행보다는 '단아하고 고급스러우면서 세련'되며 '기품 있되 고전적인 멋스러움'이 드러나는데 있다고 한다. 흔히 '샤넬 정장 스타일'로 통용되며 '우아한 진주와 깔끔한 핸드백'으로 마무리 되는 이 패션 스타일은 이제 청담동 며느리의 스타일을 상징하는 것이 아니라 '격식 있는 모임에 참석할 때 누구나 입을 수 있는 스타일'로 자리매김 되고 있다. 이와 같은 현상은 소비문화의 대중화를 보여 주는 적절한 사례라고 할 수 있다.

둘째, 소비문화는 TV와 인터넷으로 대표되는 매스 미디어와 불가분의 관계에 있다. 일상생활에서 인터넷이 없다고 상상해 보라. 그것은 세상과 단절되었다는 것 이상을 의미한다. 직장에서의 업무 마비는 물론 우리의 일상생활 자체가 그야말로 엉망이 될 것이다. 이처럼 정보통신 기술의 발달은 가히 '혁명적'인 생활의 편리함을 가져다주기도 했지만, 다른 한편으로는 어느새 우리의 모든 일상의 모습이 그 기술에 좌우되는 상황으로 전도되었다는 것 역시 부정할 수 없는 사실이다. 이것은 소비문화의 대중화에도 중요한 영향을 미친다. 인터넷의 특성은 무엇보다도 신속한 정보습득 및 전파에 있고, 이 과정에서 '전달'되고 '소통'되며 '공유'되어 다시 대량적으로 '재생산'되고 '복제'되는 양상을 반복하게 된다. 인터넷은 이제 인간사회에서 커뮤니케이션의 '유일한' 수단이 되어 대중의 취향과 행동양식, 유행을 지배하게 된 것이다. TV에서 절찬리에 방영되는 특정 드라마는 이제 단순히 드라마가 아니라 그 안에 들어있는 모든 이미지, 예를 들면 등장인물의 캐릭터, 무대배경, 대사 및 화법, 액세서리 및 의상, 출연배우 등은 시청자의 소비대상이 되는 것이다. 이 소비의 양상은 우리 사회에 다양한 '신드롬'현상을 만드는데 적지 않은 기여를 하고 있는 것도 사실이다. 이제 대중적인 소비문화는 유행코드와 같은 맥락에서 보아도 될 것이다. '보고 또 보게' 되고 '소비하고 또 소비하게' 되며 '반복하고 또 반복되어' 생산되는 소비문화는 점점 인터넷을 중심으로 한 정보통신 기술에 따라 우리의 소비행위와 양상을 만드는 결정적인 요인이 되어가고 있다.

셋째, 소비문화는 점점 거대자본에 의해 지배되고 있다. 현대사회의 소비문화는 지본주의가 가져다 준 물질적 풍요의 결과라는 것은 주지하는 사실이다. 반면 자본권력은 문화 권력으로 성장하여 소비를 조장하고 부추 키며, 나아가 사회의 윤리로까지 그 정당성을 합리화시키고 있다. 일상에서 흔히 접하는 광고를 예로 들어보자. 모든 광고의 목적은 소비자들에게 상품을 인지시키고 판매수익을 올리는 것이다. 이 목적을 달성하기 위해 광고주와 광고생산자는 그 사회에서 통용되는 혹은 통용될 수 있는 기존 및 새로운 가치관과 사회상을 보여주는데 주력을 다한다. 여기서 '어떻게 소비 하는가'는 전혀 고려되지 않는다. 다만 '무조건 소비하게 만드는데'만 관심이 집중 될 뿐이다. 이 무조건적인 자본적 소비행태는 하나의

'사회윤리와 도덕'으로 재탄생 된다. 특정 카드를 사용함으로써 '진정한 남자'로 거듭날 수 있고, '멋있고 독립적인 캐리어 우먼'의 필수조건이 되기도 한다. 그리고 이 사회 대부분 구성원들은 성공의 열쇠로서 특정 카드와 특정 자동차, 특정 아파트 등과 자신을 동일화하게 된다. 이처럼 자본에 지배당하는 소비문화는 한 사회의 윤리와 가치의 흐름까지도 주도하고 있다.

넷째, 소비문화의 세계화를 들 수 있다. 신자유주의 경제구조는 전 지구촌으로 확산되면서 자본과 기술을 특정한 지역 혹은 특정기업에 집중 시키고 있다. 이에 따라 지역 간의 격차는 점점 가중되어 결국 세계경제구조의 불균형을 더욱 확산시키고 있다. 즉 자본과 기술부족으로 수입에 의존 할 수밖에 없는 빈곤한 국가들은 점점 더 증가하고, 세계화는 전 지구촌의 '이원적인 경제구조'를 더욱 고착화 시키는 한편 역설적으로 '일원적인 소비문화'를 확산시키고 있는 것이다. 예를 들면 현대인의 필수품인 '스마트폰'은 아프리카 오지에서나 남미 땅끝 마을에서도 부유한 지구촌 국가에서처럼 사용되고 있다. 이와 같은 소비문화의 세계화는 정보통신 분야뿐 아니라 전 소비재항목을 아우르는 현상으로서 지식기반사회에서 그 확산 속도와 깊이는 더욱 빨라지고 있다.

다섯째, 현대자본주의사회에서 소비문화는 '나'를 찾고 입증하며 정체성을 형성한다. 정체성, 즉 아이덴티티는 '타자와 나'사이의 다름에 대한 인식이고, 나에 대한 '자의식'과 '우리의식'의 동일화 과정이 끝난 상태라고 할 수 있다. 즉 '나' 혹은 '우리'라는 확신과 감정을 갖게 되는 소속감, 이데올로기, 가치관, 세계관, 총체적인 생활양식 등을 포괄하는 자의식 개념이다. 이러한 나 혹은 우리라는 범주를 구분하는 것은 결국 '비교'이다. 비교를 통해 공통점과 상이점을 인식하고, 이를 통해 나와 우리집단의 고유한 가치와 특징을 찾게 되며, 궁극적으로는 자아정의와 자아평가를 거쳐 타인으로부터 구분을 하게 된다. 바로 이 아이덴티티의 과정에서 정체성이 형성되고 고착화 된다고 할 수 있다. 그러면 현대사회에서 '나'는 어떻게 찾아지고 나에 대한 정체성은 어떻게 형성되는가? 현대자본주의사회에서 '나'를 정의하고 인식하며 입증한다는 것은 결코 쉬운 일이 아니다. 무엇보다도

'나의 취향', '나의 모습', '나의 사고 및 가치' 등 나를 나로서 인식할 수 있는 다양한 범주가 있음에도 불구하고 현대사회의 '나'는 –앞에서 언급한 것처럼– 대량생산과 대량 복제되는 현실 속에서 진정한 '나'에 대한 기준조차 세우기가 녹녹치 않기 때문이다. 이 상황에서 소비문화, 좀 더 정확하게는 나의 소비행태와 소비양식은 '그들'로부터 구분할 수 있는 적절한 기준이 될 수 있다. 아직 사용이 보편화되지 않은 제품을 먼저 사용하고, 들어오지 않은 유행을 선도하는 과정에서 나는 그들과 다르다는 인식을 하게 되는 것이다. 즉 소비문화는 나의 정체성을 형성하는데 있어 현대자본주의사회에서 매우 '용이한 효과적인' 방법이라고 할 수 있다. 이 정체성의 동일화는 진정한 자신에 대한 동일화과정에 대한 인식이라기보다 자본주의적 소비가 양산해 낸 '겉으로의 동일화'일 뿐이다. '대량'이라는 단어가 난무하는 현대자본주의 사회에서 나의 정체성 찾기는 자본문화의 영향에서 자유로울 수 없다는 사실과, 이 자본주의가 양산해내는 소비는 진정한 정체성형성이 과연 무엇인가라는 근원적인 질문을 우리에게 던져주고 있다.

여섯째, 현대사회의 소비문화는 소비자의 권리 및 의식을 더욱 강화시키고 있다. 소비문화는 하나의 문화현상으로서 사회를 장악하고 있는 만큼 여기에서 발생하는 다양한 문제들에 대해 어떤 처신과 대책을 하는가에 대한 문제이다. 흔히 '소비자 의식'으로 표현되는 이 사회현상은 소비가 양산하는 문제들을 수동적으로 방관하기 보다는 어떤 사회적 규제와 소비자참여를 통해 더 나은 공동체문화로 발전시킬 수 있는가에 대한 사회적 고민을 담고 있는 것이다. 그러면 소비자의 의무란 과연 무엇일까? 국제소비자기구는 소비자의 의무를 다음과 같이 정리하고 있다.

- 상품이나 서비스의 용도, 가격, 질에 대한 민감한 문제의식을 지닐 책임(문제의식의 책임)
- 자기주장, 공정한 거래가 이루어지도록 행동할 책임(자기주장과 행동의 책임)
- 자신들의 소비행동이 다른 사람에게 끼치는 영향, 특히 사회적 약자인 사람들에게 끼치는 영향을 자각할 책임(사회적 사명의 책임)

- 자신의 소비행동이 환경에 끼칠 영향에 관심을 가지고 이해할 책임(환경영향에 대한 자각의 책임)
- 소비자 전체의 이익을 보호하고 촉진하기 위해 소비자로서 연대할 책임(연대의식의 책임)(이승신 · 김시월, 2004: 54)

이와 같은 책임은 올바른 소비문화의 확산에 기여하고, 잘못된 소비문화를 인식하며, 이에 대한 인식을 통해 소비자 스스로 연대를 통한 자기권리 찾기를 주장한다면 현대자본주의사회의 소비문화는 한층 성숙된 사회분위기를 조성할 것이다. 소비문화는 물질문화의 한 단면이기도 하지만 새로운 정신문화를 창조하는데 원동력이 될 수도 있는 것이다.

2절 청소년 소비문화

1. 세대개념과 세대적 소비행위

청소년과 소비문화을 이해하기 위한 이론적 토대로서 세대개념과 세대에 따른 소비행위를 이해할 필요가 있다. 왜냐하면 세대의 특성은 시대적 상황을 문화사회학적으로 가늠할 수 있는 핵심 키워드이고, 이에 따른 소비행태의 변화는 현재 청소년의 소비문화를 포괄적이고 객관적으로 분석할 수 있는 틀을 제공하기 때문이다.

(1) 세대개념

청소년세대의 소비문화를 살펴보기에 앞서 먼저 '세대개념'이 무엇인지 정의할 필요가 있다. 왜냐하면 한 세대의 특성은 그 사회의 역사와 문화, 사회적 상황이 만들어 낸 결과로서 한 세대의 의식, 사고, 행위, 태도, 가치관과 세계관 등을 공유하며 공통의 소속감을 느끼게 하는데 일조하기 때문이다. 이러한 세대적 특성은 청소년의 소비문화를 분석하는데 있어 중심적인 분석틀로 작용 한다.

그러면 세대의 어원을 살펴보자. 세대Generation는 고대 그리스어의 '유래, 출신, 기원'을 뜻하는 'geneá'에서 파생된 단어이며, 희랍어 'genos'는 '새로이 출현하다'의 의미를 갖는다. 여기에서 가계, 혈통, 계통, 계보 등을 의미하는 'genealogy'라는 단어와 '기원, 유래, 생성, 발생'을 의미하는 –성경에서는 창세기– 'genesis' 단어가 파생되었다. 즉 generation은 계통학 차원에서 보자면 일정한 유사성을 가지고 있는 집단이며, 생물학 차원에서는 모든 생물체의 생애주기에서 나타나는 공통점이고, 사회적 혹은 인간 발달적 차원에서는 한 생애의 연령에 따른 집단, 즉 인구학적인 '동시출생 집단'인 '코호르트'(Cohort)를 의미한다.

세대개념을 사회과학영역에서 처음으로 시도한 학자는 독일 '지식사회학의 아버지'인 칼 만하임(Karl Mannheim 1893–1947)이다. 만하임은 1928년 그의 저서 『지식사회학』(Wissenssoziologie)에서 '세대의 문제'(Das Problem der Generation)를 다루면서 세대를 '공통적인 경험'(gemeinsame Generationserlebnisse)을 토대로 형성된 집단으로 정의한다. 그는 이 개념을 다시 세 가지 차원으로 분류한다. 첫째, '세대성층'(世代成層 Generationslagerung)의 개념으로서 한 세대는 유사한 역사·사회적 공간에서 동일한 '생애 공동체'를 형성한다는 것이다. 여기에 '세대적 연계'(Generationszusammenhang)와 '세대적 통일'(Generationseinheit)을 하위개념으로 정의한다. 둘째, 이에 해당하는 하위개념의 하나인 세대적 연계는 공통적 운명 및 한 시대의 질풍노도를 같이 경험한다는 의미이고, 셋째, 세대적 통일은 그 구성원들이 이 질풍노도의 시기를 유사한 방법으로 이해하고 이를 통해 상호간의 결속력을 더욱 강화시킨다는 것이다 (Mannheim, 1964(1928): 509–562). 이와 같은 만하임의 세대개념은 '어느 특정한 사회시기에 공통적으로 경험한 사회·역사적 사건이 한 세대에게 각인되어 그 세대만의 방식으로 기억되고 전승되며, 세대의식이 형성된다'고 보고 있다. 즉 어느 특정한 사회·역사적 사건으로 인해 공유된 경험은 한 세대의 의식과 태도, 행위 등을 결정짓는 요인이 되고, 나아가 세대의식을 형성하는 근간이 된다는 것이다. 이에 대한 예로서 전쟁체험세대, 68혁명 세대, 민주화항쟁세대 등을 들 수 있을 것이다. 만하임의 세대개념은 결국 한 시기에 각인된 경험이 한 세대의 의식을 형성하면서 전 생애단계를 통해서 이 세대의식은 유지될 것이라는 점에서 단순한 연령층으로 구분되어진 세대개념을 사회학적으로 확장시켰다는데 의미가 있다.

한편 한 번 각인된 세대의식이 전 생애에 걸쳐 지속될 것인가 하는 질문에 봉착하게 된다. 왜냐하면 의식, 태도, 행위, 사상, 사고구조 등 한 개인을 특징짓는 요소는 부동적이라기보다는 유동적일 수 있기 때문이다. 다시 말하면 한 특정한 시기에 형성된 사회화과정은 종결된 결과로 남게 되어 전 생애단계에서 유지되는지 아니면 전 생애를 거쳐 새롭게 재생되는지에 대한 질문인 것이다. 급격한 사회·문화변동이 특징이 된 현대사회에서는 교육의 개념이 한시적인 것이 아니라 '평생교육'의 개념으로 점점 확산되고 있고, 이와 같은 상황은 전자보다는 후자를 더 설득력 있게 만든다. 물론 하나의 사회·역사적 사건이 한 세대의 집단적인 사회적 정체성(social Identity)을 형성하는데 중요한 영향을 미치는 것은 당연하다. 또한 이 사회적 정체성은 지속적으로 한 집단, 혹은 그 집단에 속해있는 개인으로 하여금 그 사건과 관련된 기억, 재현, 환상 등을 통해 꾸준하게 재형성되고 재구성된다. 그렇다고 한 번 각인된 세대적 기억, 즉 세대의식이 부동적이라고 결론을 내리기에는 성급함이 있어 보인다. 앞서 언급했듯이 전 생애에 걸친 사회화과정의 중요성이 점점 부각되고 있는 오늘의 현실에서는 세대개념 역시 좀 더 포괄적으로 다루어져야 할 것이다.

세대연구에 있어 기본적으로 동의되고 있는 부분은 "세대형성의 기본적인 계기로서 청소년기, 중대사건의 존재 여부, 다른 세대와의 상호작용" 이라고 할 수 있다(전상진, 2004: 43). 특히 세대형성은 "단순히 해당세대의 어떤 내재적 특성에 의한 결과" 혹은 "특정한 생애단계에만 한정"시키기보다는 "다른 세대와의 관계에서 만들어지고 규정"된다고 보며, 이를 통해 "그들 자신을 하나의 세대로 가능하게 하는 사건의 경험방식과 그것의 가공방식의 결과물"로 볼 수 있다(전상진, 2004: 48). 세대개념은 결국 '구분짓기'인데, 이 구분짓기 과정은 '비교'를 통해서 가능하다. 이 비교의 대상은 전세대 혹은 후세대가 될 것이다. 한 세대는 다른 세대와의 상호작용을 통해 특성과 다름을 어떻게 나타내고, 이 세대를 규합시키는 공통적인 세대의식이 무엇이고, 이 세대의식은 전 생애주기를 거쳐 어떻게 변화하는가가 바로 세대연구의 관심이 될 것이다. 세대개념을 정리해 보면 다음과 같다. 첫째, 세대는 동일한 생애주기의 경험을 통해 비슷한 의식과 사고, 행위와 태도를 견지한다. 둘째, 세대는 생애단계의 구분의 개념으로 주기적 구분이다. 셋째, 세대는 다른 세대와의 상호작용을 통해 세대구분이 보다 명료해 진다. 넷째, 세대는 사회·역사적 사건을 경험한 한 집단의 기억, 일상경험, 문화, 환상 등을 통해 재구성되고 재형성 될 수 있다.(박재홍, 2001: 50-51. 허은정·김우성, 2005: 11-12 재인용).

그렇다면 한국사회에서 한 세대라고 특징되는 주요세대들은 어떤 세대들인가? 시기별로 특징되는 세대들을 구분한다면 해방 후 세대(혹은 전쟁체험세대), 베이비붐 세대, 386세대, 신세대, X세대, N세대(Net Generation), W세대(World Cup 세대), P세대(Participation, Passion, Power를 가진 세대), 88만원 세대, 인턴세대, 코로나세대, MZ 세대 등을 들 수 있다. 이처럼 한 세대에 대한 표현이 점점 다양해지는 것을 보면, 그 다양해지는 표현만큼 한 세대를 구분 짓는 지표 역시 더욱 광범위해지고 있다는 것을 실감하게 한다. 21세기에 들어와 세대구분은 다양하게 전개된다. 월드컵을 계기로 하나의 공통된 열정을 자유롭게 표현했던 W세대는 '광장과 자유, 개방적 애국주의' 등을 하나의 사회현상으로 탄생시켰으며, 참여와 열정, 힘의 첫 알파벳인 P세대는 스스로 사회참여를 통해 사회의 패러다임을 변화시키는 주체가 되고자 하는 세대라고 할 수 있다. 이후 한국경제의 침체기에 암울한 청소년청년세대의 미래를 표현 한 88만원 세대 혹은 인턴세대, 코로나 팬더믹 시대를 경험하는 코로나 세대 등이 등장했다. 이처럼 다양한 세대의 개념은 무엇보다도 사회·역사적 배경과 문화적 배경을 토대로 형성되어 왔으며, 사회변동과 함께 급격하게 변화하는 한국사회를 분석할 수 있는 틀을 제공해 오고 있다.

(2) 세대에 따른 소비행태의 특징

이제 세대의 개념도 '신조어'의 개념으로 변화하고 있다. 그 배경에는 이제는 하나의 네트워크화 되어버린 세계경제구조와 이에 따라 전 지구촌은 세계화 영향권에 어쩔 수없이 들어가게 된 것과 관련될 것이다. 특히 '한강의 기적' 이후 처음으로 겪은 IMF 위기와 계속되는 경제침체는 한국사회의 패러다임을 총체적으로 변화시켰다. '열심히 노력한 만큼의 사회적 대가와 보상'이라는 전통적인 사회윤리와 도덕은 '기회의 불평등과 사회 계층 간의 심화'라는 사회적 위기로 변화하였다. 자본주의의 수혜보다는 자본주의가 주는 부정적인 면이 이 사회를 더욱 지배하게 되고, 이제 각 세대는 이 위기의 시대를 나름의 위치와 방법으로 어떻게 '생존'할 수 있는지 고민하게 되었다. 이러한 사회분위기는 각 세대별로 다음과 같이 나타난다. 한국경제 발전의 주춧돌 역할을 했던 전쟁전후 세대에게는 부모세대와는 현저하게 다른 핵가족화된 사회에서 노년을 보내야하는 고민으로, 눈부신 경제발전과 후기산업사회의 진입과 함께 성장했으나 현재 퇴직의 기로에 선 베이비붐 세대에게는 노년을 계획하는 고민으로, 1990년 이후 자본주의의 수혜를 입었고 대중문화 소비를 시작했던 소위 '신세대'는 가족에 대한 책임과 불안한 중년의 미래에 대한 고민으로, 이제 막 사회의 문을 두드리는 청년세대는 구직의 어려움 앞에서 청년실업자라는 고민으로, 현재 청소년세대는 '꿈'보다는 사회적 경쟁에 대비해야 하는 현실적 고민 등으로 나타나고 있다.

소비문화의 패턴을 분석하고자 할 때는 각 세대가 성장했던 사회·문화적 배경과 그 시대를 주도했던 시대사상, 그리고 현재 처해 있는 상황을 모두 포괄해야 할 것이다. 후기산업사회로 들어 선 이후 현재까지의 세대를 어떤 범주로 분류하는가는 조사영역에 따라 상이하다. 일반적으로 사회과학영역에서는 세대를 크게 세 범주로 구분하고 있는데, 제1세대 베이비붐 세대, 제2세대 X세대, 제3세대 Y세대가 그것이다. 각 세대에 대한 연령층범주는 미국을 비롯한 서구와 한국과는 좀 차이가 난다. 미국을 위시한 서구의 베이비붐 세대는 세계2차 대전 종결 이후,

즉 1945년을 전후해서 출생한 세대로서 70대 중반으로 접어 든 연금자 세대를 말한다. 이 세대는 서구 68혁명을 이끌었던 주역으로서 '반전과 평화'를 내세우며 구시대적인 윤리와 사상에 처음으로 반기를 들었다. 로큰롤과 미니스커트 등 당시 기성세대가 경악할 정도의 '반문화' 혹은 '저항문화'에 환호했던 세대이다. 미국 전 대통령 클린턴과 부시, 영화감독 스필버그, 가수 존 레논 등을 꼽을 수 있다. 그러나 한국에서 베이비붐 세대는 시기적으로 미국과 비교했을 때 차이가 있다. 한국 베이비붐 세대는 한국전쟁 직후인 1953-1963년 사이에 출생했고, 청년시대에 IMF시기를 경험 했으며, 이제 막 정년을 앞 둔 현재 한국사회의 중요한 사회문제의 주인공이 되어 있는 세대이다.

제2세대인 X세대는 1960-1970년대 출생한 세대로서 청소년·청년세대에 대한 사회과학적 관심을 유발 시키는데 결정적인 역할을 했던 세대이다. X세대라는 명칭은 캐나다출신 소설가 더글라스 쿠플랜드(Douglas Coupland)가 1991년 출간한 소설 『X세대-점점 빨라져가는 문화이야기』(Generation X: Tales for an Accelerated Culture)의 제목에서 유래하였다. 여기서의 X세대란 '도무지 알 수 없는 세대'라는 의미로 사용되었는데, 이후 당시의 청소년·청년 세대를 아우르는 세대적 개념이 되었다. 한국에서 X세대는 처음으로 '신세대'라는 개념의 등장과 함께 당시 청소년과 청년세대를 통칭하는 의미로 사용되었다. 이 세대는 민주화항쟁과 탈이데올로기라는 세기적 과정을 직·간접적으로 경험했고, 88올림픽과 해외여행자유, 도시화와 아파트문화, 소비문화와 대중문화의 수혜를 입은 첫 세대라고 할 수 있다. MTV세대, 비디오클립세대 등으로도 불리 운다.

제3세대인 Y세대는 1970년 말부터 1990년대 출생한 세대로서 이 전 세대가 X세대인 만큼 그 다음세대라는 의미로 Y세대라는 명칭이 주어졌다. 흔히 넷-세대(Net Generation), 디지털 세대로 표현되며 부모세대는 대부분 베이비붐 시대에 속한다. 이 세대는 냉전이라는 세계 정치적 상황을 경험한 적이 없으며, 기술혁명, 국제화와 세계화 속에서 함께 성장했고, 자신들의 주장과 의식을 네티즌 상에서 표현하고 연대감을 추구하는데 열성적이다.

이 세 범주의 세대적 구분은 소비문화의 차이에 있어서 더욱 분명히 나타난다.

허은정과 김은성은 소비자행동 관련 영역들에서 세 세대의 특징을 다음과 같이 비교하고 있다.

〈표 1〉 소비자행동관련 세대 간 비교

영역	베이비붐 세대	X세대	Y세대
가치와 태도	• 집단주의적 • 긍정적 • 가족중심적 • 보수적	• 현실에 대해 비관적, 때로는 냉소적 • 개인주의적	• 집단적 개인주의적 • 낙관주의적 • 남을 위해 봉사하려는 태도 • 가족 중심적 • 안전과 사생활보호를 중시함 • 다양성 허용하고 중시
라이프 스타일과 소비행동경향	• 건강, 자녀교육에 관심많음 • 절약하고 검소함	• 소비지향적 • 레저에 관심이 많음 • 현실적, 실용적 • 감각적, 쾌락적 • 편리함, 간편함 추구	• 컴퓨터 사용과 인터넷을 즐김 • 쇼핑 자체를 즐김 • 유행에 민감하고 패션지향적 • 스포츠, 게임, 레저에 관심이 많음 • 오락과 즐거움을 중시 • 변덕스러움이 두드러짐
제품/서비스와 브랜드 선호, 선택 및 구매	• 유명 브랜드 선호 • 고가 명품 브랜드 선호	• 가격이 적당한 유명브랜드 선호 • 품질과 가격을 꼼꼼히 따짐	• 브랜드와 자신의 적합성, 관계를 중시 • 꼭 필요한 브랜드는 비싸도 구매 • 인터넷 쇼핑을 즐김
광고에 대한 일반적 경향들	• 광고는 정보를 얻거나 구매결정을 위한 수단으로 사용	• 광고에 회의적 경향 • 광고를 통해 정보를 얻음	• 그들을 표적대상으로 하는 좋은 광고에는 반응을 잘 함 • 흥미있는 광고 자체를 좋아함 • 감성적 광고에 특히 반응 • 인터넷 광고와 전문잡지 광고에 잘 반응함 • 동여상 등 멀티미디어 광고에 호감

출처: 허은정·김우성, 2004: 43.

모든 영역에서 상위개념으로서 다른 영역에 결정적인 영향을 미치는 영역은 '가치와 태도'이다. 가치와 태도라는 것은 한 세대의 의식 및 사고구조, 행위양상

등을 결정하는 기준으로서 그 세대가 성장한 사회·문화적 배경과 이에 따른 사회화과정의 결과라고 할 수 있다. 사회화는 결국 한 사회의 관습, 가치, 도덕, 규범 등을 습득하는 과정으로서 이를 통해 한 개인은 사회의 구성원으로서 그 사회에 통용되는 사고방식, 행동양식, 생활양식, 세계관 등을 배우게 되는 과정이다. 이 과정은 그 사회의 정치, 경제, 문화, 역사 등의 사회·문화적 조건과 배경에 의해 영향을 받고, 이렇게 습득된 사회윤리와 도덕은 한 개인의 인성을 형성하는데 중요한 역할을 한다. 베이비붐 세대와 X세대, Y세대의 가치와 태도는 그 연령만큼이나 큰 세대적 간극을 보여주고 있다. 흥미로운 점은 베이비붐 세대와 X세대의 가치관이 서로 대척점에 있으나, Y세대에서는 어느 정도 절충된 양상이 나타난다는 것이다. 그 이유는 또 세계화 현상에서 찾을 수 있다. 세계화가 진행되면 될수록 '우리 연대'의 필요성은 더욱 증가하고, 지구촌에서 일어나는 이슈들은 '다 같이 사는 세상'에 대한 의식을 확장시키는 계기가 되었다. '내'가 중요하되 다름과 다양성을 수용하는 포용적 태도가 눈에 띤다. 이에 비해 X세대는 Y세대 보다 '개인'을 중시하는 경향과 화합과 연대보다는 현실에 대한 냉소적 태도가 특징으로 나타나는데, 이것은 역시 1990년대 당시 신세대가 경험했던 당시 한국사회의 정치적, 역사적, 경제적 변동과 연관이 있다. 사회변동은 이 세대에게 정체성 혼란을 가중시켰을 아니라 기존질서 및 가치에 대한 막연한 반감과 거리두기를 하면서 대중적 소비문화시대의 주역이 된다. 기존세대와의 간극은 너무 크고, 이에 대해 무엇보다도 '내'가 중요하고 현실에 대한 냉소적 태도가 강하게 나타난 것이다.

이 가치와 태도는 각 세대의 라이프스타일과 소비패턴, 광고에 대한 태도 등을 결정짓는 요인으로 작동하게 된다. 소비 지향적이고 현실적, 감각적 성향을 가진 X세대는 브랜드를 자신과 동일화 시키는 Y세대와는 또 다르다. 베이비붐 세대와 X세대에서 정보매체로 사용되는 광고는 Y세대에 와서 상품과 개인사이의 '감성적인 결합체'로 수용되기도 한다. 이와 같은 소비행동관련 패턴양식 비교는 다음 장에서 다루게 될 '2000년대 출생한 청소년 세대'의 소비문화를 이해하는데 도움이 될 수 있을 것이다.

2. 청소년기와 소비문화

(1) 청소년 소비자의 특성

청소년시기는 소비를 하기 위해 금전적으로 독립된 시기는 아니다. 즉 금전적으로는 부모 혹은 어른들에게 '어쩔 수없이' 의존적이지만, 금전적으로 자유로워지고 싶은 독립에 대한 바람이 가장 '극대화' 된 시기이기도 하다. 또한 원하는 상품을 마음대로 구입하고 싶은 충동, 즉 본인의 취향과 의사에 따라 구매의사를 결정하게 되는 시기가 바로 이때이고, 그렇기 때문에 비합리적인 소비행태도 발생한다. 바로 이 점이 소비자로서 청소년세대의 특징이 가장 잘 드러나는 부분이기도 하다. 청소년시기에는 부모와 학교 선생님보다는 또래집단, 대중매체, 학교라는 사회적 환경에 더욱 큰 영향을 받게 된다. 또한 광고 홍수시대에 살고 있는 요즘 대중매체는 청소년을 유혹하는 가장 효과적인 수단이 되었다. 이러한 사회·문화적 환경요인은 다음과 같은 청소년 소비자의 소비특성을 형성한다.

- 과도기적 소비
- 동조소비
- 비합리적 소비
- 감각지향적 소비(이승신·김시월, 2004: 139-141).

'과도기적 소비'란 아동 소비자보다는 부모의 영향력은 감소하고 독립적인 소비행동은 할 수는 있지만 성인소비자처럼 독립된 구매활동에 이르지는 못하고 있는 소비상태이다. 이 시기의 특징은 무엇보다도 소비자로서 구매의사결정권이 향상되는 것을 볼 수 있다. '동조소비'는 동년배집단의 소비경향 혹은 스타로 대표되는 대중문화의 영향을 받아 이들의 라이프 스타일과 외모를 모방하면서 시작되는 소비행태이다. 대부분 외모와 패션에 치중되어 있으며, 유행이라는 흐름에 매우 민감하게 반응하는 소비행태라고 할 수 있다. '비합리적인 소비'는 청소년기와 성인기의 중간단계에 있는 청소년세대가 상품과 구매가치, 화폐개념 등을 합리적으로 판단하지 못한 상태에서 일어나는 소비행위를 말한다. 즉 경제적 개념이 아직 정립되어 있지 않고, 경제적으로도 독립되어 있지 않은 상태에서 구매욕구가 구매필요의 합리성을 앞지르는 경우라고 할 수 있다. '감각지향적 소비'는 자기 취향과 개성, 열정에 따른 소비행태를 말한다. 청소년세대는 이제 필요에 의한 상품구매도 자신의 감각을 채워줄 수 있는 디자인과 취향, 혹은 자신의 개성을 보다 돋보이게 해 줄 수 있는 상품을 선택하는 경향을 강하게 보여 준다. 물론 그만큼 상품선택의 폭이 넓어졌고, 청소년세대를 겨냥한 대중매체의 감성마케팅 결과일 수도 있다.

(2) 청소년 소비의 결정요인

청소년 소비자는 한 마디로 '모순'으로 점철되었다. 왜냐하면 정신적으로는 하나의 '독립'되고 '완성'된 인격체로 존중받고 싶지만, 심리적으로는 현실과 이상, 통제와 자유 그리고 이성과 감정 사이를 넘나드는 '성숙되지' 못한 상황이기 때문이다. 또한 자아가 형성되는 중요한 단계로서 사회적 자존감과 소속감을 찾는 시기이지만, –적어도 한국– 사회에서는 '육성과 보호의 대상'으로 간주되어 사회적 통제와 보호 사이의 줄다리기 선에서 수동적으로 머물게 되는 시기이기도 하다. 이러한 청소년 시기의 특성은 청소년 소비를 결정짓는 요인으로 작용한다.

청소년 소비의 결정요인으로 첫째, 안정된 자아와 경제적, 사회적, 문화적 관념이 형성되지 않았기 때문에 소비에 대한 개념 역시 이성적이기 보다는 즉흥적이라는 데 있다. 특히 제한된 경제적 상황과 금전 지출에 대한 몰이해와 희망소비품목 간의 괴리는 합리적 소비성향에 영향을 미치기 보다는 '갖고 싶은 것에 대한 욕구'를 충족하기 위한 비합리적 소비성향에 더욱 영향을 미치게 된다.

둘째, 따라서 이러한 청소년 소비자의 즉흥적이고 감상적인 면은 흔히 유행과 주변의 분위기에 따라 소비가 결정되는 경우가 많다.

셋째, 고도 자본주의시대인 오늘의 소비는 분명 자본주의가 준 수혜이기는 하지만, 자본주의적 소외와 사회적 배제 등과 같은 자본주의 소비에 대한 비판적인 시각을 견지하는 데는 소홀하다. 따라서 이 상황은 배금주의적이고 소비제일주의를 부추기는 상황으로까지 이어지며, 물질소비나 과시적 소비가 하나의 '미덕'으로 까지 간주되기도 한다. 이와 같은 사회분위기는 청소년에게 올바른 소비의식보다는 비합리적이고 무의식적인 소비행위를 조장하는데 기여하게 된다.

넷째, 청소년 소비의 또 다른 결정요인으로 '보여 지는 것'을 중요시 여기는 이 세대의 특징을 들 수 있다. 그러나 이 특징은 감각적 취향과 첨단유행 사이에서 개인성과 획일성이 모호하게 오버랩 된다. 또한 기능과 가격이라는 합리적 소비보다는 내 소비기준이 아닌 타인의 소비기준을 더욱 중요하게 간주하게 되면서 또래집단의 '따라하기 문화'의 확산에 기여한다.

다섯째, 청소년 소비의 결정요인으로 인터넷과 TV를 위시한 미디어의 영향을 들 수 있다. N세대인 청소년 세대의 일상은 컴퓨터 스위치를 키는 것으로 시작되고 끄는 것으로 마감된다. 여기에서 광고의 영향 또한 절대적이라고 할 수 있을 만큼 그 위세는 대단하다. 정보의 제공수단인 인터넷과 여가활용수단인 TV는 이제 그 본 의미를 넘어 사회·문화의 흐름을 주도하고, 이에 가장 빈번하게 노출되어 있는 청소년 세대는 -대부분 경험부족과 판단능력의 미숙으로- 광고와 유행의 영향에서 자유로워질 수 없다.

(3) 청소년 소비의 유형

현대사회에서 무엇을 구입하고자 하는 소비유형은 매우 다양할 것이다. 예를 들면 필요에 의해 구입하는 합리적인 '생활형 소비', 광고에 현혹되어 물품을 구입하는 '미디어영향 소비', 물품소유를 통해 얻게 되는 '자아만족소비', 대다수 혹은 소수의 사람들이 구입함으로써 본인 역시 구입을 강요받는 '따라쟁이 소비' 혹은 '모방소비', 소비를 통해 자신을 사회적으로 구분 지으려는 '과시적 소비' 등이 있다. 이러한 다양한 소비유형에서 한 가지 공통적으로 나타나는 특징은 모든 소비는 '사회적 행위'라는 것이다. 즉 소비의 양식에는 어떤 사회·문화적 의미가 담겨있고, 여기에서 사회의 흐름을 읽을 수 있다. 청소년세대의 소비유형 역시 이에 상응한다. 유형에 따른 분류를 다음과 같이 정리해 보자.

첫째, 합리적 소비유형을 들 수 있다. 계획, 지출, 사용, 결과까지의 전 소비과정을 합리적이고 실리적으로 진행한다. 무엇보다도 재화의 필요에 따라 소비가 이루어지며, 그 필요한 상품에 대한 기능과 결과가 가격대비와 비교해서 지출효과를 극대화 시킬 수 있느냐가 관점의 핵심이 된다. 일종의 생활형 소비유형에 속한다.

둘째, 과시적 소비유형을 들 수 있다. 제품의 필요성이나 기능성보다는 그 제품을 '소유'함으로써 획득하게 되는 자부심과 주위의 관심 여부에 따라 소비가 결정된다. 과시적 소비는 흔히 자신이 속한 사회적 지위를 보여 주는 행위이지만, -부모의 사회적 위치가 결정짓는 청소년의 사회적 지위로 인해- 그보다 청소년시기에는 유명상표 혹은 고가제품구입을 통한 존재감 부각이 더욱 중요하게 간주된다. 사회적 자존감이 형성되지 않은 과도기적 성장기에 있는 청소년시기에 흔히 나타나는 소비행태의 하나로 흔히 외모, 자신감, 성적 등에서 오는 자신감 결여를 만회할 수 있는 일종의 보상심리의 소비유형이라고도 할 수 있다.

셋째, 충동적 소비유형을 들 수 있다. 이 충동적 소비는 청소년뿐 아니라 세대와 성별을 막론하고 모든 소비자들이 겪는 소비행태일 것이다. 단지 청소년세대에서 이 충동적 유형은 보다 심각하게 나타나는데, 그 이유는 미디어를 통한 광고에 대한 반응이 다른 세대에 비해 더욱 역동적이고, 동영상을 비롯한 보여 지는 광고에 익숙해져 있고, 쇼핑과 유행, 패션 지향적 감각이 일상의 행위로 간주하는 세대이기 때문이다. 광고와 마케팅에 민감하게 반응한다.

넷째, 모방소비 유형을 들 수 있다. 흔히 따라쟁이 소비라고 불리 우는 이 모방소비 유형은 유행을 주도하는 대중문화의 흐름과 스타마케팅의 결과와 연결된다.

이 모방소비는 대부분 불필요한 소비일지라도 소비를 부추기는 유행추종과 문화 아이콘인 된 스타의 모든 것을 따라하고 싶은 청소년세대의 욕망에서 이루어진다. 또한 이 소비유형은 동료집단, 즉 친구 간의 영향력과 비례해서 모방소비가 이루어 진다.

(4) 21세기 네트워킹 사회, 청소년의 물질적 소비 경향: 브랜드가 나를 정의한다?

현대자본주의 사회의 소비는 이제 단지 상품에 대한 구입과 사용 이상의 의미를 갖고 있다. 소비는 이제 하나의 '상징'이 되어 '나'를 보여주는 수단으로서 '내가 어떤 사람인지에 대한 개성'을 나타낼 뿐 아니라 한 개인의 '사회적 위치'와 '문화적 취향'을 모두 보여 주는 복합적인 지표가 되었다. 또한 자본주의 사회에서는 끊임없이 '상품을 소비하라'고 부추기고 있다. 이 소비 지향적 분위기는 이제 소비가 하나의 사회덕목으로까지 되어 '이것을 사용하는 그 순간 당신의 사회적 위치가 격상'한다는 '이상한' 논리를 사회에 확산시키면서 소비자의 욕망을 계속 자극한다. 이 사회적 분위기에 가장 노출되어 있는 세대는 다름 아닌 인터넷 홍수 시대에 살고 있는 청소년 세대이다. 이미 앞에서 언급했듯이 청소년 소비자의 특성은 고도의 자본주의 사회에서 쏟아져 나오는 신상품과 광고, 또 그것을 부추기고 추종하게 하는 대중문화는 점점 청소년세대를 합리적인 소비행위보다는 비합리적인 소비행위에 더 몰두하게 만든다. 특히 인터넷은 동영상 및 새로운 이미지 연출 통해 상품선전을 더욱 용이하게 함으로써 Net세대의 소비행태에 점점 더 중요한 영향을 끼치고 있다. 즉 소비제품에 대한 욕망은 이제 하나의 개인적 욕망에 그치는 것이 아니라, 사회적 욕망이 되어 무의식적인 집단욕망으로 변형되어 가고 있는 것이다. 고도성장이 낳은 풍요의 소비시대는 풍요로움을 넘어 한 개인의 소비에 대한 의식과 무의식까지 사회적으로 조장하고 있다. 브랜드를 상징에 적용시켜 보자. 명품의 대중화시대로 불릴 만큼 명품은 이제 일상의 일부가 되었다.

명품이란 곧 브랜드의 가치를 말한다. 즉 브랜드는 대중화되어 있지 않은 희소성으로 인한 '고급 이미지'와 이를 위해 고객이 기꺼이 '고가'를 지불하면서 '브랜드=고객의 동일화'라는 상관관계를 성립시킨다. 다시 말하면 한 브랜드 제품을 구입하는 그 순간부터 개인은 브랜드의 가치와 '동격화' 된다는 착각을 하게 된다. 명품의 의미는 바로 여기에 있다. 대중적인 것과 분명한 차이를 주고, 더 고급스러운 형태의 '행위'라는 단서가 붙기 때문이다. 여기까지가 명품으로 대표되는 브랜드의 상징이었다고 한다면, 현대사회의 소비는 이제 "사회·문화·상징적 행위의 한 형태"라는 사실에 공감을 할 것이다. 또한 소비는 "물질적 욕구의 충족이 아닌 '상징적 유희'가 지배하는 과정"이라는 사실을 확인하게 된다(보콕, 2003: 120). 이와 같은 고도자본주의 소비문화의 양상은 청소년·청년세대를 위주로 더욱 확산되어 가고 있는데, 이러한 소비특징은 특히 Net 세대에게 더욱 두드러지게 나타난다.

> 고등학교 2학년인 슬기는 또래친구처럼 외모와 옷차림에 많은 관심을 갖고 있다. 요즘 친구들 간의 화제거리는 아이돌 소녀그룹들의 청순함과 상큼함을 돋보이게 해주는 패션, 메이크업, 헤어스타일이다. 친구들끼리 인터넷에서 어떤 화장품 몇 호를 사용하면 그런 효과가 나오는지, 그런 옷은 동대문 두0나 밀000 몇 호에서 판매하는지 이미 다 확인해 두었다. 또 어떤 아이돌이 착용했던 헤어벤드가 불00 신제품인데 98.000원이라고 한다. 용돈을 열심히 모아서 꼭 사고자 슬기는 생각한다. 얼마 전 모 회사에서 출시한 스마트폰의 광고가 너무 멋있었다. 아이돌 남자가수가 모델로 나온 광고였는데 디자인과 색상이 너무 강렬했고 섹시했다. 지금 사용하는 핸드폰은 이미 6개월 전에 산 것이어서 그런지 점점 사용하기가 밋밋해 지는 것 같다. 슬기 친구들도 하나 둘씩 그 스마트폰을 구입하고 있는데 기능면에 있어서 6개월 전 출시한 모델과는 너무 확연한 차이가 있다. 엄마는 아무 문제가 없는 핸드폰을 왜 또 바꾸냐고 난리다.

> 엄마에게는 핸드폰은 전화 걸고 받는 수단밖에는 안되니 슬기를 이해할 수 없다. 슬기는 학원수업이 끝나 집에 오면 밤 11시 넘기기가 일수이다. 빨리 이 고딩시절이 끝나고 자유로운 성인이 되고 싶다. 물론 수능을 잘 보아서 원하는 대학에 가고 싶은 마음이야 굴뚝같지만, 얼마 전 대학을 졸업한 사촌언니의 상황을 보니 대학졸업이 만사는 아닌가 보다. 휴학과 어학연수, 취업준비를 하다 보니 7년 동안 대학생활을 한 사촌언니는 결국 대기업 근처도 못가보고 계속 취업준비를 하고 있다. 그래도 장밋빛 미래를 꿈꾸는 것이 더 낫지 않은가하는 생각이 든다. 내 적성에 맞는 전공과 직업을 선택할 수 있다면, 그래서 전문직 여성이 되어 미드에 나오는 여자주인공처럼 자유분방하고 여유로운 생활을 해보는 것이 모든 내 또래의 희망사항일 것이다. 마놀로 블라닉을 신고 돌체 가바나 진을 입고 클로에의 패딩턴 백을 들고 다른 손에는 최신 소형의 애플노트북을 들고 출근하는 모습을 상상해 보며 슬기는 미소를 짓는다.

위의 예는 슬기세대의 소비문화를 다양한 관점에서 보게 해주고 있다. 첫째, 고급과 대중의 경계가 과연 무엇인지 질문하게 된다. 자신의 상황과 분수를 알아야 한다는 통념적인 사회 관념은 이제 더 이상 중요하게 간주되지 않고 있다. 즉 사회적 위계 혹은 사회계층에 입각한 소비행태는 –물론 가진 자가 더 많은 소비를 하겠지만– 이제 '누구나' 추구해야 할 물질적 욕망이 되어 이 세상의 '모든 슬기'들에게 '사야만 하고 또 살 수 있다'는 무의식적 상태로 몰아가고 있다. 둘째, 현명한 소비자가 되는 것은 학습을 통해 이루어지는 결과이다. 현명한 소비자란 '합리적인'방법으로 소비를 하고 옳은 소비습관을 가지고 있어야 한다. 이런 소비자의 소비 습관은 명품을 구입하든지, 일상용품을 구입하던지 간에 자신이 처한 경제적 상황에서 합리적인 구매를 하도록 일조한다. 이에 대한 학습은 유아·아동기부터 이루어져야 하며, 이 학습의 중요성은 청소년기에 더욱 필요로 한다. 그러나 슬기와 같은 사례는 –아마 가정에서 소비학습을 받았을 것임에도 불구하고– 학습된 소비자의 태도보다는 자신의 소비행태를 이해해 주지 못하는 엄마와의 '세대차이'정도로 인식하고 있다. 이 원인의 배경에는 한국사회의 소비에 대한 가치관과 소비문화를 주도하는 자본만능주의와 대중문화 간의 교묘한 마케팅 전략을 들 수 있다. 특히 '포스트모던 자본주의'에서 "소비재는 의미, 정체성, 역할의 구성에 있어 결정적인 영역"이 되어 이 의미를 이미 파악한 거대자본에 따라 이에 상응하는 적절한 판매 전략이 이루어지고 있다는 것이다(보콕, 2003: 152). 이런 상황에서 현명한 소비자의 역할은 더욱 더 어려워지고 있다. 셋째, 구매에 대한 욕망은 '필요'가 아닌 '소유'의 차원에서 일어나고 있다. 다시 말하면 포스트모던 자본주의 사회에서 소비는 사회적 가치와 양식이라는 사회·문화적 실천들이 낳는 결과로서 개인의 정체성을 형성하는 주요 동력으로 작동하게 된다. 이제 포스트모던 자본주의는 사회와 문화를 만들고 실천시킬 뿐 아니라 구매에 대한 욕망까지도 사회·문화적 윤리로 편승시켰다. 슬기가 상상하는 미래의 모습 자체에서 사회적 도덕과 윤리를 거스른다는 의식이나 부끄러움은 찾아볼 수 없다. 오히려 남들도 모두 추구하고 그래서 나도 거기에 편승하고 싶다는 사회적 행동의 실천만이 보여지고 있다. 넷째, 소비문화가 사회·문화적 실천으로 수용되는 것에 반해 기존의 보편적 사회윤리와 가치관은 이에 상응하지 못 하고 있다. 슬기와 같은 인터넷 세대 청소년들에게 기존 한국사회의 윤리와 가치관은 단지 교과서에 나오는 '고리타분한' 소리일 뿐이다. 그 만큼 이 세대는 급변하는 사회문화 변동 속에서 성장하고 있고, 세계화와 국제화라는 단어에 어울리는 가치관과 정체성을 구상해야 하는 상황에 봉착하였다. 문화의 다양성과 다문화시대에 살고 있는 첫 청소년세대인 이들에게 아직 한국사회는 –문화적으로나 사회적으로나 정책적으로나– 이 변화된 상황에 적응하고 있지 못할 뿐 아니라 오히려 기성세대의 시각은 전근대적으로 퇴보하는 것처럼 인식되고 있다. 국제화라는 세계적 변화에 한국사회는 너무도 '국내적'인 인습을 반복하고 있는 것처럼 보여 진다. 미국 미즈드라마의 여주인공처럼 자유분방하고 여유로운 삶을 추구하는 여성들에 대한 인식이 아직까지는 곱지 않은 시선으로 기성세대에게 비쳐지는 것이다. 마지막으로 이미지를 통해 구현된 브랜드의 가치는 청소년세대의 정체성 형성과 불가분의 관계를 맺는다. 슬기는 브랜드만을 추종한다고 생각해 본 적은 없다. 단지 불00 헤어밴드가 슬기 마음에 들기 때문에 용돈을 저축하거나 알바를 해서라도 구입하고 싶을 뿐이고, 신형 핸드폰의 새로운 디자인과 기능에 호감이 가는 것뿐이다. 그래서 슬기의 태도에는 이런 상품들을 착용하고 사용하면서 슬기 개인의 취향과 개성을 보여 준다는 '확신'이 있다. 마놀로 블라닉 구두와 클로에의 패딩턴 백을 통해서 슬기는 자신의 모습을 투영하고, '나'를 정의하는 정체성 형성의 지표를 만들어 가는 것이다. 즉 브랜드는 '나르시즘'이 되어 개인의 정체성으로 변화하게 된다. 그러나 이 세대의 브랜드는 단지 고가의 명품이기 때문만은 분명 아니다. 이 특정한 브랜드와 자신의 궁합이 서로 맞는지에 대한 관계설정, 즉 선택한 브랜드의 이미지와 자신의 이미지를 투영하는 오늘날 청소년세대는 무조건 고가제품을 선호하는 베이비 붐 세대와 적당한 가격의 유명브랜드를 선호하는 X세대와는 분명한 차이점을 보이고 있다. 또한 슬기세대는 남녀, 즉 젠더의 차이가 점점 사라지면서 이러한 현상은 성별에 그리 큰 영향을 받지 않는 것으로 보여 진다.

3. 청소년과 문화소비

(1) 문화소비와 구별짓기

문화소비란 문화관련 영역에서의 소비를 말한다. 문화관련 영역의 범위는 영화, 연극, 뮤지컬, 콘서트, 음악, 전시회 등 매우 다양하지만 한 가지 공통점은 '비물질적 소비'라는 점이다. 문화소비의 양상은 음악다운이나 영화감상 등과 같은 대중적인 소비에서부터 뮤지컬, 연극, 클래식 음악회 혹은 다양한 콘서트, 전시회 등 소위 고급취향으로 –또한 대부분 입장료가 고가– 나타난다. 그렇다면 문화생활은 계층을 구분시키는 하나의 사회지표인가? 청소년세대 문화소비는 이런 계층의 '구별짓기' 차원에서 어떤 특징을 보여주는가?

'구별짓기'라는 표현은 프랑스 사회학자 피에르 부르디외(Pierre Bourdieu 1930–2002)가 1979년 발표한 저서 『구별짓기–문화와 취향의 사회학』(La

Distinction. Critique social du jugement)에서 처음으로 사용한 단어이다. 부르디외는 이 저서에서 '자본'에 대한 개념을 경제자본, 문화자본, 사회자본, 상징자본으로 세분화 하면서 자본의 양상에 대해 문화·사회학적인 분석을 시도한다. 예를 들면 프랑스의 전통적인 '세습부자'는 '먹고 입는 것'과 같은 겉으로 보여 지는 과시적인 소비보다는 '고상한 예술작품 감상'과 같은 지식과 이해가 필요한 취미를 가짐으로써 갑자기 부를 축적한 '신흥부자'로부터 분명한 사회적 구별짓기를 하고 있는 것을 보여주었다. 난해한 그림, 조각, 음악 등과 같은 고상한 예술작품 감상 같은 교양 있는 취미는 '돈'으로 이해할 수 없는 사회적이고 문화적인 취향이기 때문이고, 바로 이 점에서 교육자본의 중요성이 더욱 드러나게 된다. 부르디외의 문화자본은 일종의 '지적자본'의 형태이다. 여기에서 가정 및 학교교육의 중요성이 부각된다. 부모의 사회적 지위는 자녀세대의 문화적 취향에 결정적인 영향을 미치는데, 가정에서 자연스럽게 익힌 예술적 심미안이나 독서취향은 자녀의 문화적 취향에 큰 역할을 하게 된다는 것이다. 즉 보다 세련된 문화소비양식은 가정환경 및 교육환경에 의해 형성되고 개발된다는 전제아래, 부르디외는 자본주의 사회에서 "사회·경제적 구조라는 개념과, 문화적 상징 및 기호 구조라는 개념을 결합시키려는 목적"을 갖고 있었으며, 이 두 구조들이 한 사회의 "교육제도 안에서 서로 맞물리기에 이르며", 시간이 경과함에 따라 "사회·경제·문화적인 구조가 어떻게 재생산 되는가를 분석하는 과정에서 교육이 중추적 역할"을 한다는 결론에 이르렀다(보콕, 2003: 107). 다시 말하면 문화자본은 가정환경과 교육을 통해 '자연스럽게 습득된 취향'이며, 이 취향은 차별과 구별을 낳는 수단의 역할을 하게 된다는 것이다. 부르디외의 이와 같은 계층을 구분짓는 자본에 대한 정의는 자본을 단지 '재화와 용역' 혹은 '화폐가치'로 환산되던 고전적인 자본개념을 벗어나 사회문화 자본으로 확장시켰다는데 중요한 역할을 했다고 할 수 있다. 부르디외의 문화자본 개념에 따르면 결국 문화생활의 양상은 계층을 차별화하는 중요한 혹은 결정적인 요소인데, 급격한 경제성장을 이루어 고도자본주의 사회로 진입한 한국사회에서 과연 이 논리는 적용될 수 있는가?

문화소비를 언급할 때 빈번하게 등장하는 것은 '대중문화'와 '고급문화'에 대한 논쟁이다. 특히 고급문화에 대한 개념정의는 세습귀족의 전통이 아직 강하게 남아있는 프랑스 사회의 그것과 신흥자본주의 사회인 한국사회의 그것과 과연 동일하게 혹은 상이하게 적용될 수 있느냐의 문제에 봉착하게 된다. 또한 고급과 대중의 차이를 어떤 기준으로 보아야 하는가의 문제가 남는다. 일반적으로 대중문화는 TV, 영화, 가요 등과 같은 문화상품이 매스 미디어를 통해 대량생산되고 대량유통 되며 대량소비 된다는 특징을 갖는다. 따라서 대중문화의 소비자는 불특정다수이고, "자연스러운 일상 속에서 그다지 특별하거나 낯설지 않은 행위로 존재"하는 경우가 대부분이며, 그래서 "대중문화는 대중의 감수성이나 취향, 행동양식에 무의식적인 영향"을 미치게 된다(김창남, 2003: 37). 그렇다면 고급문화는 무엇인가? 고급문화라고 하면 흔히 두 가지를 생각하게 된다. 고급문화는 비싼 비용을 지불해야 한다는 점이고, 또 다른 점은 이해하기가 어렵다는 것이다. 전자의 경우는 고급문화의 범주를 어떻게 볼 것이냐에 따라 달라진다. 큰 비용을 들이지 않아도 관람할 수 있는 예술 전시회는 매우 많다(대부분 갤러리의 입장료가 무료라는 것을 생각해 보라!). 반면 뮤지컬, 음악회 등은 상당히 고가의 비용을 지불해야 한다. 따라서 고급문화는 고비용이 전제한다는 것이 꼭 일치하지는 않는다. 단지 관심과 취향의 문제이다. 후자는 고급문화에 대한 이해의 어려움으로 부르디외의 교육자본을 연결시켜 생각해 볼 수 있다. 과연 고급문화는 그 가치를 위해서 꼭 어려워야만 하는가? 다시 말하면 고급문화를 이해하기 위해서 –가정환경이든 학습의 결과이든 간에– 지식과 훈련이 필요한가? 이에 대한 질문은 고급문화의 엘리트주의, 즉 대중을 배제시킨다는 관객의 배타성과 관련한다. 부르디외 역시 예술적 취향과 사회문화적 위치 간의 연결고리를 강조했으나, 이러한 심미안은 절대적이지 않다고 지적한다. 단지 "기존의 사회적 차별성을 고정시키고 합리화하는 방식"일 뿐이고, "미적기준은 결국 사회적으로 형성된 관습체계에 지나지 않는다"고 주장한다(김창남, 2003: 52). 다시 말하면 고급문화는 사회위계질서를 고정시키는 또 다른 수단이다. 왜냐하면 대중을 배제하고 '그들만'의 권력으로 독점되어 왔을 뿐 아니라, 그 이해의 기준 역시 자신들의 방식으로 형성되기 때문이다. 그러면 이 절의 중심질문인 문화소비의 양상은 곧 계층의 차별화인가에 대한 대답은 분명해 진다. 문화소비가 지출의 차원에서만 고려되어졌을 때 계층적 구별짓기는 이에 대한 지표가 될 수 있다. 흔히 경제학에서 사용하는 총지출에서 생계유지의 기본인 식료품비 지출이 차지하는 배율을 계산한 엥겔지수 근거로 생각해 볼 때, 고소득 가계일수록 식료품비보다는 문화소비 지출이 더 높은 것을 볼 수 있다. 이 기준에서 보자면 문화소비는 '소득으로 산출된 계층'의 차별화를 구분짓는 지표가 될 수는 있다. 하지만 이미 언급했듯이 고급문화를 즐길 수 있는 방법은 다양하다. 또한 다양한 미적기준을 고급문화에 적용시킬 수 도 있다. 따라서 대중문화와 고급문화 사이의 간극은 사회·문화적인 시각과 자본주의 시각에서 재조명되어 져야 할 것이다.

(2) 청소년 세대: 개성 · 감각추구와 획일성 사이에서

그러면 청소년세대의 문화소비 양상 및 특징은 어떠한가? 오늘 청소년세대가 처해 있는 한국의 사회·문화적 환경은 이 세대의 문화소비 양상을 이해할 수 있는 핵심지표라고 할 수 있다. 그 배경을 살펴보면, 첫째, 입시위주의 학업환경은 청소년세대의 여가개념조차 거세시켰고, 둘째, 이러한 교육환경은 창의적·활동적인 여가문화보다는 쉽게 접할 수 있는 대중문화의 소비로 이어졌으며, 셋째, 이와 함께 미디어 문화시장의 엄청난 팽창과 인터넷을 중심으로 한 정보통신의 발달은 무엇보다도 청소년이 대중문화 확산에 주체가 될 수 있는 환경을 제공하게 되었다. 이와 같은 청소년세대의 사회·문화적 환경에 대해 김창남은 "교육제도는 여전히 권위주의와 가부장적 가치관에서 벗어나지 못한 반면, 사회문화적 환경은 신세대들에게 전혀 다른 맥락에서 욕망을 부추기고 있고" 이런 가운데 "새로운 욕구와 감각을 표현하고 창조할 수 있는 통로를 가지지 못하고 있고 또 그럴만한 훈련의 기회도 받지 못한" 신세대와 이들의 "새로운 욕구를 재빨리 간파한 문화산업 및 소비산업에 의해 새로운 상품들이 쏟아져 결국 주어진 상품의 소비라는 형태로서만 그들의 새로운 욕구와 감성을 소화하고 표현할 수 있다"고 분석하고 있다. 여기에서 대중문화는 청소년세대가 처한 "욕망과 환경 사이의 괴리를 벗어날 수 있는 상징적인 통로"가 되고 있다고 지적한다(김창남, 2003: 252).

한국의 대중문화가 청소년세대의 전유물이 된지는 이미 오래이다. 이 세대의 억압적인 사회·문화적 환경이 오히려 청소년세대를 주요 대중문화 소비자로 탈바꿈시킨 아이러니한 상황이 된 것이다. 또한 문화자본은 청소년세대의 욕구가 무엇이고, 이 세대의 문화콘텐츠의 내용이 어떻게 이루어져야 하며, 문화소비를 어떤 방식으로 조장해야 하는지 잘 알고 있다. 이에 영향을 받은 청소년세대의 대중문화의 특징은 다음과 같이 나타난다. 첫째, 쉽게 따라 할 수 있는 대중적 취향을 선호한다. 반복되는 음률과 동작, 노래가사, 스타들의 외형 추종하기 등이 대표적이다. 둘째, 스타마케팅에 열광한다. 새로운 스타를 통해 자신들의 모습을 투영시키며 동일화과정을 통해 정체성으로까지 발전될 수 있다. 셋째, '보여지는 것'에 열광한다. 즉 '육체성'의 추구로서 유행하는 '짐승돌', 여성 아이돌 그룹의 '섹시미'에 대한 열광 등을 들 수 있다. 물론 이 '보여지는 것'에 대한 열광은 그 이전에도 유형은 다르지만 언제나 있어왔다. 넷째, 영상문화 세대인 이 세대에게 대중문화소비는 스타에 대한 '모방적 소비'로 이어진다. 대중스타의 패션과 헤어스타일, 라이프스타일 등은 이제 한국사회의 유행을 창조하고 주도하는 '문화아이콘'이 되어 청소년세대에게 끼치는 영향력은 상상을 초월한다. 청소년세대의 문화소비 양상 역시 같은 선상에서 이해할 수 있다. 한편 이 세대에게 나타나는 문화소비양상은 그 자체에서 상당한 모순을 안고 있다. 대중문화 콘텐츠의 획일성을 특징으로 하는 한국적 상황에서 개성과 자유, 감각적 취향을 중요시하는 이 세대의 세대적 특성과 일치하지 않는다는 사실이다. 그러나 현실에서 이 세대는 문화콘텐츠의 획일성과 절묘한 조화를 이루는 것을 볼 수 있다. 다시 말하면 보다 색다르고 개성이 넘치는 새로운 스타탄생에 대해 열광하지만 이를 모방하는 시기는 매우 짧아졌다. 그리고 또 다른 스타탄생을 기다리고, 새로운 트랜드를 찾는다. 개성과 자유, 감각추구라는 이 세대의 멘탈리티는 대중문화를 통한 개성 찾기와 모방하기의 끝없는 숨바꼭질 속에서 여전히 진행되고 있다.

3절 바람직한 청소년 소비문화

지금까지 소비와 소비문화, 세대문제와 포스트모던 사회의 소비 행태의 변화, 신세대 청소년 소비문화의 특성과 소비양상을 분석해 보았다. 청소년 소비문화의 핵심은 소비가 개성을 표현해 준다는 고전적인 특징을 넘어 지식기반사회에서는 이 세대를 서로 매개시켜 주는 일종의 매개체와 연결고리의 역할을 한다는 것이다. 여기에 오늘의 고도자본주의 사회는 소비위주의 생활양식을 다각적으로 권고한다. 때로는 사회의 윤리와 도덕의 모습으로, 때로는 자본의 생산품인 문화아이콘을 통해서, 때로는 이미지와 광고를 통한 환상으로, 때로는 생활세계의 필수품이라는 의식의 주입을 통해서 등 그 수단과 방법은 끊임없이 개발되고 창조되고 있다. 이와 같은 사회상황에서 청소년 소비문화가 바람직하게 변화하기 위해서 우리 사회가 가 할 수 있는 일이 무엇일까?

첫째, 청소년 세대의 건전한 소비문화확산을 위해 무엇보다도 중요한 것은 올바른 소비자 교육이다. 다시 말하면 현명한 소비자가 되기 위한 학습으로서 소비에 대한 문제의식을 갖고, 소비자로서 권리와 의무를 이해하며, 소비행동의 결과가 어떤 사회적 영향을 미칠 것인지에 대한 기본학습을 하는 것이다. 이 학습은 소비자 관련단체와 청소년단체 및 정책적 차원의 도움을 통해 이루어 질 수 있을 것이다.

둘째, 청소년시기부터 경제관념에 대한 중요성을 인식시켜 줄 필요가 있다. 이 학습은 공교육 사회과 분야에서 경제에 대한 기본적인 이해가 선행되어야 한다. 나아가 소비만능주의라는 현재 사회분위기는 세대를 넘은 사회연대와 상호협조를 통해 보다 건전한 사회가치와 소비윤리의식을 확산시키는데 주력해야 한다.

셋째, 고도자본주의 사회는 풍요와 소비의 시대를 열어 주면서 경제적 차원의 맹목적인 자본소비의 형태가 아닌 사회·문화적 과정의 형태로 변모되었다. 즉 소비는 이제 단순하게 물품을 구입하는 경제적 행위가 아니라 한 사회의 문화와 사회의 흐름을 반영하는 상징적 행위가 된 것이다. 이 상징적 기호는 이미지와 마케팅, 정보통신기술의 발달로 점점 청소년 소비문화를 형성하고 있다. 이러한 환경적 상황을 타개하기 위해서는 무엇보다도 기성세대의 건전한 소비풍토에 대한 의식 확장이 우선되어야 할 것이고, 나아가 미디어의 광고를 개선시킬 수 있는 제반 여건이 마련되어야 한다. 이것은 정책적 차원에서 광고 심의의 강화나 심사기준의 엄격함, 미디어의 자체적 노력으로 실천될 수 있을 것이다.

넷째, 청소년세대는 학교와 동료 집단이라는 학교환경에 주로 영향을 받는다는 점을 상기해서 학교차원의 자율적인 역량을 강화할 필요가 있다. 일례로 학교와 청소년 단체 혹은 소비자 관련 시민단체 간의 연계를 통한 특별교육이나 체험학습은 건전한 소비문화를 이해하는데 있어 실천의 장이 될 수 있을 것이다.

마지막으로 소비행동이 사회적 사명과 연관된다는 점을 상기시켜 주어야 한다. 자본주의사회의 타자, 즉 사회취약계층 출신 청소년은 이 소비풍요에서 외면당하게 되고, 이는 잠재적인 사회문제가 될 수 있다. 소비행위는 이처럼 사회적 책임이 따른다는 것을 청소년 시기부터 상기시켜주어 올바른 소비관을 형성할 수 있도록 한다.

이처럼 청소년 시기에 형성된 올바른 소비의식과 사회윤리는 미래의 소비사회를 보다 긍정적이고 진취적으로 개선하는데 큰 기여를 하게 될 것이다.

〈주요용어 해설〉

- 소비 : 소비는 라틴어 'consumere'에서 기원한 단어로서 '모든 것con'을 '선택하여choose' '취하고 없앤다take up'의 뜻을 갖는다. 즉 소비는 선택–소비–결과라는 전 소비과정을 포괄한다.
- 소비문화 : 소비자가 소비를 하는 양식과 패턴, 소비에 영향을 주는 사회·문화적 배경, 그리고 소비자의 의식 등이 하나의 일정한 양상을 보여줄 때 소비문화라고 할 수 있다. 현대사회에서 소비문화는 대중적인 사회현상이 되어 한 사회를 주도하기도 한다.
- 포스트모던(Postmodern) 사회 : 근대사회 이후 고도의 기술 및 자본주의 발전을 통해 후기산업사회로 진입한 현대사회의 변화와 특징을 표현하는 단어이다. '탈근대' 사회로 번역되기도 한다. 포스트모던 사회의 소비는 재화의 구입과 사용이라는 고전적인 소비개념에서 기호, 상징, 욕망충족, 이미지 등 사회·문화적인 개념을 차용하고 있다.
- 과도기적 소비 : 청소년소비자의 독립적인 구매의사가 형성되는 시기인 동시에 금전적인 제한으로 인해 독립된 구매활동에는 이르지 못하고 있는 과도기적 소비상태를 말한다.
- 동조소비 : 동년배 집단의 소비경향과 유행에 따른 모방소비행태를 말한다.
- 비합리적 소비 : 구매욕구가 구매가치 및 구매상황을 넘어서 비합리적으로 이루어지는 소비행위이다.
- 감각지향적 소비 : 필요에 따른 소비보다도 취향과 개성, 열정에 따라 소비를 결정하는 행위이다. Y세대의 소비특징으로 볼 수 있다.
- 세대 : 세대는 우선 생애단계라는 주기적 구분을 의미한다. 또한 세대는 동일한 생애주기의 경험을 통해 비슷한 의식, 사고, 태도, 가치관, 세계관 등을 견지한다. 나아가 세대는 특정한 시기의 사회·역사적 사건을 공유한 집단으로서 한 세대의 집단적인 정체성을 형성하기도 한다. 무엇보다도 세대는 다른 세대와의 상호작용을 통해 자신들의 세대적 구분을 명료화한다.

제 7장 청소년과 글로벌 · 다문화

최근 한국사회에서는 글로벌 · 다문화에 대한 관심이 높아지고 있다. 글로벌화 경향으로 국경을 넘는 인구 이동이 늘어나고 있고 다양한 민족, 문화, 인종적 배경을 가진 사회 구성원들이 증가함에 따라 우리사회는 새로운 이슈들에 당면하게 되었다. 특히 다문화와 관련하여 한국사회에서 쟁점이 되는 부분은 국제결혼가정 자녀 등 이주배경을 가진 청소년들의 증가와 사회 통합 이슈 등이 부각되고 있다. 그리고 이주배경 자녀들에 대한 관점이 전환될 필요성도 제기된다. 즉, 이주민 자녀들이나 이주청소년들은 무언가 결핍되어 있고 항상 도움을 필요로 하는 대상이 아니라, 적극적인 참여자로 인식되어야 할 것이다. 이들도 한국사회 청소년 집단의 구성원이기에, 적극적 사회 참여가 장려되어야 하며, 이 과정에서 청소년문화의 지형 확장도 기대할 수 있을 것이다. 또한 다문화사회로 진전하는 과정에서 우리가 기존에 당연시하였던 개념들에 대해서도 문제제기가 필요하며 새로운 인식 기반을 마련해야 할 것이다. 끝으로 청소년과 청소년문화가 향후 건강한 다문화사회 형성에 기여하는 과정에 대해 알아보도록 한다.

학습초점

- 한국사회가 다문화사회로 진전해 가는 과정에 대해 파악하고 있는가?
- 다문화사회로의 진전과정에서 우리가 개선해야 할 인식들은 무엇인가?
- 다문화사회에 유연하고 건강하게 대처하기 위해서 청소년들은 어떠한 인식과 태도를 가져야 하는가?
- 다문화사회로의 진전과정에서 이주배경 청소년들은 어떠한 기여를 할 수 있는가?
- 건강한 다문화사회 형성과정에 청소년문화는 어떠한 기여를 할 수 있으며 이를 위해서는 어떠한 노력을 해야 하는가?

1절 한국사회의 글로벌 · 다문화사회 진전

세계화, 지구촌화의 가속화에 따른 국가 간 인적 교류의 확대로 한국사회의 인종적, 문화적 다양성이 증가하고 있다. 국제결혼의 증가, 외국인 노동자의 유입 등으로 한국사회는 더 이상 단일민족사회가 아닌 다문화사회로 빠르게 진입하고 있다. 2007년 8월 법무부의 집계에 따르면 한국사회에 체류하고 있는 외국인(장, 단기, 미등록체류자 포함)은 이미 100만 명을 넘어섰으며, 2016년 12월 기준으로 200만 명을 넘어서게 되었다(법무부, 2017). 또한 우리 국민과 혼인한 적이 있거나 혼인관계에 있는 결혼이민자는 2007년 10만 4,749명에서 2016년 15만 2천여 명으로 늘었다(법무부 보도자료, 2007, 8월; 법무부, 2017). 결혼이민자는 지속적으로 증가 추세였으나, 2020년 코로나 19 팬데믹의 영향 등으로 2021년 신규 입국에 따른 결혼이민자는 감소하였지만, 16만 8천여 명으로 전체적인 증가 추세는 이어지고 있다(법무부, 2022).

한국사회가 다문화사회로 이행하는 과정은 전지구적 과정이라는 보편성과 한국의 사회 문화적 특수성을 반영하고 있다. 세계화와 글로벌 자본주의의 가속화, 냉전시대의 붕괴 등은 국경을 넘는 인구, 자본, 매체, 기술, 문화 요소들을 더욱 증가시켜 왔다. 이러한 흐름들은 세계 여러 국가들을 막론하고 보편적인 현상으로 나타나고 있다.

국경을 넘는 인구 이동과 관련하여 한국사회의 변화 경향은 다음과 같이 요약될 수 있다. 첫째, 국제결혼이 늘어나면서 혼혈이 증가하고 민족 정체성이 복잡해져 가는 점이다. 둘째, 이주노동자, 유학생, 파견근무자 등이 늘어나면서 외국인 구성비가 급격히 늘어나고 있다. 셋째, 우리나라를 찾는 외국 여행객이 지속적으로 늘어가고 있다. 넷째, 부모의 유학이나 해외 근무 중에 외국에서 출생하여 자란 이른바 '귀국 자녀'들이 늘어나고 있다. 다섯째, 장단기 여행, 해외 유학, 조기유학 등으로 다른 언어나 문화권의 체류 경험자가 증가하고 있다. 여섯째, 세계화 물결을 타고 외국의 언어나 문화학습에 대한 사회적 요구가 급격히 늘어나고 있다. 일곱째, 각 급 학교에 다양한 민족, 언어, 문화배경을 가진 학생들이 현저히 늘어나고 있다(조용환, 2008). 이러한 변화 경향을 배경으로 우리사회의 다문화 및 청소년문화에 대한 논의를 살펴보고자 한다.

1. 글로벌 이주의 증가와 한국사회 변화

(1) 글로벌 이주의 증가[1]

유구한 역사를 거슬러 인구의 이동은 지속적으로 이루어져왔다. 하지만 인구이동 패턴은 시대에 따라 달라지고 있으며, 이는 경제 변화, 정치적 역동, 국가 내외 갈등과 관련하여 새로운 흐름을 만들고 있다. 이주의 다양성에도 불구하고 중요한 역할을 하는 일반적 경향들이 있는데 그것들은 다음과 같이 요약된다(Castles & Miller, 2003).

첫 번째는 이주의 지구화이다. 많은 국가들은 동시 다발적으로 인구이동의 영향

1) 이 절은 필자가 연구책임자로 참여한 조혜영 외(2007),'다문화가족 자녀의 학교생활실태와 교사·학생의 수용성 연구'에서 작성한 내용을 활용하였음을 밝힙니다.

을 받게 된다. 또한 이주민 출발지의 다양성이 보다 증가하고 있으며, 대부분의 이민 국가들은 다양한 경제, 사회, 문화적 배경을 가진 이민자들을 받아들이고 있다.

두 번째는 인구이동의 가속화이다. 현재 모든 지역에서 국가 간 인구 이동 규모가 급증하고 있다. 이러한 양적 증가는 유입 국가들로 하여금 정부 정책의 긴급성과 어려움을 가중시키고 있다. 그러나 1993년 이후 망명자의 수가 감소하고 있으므로, 피할 수 없는 과정은 아니며, 정부 정책은 국제 이주를 막거나 감소시킬 수도 있다.

세 번째는 인구이동의 분화이다. 대부분의 국가에서 단지 한 가지 형태의 이민만 있는 것은 아니며, 노동이민, 망명, 영주 정착 등 다양한 유형의 인구이동을 동시에 겪고 있다. 전형적으로 이주의 연망(chain)은 한 가지 유형으로부터 시작되어 다른 형태로 연결된다.

네 번째는 이주의 여성화이다. 여성은 모든 지역과 대부분의 이민 유형에서 중요한 역할을 하고 있다. 과거에는 대체로 노동이민과 망명이 남성 위주로 이루어져 왔으며, 여성은 대부분 가족의 범주 안에서 고려되어왔다. 하지만 1960년대 이후 여성은 노동 이동에서 중요한 역할을 차지하고 있다.

다섯 번째는 인구이동의 정치화이다. 세계 각국의 국내 정치, 국가 간의 정치, 지역 관계와 국가 안보정책 등이 국제 인구이동의 영향을 받고 있다.

아시아지역의 인구 이동은 1980년대 이후 비교적 새롭게 부각되고 있으며, 이주의 주요 특징은 여성 이주의 증가로 규모에 있어서 여성이 남성을 앞서고 있다. 특히 필리핀, 인도네시아, 스리랑카 출신 가사 노동자들(domestic workers)의 일본, 대만, 한국으로의 이동이 증가하고 있다. 아시아의 성산업과 연결된 여성 이주와 결혼 이민을 통한 이주 등이 여성 이주에 포함되어 있다(Massey et al. 2005). 아시아의 인구 이동에서 점차 그 영향력이 커지고 있는 한국은 이제 점차 노동력 유입 국가로 자리 잡고 있으며, 노동력 유출은 감소하고 있다. 주로 중국, 카자흐스탄, 인도네시아, 베트남, 스리랑카, 타일랜드, 몽고, 필리핀 등지에서 이주 노동자들이 유입되고 있다(Van Arsdol, Jr. et al. 2005).

국경을 넘는 이주가 보편적으로 증가하고 있지만 다양한 흐름들에 대처하는 방식은 국가가 처한 여건에 따라 다르게 나타나고 있다. 국가의 정치적 성향, 사회

경제적 여건, 다문화와 관련된 경험 등은 개별 국가들이 다문화사회에 대처하는 방식을 다르게 하고 있다. 특히 소수자들이 자신의 집단 이익을 위해 직접 권리와 요구를 주장하여 성취해냈던 호주, 캐나다, 미국 사회와는 다르게 한국사회에서의 다문화주의 논의는 관주도이거나 시민단체, 종교단체들이 주도하는 방식이 주를 이루고 있다(윤인진, 2007).

(2) 한국사회에서의 특징

① 한국체류 이주민과 외국인 수 증가

글로벌 이주 경향은 한국사회에도 그대로 반영되어 나타나고 있다. 행정안전부의 '지방자치단체 외국인주민 현황'에 따르면 90일 이상 국내에 거주하고 있는 외국인 주민은 최초 조사 년도인 2006년에 53만 6천여 명이었으나, 2019년까지 지속적으로 증가하여 222만여 명에 이르렀다. 하지만, 2020년 코로나 19의 여파로 외국인 주민의 수는 다소 줄어들어 2021년 11월 기준 213만여 명으로 집계되었다. 이는 전체 인구의 4.1%에 이르는 수치로 2006년의 1.1%에 비해 4배 가량 증가했음을 보인다(행정안전부, 2022).

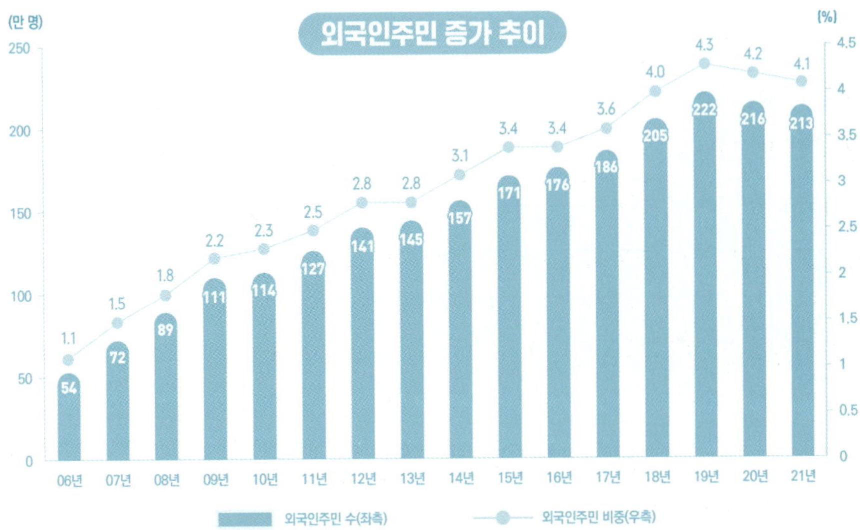

[그림 1] 외국인주민 증가 추이

※자료 : 행정안전부(2022)

외국인주민의 거주 유형별로 보면 한국국적을 가지지 않은 사람들은 77.3%(1,649,967명)로 전체의 3분의 2이상을 차지하고 있으며, 한국국적 취득자는 9.9%(210,880명), 외국인주민 자녀(출생)는 12.8%(273,722명)로 구성되어 있다(행정안전부, 2022).

② 청소년세대 인구 지형의 다문화·글로벌화

한국체류 이주민이 증가함에 따라 이주민 부모가 동반하여 한국에 입국하거나 이주민이 한국에서 출산한 자녀세대들도 증가하고 있다. 이들은 향후 한국사회의 다문화 지형을 넓혀갈 주인공들이라고 할 수 있다. 행정안전부의 자료에 따르면 2021년 기준으로 외국인주민 자녀는 289,529명으로 귀화하였거나 아직 외국국적을 보유하고 있는 자녀가 15,807명(5.5%), 출생과 동시에 한국국적을 취득한 국내출생 자녀가 273,722명(94.5%)이다. 연령별로는 아직 취학하지 않은 6세 이하가 39.6%, 만 7세에서 12세 아동이 37.6%, 중고생 연령(만 13세~18세)은 22.8%를 차지하고 있다(행정안전부, 2022).

〈표 1〉 외국인주민 자녀 현황

구분	합 계			국내출생 자녀			귀화 및 외국국적 자녀		
	계	남	여	소계	남	여	소계	남	여
'21년	289,529	147,612	141,917	273,722	140,099	133,623	15,807	7,513	8,294
'20년	275,990	140,750	135,240	261,646	133,904	127,742	14,344	6,846	7,498
증 감	13,539	6,862	6,677	12,076	6,195	5,881	1,463	667	796
비율(%)	4.9%	4.9%	4.9%	4.6%	4.6%	4.6%	10.2%	9.7%	10.6%

출처: 행정안전부(2022)

〈표 2〉 외국인주민 자녀 연령별 현황

구 분	계	만6세 이하	만7~12세	만13~18세
숫자	289,529	114,555	108,953	66,021
비율(%)	100	39.6	37.6	22.8

출처: 행정안전부(2022)

학교에 재학하고 있는 다문화학생의 비율도 꾸준히 증가하고 있다. 출산율의 감소 등으로 전체 학생수는 전반적으로 줄어드는 반면, 다문화학생 수는 해마다 증가하는 추세로 전체 학생수 대비 비율도 2012년 0.70%에서 2021년에는 3.00%로 증가하였음을 보인다.

〈표 3〉 다문화학생 증가 추이

(단위: 명)

연도 인원수	2012	2013	2014	2015	2016	2017	2018	2019	2020	2021
다문화 학생 수(A)	46,954	55,780	67,806	82,536	99,186	109,387	122,212	137,225	147,378	160,058
전체 학생 수(B)	6,732,071	6,529,196	6,333,617	6,097,297	5,890,949	5,733,132	5,592,792	5,461,614	5,355,832	5,332,044
다문화 학생 비율 (A/B *100)	0.70%	0.86%	1.07%	1.35%	1.68%	1.91%	2.19%	2.51%	2.75%	3.00%

출처: 교육부(2022a)

2022년 교육부의 자료에서는 일반학교 및 각종학교에 재학하고 있는 다문화학생 현황을 16만 여명으로 제시하고 있다. 다문화학생으로 범주화되는 대상은 국제결혼가정의 국내 출생 자녀와 중도 입국 자녀를 포함하고 있으며, 외국인 사이에서 태어난 자녀 등을 포함하고 있다. 초등학교 재학 중인 다문화학생이 11만 천여 명으로 가장 많은 비중을 차지하고 있으며, 중학생은 3만 4천여 명, 고등학생은 1만 4천여 명으로 집계되고 있다.

〈표 4〉 다문화학생 현황

(단위 : 명)

구분		초	중	고	합계
국제결혼 가정	국내 출생	86,410	25,430	10,255	122,095
	중도 입국	4,969	2,801	1,657	9,427
외국인가정		20,051	5,817	2,668	28,536
합 계		111,430	34,048	14,580	160,058

출처: 교육부(2022a)

글로벌 이주를 형성하는 주요 흐름 중에는 유학생의 이동도 포함된다. 한국 사회도 예외는 아니다. 한국으로 유학을 오는 외국인 유학생 수는 해가 거듭될수록 증가하고 있다. 2003년에 1만2천여 명이었던 국내 유학생 현황은 2019까지 지속적으로 증가하여 16만여 명으로 증가하였다. 2020년 코로나 19의 여파로 2021년에는 15만여 명으로 감소하였지만, 2022년에는 다시 늘어 16만6천여 명으로 증가한 상황이다. 이러한 추세는 대학별 유학생 유치노력 가속화, 국내 유학에 대한 적극적 홍보 및 지원증대 등의 정책으로 지속적으로 이어질 전망이다. 이들이 학업을 진행하거나 학업을 마친 후 한국에 체류하며 가족을 형성하게 될 경우 한국사회의 다문화 경향은 더욱 가속화될 것이다. 이처럼 유학을 목적으로 국경을 넘는 인구이동도 한국사회의 글로벌화와 다문화 경향을 가속화시키는데 일조하고 있다.

〈표 5〉 유학생 현황

년도	2003	2004	2005	2006	2007	2008	2009	2010	2011	2012
유학생수	12,314	16,832	22,526	32,557	49,270	63,952	75,850	83,842	89,537	86,878
년도	2013	2014	2015	2016	2017	2018	2019	2020	2021	2022
유학생수	85,923	84,891	91,332	104,262	123,858	142,205	160,165	153,695	152,281	166,892

출처: 교육부(2022b)

2절 다문화사회의 진전과 청소년 인식 개선 과제

1. 일반청소년들의 다문화 인식

우리사회는 아직 다문화사회로 나아가는 초기 단계이기 때문에 다문화나 다양성에 대한 인식 수준이 성숙되지 못한 상황이다. 다문화에 대한 인식 개선을 위해서는 일반 청소년들을 대상으로 하는 다문화수용성 교육이 필요하다. 다문화수용성은 대체로 서로 다른 문화적 배경을 대할 때 자기중심적 태도에서 벗어나 타인을 이해하고자 노력하는 태도로, 자신과 다름을 인정하고 종교, 관습, 성적 취향, 성별 등 다양성에 따른 차이를 편견 없이 받아들이고자 하는 태도이다(한국청소년정책연구원, 2015: 328). 인식 개선은 단기간에 가능하지 않기 때문에 지속적이고 장기적인 교육과 홍보가 필요하며, 일상생활에서의 실천과 개선 노력이 이루어져야 한다.

전반적으로 일반 청소년들의 다문화와 관련된 인식과 실천 수준은 지극히 피상적이라고 할 수 있다. 특히 일상생활에서 다양성과 다름, 자신과 다른 배경에서 온 청소년들과의 상호작용 기회가 많지 않기 때문에 이들의 인식과 실천은 조화되지 못한 상황이라고 할 수 있다.

(1) 일반청소년의 다문화수용성

일상생활에서 청소년들이 갖는 다문화가정 자녀들과의 상호작용 경험은 지속적인 관계 형성이 아닌 이웃이나 학교 등에서 '보거나' 일회적으로 부딪히는 경우가 대부분이다. 2008년에 실시된 조사에 따르면 국내에서 외국인이나 다문화가정 자녀를 본 경험이 있는지에 대해서는 전체의 84.2%에 해당하는 2,703명의 청소년들이 접촉경험이 있다고 응답하였다. 응답을 살펴보면, 주로 길거리나 동네에서 보았다고 응답한 비율이 각각 48.6%와 13%인 것으로 나타나, 대략 응답자의 61.6%가 외국인이나 다문화가정 자녀를 피상적 수준에서 접촉한 것으로 나타났다. 이에 비해, 같은 반이나 학원에서 보았다고 응답한 비율은 각각 3.1%와 4.6%로 나타나, 정기적으로 접촉을 하고 있는 경우는 7.7% 정도였다. 대체로 청소년들은 외국문화 접촉경험이 부족한 편이라고 할 수 있으며, 국내에서 외국인이나 다문화가정 접촉경험도 적고, 접촉의 질도 매우 피상적 수준인 것으로 나타났다(한국청소년정책연구원, 2008).

한편, 청소년의 다문화수용성은 성인에 비해 높은 것으로 나타났다. 다문화수용성 진단을 위해 3개 차원(다양성, 관계성, 보편성)과 8개 구성요소(문화개방성, 국민정체성, 고정관념/차별, 일방적 동화기대, 거부·회피정서, 교류행동의지, 이중적 평가, 세계시민행동의지)로 이루어진 조사도구로 측정한 결과는 이를 보여준다. 2015년 국민 다문화수용성 조사에 따르면, 일반국민의 다문화수용성 지수는 53.95인 반면, 청소년의 경우 67.63점으로 나타났다. 한편, 성별로는 여학생(69.34점)이 남학생(65.51점)에 비해 다문화수용성이 높은 것으로 나타났고, 지역규모별로는 대도시(69.05점), 중소도시(68.07점), 읍면부(65.54점) 순으로 지역규모가 클수록 다문화수용성이 높은 것으로 나타났다(한국여성정책연구원, 2015).

〈표 6〉 다문화수용성진단지수 구성

구성요소		주요 측정 내용
다양성	1 문화개방성	다양한 문화적 배경의 이주민 유입·정주 인정
	2 국민정체성	국민됨의 자격기준에 대해 다양성 인정
	3 고정관념/차별	외국인 및 이주민에 대한 고정관념과 차별
관계성	1 일방적 동화기대	이주민의 우리문화 동화 및 순응 기대
	2 거부·회피정서	이주민 접촉상황에서 비합리적인 부정적 정서
	3 교류행동의지	이주민과의 친교관계를 맺고자 하는 의지
보편성	1 이중적 평가	경제개발 수준, 문화적 배경 등에 등급을 둠
	2 세계시민행동의지	인류애와 같은 보편적 가치추구 및 실천의지

출처 : 한국여성정책연구원(2015).

한편, 청소년의 다문화 교육 경험 유무를 파악하기 위해 '지난 1년간 다문화 교육 경험이 있는지'를 알아본 결과, 25.7%(3,640명 중 937명)가 다문화 교육 경험이 있는 것으로 나타났다. 이는 2012년 청소년 조사의 28.6%보다 다소 감소한 비율이다. 한편, 다문화 교육을 받은 경험이 '있다'고 응답한 학생의 다문화수용성 지수는 69.02점으로 받은 경험이 '없다'고 응답한 학생의 67.15점보다 유의하게 높음을 보였다(한국여성정책연구원, 2012; 한국여성정책연구원, 2015). 그에 따라, 청소년들을 대상으로 하는 다문화교육이 강화될 필요성이 있음을 시사한다.

(2) 외국인이나 이주민에 대한 태도 분화

한편, 우리사회의 이주민에 대한 태도는 피부색이나 경제 수준에 따라 분화되는 경향이 있다. 즉, 경제적으로 부유한 나라나 서구권 출신일수록, 피부색이 백인에 가까울수록, 이주민에 대한 태도는 '동경'에 가까우며, 경제적으로 저개발국이나 피부색이 어두울수록 이들에 대한 태도는 부정적이거나 거리감을 더 두고 싶어 하는 것으로 나타나고 있다. 이러한 태도는 초등학생들에게서도 드러나고 있다. 이들의 타문화에 대한 관점은 일반적으로 유럽이나 서구권은 '아름답다',

'타문화이지만 빨리 적응하거나 수용하고 싶다'는 태도로 나타나며, 아프리카는 '빨리 떠나고 싶다'는 태도를 보이기도 한다. 서울의 한 초등학교 6학년 학생들은 '내가 만약 어느 날 갑자기 프랑스 파리에서 학교를 다녀야 한다면 어떻게 할 것인가? 그리고 아프리카의 콩고에서 학교를 다녀야 한다면 어떻게 할 것인가?'의 주제로 글짓기를 하였다. 그리고 인천의 한 초등학교 4학년 학생들은 백인, 아시아인, 아프리카인에 대한 경험과 생각을 쓰는 글짓기를 하였다. 그 결과 서구권, 백인에 대해서는 호의적이었으나 흑인, 아프리카 등에 대해서는 우월적 사고를 하거나 거부감을 드러내고 있다(조혜영 외, 2007).

서울 M초등학교 6학년 글짓기

1. 내가 프랑스 파리에서 학교를 다녀야 한다면..?
내가 파리에서 그냥 살 것이다. 파리는 아름다운 곳이어서 다른 나라와 차원이 달라서 내가 프랑스 말을 최대한 빨리 배워서 학교에 다니면서 프랑스 말을 마스터해서 친구도 되고 학원은 이제 한국이 아니니까 학원은 안 다니면서 프랑스 말 배우고 놀고 먹고 자고 싸고 이럴 거 같습니다. 그래서 가족들 전부다 프랑스 파리에 데려와서 다 같이 학교를 다니면서 살고 싶다. 학교가 끝이 나면 바로 집에 가서 컴퓨터를 할 것이다.

2. 내가 아프리카 콩고에서 학교를 다녀야 한다면..?
내가 차라리 그냥 비행기 타고 미국에 갈 것이다. 콩고에는 아프리카 쪽이니까 못사는 사람이 많아서 내가 그냥 비행기 타고 미국으로 갈 것이다. 미국에 와서 영어를 쫌 배웠으니까 그래도 배우기 쉬우니까 빨리빨리 영어를 배워서 가족을 불러서 살 것이다. 그래서 미국의 땅은 크니까 최고급 좋은 집을 사서 내가 집에서 타인을 불러 놓고 평생 일시키고 너무너무 편하게 살고 학교가 끝나면 집에 와서 컴퓨터를 할 것이다.

또 다른 청소년도 위의 글과 유사한 내용으로 서구와 비서구에 대한 인식을 드러내고 있다. 이문화에 대해서 불편함은 있지만 프랑스에서는 구경하고 싶은 생각이 드나, 콩고에서는 벗어나고 싶다는 생각을 하고 있다. 심지어는 아프리카에는 식인종이 있을 것이라는 생각을 하고 있다.

> 서울 M초등학교 6학년 글짓기
>
> 1. 내가 프랑스 파리에서 학교를 다녀야 한다면..?
> 얼굴이 새하얗고 눈이 파란 친구들 사이에서 난 불어를 하지 못하기 때문에 세계어인 영어로 간단히 나는 한국인이고 불어를 못한다고 설명한 뒤 계속 프랑스에서 생활한 뒤 불어도 배우고 프랑스 문화에 적응해 나간 뒤 나중에 내 꿈을 이루고 한국에 있는 우리 가족들을 찾아 나설 것이다. 아니면 6학년 때 프랑스 담임선생님께 한국에 가서 우리 가족을 찾아달라고 도움을 부탁한 뒤 가족들과 함께 프랑스로 이주하여 살 것이다.
>
> 2. 내가 아프리카 콩고에서 학교를 다녀야 한다면..?
> 내가 콩고에 이동해 있다면 콩고의 한 사람을 먹는 식인족이 있어서 식인족들이 나를 발견하고 막대에 나를 묶어 불 위에 올려놓을 것 같다. 하지만 난 살고 싶기 때문에 막대와 함께 발버둥 쳐서 멀어진 뒤 도망을 갈 것이다. 도망치다가 한국인 여행가를 만나 도움을 요청해 한국으로 돌아가려 하지만 둘 다 붙잡혀 콩고족으로 살아가게 될 것 같다.

위와 유사한 내용은 다른 초등학교 아동들의 글쓰기에서도 보여진다. 흑인과 백인, 아시아인을 만났을 때 아이들이 어떤 생각이나 느낌이 들었는지를 써보게 하였고, 절반이 넘는 아이들이 백인들에 대해서는 신기하거나 말을 걸고 싶다는 생각을 한 반면, 흑인에게는 더럽거나 무서웠다는 상반된 반응을 하였다.

> 인천 D초등학교 4학년 글짓기
>
> 마트에서 흑인들과 백인들을 보았다. 는 처음에 눈의 색이 파란색이여서 왠지 두렵고 무서웠다. 흑인들은 무서웠지만 백인들은 좀 안 무서웠다. 나는 처음에 참 신기하였다. 왜냐하면 눈의 색이 파랑색인 사람은 처음 보았기 때문이다. 나중에 백인들이 참 재미있었다. 백인들이 어디로 가야하는지 몰라서 두리번거렸기 때문이다. 나는 그것이 참 재미있었다. 그런데 도대체 외국인은 왜 눈이 여러 색깔일까? 나는 그래도 두렵긴 두려웠다.

> 인천 D초등학교 4학년 글짓기
>
> 백인 AND 흑인을 보았을 때의 내 생각
> 나는 백인들을 보면 왠지 영어로 말하고 싶어서 떨린다.
> '나에게 말을 걸어주면….'
> 하지만 흑인들을 볼 때는 괜히 불쾌하다.
> '아…. 짜증나. 하필 흑인이야'라는 생각을 한다.
> 나는 흑인들이 짜증난다. 왜냐하면 피부색이 까만색이면 더러워 보이기 때문이다.
> (흑인과 백인과 대화하는 그림)

2. 다문화사회의 진전과 인식 개선 과제

한국사회가 점차 다문화사회로 진전해 감에 따라 그간 한국사회에서 사용되었던 일상적인 용어의 개념이 변화해가야 하는 시점에 놓여있다. 우리가 그동안 별 의문 없이 사용하던 한국인, 단일민족, 한민족, 다문화 등 다양한 용어가 일상생활에서 보다 주의 깊게 사용되어야 할 것이다.

(1) 정체성의 변화: '한국사람'의 의미가 변화하고 있다

이제 우리사회는 '한국사람'이 더 이상 '한민족'이며 '황인종'이고 한국어를 모국어로 하는 사람을 의미하지 않음을 깨달아야 한다. 국적은 '한국'일지라도 피부색, 모국어, 문화적 배경은 다양할 수 있다는 것이다. 과거에는 국적과 민족적 배경의 구분이 없이 정체성을 물을 때 한국사람은 한민족임을 의미하는 경우가 대부분이었지만 이제는 한국사람이면서 황인종이 아니거나, 한민족이 아닌 다양한 인종이나 민족 출신이 등장하고 있는 상황인 것이다. 피부색이 다르고 한국어가 모국어가 아니지만 한국인과 결혼하여 한국에 살고 있거나, 한국으로 이주하여 한국사회의 구성원이 되고 있는 경우가 늘어나고 있기 때문이다. 결국 한국 사회의 구성원이 다양해지고 있으며 우리사회도 이제 다인종, 다민족, 다문화사회로 진전하고 있음을 인식해야 할 것이다. 그에 따라 다양성에 대한 인식이 일상생활에서 자연스럽게 체화되고 드러날 수 있도록 해야 할 것이다.

아직 우리사회에서는 한국인이라는 의미가 여전히 외모 상 한민족이며 한국어를 모국어로 사용해온 사람들이라는 인식이 지배적이다. 이러한 인식은 청소년들의 일상생활에서도 드러나고 있다. 특히 학교 상황에서 외모가 전형적인 한민족이 아니거나 외국에서 이주해 온 청소년들의 경우 한국사람이냐 아니냐를 따지며 대화의 화제에 올리는 것은 이들 청소년들에게 상처를 주는 행위가 된다.

부모 중 한 명이 이주민이지만 한국에서 결혼하여 한국 국적을 가지고 살아가고 있는 경우도 외모에서 오는 차이 등으로 외국인이라고 놀림 받는 경우가 생기기도 한다. 엄연한 한국 국민임에도 불구하고 이들의 외모 상 차이는 이들의 한국인 정체성에 대해 종종 불편함을 감수해야 하는 상황에 부딪히게 한다.

다문화 배경을 가진 청소년들이 긍정적인 태도로 현실에 대처하고자 함에도 불구하고 주변의 인식은 그만큼 성숙되어 있지 않은 경우가 많다. 아빠가 네팔인인 한 청소년은 다문화가정 자녀라는 것이 오히려 장점이 될 수 있다고 말한다. 아빠가 다른 나라 출신이기 때문에 일반적인 한국아이들이 알지 못하는 다른 문화를 알 수 있다는 것이 장점이라고 지적한다. 하지만 현재 한국인으로 살고 있는 자신과 아빠에 대해서 지속적으로 주변에서는 외국인이라는 인식을 갖고 있는 것에 대해서는 여전히 불만을 표하고 있다(한국청소년정책연구원, 2009).

질문자: 그러면 혹시 학교 다니거나 바깥에 다니면서 아빠가 네팔분이어서 불편하거나 힘들었던 것도 있었어요?
김로준: 불편하지는 않고요, 아빠가 네팔 사람들이라는 거 맨날 말하고 다녀요.
질문자: 뭐라고? 어떻게요?
김로준: 우리아빠는 다른 나라 사람이어서 좋다고.
질문자: 어떤 면에서 좋다고 얘기해요?
김로준: 다른 문화를 알 수 있어서. (중략) 나는 외국인이 아니라, 둘이 섞인 혼혈인이라고 그렇게 말했는데요. 아직도 외국인이라고 해요.

민족이나 인종이 다르지만 엄연한 한국사람으로 살아가는 경우도 증가하고 있는 반면 외모 상으로 한민족이지만 국적으로는 한국인이 아닌 경우도 있다. 한국을 방문하거나 체류하고 있는 재외동포들이 이러한 경우에 해당된다. 아래의 인터뷰는 한국에 유학을 온 조선족 학생의 말이다. 국적과 민족의 구분에 대해서 생각해 볼 수 있다(한국청소년정책연구원, 2009).

> 권서화: 나는 어렸을 때부터 계속 중국에서 자라서 '나는 중국인이다'라는 생각이 많았습니다. 대학교를 입학하고 나서 한국사람들을 많이 접하고 나니까 한국사람들의 입장에서는 '저희 할머니, 할아버지가 한국에서 건너가고 우리가 말이 통해서 우리는 한민족이다' 그래서 '한국인이다'라고 말했는데, 중국에 사는 조선족들의 입장에서는 그렇지 않습니다. 왜냐하면 중국인은 56개의 민족이 있는데 모든 민족을 합쳐서 중국인이라고 하고 있습니다. 그 민족 중 하나가 조선족이라고 하고 있습니다. 우리들은 그런 것들을 배우고 접하기 때문에 나는 중국인이라고 하는 그런 것들이 있습니다. 저희들 같은 경우에는 중국 국적이 있고 중국 법에서도 한 개의 민족으로 인정받고 있습니다. 그래서 중국인이라고 생각합니다. 지금은 '중국 조선족이다'라고 말하고 있습니다.

결국 국적, 민족, 언어 집단의 경계가 모두 일치하는 것이 아님을 알 수 있다. 한민족이지만 한국인이 아닌 경우가 있으며, 한국어가 모국어가 아니지만 한국인으로 살아가기도 한다. 타민족이지만 한국에서 태어나 한국어가 모국어가 될 수도 있으며, 한국인으로 살아가기도 한다.

(2) 출신국별 문화가 다문화를 뜻하지는 않는다

지금까지 주로 한국사회에서 통용되고 있는 다문화주의 담론은 기본적으로 고전적인 문화인류학의 문화 개념에 입각해 있었다. 즉, 문화의 단위를 민족집단이나 국민국가라고 전제하면서 하나의 민족집단은 하나의 문화를 갖는다고 가정하고 있다. 이는 집단이나 개인들이 다수의 문화를 갖거나 다수의 아이덴티티를 가질 수 있다는 가능성을 충분히 고려하지 않고 있는 것이다(한경구 · 한건수, 2007).

현대 인류학에서는 특정 문화집단에 속한 성원들이 동질적으로 해당 문화를 공유하지 않음을 인정한다. 개별 집단에 속한 성원들일지라도 다양하고 이질적인 문화요소들을 갖고 있으며 자체적으로 끊임없는 경쟁과 타협을 통해 지속적으로 변화해 가는 것이라고 설명한다. 어느 한 시점에서 볼 때 특정 문화의 주류를 묘사할 수 있지만 그 문화는 내부의 경쟁과 타협을 통해 다른 시점에서는 전혀 다른 문화로 변화할 수 있다는 시각이다. 따라서 다문화주의가 전제하는 다양한 문화집단이나 문화 역시 고정된 실체가 아니라 개별 문화집단 내에서 또는 문화집단 간의 경계를 넘나들며 변화하는 역동적인 과정으로 보아야 할 것이다. 그럼에도 불구하고 대부분의 다문화주의 담론은 개별 문화들을 고정된 실체로 보는 우를 범하고 있다(한경구 · 한건수, 2007). 문화가 상상의 공동체를 규정하는 하나의 깔끔 명료한 경계를 가진 실체라는 가정은 문화와 민족 집단을 동일시했으며 이러한 가정은 여전히 다문화주의와 문화적 다원성에 대한 대부분의 논의에 적용되어 왔다(Bottomley, 1991).

이러한 관점은 특정 국가 출신의 이주민들의 행위양상을 단순하게 일반화시켜 바라보게 함으로써 집단의 문화와 개별 구성원들의 행위양상을 동일시하게 한다. 다양한 문화요소들이 서로 갈등하고 공존하는 복잡한 문화의 지형에서 온 이주민을 출신 국가별로 단순화된 문화적 틀로 이해해서는 안 된다. 문화의 지형은 종교, 사회계층, 성별, 출신지역 등 여러 가지 변수의 결합으로 복잡화된다. 이것 이외에도 취향집단에 따라, 교육배경에 따라 더욱 복잡한 지형을 그리게 된다. 이주민들은 같은 국가 출신이라도 종교, 사회계층, 성별, 출신 지역 등에 따라 개별 행위자들의 행위양상, 체화된 문화의 모습과 그 표현방식은 달라질 수 있다는 것이다. 즉, 필리핀 출신 결혼이민자라고 해도 이들의 종교, 사회계층, 출신 지역, 나아가 이들의 생애경험은 개별 행위자의 문화적 레퍼토리(cultural repertoire)를 다르게 구성하게 하는 것이다(조혜영, 2007).

결국, 다문화교육이 단순히 국가별 다양한 문화사례 나열이나 각국의 전통문화 소개, 축제나 명절 소개, 박제화된 관습 소개 등에 그칠 때 오히려 현장에서 부작용을 일으키기 쉽다. 다양한 배경을 가진 이주가정 자녀들을 단지 특정 국가 출신, 혹은 부모 중 한 명이 특정 국가 출신이라는 변인으로 이해하는 것은 지나치게 단순화된 일반화를 초래할 수 있다. 한국 사람일지라도 지역이나 사회경제적 배경, 연령대, 성별, 개인적 가치 지향, 교육적 배경 등 다양한 요소들과 관련하여 수많은 다양성을 보이는 것을 고려한다면, 단지 필리핀이나 베트남 출신이라는 이유로 같은 국가 출신 이주민이나 이주민 자녀들을 동질적으로 이해하려 하는 것은 지나친 단순화의 오류를 범할 수 있음을 인식해야 한다. 필리핀이나 베트남이라는 문화적 배경을 고려하되 이것이 개별 이주민이나 이주민 자녀들의 속성과 동일시되어서는 안 된다는 것을 염두에 두어야 할 것이다. 각 출신 국별로 문화적 경향성은 있을 수 있지만 그 문화를 체화하는 정도는 개별 구성원에 따라 다르기 때문이다. 다문화가정 자녀 혹은 이주노동자 자녀가 특정 국가 출신이므로 정형화된 문화적 틀에 맞춰 이해하는 것은 문화결정론적 사고의 오류를 범할 수 있으며 오히려 제대로 된 이해를 방해하게 된다.

(3) 다문화 이해가 물질문화적 요소의 이해에 그쳐서는 안된다.

다문화 이해를 위해서는 문화를 구성하는 물질적 요소를 파악하는데 그쳐서는 안된다. 즉 문화의 표피적인 측면에만 초점을 맞추어 문화적 다양성을 바라보지 말아야 한다. 음식, 옷, 공예품, 문학, 언어, 축제 등 문화의 표면적 구성요소에만 집착하면 정작 중요한 사고방식이나 생활양식, 문화의 수용 및 타협과정에 있는 행위자들에 대한 이해를 간과하기 쉽다. 타문화를 제대로 이해하기 위해서는 단순히 문화적 유물이나 관행을 소개하는 것으로는 충분치 않다. 이러한 방식의 문화 이해는 문화를 정태적이고 본질적인 것으로 대상화하며, 각 민족에 대한 스테레오타입을 형성하게 된다. 즉, 한 나라의 문화는 다양한 요소들로 구성되어 있으며 지속적으로 변화하는 과정에 있는 것인데 특정 시점에 만들어지거나 추상화된 문화적 특징을 가지고 현재의 사람들을 이해하는 오류를 범하게 되는 것이다.

(4) 문화를 구성하는 행위자의 역할을 중요하게 인식해야 한다.

문화의 과정적, 역동적 개념과 함께 염두에 두어야하는 것은 문화를 나름대로의 입장에서 수용, 거부, 타협하는 에이전트(agent)로서의 행위자를 고려하는 것이다. 국가에 따라 또 집단에 따라 여러 문화가 있지만 이것을 체화하는 정도는 행위자에 따라 다를 수 있음을 인식해야 한다. 즉, 같은 문화권의 사람들이라 할지라도 개인의 생애과정 및 인생철학에 따라 문화를 체화하는 정도가 다르다는 것이다.

결국, 다문화가정 자녀들을 제대로 이해하고자 할 때 이들을 문화의 수인(囚人)이 아닌, 능동적 에이전트로 바라봐야 할 것이다. 예컨대, 몽골 이주노동자 자녀들이라 할지라도 이들이 몽골의 문화적 관행을 고스란히 가지고 와서 학교에서 생활하거나 일상에서 생활을 하는 것은 아니다. 물론 몽골식 관행과 언어, 기본적인 생활습관을 가지고 있겠지만 이것이 한국의 일상생활에서 그대로 펼쳐지는 것이 아니라 주어진 상황에 따라 자신이 가지고 있는 문화의 레퍼토리 중 적절한 것을 차용하여 행위를 해 나가는 것이라고 봐야 한다(조혜영, 2007).

문화는 주어진 사회·역사적 조건과 관계들로부터 발달된 의미와 가치를 포함하는 구성적인(constitutive) 사회 과정으로 접근되어야 한다. 사람들이 처해있는 존재조건에 반응하며 자신의 존재에 대한 이해를 통해 만들어낸 전통과 실천들이 문화인 것이다(Bottomley, 1991). 이와 유사하게 민족(ethnicity) 역시 정태적이고 본질적인 것이 아니라 구성적인 것이며, 전체 국가나 역사적 담론과의 관계 속에서 형성되는 것이다(Hall, 1988).

3. 이주배경 청소년 역량강화[2)]

다문화적 요소의 증가가 사회 갈등을 초래하는 방향이 아니라 다양성을 통하여 새로운 창조가 가능하고 사회적 활력을 증진시키는 방향으로 가기 위해서는 사회의 주요 잠재력이라 할 수 있는 이주배경을 가진 청소년들이 적극적으로 한국사회에 참여할 수 있도록 해야 할 것이다. 그렇다면 이주배경 아동·청소년의 사회참여가 활발하게 이루어질 수 있도록 이들의 역량을 강화하기 위해 어떻게 해야 할 것인가? 무엇보다 이주배경 청소년들에 대한 지원 방안으로 일방적인 한국사회로의 동화를 강요하는 것은 바람직하지 않다. 현재, 다문화가정 자녀들에 대한 지원으로 한국어 지원, 한국문화 습득 지원, 학습 지원 등을 통해 한국학교와 한국 사회에의 빠른 적응을 목표로 하고 있다. 하지만 한국사회로의 일방적인 동화를 추구할 것이 아니라, 다중적 정체성을 활용할 수 있도록 하는 방안이 모색되어야 할 것이다.

한편, 한국학교에 어느 정도 적응하여 우수한 학업성취를 보이는 이주민 자녀들은 이제 모국의 언어를 잊어버리고 부모와 모국어로 원활하게 의사소통하는데 어려움을 보이고 있다. 또한 결혼이주민 자녀들은 한국인이 아닌 부모의 모국어에 대해 학습할 수 있는 여건이 조성되지 못하고 있다. 한국사회가 글로벌 인재 양성을 부르짖고 있음에도 불구하고 글로벌 인재의 여건을 갖춘 이들 다문화가정 자녀들의 잠재역량을 제대로 활용하지 못하고 있는 것이다. 이들이 가진 이중언어 및 이중문화적 자원을 적극적으로 발휘할 수 있도록 여건을 조성하고, 국가간 교류 등에 참여하는 인적자원으로 성장할 수 있도록 해야 할 것이다.

(1) 혼종성(hybridity)에 대한 존중

이주민의 정체성 모색을 위한 대안 중 하나로 '혼종적 정체성'이 제안되고 있

2) 이 부분은 한국청소년정책연구원(2009)의 『미래한국사회 다문화역량강화를 위한 아동청소년 중장기 정책방안연구』에서 필자가 작성한 부분을 재구성한 것임을 밝힙니다.

다. 서로 다른 배경들 간의 '상호 의존'과 '상호 침투'를 '혼종성(hybridity)'이라는 용어로 설명할 수 있다. '혼종성'은 서로 다른 인종 · 언어 · 문화 · 전통 · 관습을 가지고 살아왔던 사람들이 '접촉'과 '공존'을 통해 함께 살아갈 때, 일방적으로 영향을 주는 것이 아니라 '상호 영향'을 준다는 것을 인식하는 것이다. '혼종성'에 기초한 이주민의 정체성은 '흡수'와 '동화'가 아닌 '상호 관계'에 주목한다. '혼종적 정체성'은 한국 사회의 구성원과 이주민이 '상호 연결'과 '상호 침투'를 통해 새로운 대안적 정체성을 형성하는 과정이다(박흥순, 2008).

이러한 혼종성은 '문화를 넘나드는(transcultural)' 정체성으로도 불린다. 즉, 혼종적 민족 정체성은 단순히 두 문화를 아우르는 것을 넘어서서 보다 다양한 문화들 중에서 선택을 하며 형성하게 된다. 특히 이주민 자녀들은 부모 문화의 요소들, 새로 이주해 간 사회의 문화들, 그리고 지속적으로 만들어지는 글로벌 청소년 문화 등을 가로지르며 정체성을 형성해 간다. 또한 이주민을 받아들이는 사회의 청소년들은 이주 청소년들로부터 다른 시각이나 습관, 잠재력 등을 받아들이고 통합하면서 문화적 지평을 넓혀 간다(Suarez-Orozco, 2004).

다문화 청소년들의 역량개발과 관련된 논의는 비단 한국사회에 국한된 문제는 아니다. 국경을 넘는 이주민의 증가와 지구화(globalization)로 인하여 문화적, 언어적 자원들의 혼종(hybridity)이 초래되고 있고 세계적으로 이에 대한 논의가 활발히 이루어지고 있다(Hutnyk, 2005; Kraidy, 2005; Kalra et al., 2005; Nilan & Feixa, 2006). 이민자들로 이루어진 북미사회의 경우 이주해오기 전에 가지고 있는 언어적, 문화적 전통과 정착한 미국사회에서의 언어 및 문화를 아우르는 이중적, 다중적 언어사용을 통한 창작물 등에 대해서 높이 평가를 하고 있다. 예컨대, 유명한 작가인 Saul Bellow와 Philip Roth도 유대어를 통하여 영어를 더 풍부하게 하는 작업을 했다고 평가받는 등 문화적, 언어적 혼성성은 기존에 없던 새로운 것들을 만들어 냄으로써 창조성을 생산해내는 통로라고 인식되고 있다(Fischer, 1986; Bhabha, 1990; Lowe, 1991). 또한 다양성의 공존은 발달을 위한 하나의 맥락이 되며 교실에서의 학습을 촉진시킬 수 있는 역할을 하고 있다고 보고된다(Guiterrez et al. 1999).

(2) 건강한 정체성 인식 계기 마련

한국사회 다문화 청소년들의 경우 한국사회에 이주하거나 국제결혼가정에 태어나 성장하는 과정은 대체로 한국사회에 가급적 빨리 적응하고 동화하는 과정이 주를 이룬다. 이러한 정체성 형성과정은 외국사회에서 이주민으로 성장한 한인 청소년들에게도 나타났다. 하지만 이들은 대학교에 진학하거나 청소년기를 지나면서 자신들의 이주민 정체성, 이중 문화적 배경이 문화적 자산이 될 수 있음을 인식하게 된다. 한 가지 언어나 문화만을 주로 알고 있는 다수자와 달리 다문화적, 다언어적 배경을 살린다는 것이 자신들의 정체성 형성에 긍정적으로 작용하고 있음을 깨닫는 것이다. 결국 한국사회 다문화 청소년들이 스스로를 건강하게 인식할 수 있는 기회를 다양하게 마련해 주는 것은 매우 중요한 사안이다. 강요되거나 부여되는 정체성이 아니라 자율적으로 만들어가는 정체성이 부각되어야 한다.

정체성은 항상 변화하고 있으며 형성되는 과정에 있다(Hall, 1996). 미국이나 독일 등 다문화사회에서 태어나거나 어린 시절 이주하여 그 사회의 소수집단 구성원으로 성장해 온 사람들의 경우 청소년기에는 대부분 자신의 소수자, 이주민 정체성에 대해 부정적인 인식을 가지고 있었다. 하지만 자신의 모국이나 어머니 나라의 역사나 문화적 배경에 대해 외면하거나 별 관심을 두지 않은 채 성장하다가 삶의 어떤 계기를 통하여 자신의 문화적 배경이 장점이 될 수 있음을 깨닫는다. 이러한 계기는 자신이 살던 지역을 떠나 다양한 소수민족 집단을 만나거나 자신의 배경과 비슷한 사람들을 만나게 되는 20대 후기 청소년 시기에 주로 발생한다(Kibria, 1999).

이처럼 이주민의 정체성은 한 국가와 사회의 구성원을 표현하는 자기 인식이나 형편에 따라 변화할 수 있는 유동적이고 가변적 개념이라 할 수 있다. '정체성'이란 언제든지 변화할 수 있으며 시대와 상황에 따라 다양하게 형성될 수 있는 가능성에 주목해야 한다. 스튜어트 홀(Stuart Hall)은 정체성의 가장 중요한 요소로 변화 가능성을 지적한다(Hall, 1996). 한 국가와 사회의 구성원이 지닌 자기 인식의 표현인 '정체성'은 불변하는 보편적 개념이 아니다. 이주민의 정체성은 새로운 환경과 상황에서 지속적으로 변화되어 새롭게 생산되고 있으며, '다양하고 혼종적인 정체성(multiple and hybrid identity)'으로 거듭나기도 한다. 즉, 이주민은 둘 이상의 '정체성'을 가지면서 계속해서 새로운 정체성을 형성하는 사람들이라고도 볼 수 있다(박홍순, 2008).

이주민의 정체성은 현재 한국사회에서 다수자들에 의해 부여되는 정체성이 아니라 다양한 문화적 배경을 융합하여 스스로 만들어가는 정체성이 될 수 있도록 해야 한다. 이러한 상황은 다수자에게도 해당되어야 할 것이다. 즉, 우리와 타자, 혹은 한국인과 이주민을 구분하는 명확한 경계는 없으며, 우리 안에서 지속적으로 다양한 분화가 일어나고 있음에 대해 인식해야 하는 것이다.

(3) 이중 문화, 이중 언어 역량개발 지원

과거에 이민자는 고국을 떠나 새로운 사회에 적응하여 고국과의 유대를 끊은 사람들로 개념화되었으나, 근래에는 고국을 떠나 새로운 사회에 정착을 하였어도 지속적으로 고국과의 관계를 유지하는 삶을 살아가는 사람들이라고 개념화하고 있다. 이러한 이민자들(immigrants)은 transmigrants라고 불린다. 최근에 이민자들은 국경 및 국적을 초월하는 삶을 살며, 그들의 고국과 강한 유대를 유지하는 경향이다. 이는 그들의 고국이 현재 주재국과 지리적으로 먼 위치에 있는 경우에도 해당된다. 이처럼 지리적, 문화적, 정치적 경계를 넘나드는 삶을 사는 사회 현상은 초국주의(transnationalism)로 설명되고 있다. 이민자들은 국경을 가로질러 가족, 경제적, 사회적, 조직적, 정치적 관계를 발전시키게 되는데, 이러한 이민자들의 고국과 현재 거주국 사이의 다중적 관계는 오늘날의 글로벌 흐름인 초국주의(transnationalism)의 핵심 요소로 고려된다(Glick Schiller, Basch, & Blanc-Szanton, 1995; Glick Schiller 1999a, 1999b).

이주의 경험이 있거나 이중문화적 배경을 가지고 성장한 사람들일수록 새로운 환경에 적응하거나, 이질적인 사람을 만나 상호작용하는 능력이 뛰어나다고 평가되고 있다. 이러한 자질은 OECD DeSeCo에서 제시하는 세 가지 핵심역량 중 하나인 다양한 사람들과의 상호작용하는 능력(Rychen & Salganik, 2003)이 뛰어날 수 있음을 의미한다.[3] 서로 다른 문화와 언어들 사이에서 보다 원활하게 움직일 수 있는 능력은 사회적 이점으로 작용한다. 특히, 이중문화와 이중언어적 역량은 변화하는 상황에서 보다 유연하게 적응할 수 있도록 하는 강점으로 작용한다. 이러한 능력은 사업이나 외교, 사회 서비스 분야의 전문가들에게도 유리한 요소로 작용한다(Suarez-Orozco, 2004).

글로벌 인재로 성장할 수 있는 기반으로 작용하는 이중언어와 이중문화적 배경 활용은 다문화가정 아동·청소년의 개인적 역량이 될 수 있을 뿐 아니라 사회적 역량이 되기도 한다. 하지만 이중언어와 이중문화 학습이 외적 압력에 의해 이루어지는 것은 바람직하지 않을 것이다. 이러한 학습에 대한 다양한 기회가 제공되는 것은 바람직하지만, 획일적으로 참여를 독려하는 것은 적절치 않다. 이미 성인으로 진입한 이주민들의 경우 자신의 어머니의 나라 혹은 자신의 모국에 체류하고 있는 것과 관련해서 모국과의 관련성은 중요하다고 지적된다. 하지만 정책적으로 혹은 의무적으로 모국문화를 배우거나 모국어가 강제되었을 때는 거부감이 일어나거나 부작용을 일으키기도 하였다. 그에 따라 이주민이나 국제결혼가정 자녀들이 자연스럽게 모국어나 모국문화에 대해서 학습할 수 있고 유지할 수 있도

3) 사회 환경 변화로 청소년들의 생애 성공은 학교 교육을 통해 습득한 지식과 기술을 넘어 보다 광범위한 역량에 기반해야 한다는 문제의식이 등장하기 시작하였다. 일상생활의 글로벌화는 다양한 사회들 간에 연결된 세계를 만들어 가고 있고, 이러한 세계에서 잘 기능하기 위해서는 변화하는 기술과 다양한 정보 이용 능력을 보유해야 한다. 또한 사회가 직면한 여러 가지 도전과 사회적 공평성, 환경문제, 경제성장 등과 같은 도전에 맞서야 하는데, 이러한 상황에서 개인들의 역량은 지엽적인 기술 습득 이상의 것이 되어야 한다. 지속적인 문제제기로 1997년 OECD의 DeSeCo(Definition and Selection of Competencies) 프로젝트는 장기적 차원에서 측정이 가능한 새로운 역량 개념을 제시하고자 하였는데 그것은 첫째, 환경과 효과적으로 상호작용하기 위해 다양한 도구를 사용할 수 있는 능력(정보기술 및 언어 사용), 둘째, 다양한 배경을 가진 사람들과 상호작용할 수 있는 능력, 셋째, 자신의 삶을 스스로 책임질 수 있는 능력(자율적인 행위 능력)으로 보고 있다(Rychen & Salganik, 2003).

록 하는 기회는 제공하되, 그것이 강요되어서는 안 될 것이다.

(4) 다문화 청소년 지원의 다각화 필요

다문화가정자녀 지원 대책이 난무하는 가운데 이주청소년들이나 국제결혼가정 자녀들에 대한 지원이 실효성 없이 획일적으로 이루어지는 경우들이 많다고 지적된다. 외국사회에서 성장한 이주민 자녀들의 경우에도 소수자나 이주민 지원이 일방적으로 다 좋았던 것은 아니라고 말하고 있으며, 한국사회에서 태어나 10여 년 이상 이미 '보통의' 한국인으로 살아가는 과정에서 예상치 못하게 갑자기 '다문화 청소년'으로 구분되어 다문화지원 프로그램에 참여하게 되는 경우도 있다. 다문화 청소년 지원을 위해서는 이주배경, 적응수준, 현재의 생활수준 등에 따라 적절한 지원이 이루어져야 할 것이다. 언어습득이나 당장의 학습지원이 필요한 경우, 모국어 학습이나 이중문화 교육이 필요한 경우, 진로지원이 필요한 경우 등 다양한 요구와 수준에 맞춘 지원이 필요하다고 하겠다.

한 연구에 따르면 부산광역시 다문화 청소년 중 한국출생 263명, 외국출생 101명, 새터민 35명에 대한 분석결과, 동일한 다문화 청소년이라 하더라도 경제수준과 출생유형에 따라 학습활동 수준과 대인관계에서 유의미한 차이가 있었으며, 현재 이용서비스 또한 차이를 보이는 것으로 나타났다. 그리고 재학유형이 높아질수록, 경제수준이 어렵다고 느낄수록 성장환경에 대한 부정적인 이미지가 높은 것으로 나타났다. 이 연구에서는 초등학교 중심의 서비스, 동일한 유형의 서비스에서 탈피하여 재학유형별, 출생유형별 특성에 적합한 서비스 마련의 시급함을 제안하고 있다(김교정 · 정규석, 2008). 이와 함께 지역이나 연령에 맞는 지원이 이루어질 필요성이 제기된다. 즉, 언어나 지적 능력을 개발할 사회적 인프라가 적은 지역일수록 언어 및 지적 발달이 더디게 이루어질 수 있음이 지적되고 있다. 그에 따라 자원이 부족한 농촌지역이나 가정 여건 등에 따라 차등화된 맞춤형 지원이 이루어질 필요가 있다(황상심 · 정옥란, 2008).

(5) 다문화 정책과 일상생활의 괴리

다문화의 역사가 오래된 서구 사회에서도 일상생활 과정에서 이주민이나 소수자들은 소외나 차별을 체감해 왔다. 정책적으로 다문화주의를 표방하고, 소수자 지원을 명시하고 있지만 오랜 기간 지속되어온 인습이나 관행은 일상생활 과정에서 명시적 혹은 암묵적으로 영향을 주게 된다. 한국사회에서도 다문화와 관련된 다양한 정책들이 쏟아져 나오고 있다. 하지만 여전히 일상에서 일반 국민들은 다문화와 관련된 생활 실천이 무엇인지 알기 힘든 상황이다.

다원주의 사회를 부르짖고 있지만, 다름이나 다양성에 대한 개방성이 약한 한국사회에서 이주민들은 한국사회에 빨리 적응하는 것이 살아남는 것임을 체득하게 된다. 이러한 상황에서 국제결혼가정 자녀나 이주민 자녀들은 다수자의 사회에 빨리 동화하는 것을 지향하고 있다. 정책적으로 다양성, 다문화를 부르짖더라도 일상생활에서 다름이 존중받지 못하는 현실에서 스스로를 드러내기에는 큰 용기가 필요하기 때문이다.

기존 연구에서도 외국인 결혼이민자들이 예상과는 달리 다수가 동화주의를 선호하고 있고 다원주의적 관점을 취하는 경우는 16%에 불과한 것으로 조사되었다. 한 연구에서는 78%의 결혼이민자들이 동화주의적 태도를 나타내는 것으로 나타났다. 이는 이민의 이유와 관계가 깊은 것으로 보고 있다. 자발적 이민자인가 혹은 비자발적 이민자(망명자)인가에 따라 기존사회에 동화의지가 다르다고 볼 때, 우리나라에 온 결혼이민자의 경우 모두 자발적인 이민자들로서, 결혼생활을 하고 아이를 출산하면서 동화의 필요성을 강하게 느끼는 사람들이라고 설명하고 있다. 결혼이민자들은 '생활의 편의성' 때문에 동화주의를 선호하는 비율이 가장 높게 나타났고, '한국문화가 좋아서'와 '가족이나 주위사람들과 함께 어울리기 위해'라는 응답이 동일한 비율을 차지하고 있다(고숙희, 2008). 또 다른 연구에서도 결혼이주여성들은 어머니 출신국에 대한 이해와 자긍심을 키워줄 것인지, 한국사회에 대한 정체성 형성에 주력할 것인지 결정하는 것이 혼란스러운 가운데, 외국인 어머니가 가지는 자녀에 대한 정체성 인식은 '한국인'임을 보이고 있다(송미경 외, 2008).

3절 글로벌 다문화사회와 청소년문화4)

청소년 및 청소년문화의 특성은 다문화사회로 진전해 가는 과정에서 긍정적인 역할과 기여를 할 수 있다.

1. 청소년문화의 개방성 및 융통성

지구화 및 국경을 넘는 교류와 관련해서 청소년문화는 최전방에 서있다고 할 수 있다. 청소년의 아이디어와 관련 상품들은 쉽게 국경을 넘으며, 온갖 종류의 구조와 의미들을 형성시키고 또 그것들에 의해 형성된다. 특히 발전과 소비와 관련해서 더욱 그러한 경향이 나타난다(Wulff, 1995).

오늘날의 청소년문화는 국가 경계나 지역 경계 내에서 형성될 뿐 아니라 국경을 거슬러 다른 나라의 청소년들과 공유되고 있다. 또한 국경을 넘어 공유되는 문화는 각 지역으로 퍼지면서 지역 문화로 토착화되기도 한다. 국경을 넘는 문화 공유의 사례를 보자. 한국의 청소년문화를 구성하는 대표적 요소인 대중문화에 대한 취향은 아시아권 청소년들 사이에서 널리 공유되어 '한류'라는 신조어를 파생시키기도 하였다.

청소년문화의 개방성은 다문화사회가 보다 빠르게 안착하는데 기여할 것이다. 발달한 이동통신 기술을 활용하여 타국이나 타문화에 대한 정보를 신속히 얻고 있으며, 성인보다 적극적으로 해외여행을 다니기도 한다. 청소년들은 외국 여

4) 이 절은 조혜영(2016), '청소년문화 연구 동향 분석과 발전과제'의 일부 내용을 활용하였음을 밝힙니다.

행이나 외국 문화 체험을 즐기며, 외국인과의 소통에 보다 능동적인 태도를 보이고 있어 글로벌·다문화사회 주도 가능성이 크다. 또한 이미 생활양식이나 사고방식이 어느 정도 굳어있는 성인세대에 비해 청소년세대는 새로운 생활양식, 사고방식을 수용하는데 보다 유연하다. 새로운 문화 요소를 받아들이고 그와 상호작용하는 것에 대하여 성인보다 선입견이나 거부감이 적기 때문에 청소년들을 위한 적절한 교육이 이루어진다면 미래 다문화 사회의 주역으로 성장할 수 있을 것이다.

직접적인 이주를 경험하지 않더라도 청소년문화는 글로벌화의 양상을 띠고 있다. 정보화의 가속화로 청소년들의 삶은 지구화의 흐름을 반영하게 된다. 사이버 공간 경험은 청소년들의 삶에서 '시 공간의 제약을 극복하는' 소통 공간으로서의 역할을 하고 있다. 인터넷의 확산과 더불어 본격화된 사이버 공간에 대한 일상 의존도 증가 과정에서 청소년들은 행위 양상의 다양성과 체험의 독특한 특징을 보인다. 사이버 공간은 기존의 시간적·공간적 한계를 넘어서 자아를 변형시킬 수 있다는 가능성을 제시하고 있으며, 청소년들은 규범적 테두리에서 벗어나 훨씬 다양하고 풍성한 가치관이나 태도를 습득하게 되었다. 특히 사이버 공간에서 경계를 넘어 새로운 자아를 만들어내면서 정체성을 만들어간다(김미윤, 2003; 김종길·김문조, 2004). 이러한 사이버 공간에서 시도하는 새로운 정체성은 청소년의 사회화 과정에 글로벌화를 반영하고 있다. 그리고 한 국가 내에서도 다양한 집단의 청소년들은 글로벌 대중문화 수용과정에서 다양한 모습으로 하위문화를 드러낸다(윤경원, 2004).

2. 청소년문화의 혼종성 및 글로벌화

오늘날의 청소년문화는 국적을 찾기 힘들다. 의상이나 헤어스타일 등 겉으로 드러나는 표현 문화의 예에서 살펴보더라도 머리색의 경우, 갈색톤은 매우 평범한 경우이고, 노란색, 파란색, 보라색 등 다양한 색을 택하고, 의상 스타일도 파리나 뉴욕, 동경에서 유행하는 스타일을 바로 모방하기도 한다. 이러한 차림새를 즐긴다고 모두 서구적인 문화를 추구하는 것이라고 단언하기도 힘들다. 의복 문화는 서구적 취향을 따를지라도 음식 문화는 한식을 즐기는 청소년들이 많기 때문이다. 힙합 스타일에 염색 머리를 하고, 비빔밥이나 순대 등을 즐겨 먹는 청소년들을 쉽게 발견할 수 있다. 이처럼 청소년문화는 국경을 가로지르는 다양한 요소들을 결합하고 있다.

청소년문화는 글로벌화를 드러내는 대표적인 창이다(Maira, 2004). 청소년들의 경우 새로운 문화요소들을 받아들여 기존의 것과 혼합하여 새로운 것을 만들어내는데 능숙하다. 또한 이미 지구촌 청소년문화는 전 세계 대부분의 도시에 퍼져 있다. 주로 서구화된 청소년문화는 유럽, 남미, 아시아의 도심에 자리잡고 있다. 이는 영화, 티브이, 뮤직 비디오, 인터넷 등 글로벌 미디어나 코카콜라나 맥도날드 나이키와 같은 다국적 기업에 의해 주도 되어왔다(Suarez-Orozco, 2004). 이 뿐만 아니라 다양한 외국문화 요소들이 이미 도심 구석구석에 자리잡고 있으며, 청소년들은 이를 별 거부감 없이 즐기고 있다.

아파듀라이는 전지구적 문화 흐름이 일어나고 있는 양상을 지형 혹은 장(scape)이라는 개념으로 설명한다. 다양한 민족 집단이 국경을 넘어 형성하는 민족지형(ethnoscapes), 기술이 국경을 가로질러 존재하는 기술지형(technoscapes), 자본지형(finanscapes), 매체지형(mediascapes)과 이념지형(ideosacpes)으로 구분하여 설명한다. 이러한 지형(scape)들은 국가-민족-문화-자본 등이 서로 하나의 경계 안에서 일치한다고 보았던 근대국가의 개념을 넘어선다. 즉, 이들 지형들은 국경을 넘어서 형성되는 것이며 각 지형의 경계도 일치하는 것이 아니라 서로 불일치하는 것이라고 본다. 결국 민족이나, 기술, 자본, 미디어나 이념 등 다양한 종류의 흐름을 따라 문화 요소들은 국경을 넘나들게 된다(Appadurai, 1990, 1991).

이러한 흐름을 모두 포괄하여 존재하는 범주가 청소년이며, 청소년들은 국경을 가로질러 다양한 요소들을 공유하고 있고, 이는 청소년지형(youthscape)이라고 개념화된다(Maira, 2004). 청소년지형(youthscape)은 시공간적인 장을 넘어서 사회적·정치적 장을 포함하는 공간이다. 청소년들은 국가와 지구화 과정에서 주된 역할을 하는 주체들(key players)인 것이다(Maira & Soep, 2005). 이처럼, 청소년들은 다양한 흐름들을 가로지르며, 문화적 실천을 하고 있으며, 나름대로의 정체성을 형성해 가고 있다(Lam, 2004).

3. 사회의 신드롬을 만들어가는 청소년문화

국가 간 이주민 증가로 글로벌화의 흐름은 청소년의 일상에 접목되고 있다. 청소년들 스스로가 국경을 넘는 이주를 하는 경우 뿐 아니라 일상 거주지에서도 국경을 넘는 네트워크와 관련되어 있다. 국경을 넘어 일자리를 찾아 나선 부모를 둔 자녀들의 경우, 부모 자녀 관계는 국경을 넘어 이루어지게 되며, 이주민을 받아들이는 사회의 청소년들은 이주민들이 생산해내는 다양한 결과물이나 노동의 가치를 소비하게 된다(Maira & Soep, 2005). 글로벌화 관련하여, 청소년은 글로벌 시장에서 주로 소비자로 위치를 부여받고 있다. 2차 대전 이후 떠오르는 대중 소비의 주체, 중산층화의 주체로 청소년이 부각되어 왔으며 주요 소비주체로 담론화되고 다(Kjeldgaard & Askegaard, 2006).

나아가, 청소년들은 단순히 문화를 소비하는 것에 그치지 않고 문화생산자로서 다문화사회를 이끌어갈 잠재력을 보유하고 있다. 청소년들이 문화현상을 만들어 내고 이것이 전체 사회로 확산되어 유행하는 현상을 찾아보는 것은 어렵지 않다. 청소년들에게 문화는 더 이상 수동적 소비와 수용의 대상이 아니며, 이제는 생산과 참여의 대상이 되고 있다. 청소년들은 일상생활 속에서 나름대로의 문화를 실천해 나가고 있고, 이러한 일상생활의 문화 실천은 사회의 신드롬이나 유행을 만들고 있다. 이러한 문화 생산과 실천이 가능해진 것은 디지털 문화의 일상화에 힘입은 측면과 점차 청소년들 스스로 주체가 될 수 있다는 의식이 생성되고 있기 때문이라고도 할 수 있다.

청소년들의 일상생활에서의 행위들이 사회·문화적 유행을 만들어 내거나, 신드롬을 가속화시키고 있는 대표적인 예로는 청소년들이 사용하는 인터넷 용어나 은어 및 속어가 이제 사회 구성원들에 의해 대부분 사용되는 언어가 되는 경우이다. 또한 통신상에서 사용되는 다양한 이모티콘, 축약어 등을 유행시켜 성인세대까지 이용하게 만들고 있다. 청소년들이 인터넷이나 일상 대화에서 은어로서 사용하던 언어들이 이제 신문 기사나 대중매체에서 널리 사용되고 있음을 목격하게 된다.

이처럼 다양한 문화적 흐름을 수용하여 사회적 신드롬을 만드는 경향은 향후 다문화사회에 보다 유연하게 대처할 수 있는 가능성을 예측하게 한다. 이를 위해서는 아동과 청소년시기에 다름, 다양성, 타문화에 대한 선입견이나 편견을 심어주지 않고 보다 열린 시각을 길러주기 위한 사회적 노력을 기울여야 할 것이다. 그리고 청소년문화 내의 다양한 하위문화들 간의 공존 가능성, 이들이 서로 배타적 관계가 아니고 함께 어울리며 상호작용할 수 있음을 인정하고 그것을 통해 배우려는 태도를 배양해야 할 것이다. 이를 위해서는 적절한 시기에 자연스러운 방식의 다문화교육이 이루어져야 한다.

〈주요용어 해설〉

- 다문화 사회 : 글로벌화의 경향으로 국경을 넘는 인구 이동이 증가하면서 인종적, 민족적, 언어적, 문화적 배경이 다른 사람들이 공존하는 사회
- 다문화수용성 : 서로 다른 문화적 배경을 대할 때 자기중심적 태도에서 벗어나 타인을 이해하고자 노력하는 태도
- 혼종성(hybridity) : 서로 다른 배경 즉, 인종, 언어, 문화, 전통, 관습 등이 서로 상호 의존하며, 서로 간에 영향을 주고받으면서 제3의 것을 형성하는 것.
- 초국주의(transnationalism) : 글로벌화로 사람들은 국경 및 국적을 초월하는 삶을 살며, 그들의 고국과 강한 유대를 유지하는 경향을 갖게 되는데 지리적, 문화적, 정치적 경계를 넘나드는 삶을 사는 사회 현상을 일컬음
- 문화생산자 : 청소년들은 단순히 문화를 소비하는 것에 그치지 않고 문화 현상을 만들어내고 전체 사회로 확산시키는데 기여하는 역할을 담당하고 있음을 지칭함.

제 8장 시민사회와 청소년 민주시민교육

이 단원은 시민과 시민사회에 대한 이해와 청소년을 위한 민주시민교육의 내용과 방향을 찾아보는데 그 목표를 둔다. 21세기 현대사회는 문화, 성(性), 세대, 계급과 계층 등의 차이로 인한 '구분 짓기'보다는 인류애를 향한 보편타당한 가치공유 및 이에 대한 실천이 협력과 연대 속에서 점차 강화되어 가고 있다. 또한 사회문제의 관심은 이 사회공동체에 속해 있는 모든 세대의 문제라는 점과 이에 대한 고민과 다양한 형태의 참여는 누구에게나 열려져 있다. 이와 함께 세계화시대의 시민적 가치와 덕목이 시민사회에서 어떻게 발현시킬 수 있는지에 대한 새로운 민주시민교육의 필요성이 절실한 때이다. 무엇보다도 정보통신 기술발달로 전지구촌의 '문화공동체' 현상을 주도하고 있는 '청소년 문화' 혹은 '네티즌 문화'는 21세기 새로운 시민사회를 구성하고 시민을 양성하는 적절한 대안이 될 수 있을 것이다. 이 단원에서는 시민사회의 기원과 발전, 이에 따른 민주시민교육의 방향과 내용을 살펴보고, 유럽 청소년 시민교육사례를 탐색함으로써 한국 청소년 민주시민교육에 대한 대안을 찾아보고자 한다.

학습초점

- 시민사회와 시민성의 개념을 설명할 수 있는가?
- '근대적 시민'과 '민주시민사회'의 성립배경과 특징을 설명할 수 있는가?
- 민주시민교육, 세계시민교육, 국제이해교육, 다문화교육의 차이점은 무엇인가?
- 21세기 점점 중요하게 대두되는 민주시민교육의 배경을 서술할 수 있는가?
- 청소년문화에서 시민사회문화의 연관성을 서술할 수 있는가?
- 글로벌 시대에 시민성 함양을 위한 한국적 민주시민교육은 청소년문화에서 어떻게 발현될 수 있는가?

1절 청소년과 민주시민사회

1. 민주시민사회에 대한 이해

민주시민사회는 민주주의와 시민사회의 합성어이다. 보다 정확하게는 민주주의와 시민사회, 그리고 시민이 함께 어우러져 하나의 사회형태가 되어 있는 것을 말한다. 민주주의라는 단어는 그 의미가 포괄적이고, 각 사회의 역사·정치적 상황에 따라 상이하게 발전되어 왔으며, 오늘까지도 그 적용의 범위가 매우 다양하다. 실제로 2차 세계대전 이후 개편된 국제질서를 되돌아보면, 소련과 동구유럽을 포함한 사회주의 국가에서도, 미국과 서구유럽을 위시한 자본주의 국가에서도 그 공식명칭은 예외 없이 민주주의 정치형태인 '민주 공화국'라는 단어가 빠지는 경우를 찾아보기 힘들다. 우리의 '반쪽'인 북한의 공식국가명칭 역시 '조선민주주의 인민 공화국'(Democratic People's Republic of Korea)이라는 점은 민주주의에 대한 정의의 폭이 한 사회 정치체제의 특성과 목표, 그리고 가치에 따라 매우 포괄적이라는 것을 보여주고 있다.

'시민'에 대한 담론이 지구촌의 중요한 화두로 등장한 것은 1980년대 후반기부터 전 세계를 휩쓴 '정치 민주화의 물결'이 일면서 부터이다. 한국 역시 1987년 '민주화'를 기점으로 하여 시민사회, 시민의식, 시민성, 시민단체, 시민운동, 시민의 역할 등 시민으로 시작하는 많은 합성어가 봇물처럼 쏟아져 나왔고, 1990년대는 다양한 목적의 시민활동을 전개하는 시민단체의 창립과 활동이 두드러지는 소위 시민단체의 '부흥기'시대로 접어든다. 2000년대에 들어서 시민단체는 정치, 환경, 교육, 인권, 건강, 복지, 인류, 평화 등 우리사회의 일상적인 차원의 주제로까지 그 활동범위와 영역을 더욱 확대해 가고 있다. 이와 함께 '시민'에 대한 개념 역시 모든 세대와 계층을 망라한 '사회적 가치'로서 보편화 되고 있는 실정이다. 이제 시민은 우리사회의 핵심가치로서 '누구나' 의식하고 지향해야하며, 보다 나은 우리사회, 나아가 평화로운 세계를 만드는데 온 지구촌 사람을 단단하게 결속시키데 기여하고 있다. 결국 민주주의와 시민의 가치를 종합한 민주시민교육은 '민주주의 의식을 가질 수 있도록 시민성을 양성하는 교육'이라는 아주 간단한 정의가 나온다. 그렇다면 청소년 문화에서 민주시민교육이 왜 화두가 되는가? 이 절에서는 우선 민주주의, 시민, 시민사회에 대한 기원과 개념, 발전의 과정을 살펴보고, 민주시민교육에 대한 포괄적인 함의를 이해해 보고자 한다.

(1) 현대사회와 민주주의(Democracy)

민주주의의 개념은 그리스 시대부터 사용되어 온, 시대를 넘어 전 인류가 가장 많이 사용하는 단어 중의 하나일 것이다. 민주주의 단어의 어원은 고대 그리스어의 민중을 뜻하는 데모스(Dêmos)와 권력을 뜻하는 크라토스(Kratos)의 두 개 명사로 이루어 진 합성어이다. 즉 '민중이 지배'하는 정치체제라는 뜻으로서 기원전 6세기 경 고대 그리스의 가장 유명했던 도시국가 아테네에서 사용되기 시작했다. 그러나 '민중'의 의미는 오늘날 사용되는 민중의 의미와는 조금 달랐다. 당시 아테네의 민주주의는 '직접 민주주의'형식을 가졌으며 두 개의 정치적 조직으로 이해되었다. 하나는 500명의 시민으로 구성되어 입법을 담당했던 '위원회'(Counsel)

혹은 '상원'(Senate)을 뜻했으며, 다른 하나는 –여성과 노예, 외국인을 제외한– 아테네 시민이라면 누구라도 참여할 수 있었던 시민들의 모임(Assembling Citizen)을 뜻했다. 아테네 남성으로 구성된 시민은 이 시민들의 모임에서 연설을 하고 도시국가의 법률에 대해 투표를 할 수 있었다. 기록을 보면 당시 고대 그리스 도시국가의 총 인구는 250,000명 이었으며, 그 중 약 4,000 명이 당시 개념의 '시민'에 해당되었다고 한다. 이후 이 민주주의 형태는 고대 그리스의 사상과 철학의 꽃을 피게 했던 소크라테스, 플라톤, 아리스토텔레스 등을 통해 보다 구체적이고 다양한 형태로 발전하였으며, 서구유럽문명의 정신적인 기둥이 되었다. 물론 고대 그리스의 민주주의 형태는 민중이 도시국가의 시민인 남성만으로 '한정'되어 있다는 사실에서 소위 '원시적' 민주주의 형태를 취하고 있다고 할 수 있다(Muray, 2000; Le Pors, 2002).

이 민중의 개념은 시대와 역사에 따라 다양하게 변화되어 왔고, 민주주의 개념 역시 각 사회의 목표와 가치, 필요와 형식의 절차 등에 따라 상이하게 이해되어 왔다. 어느 사회는 민주주의를 개인 참정권, 정부구성과 조직의 수단 및 방법으로 실행되는 정치영역으로 한정하는가 하면, 다른 한편에서는 정치영역 및 사회 구성원의 사회적 삶까지 포함하는 포괄적인 의미로 사용되고 있다. 앤서니 기든스는 영웅, 즉 헬드(Held)의 개념을 인용하여 민주주의를 "정치적 평등을 추구"하고 "자유를 보호"하며, "공동의 이익을 수호"하고, "시민의 필요성을 충족"시키고, "도덕적 자기계발을 증진"시키며, "다른 사람들의 이해도 고려하면서 효과적인 의사결정을 내리는 정치체제"로 정의한다. 또한 자치와 자율로 특징되는 "민중권력형태"와 선출된 사람들의 "집단의사결정체제"는 민주주의의 어떤 목표와 가치를 더욱 중시하느냐에 달려있다고 덧붙이고 있다(기든스, 2009: 579).

그럼 21세기 지구촌에서 보편적으로 통용되는 민주주의는 어떻게 정의되는가? 민주주의 개념이 세계 인류의 공통된 가치로서 확장되기 시작한 것은 1989년 세계이념분단의 상징이었던 베를린장벽의 개방과 연이은 동구유럽 사회주의체제의 붕괴, 그리고 사회주의국가의 통치자 역할을 했던 소련연방의 해체가 결정적인 요인이었다. 반세기만에 막을 내린 현실사회주의체제의 실제는 일당독재로 특징되는 권위적인 전체국가의 형태였고, 결국 '자유'와 '자본'을 갈구하던 국민들에 의해 –헝가리, 체코, 폴란드의 경우처럼– '부드럽게' 혹은 –독재자를 총살시킨 루마니아의 경우처럼– '강경하게' 정치구조와 경제구조의 대대적인 변혁이 이루어졌다. 20세기의 역사는 이처럼 세계정치구조의 대대적인 재편성으로 막을 내리게 되고, 21세기 지구상에 존재하는 대부분의 정치체제가 '민주주의 구현'이라는 공동의 목표를 갖게 된 것이다. '민주주의 체제로의 이양'이라는 정치구조변화가 시급했던 동구유럽사회에서는 우선 정치구조의 개혁으로 나타났고, 서구유럽을 위시한 민주주의체제가 공고했던 사회에서는 민주주의 이념이 '사회적 일상의 확대'로 그 의미가 점점 다양화되었다.

그러면 민주주의의 사회적 일상의 확대란 무엇일까? 민주주의 개념은 이제 정치체제만을 의미하는 좁은 개념을 벗어나 사회 전반 모든 영역에 걸쳐 민주적 가치를 실현하려는 의식과 참여라는 개념으로 확대되고 있는 현상을 말한다. 여기서의 사회적 일상의 주제란 교육기회의 평등을 보장하는 교육민주주의, 최소한의 삶의 질을 보장하는 복지민주주의, 지구온난화에 대항하여 범세계적 협력과 연대구축을 하는 환경민주주의, 신자유주의가 낳은 경제 불균형을 극복하기 위한 방안을 고심하는 경제민주주의, 정부와 시장만의 주도가 아닌 시민스스로가 참여하는 시민사회민주주의, 다문화사회의 문화민주주의, 지식기반사회에서의 정보와 기술을 공유하는 정보민주주의 등을 들 수 있다. 이제 민주주의가 실현되어져야 하는 범위는 사회구성원의 일상적 삶에서 일어나는 모든 '사회적 문제'를 포괄하는 것이다. 이처럼 민주주의는 정치변동과 사회변동이 동시에 발생하는 범사회적이고 범인류적인 세계의 흐름이 되었을 뿐 아니라 '지구공동체 의식'으로 간주되고 있다고 해도 과언이 아니다. 이와 같은 민주주의 개념의 확장과 사회참여의 다양성은 오늘 민주주의 형식의 직접적인 수단과 방법일 뿐 아니라 21세기 지구촌 시민들의 공동목표로서 그 이해와 활동의 폭이 점점 넓어지고 있다.

(2) 시민(Citizen)과 시민사회(Civil society)의 태동

시민(Citizen)의 개념 역시 고대 그리스와 로마시대부터 사용된 단어로서 당시에는 '정치적 권리를 가진 사람'으로 이해되었다. 즉 직접민주주의제도에 참여할 수 있고 정치적 발언 및 투표권을 가졌던 도시국가에 거주하는 '남성'으로 한정되었던 것이 바로 시민이었다. 이 시민의 개념이 중세봉건사회와 절대주의 시대를 거쳐 근대사회로 넘어오면서 사회·문화적, 역사적, 경제적 의미를 포괄하게 된다. 시대적으로 간략하게 살펴보면, 종교적 권위의 시대로 대표되는 중세봉건사회는 성직자와 영주에게 모든 권력이 집중되었기 때문에 고대 그리스 시대의 정치적 개념이었던 시민의 의미는 찾아볼 수 없었다. 이후 절대왕권과 중앙집권으로 상징되는 절대주의 시대에는 상공업자와 무역업자로 대표되는 새로운 신분계급인 부르주아지 계급이 등장한다. 이 새로운 부르주아 계급은 기존 '생득적 지위'였던 귀족계급과는 달리 자신이 쌓은 부와 경험, 지식을 바탕으로 '성취적 지위'를 이루어내면서 시민이라는 자의식을 갖게 된 것이다.이 신계급을 중심으로 귀족체제에 반하는 '자유사상'과 '근대적인 시민개념'이 확산되기 시작한다.

이 시민계급 의식은 권리와 의무를 바탕으로 한 새로운 사상과 사회질서가 내재되어 있었고, 이것은 1789년 프랑스 대혁명의 원동력이 된다. 서양사에서 프랑스 대혁명은 역사적으로는 '근대국가의 시작'이고, 정치적으로는 '민족국가와 공화정치체제의 완성'이며, 사회적으로는 '시민사회의 출발'을 야기 시켰다 구제도의 중심에서 모든 특권을 누렸던 성직자와 왕족, 귀족의 지배가 무너진 그 자리에 공화제라는 새로운 정치공동체가 편성되면서 주권을 가진 시민계급이 등장한다. 이제 시민계급은 어느 특권적 정치집단 구성원이 아니라 모든 민중이 포함되는 사회구성원을 의미하게 된다. 이 시민개념은 1789년 발표된 "인권 및 시민권 선언"(La Déclaration des droits de l'homme et du citoyen)에서 분명히 드러난다. 이 선언문 1조에서는 "인간은 자유롭게 태어나며 평등한 권리를 갖는다"고 명시함으로써 개인의 '자유'와 '평등'의 개념을 인권의 가장 핵심으로 강조한다. 이어

제2조에는 이 권리를 "자유권 · 소유권 · 안전권 · 억압거부권"으로 구체화하고 있으며, 이에 대한 제한은 오직 "법"에 의해서만 가능하다고 제4조는 밝히고 있다. 즉 모든 시민은 어떤 특권적 예외 없이 '법 앞에서의 평등'을 누려야 한다는 법치사상이 처음으로 등장했으며, 이 법치주의는 주권자로서의 시민을 "어떤 단체나 개인도 공권력"에서 유래하지 않은 한 권력을 행사할 수 없다고 제3조에서 밝히고 있다. 이제 시민은 자신의 권리를 보호받을 수 있고 그 수단으로써 '법'이라는 제도적 장치를 이용하게 되었다. 개인은 새로운 국가질서 안에서 법적인 평등에 따라 권리를 행사할 수 있는 시민으로 거듭나게 된 것이다.(이영란, 2010).

서구유럽 시민사회의 태동을 이해하기 위해 시민에 대한 상이한 정의를 짚고 넘어가야 한다. 이 개념의 차이는 '문명시민'과 '문화시민'에서 나오며, 이 두 개념이 복합되어 오늘의 시민사회가 형성되었다고 할 수 있기 때문이다. 우선 문명시민의 개념을 살펴보자. 문명시민의 개념 안에는 계몽사상과 과학의 발전을 토대로 한 정치 · 경제 · 종교 · 기술 · 도덕 · 사회적 사실들을 지시함으로써 인류의 진보에 대한 자부심이 담겨있다. 즉 공화정과 민주주의라는 진보된 정치체제, 자유로운 경제구조, 종교적 권의로부터의 자유, 산업혁명을 통한 과학과 기술의 발달, 사상의 자유, 세련된 사회적 예절 및 태도 등이 포함된다. 당시 서구의 사상가 및 철학자들은 이 문명의 개념을 모든 사회구조에 적용시키면서 '그들의 눈으로' 바라 본 자신의 사회를 '가장 진보된 사회'로 간주했고 이에 반해 비유럽권 사회들은 아직 '문명화'가 이루어 지지 않은 '덜 진보된' 사회로 평가절하 한다. 바로 문명의 개념 속에 유럽열강의 제국주의 사상이 그대로 표출되어 있다는 것을 알 수 있다.

한편 독일 사회학자 노버트 엘리아스(Nobert Elias 1897−1990)는 이 문명시민의 개념을 '문화개념의 시민'과 분명한 선을 긋고 있다. 엘리아스에 따르면 문화시민의 개념은 계몽주의 시대 당시 독일 교양층으로 대표되던 의사, 교수, 공무원, 작가, 예술가, 과학자, 법률관련종사자 등 소위 전문 직업을 가진 중간계급에서 확산된 '정신적 · 종교적 · 예술적 업적'을 말한다. 즉 독일의 '교양시민계급'(Bildungsbürgertum)은 문명의 개념에서 볼 수 있는 정치 · 경제 · 사회적 발전과 사실들로부터 분명한 차이를 두려는 경향을 강하게 보이면서, 동시에 자신들을 근대적 시대의 '새로운 정신'을 소유한 '문화시민계급'으로 간주한다. 이 문화시민계급에게 문명의 개념은 단지 기술의 진보로 특징되는 "인간의 외면과 인간 존재의 피상적인 면만을 의미"하는 것으로 한정된다(엘리아스, 1969). 문화시민의 개념은 –당시 프랑스에서 일어난 것과 같은 민중혁명이 요원했던– 프로이센과 오스트리아제국의 군국주의적이고 경직된 역사·사회적 배경에서 나타난 특징이었으며, 문명시민의 개념은 주로 사회진보의 차원에서 문명을 이해했던 프랑스와 영국을 중심으로 확산되었다.

근대 교양시민으로서의 '문화적 이상'과 근대국가의 '문명적 진보'는 서구의 시민과 시민사회 개념정의에 결정적인 역할을 한다. 즉 독일의 정신적인 문화개념은 유럽 시민사회태동에 있어 근대적 지식 및 이성에 바탕을 둔 새로운 시대정신을 형성하게 하는데 기여한 한편, 프랑스 대혁명이 고무시킨 시민개념은 보다 실천적인 차원인 '법'적인 영역에서 좀 더 구체화 되었다고 할 수 있다. 이 두 시민개념을 종합해보면, 첫째, 이제 시민은 평등한 자유와 권리를 가진 개인이자 한 사회의 구성원으로서 권리와 의무에 대한 인식을 갖아야 한다. 둘째, 시민은 정치체제의 구성원으로서 자발적인 정치참여를 통한 민주주의 발전에 기여할 수 있는 정치적 차원의 시민이어야 한다. 셋째, 시민은 시민으로서의 행동과 양식, 정신적 이성을 추구하는 문화적 차원의 시민이어야 한다. 넷째, 자유로운 경쟁의 권리를 갖고 행사하는 경제적 차원의 시민이어야 한다. 마지막으로 법에 의한 평등이 보장된 법적인 차원의 시민이어야 한다. 이와 같은 새로운 시민은 이를 토대로 새로운 공동체 양식을 추구하게 되는데, 바로 이것이 '시민사회'이다. 시민사회는 이제 정치·경제·문화·법·사회적 차원의 시민으로 구성된 새로운 유형의 사회가 되었으며, 이 사회에서 시민은 자유와 권리, 의무를 수행하는 '의식과 책임'을 가진 계몽된 시민이어야 했던 것이다.

2. 민주시민교육 개념과 활성화 배경

(1) 민주주의와 민주적 가치의 포괄성

민주주의의 개념이 각 사회와 정부의 특성에 따라 다양하게 해석되고 적용되는 것처럼 '민주시민'에 대한 개념정의와 이 민주시민이 갖추어야 할 민주적 가치역시 다양할 것이다. 즉 민주시민개념을 논의할 때 민주시민으로서의 덕목과 자질은 무엇인지, 사회적으로 합의된 민주주의에 대한 기본지식과 이상은 있는지, 사회의 가치체계 및 도덕성 수준은 어떻게 비판되고 평가되는지, 정치적 영역을 포함한 전 사회적 일상에서 개인은 민주적 가치를 어떻게 내면화하고 행사하는지 등 다양한 차원의 정치·사회적이고 윤리·가치적인 지표를 고려해야 한다. 이처럼 포괄적인 민주시민에 대한 개념과 민주적 가치는 한 사회에서 어떤 덕목이 강조되고 중요하게 간주되느냐에 따라 그 차이가 있을 것이다. 그러나 보편적으로 통용될 수 있는 민주시민의 기본적인 요소는 '민주적 기본가치에 대한 이해와 실행'이라고 할 수 있다. 무엇보다도 21세기 지구촌의 현실은 민주시민의 속성을 단지 정치적인 덕목으로서 한정시키는 것이 아니라 사회적 삶, 즉 일상의 모든 영역에서 민주시민의 가치와 덕목을 요구하게 되었다. 다시 말하면 민주적 가치는 정치·사회·경제·문화, 즉 한 사회를 구성하는 모든 사회구조를 지탱하게 하는 기본요소가 됨으로써 일상에서 실현되는 "실질적 민주주의" 혹은 "사회민주화"로 확대되어가고 있다(이상인, 2008: 105). 실질적 민주주의는 "정치적인 영역의 제도적 측면이 아닌 사회경제적인 영역의 내용적인 측면에서 민주주의의 원리와 가치가 실현"되는 것이라면, 사회민주화는 "민주적 가치의 사회화"로서 첫째, "모든 사회 성원에게 실질적 시민권을 보장해 주는 결과적 과정"과 둘째, "정치민주화를 촉진하고 재권위주의화의 역과정으로 반전되지 않도록 사회성원을 동기화 시키는 과정"으로 볼 수 있다(최장집 외, 2007: 84; 송호근, 1999, p.23; 이상인, 2008

에서 재인용). 이처럼 오늘날 확대 된 민주적 가치는 정치적 한계를 넘어 사회적 일상영역인 시민사회, 경제, 문화, 교육, 노동, 환경, 복지 등의 영역으로까지 확대된 개념으로 볼 수 있다.

(2) 시민사회의 발전과 지구촌 민주시민교육 활성화 배경

이와 같은 확대 된 민주주의와 민주시민의 가치는 이제 한국 뿐 만이 아니라 전 세계가 지향하는 인류보편적인 가치가 되고 있다. 이에 대한 근본적인 원인으로 점점 단일화 되어가는 '지구촌 문화'를 들 수 있다. 이 지구촌 문화란 세계 어느 곳에서나 쉽게 만날 수 있는 동일한 음식문화와 의복문화, 동일한 상품, 유사한 유행의 추구 등 표면적인 문화의 동질화를 의미하기도 하지만, 하나의 경제공동체로 변모해 가는 세계경제의 양상, 지역시민정체성에서 세계시민정체성으로의 변화, 전자통신기술의 발달 및 다양한 사회연대와 국제협력의 증가 등 긍정적인 의미의 지구촌 문화를 의미하기도 한다. 그러면 지구촌 민주시민교육이 활성화 된 배경은 무엇인가? 이 절에서는 민주시민교육 활성화 배경으로 첫째, 경제적 차원의 단일화, 둘째, 정치적 차원의 민주화, 마지막으로 국제적 협업화의 3가지 요인으로 나누어 살펴보고자 한다.

〈경제적 단일화: 신자유주의와 세계화〉

신자유주의는 오늘의 세계경제지형을 특징하는 범지구적 현상이 되었다고 할 수 있다. 신자유주의 원리는 경제와 자본의 국경은 최대로 개방하고, 이에 대한 정부의 규제는 최소화하여 자율적인 시장 메커니즘을 형성하게 한다는 것이 핵심이다. 신자유주의 출발은 1979년 영국 보수당 당수였던 대처수상의 경제정책, 즉 '대처리즘'(Thatcherism)과 1981년 미국 제40대 대통령으로 취임한 레이건대통령의 경제정책 레이거노믹스(Reagan과 Economic의 복합어인 Reaganomic)라고 할 수 있다. 이 두 정책의 노선은 첫째, 사회복지예산과 같은 공공부분의 지출을 대폭 삭감하고 둘째, 긴축재정정책을 통한 장기적인 생산성 증가와 수익성을 추구하며, 셋째, 감세정책을 통해 기업투자를 유도하며, 넷째, 국가지출의 복병이었던 공공기업을 민영화시킴으로써 경쟁력을 고취시키고 민간기업과의 경쟁을 통한 경제적 효율성을 달성하며, 다섯째, 경제규제를 대폭 완화시켜 기업 간의 자유로운 경제활동을 장려시키고, 마지막으로 노동시장의 유연화를 통한 노동경쟁력 강화 등을 꼽을 수 있다. 표면적으로는 신자유주의가 자본의 자유로운 이동과 경쟁력을 갖춘 노동력양성을 통하여 세계자본시장 및 노동시장을 활성화시키는데 역점을 둔 것 것처럼 보이지만, 그 이면을 살펴보면 기업위주의 경제구조 속에서 희생되는 노동자와 세계 경제 및 계층의 양극화를 더욱 심화시키는데 결정적인 기여를 한 주체가 되었다고 할 수 있다. 기업과 자본관련 규제의 완화는 자율적인 기업 간의 경쟁을 촉진시켰지만, 역으로 자본경쟁력이 약한 기업들의 대거 도산, 기업재구조조정의 필요성을 통한 노동자해고의 합리화, 거대기업들의 자본적 독점과 환경적 횡포에 대한 제도적 차원의 무방비, 노조에 대한 강력한 대응 등은 결국 힘 있는 자만이 살아남는다는 '적자생존의 법칙'을 확인시켜주는 결과를 낳게 되었다. 이 적자생존의 원리에서 약자인 빈곤국가와 중소기업, 노동자는 강자인 부국과 대기업 사이에서 더 이상의 경쟁력을 갖지 못하여 그 간극은 더욱 더 커지게 되었으며, 노동자의 권리와 삶의 조건은 악화의 길로 치닫게 된다. 결국 신자유주의 체제는 지구경제 불평등을 심화시켰을 뿐 아니라 세계시민의 양극화를 가중시키는 결과를 가져왔다고 할 수 있다.

'세계화'는 신자유주의와 함께 등장한 또 하나의 전 지구적 현상이다. 신자유주의는 자본유입과 노동시장의 국경을 개방하면서 국가와 국가의 연결, 도시와 도시의 연결은 더욱 자유로워지고 수평적 양상을 띠게 된다. 여기에 지식기반사회라는 정보통신기술의 발달은 지구를 하나의 네트워크로 만드는데 결정적인 기여를 하게 된다. 시간과 공간개념이 희미해진 지구는 지역·조직·사람이 하나가 된 상호네트워크 사회가 되었다. 이제 지구촌은 일일생활권이라는 꿈은 현실이 되었고, 이에 따른 산업 및 사회구조 역시 획기적인 전환을 맞게 되었다. 신자유주의와 기술혁명의 결과로서 도래한 '세계화'는 이제 21세기 지구촌을 특징짓는 경제·사회·문화현상으로서 보아야 하며, 전 지구적 사회의 새로운 패러다임을 구축하였다.

〈정치적 민주화: 전 지구촌의 정치 민주화 물결〉

20세기 인류역사는 반세기동안 전 세계를 지배했던 이념분단의 종말로 막을 내렸다. 1989년 11월 8일 '동서의 분단'과 '이념분단'의 상징이었던 베를린 장벽이 개방되고, 이후 동구유럽 국가들의 민주화 물결은 가속도가 붙게 된다. 1990년 10월 3일 동독과 서독의 공식적인 '통일'은 20세기 정치사의 획기적인 한 획을 그으며 '현실사회주의 체제'를 역사의 뒤로 영원히 물러나게 하였다. 동유럽의 정치민주화 물결은 1990년대에 들어 본격적으로 시작된다. 공산당 일당독재라는 권위주의적 정치체제는 자유선거와 의회민주주의라는 민주주의 정치제도를 도입하였고, 오늘날까지 민주주의 정치체제의 공고화가 진행되고 있다. 통계적으로 보면 1970대 중반을 시점으로 권위주의 독재정권이 유지되었던 국가들은 지구상 전체국가의 3분의 2정도였으나 현재 지구상 70%의 국가들이 민주주의 정치체제를 구축하였다. 이제 민주주의 정치제도는 –각 국가의 사회·경제적 상황과는 별도로– 전 세계적으로 수용되는 추세이며, 민주주의 정치구조의 전 지구적 확산은 민주주의 제도가 다른 정치형태보다 우월하다는 점을 확인시켜 주고 있다. 그러나 앤서니 기든스는 전 지구적 민주화 과정을 민주주의라는 제도적 우수성만으로는 설명하기 어렵다는 입장을 보인다. 그는 각 국가의 정치·사회적 특수성과 함께 고려해야 할 점은 바로 '세계화 과정'이라는 범 지구적 현상을 주시해야 한다고 강조하면서 다음과 같이 주장한다.

> 첫째, 세계화는 민족 국가 사이의 문화접촉을 증대시켰고, 이는 많은 국가들에서 민주화 운동을 고취시켰다. 통신기술의 발전과 더불어 세계화된 미디어를 통해 많은 비민주적 국가들에서 민주주의 이념이 알려지게 되었고, 이는 정치 엘리트들에게 선거를 실시하라는 내부적 압력을 증가시켰다. 물론 국민 주권개념

> 이 확산되었다고 해서 이러한 압력이 자동적으로 발생한 것은 아니다. 세계화와 함께 민주주의 혁명사이의 진행 과정에 대한 소식이 신속히 각 지역으로 알려지게 되었다는 점이 더 중요하다. 둘째, 유엔이나 유럽 연합과 같은 국제조직들은 세계화 시대에 갈수록 그 역할이 중요해지고 있는데, 이들 국제조직들은 비민주 국가들에게 민주주의를 받아들이도록 외부압력을 행사하고 있다. 이들 조직은 무역 제재조치를 취하거나, 경제 개발과 국내 안정화를 위한 조건부 지원을 하거나, 다양한 외교 조치를 취하면서 권위주의 체제를 해체할 것을 권장하고 있다. 셋째, 세계 자본주의 팽창은 민주화를 촉진시키고 있다. 독재주의 정권들과 사업을 체결하는 악명 높은 초국적 기업도 있긴 하지만, 일반적으로 기업들은 민주주의 국가에서 사업하는 것을 선호한다. 이것은 이들 기업들이 본래부터 정치적 자유나 평등과 같은 가치를 철학적으로 선호해서가 아니라, 민주주의 국가가 다른 형태의 국가들보다 안정적인 경향이 있으며, 이윤을 극대화하기 위해서는 이러한 안정성과 예측 가능성이 중요하기 때문이다(앤서니 기든스, 2009: 582–583).

기든스가 본 민주주의 보편화의 이유는 우선 정보통신의 발달을 통한 민주주의 이념의 확산과 국제조직들의 경제·외교적 압력, 세계자본주의의 팽창으로 요약된다. 특히 지식기반의 사회로 특징되는 2000년대에 들어 신자유주의적 경제 질서에 따른 자본주의 팽창은 정보통신의 발달과 함께 그 속도와 깊이를 가늠하기조차 어려워졌다. 이제 이념이 사라진 그 자리에 '자본'과 '시장'논리만이 지배하면서 이 '세계화의 포악성'은 전 세계의 경제양극화의 심화, 환경오염문제의 대두, 인권유린의 또 다른 형태인 노동자문제, 계급갈등의 심화 등 수 많은 문제를 양산시키고 있다는 사실에 주의해야 한다.

〈국제적 협업화: 글로벌 시대의 도래〉

'글로벌 사회'(global society)는 이제 우리에게 더 이상 낯선 단어가 아니다. 단일민족과 단일문화의 신화가 무색할 정도로 한국사회는 이제 다양한 문화와 인종이 뒤엉켜있는 글로벌 사회로 변화해 가고 있다. 우리와 다른 '그들'의 범주에는 좁게는 외국인노동자, 국제결혼을 통해 한국사회에 합류된 결혼이주여성, 중국 조선족과 고려인 등 외국 국적 동포부터 넓게는 북한을 탈출해 남한사회에 정착한 새터민, 다문화가정의 혼혈자녀, 유학생, 성적 소수자 등 우리 사회 내 모든 문화소수자 집단이 포함된다. 국내적으로 한국사회의 구성원에 다양한 문화권 출신의 집단과 사회적 소수집단까지 모두 포괄할 수 있다는 점에서 한국사회는 '내적인 글로벌 사회'로 변모하고 있는 중이라고 할 수 있을 것이다. 한편 국제적으로는 지구촌 각 시민사회의 시민들과 공통적인 지구촌 이슈를 위해 연대하고 화합하는 '글로벌 사회'가 점점 더 확대되어 가고 있다. 글로벌 사회의 특징은 우선 현상적으로만 본다면 한 사회에 다양한 문화와 집단이 공존하고 있는 상태이다. 즉 다른 인종·언어·문화·관습·전통에서 비롯되는 '문화의 다름'을 배경으로 한 다양한 집단이 서로 이해하고 수용하면서 시민사회의 일원으로 살아가고 있는 사회이다. 이 글로벌 사회에서는 '상호존중'과 '공존'이라는 보편적 가치를 어떻게 추구하는지, 나아가 인류차원의 공통적인 이슈를 어떻게 상호 협력하여 사회통합을 완성시키느냐가 과제가 된다.

지금까지 언급된 경제적 차원의 단일화, 정치적 차원의 민주화, 글로벌 사회화는 시민사회발전의 원동력이 되었으며, 지구촌 민주시민교육을 활성화시킨 배경이 되었다. 이 배경은 지구촌 문화의 공통적인 가치를 지향하게 한 원동력이 되었을 뿐 아니라 '어떤 가치'를 '어떻게' 이루어 나가야 하는지에 대한 화두를 던졌다. 즉 지구촌에 통용되는 '세계시민성'(World Citizenship)은 무엇인가에 대한 질문을 각 사회에서 어떻게 대답할 것인지를 고민하게 된 것이다. 민주시민사회로 나아가기 위한 '세계시민성'은 결국 '민주시민교육'에 의해 이루어지게 된다는 출발점으로 다시 봉착하게 된다.

2절 현대사회와 민주시민교육

1. 민주시민교육의 포괄적 방향

앞 장에서 살펴본 바와 같이 민주시민교육의 내용은 세계시민사회의 구성원으로서 나와 내가 속한 한국사회, 나아가 국제사회를 이해하는 것에 초점이 맞추어져야 한다. 여기에서 민주시민교육은 문화적 관점에서 볼 것인지, 국제이해관계의 차원에서 볼 것인지, 세계화 시대의 속성과 이에 상응하는 시민성의 차원에서 볼 것인지에 따라 그 내용과 방법이 더욱 세분화되며 구체화 될 것이다. 우선 민주주의와 시민사회에 대한 연관을 파악하고, 이에 대한 가치와 이념, 지식을 습득하는 과정이 전제되어야 할 것이다. 이 지식습득을 통해 사회적 이슈가 되고 있는 다양한 문제를 고민하고 실제적으로 사회참여를 함으로써 비판적인 시각과 합리적인 사고를 습득할 수 있으며, 세계화 시대에 필수불가결한 상호의존과 이에 따른 국제사회에 대한 이해가 함께 진행되어야 할 것이다. 이와 함께 민주사회의 실현은 절차민주주의 존중에서 시작된다는 점을 의식하고, 시민으로서 갖추어야 할 권리와 책임, 의무와 윤리가 어떻게 실현되어져야 하는지를 고민해야 한다. 종합하면 기본적인 사회가치인 민주주의 및 시민의식함양과 한 사회구성원으로서 진정한 역할과 참여의 의미를 배우고, 동시에 세계화 시대의 지역공동체 구성원으로서, 나아가 지구촌 공동체 구성원으로서 세계시민의 자질과 역량을 습득할 수 있는 있는 민주시민교육의 방향으로 조준되어야 한다. 민주시민으로서 청소년은 시민사회 구성원으로서 권리와 의무를 지니며, 나아가 사회의식과 사회참여는 새로운 청소년 문화로 연결되어야 하는 이유이기도 하다.

2. 민주시민교육의 다양성

(1) 민주시민교육과 세계시민교육

민주시민교육은 민주주의 의식을 고양하는 시민교육이지만, 오늘날 이 민주주의에 대한 개념이 정치적 차원을 포함 한 사회적 일상으로까지 확대되어 국내 뿐 아니라 세계적 차원의 공동체 의식과 행동으로까지 연결되는 세계시민교육의 양상을 보인다. 우선 민주시민교육이 글로벌 시민교육(Global Civil Education), 세계시민교육(Education for World Citizenship), 지구시민교육(Education for Global Citizenship)과는 어떻게 구분해야 하는가에 대한 고민을 하게 된다. 글로벌 시민교육, 세계시민교육, 지구시민교육은 더 나은 미래세계를 지향한다는 동일한 목표와 함께 국제사회의 상호의존과 연대, 협동을 어떻게 이루어나가야 하는지를 교육하는 것이다. '세계화'와 '전 지구화'는 통상 영어 'globalization'으로 번역되고, 형용사로는 '세계적', '전 지구적' 혹은 원어가 주는 뉘앙스를 살리기 위해 '글로벌'로 번역되기도 한다. 번역의 뉘앙스만으로는 각 단어들이 주는 의미들을 정확히 파악한다는 것은 쉽지 않은 일이다. 그래서 각 연구영역이나 학자마다 어떤 점이 강조 되는지에 따라 지구적, 세계적, 혹은 글로벌이 선택되기도 하고, 때로는 특별한 구분 없이 사용되기도 한다.

그러나 프랑스어에는 '글로발리자씨옹globalisation'과 몽디알리자씨옹'mondialisation'(정확하게 번역하면 '세계화')라는 두 개의 단어가 존재하는데, globalisation이 경제부분의 세계화로 한정된다면, mondialisation은 문화, 정치, 경제, 사회, 환경, 기후 등 좀 더 포괄적인 의미의 세계화로 사용된다. 즉 전자가 '자본의 집중'으로 인한 경제적 차원의 세계화라는 의미에서 후자보다는 부정적인 뉘앙스가 좀 더 강조된다. 반면 포괄적인 의미인 mondialisation은 전 지구적 차원에서 발생하고 있는 기후변화의 위험, 지구의 사막화, 생태계 파괴, 환경오염문제, 인구 및 식량문제, 자원과 에너지문제 등과 관련해 이를 경제, 문화, 정치, 사회 등의 차원에서 전 세계적으로 논의하고, 대책을 강구하며, 이에 대한 전 지구적 차원의 상호작용과 활동을 의미한다는 점에서 중성적인 뉘앙스가 있다(Veltz, 2005). 이와 같은 프랑스어의 globalisation과 mondialisation은 우리에게 세계화의 의미에 대해 좀 더 넓은 시야를 보여 준다는 점에서 흥미롭다. 왜냐하면 세계화라는 의미는 통상 경제, 문화 사회, 정치, 환경 등의 차원에서 하나의 현상으로만 이해 될 뿐, 이에 대한 해결책까지 함의하고 있지는 않기 때문이다. 또한 세계화 단어가 사용되는 대부분의 맥락은 세계화로 인한 부정적인 영향들에 초점이 맞추어져 있는 것도 사실이다. 흔히 신자유주의가 세계화와 같이 사용되는 것이 좋은 일례이다. 그러나 세계화의 속성을 21세기 지식기반의 사회라는 특수성과 함께하는 역동적인 사회변동의 과정으로 본다면, 그 사회변동 속에서 전 인류가 지구촌에서 일어나는 국제적 이슈들에 대해 공동으로 고민하고 갈등하며 궁극적으로 지구촌 화합을 위해 최선의 방안을 모색하는 전 과정을 바로 진정한 의미의 '세계화'라고 할 수 있을 것이다. 따라서 '글로벌 시민교육'이나 '지구시민교육'보다는 '세계시민교육'이 주는 뉘앙스가 보다 포괄적이라고 할 수 있다.[1] 결국 '세계시민'(world citizen)으로서의 신념과 가치, 자질과 태도, 책임감과 참여는 민주시민교육에서 출발한다는 당연한 결론이 나온다.

그러면 민주시민교육과 세계시민교육은 같은 차원에서 보아야 하는가? 이 질문에 대한 대답은 세계화라는 사회변동이 야기하는 사회현상들의 결과를 생각하면 간단하다. 한국에서 발생하는 모든 사회문제들, 예를 들면 노동자 문제, 대량실업 문제, 환경오염의 문제, 북한과의 외교문제 등은 더 이상 한국의 문제만이 아니라는 사실에 공감할 것이다. 경제문제로 보아야 하는 노동자 문제 및 대량실업 문제는 세계경제 상황에 따라 한국 역시 결정적인 영향을 받으며, 환경오염문

1) 이외에도 지구사회교육, 지구공동체교육, 지구교육, 지구촌교육, 세계교육 등으로 다양하게 불려지고 있다.

제는 지구생태계 파계문제로 간주되며, 북한과의 외교문제는 전 세계가 민감하게 반응하는 국제정치의 문제라는 것이다. 다시 말하면 21세기 사회는 전 지구촌이 하나하나의 연결고리로 얽힌 촘촘한 네트워크화가 되었으며, 이 네트워크는 정보통신기술의 발달로 인해 그 연대와 협동이라는 상호작용의 폭이 점점 더 넓어지고 있다. 이런 차원에서 세계시민교육은 미시적 차원의 민주시민교육의 하나로 보는 것이 타당할 것이다.

(2) 민주시민교육과 국제이해교육

국제이해교육은 한편으로는 민주시민교육과 혼용되어 쓰여 지기도 하고, 다른 한편으로는 보다 확장된 시민교육의 일환으로도 쓰여 지는 단어이기도 하다. 그러면 '국제이해'라는 단어는 언제부터 사용되기 시작했을까? '국제이해'는 '국가 간의 이해를 증진시키는 교육'이라는 차원에서 시작되었으며, 1946년 런던에서 개최된 제1회 유네스코총회에서 처음으로 등장하였다. 제2차 세계대전이 막 종결된 직후 세계평화와 국제이해증진이 가장 중요한 화두였던 시기에 이 단어가 사용되기 시작한 것은 그리 놀라운 사실은 아니다. 그러나 당시에는 국제이해 및 교류증진을 위한 교육과정에서 특별한 내용과 특정한 방향성은 고정되지 않은 채 막연하게 사용되었다. 이 국제이해교육에 대한 기본방침은 1974년 11월 19일 파리에서 개최된 제18차 유네스코 총회에서 비로소 정해졌는데 바로 "국제이해, 협력 및 평화를 위한 교육과 인권, 기본자유에 대한 교육권고"(The Recommendation Concerning Education for international Understanding, Cooperation, and Peace and Education Relating to Human Rights and Fundamental Freedom)의 채택이 그것이다. 이 전문에서 다음과 같이 밝히고 있다.[2)]

2) (a) The word education implies the entire process of social life by means of which individuals and social groups learn to develop consciously within, and for the benefit of, the national and international communities, the whole of their personal capacities, attitudes, aptitudes and knowledge. This process is not limited to anti specific activities.

- 교육은 총체적인 사회적 삶의 과정을 포함해야 한다. 이것은 개인과 사회집단이 국내·국제사회에서 개인적 능력과 태도, 적성과 지식을 개발하는 것을 배우는 과정이다.
- 국제이해, 협력과 평화는 상이한 사회체제 및 정치체제, 인권과 기본자유에 대한 존중차원에서 사람과 국가 간의 우호한 관계의 원리에 근거해서 간주되어야 한다. 이 권고문에서는 이러한 주제들에 대한 총칭으로 "국제교육"이라는 단어를 사용한다.
- 인권과 기본자유는 유엔헌장, 세계인권선언, 경제, 사회 문화적 권리, 시민과 정치적 권리에 대한 국제조약 등에 정의되어 있다

출처: http://www.peace.ca/unesco1974recommendation.htm

이 권고에서 밝히고 있는 '국제이해교육의 목표와 방향'은 다음의 7가지로 요약된다.

- 모든 수준 및 모든 형식의 교육은 국제적 차원과 세계적 전망의 바탕위에서 이루어져야 한다.
- 모든 민족, 그들의 문화와 문명, 가치와 생활에 대한 이해와 존중이 이루어져야 하며, 여기에는 자국의 민족문화와 타민족의 문화도 포함된다.
- 민족들간 그리고 국가들간의 범세계적인 상호의존 관계가 증대한다는 사실에 대한 자각이 이루어져야 한다.

(b) The terms international understanding, co-operation and peace are to be considered as an indivisible whole based on the principle of friendly relations between peoples and States having different social and political systems and on the respect for human rights and fundamental freedoms. In the text of this recommendation, the different connotations of these terms are sometimes gathered together in a concise expression, "international education".

(c) Human rights and fundamental freedoms are those defined in the United Nations Charter, the Universal Declaration of Human Rights and the International Covenants on Economic, Social and Cultural Rights, and on Civil and Political Rights.

- 타인과의 의사소통 능력을 갖추어야 한다.
- 개인, 사회집단 및 국가들 상호간의 상대방에 대한 권리 뿐 아니라 의무에 대한 자각도 이루어져야 한다.
- 국제적 결속과 협력의 필요성에 대한 이해가 이루어져야 한다.
- 사회, 국가 및 세계 일반의 문제해결에 참여하려는 개인의 자발성이 생겨야 한다.

출처:http://www.peace.ca/unesco1974recommendation.htm[3)]

이 국제이해교육의 목표와 방향의 핵심은 '상호간의 이해'를 위한 '능력고양'으로 정리할 수 있을 것이다. 이 능력으로 권리와 의무에 대한 자각, 소통의 기술, 국제협력의 필요성에 대한 이해와 자발성을 들고 있다. 이 교육의 내용들은 국제적, 세계적 관점에서 이루어져야 한다는 전제가 깔려있다. 그러면 국제이해교육에서는 구체적으로 어떤 내용들이 다루어질까? 김현덕은 국제이해교육의 구성요소로서 첫째, 문화간 이해를 위한 교육(Cross-Cultural Awareness), 둘째, 자기중심적 세계관에서 탈피하여 다양한 세계관과 상반된 세계관을 인정하는 세계적 시각 및 관점의 교육(Golbal Perspectives), 셋째, 보다 구체적인 차원에서 세계를 연결하는 정치, 경제, 사회문화, 기술, 생태적 차원에서의 세계체제에 대

3) (a) an international dimension and a global perspective in education at all levels and in all its forms;
(b) understanding and respect for all peoples, their cultures, civilizations, values and ways of life, including domestic ethnic cultures and cultures of other nations;
(c) awareness of the increasing global interdependence between peoples and nations;
(d) abilities to communicate with others,
(e) awareness not only of the rights but also of the duties incumbent upon individuals, social groups and nations towards each other;
(f) understanding of the necessity for international solidarity and co-operation;
(g) readiness on the part of the individual to participate in solving the problems of his community, his country and the world at large.

한 교육(Global Systems), 마지막으로 세계적인 문제나 이슈에 대한 교육(Global Problems and Issues)을 들고 있다(김현덕, 2000: 101). 오늘의 국제이해교육의 목표와 내용은 1974년의 권고문에서 크게 벗어나지는 않는다. 다만 21세기의 급속한 사회변동과 세계화 속에서의 지구촌 상황은 이 국제이해교육을 평화와 환경, 인권과 민주주의, 협력과 연대라는 좀 더 확장된 범위에서 사용하고 있으며, 이에 대한 교육의 필요성은 이전에 비해 더욱 증가하고 있다. 국제이해교육에서 종종 등장하는 것으로 '발전교육'(Development Education)을 들 수 있다. 개발교육으로 번역되기도 하는 이 발전교육은 한시적인 교육이 아니라 현재와 미래세대까지 지속되는 기초지식과 기능에 대한 교육이라는 '지속가능한 발전'(Sustainable Development)과도 연계 된다. 따라서 발전교육은 "세계의 상호의존성 인정과 전 지구적인 정의와 평등의 필요성을 인정하는 것으로부터 시작"되며 "인본주의적 가치관을 증진시키고 개인이나 지역사회가 세계빈곤의 근본원인을 제거하는데 적극적으로 참여하도록 독려하는 프로그램"으로 정의할 수 있다(김현덕, 2000: 98).

종합해 보면 국제이해교육은 전 지구적 차원의 문제를 상호이해와 상호의존을 토대로 하여 구체적인 국제이슈에 어떻게 접근하고 해결책 및 방안을 강구할 수 있으며, 이에 대한 자질과 능력을 어떻게 개발해야 하고, 현재세대로부터 미래세대까지 결과를 미칠 수 있는 지속적인 발전을 위한 노력으로 축약할 수 있다. 국제이해교육은 이미 앞에서 언급한 민주시민교육 중 '세계의 상호의존에 대한 준비로서의 시민성'과 '인류애적 발전으로서의 시민성'과 직접적으로 연관되고, 국제연대와 국제협동을 통한 사회성 개발 및 자아개발과도 관련한다.

(3) 민주시민교육과 다문화교육[4)]

다문화교육은 문화간 교육(Intercultural education), 문화이해교육, 문화다양성 교육 등 다양한 명칭으로도 사용되는데, 최근 들어 다문화교육이 주는 포괄적인 어감으로 인해 '다문화교육'의 명칭이 점점 일반화 되어가고 있는 추세이다. 다문화 교육은 다원주의 사회에서 발생하는 '문화 다양성'의 현상적, 사회적, 도덕적, 윤리적 특징을 이해하고, 이를 교육적으로 실현시키고자 하는 것이다. 구체적으로는 성, 인종, 언어, 생활양식, 사고방식, 종교 등이 문화의 다름이라는 커다란 범주 속에서 어떻게 이해되고 존중되며, 나아가 실질적인 교과 과정이 어떻게 이루어져야 하고, 이 교육의 결과 다문화사회에서 공동의 목표와 사회통합을 위한 사회구성원의 노력이 어떤 교육적 내용과 방법으로 실천되어져야 하는지의 문제이다. 여기서 우리는 문화다양성이 구체적으로 무엇을 의미하는지 묻지 않을 수 없다. 2005년 10월 20일 발표 된 유네스코에서 발표 된 "문화적 표현의 다양성 보호와 증진협약"(Convention sur la protection de la diversité culturelle)에서 문화다양성을 다음과 같이 정의하고 있다.

> 문화다양성은 집단과 사회의 문화가 표현되는 다양한 방식을 말한다. 이러한 표현들은 집단과 사회의 내부 혹은 집단과 사회 상호간에 전해진다. 문화다양성은 다양한 문화적 표현을 통해 인류의 문화유산을 표현하고, 풍요롭게 하며...문화적 표현의 다양한 형태의 예술적 창조, 생산, 보급, 배포 및 향유를 통해서도 명확히 나타난다(1조)...문화다양성의 보호는 인간존엄성의 존중으로부터 분리 할 수 없는 윤리적 책임이다. 인권과 기본적 자유를 보장하기 위한 노력은 특히 소수민족이나 토착민들의 권리를 의미한다. 누구도 국제법으로 보장하는 인권을 침해하거나 제한하는 데 문화다양성을 이용할 수 없다(4조)

출처: http://unesdoc.unesco.org/images/0014/001429/142919f.pdf

위의 정의에 따르면 문화다양성은 "문화표현의 다양한 방식"으로서 집단 및 사

4) 이 절은 제7장 〈청소년과 글로벌·다문화〉 참조.

회상호간에 전해지는 것으로서 '인간존엄성'으로 해석되는 하나의 '인권'이다. 그렇다면 다문화교육의 목적은 구체적으로 무엇일까? 제임스 뱅크스는 다문화교육의 목적을 다음의 여섯 가지로 분류하여 설명한다.

- 개인들로 하여금 다른 문화의 관점을 통해 자신의 문화를 바라보게 함으로써 자기이해를 증진시키며 이해와 지식을 통해 각 문화에 대한 존중을 추구한다.
- 문화적, 민족적, 언어적 대안들(Alternatives)을 가르치는 것이다.
- 모든 학생이 자문화, 주류문화, 그리고 타문화가 공존하는 다문화 사회에서 요구되는 지식과 기능, 태도를 습득하도록 한다.
- 소수 인종, 민족 집단이 그들의 인종적, 신체적, 문화적 특성 때문에 겪는 고통과 차별을 감소시키는데 있다.
- 학생들이 전지구적(global)이고 평평한(flat) 테크놀로지 세계에서 살아가는데 필요한 읽기, 쓰기, 그리고 수리적 능력을 습득하도록 돕는 것이다.
- 학생들이 자신이 속한 문화 공동체, 국가적 시민공동체, 지역 문화, 그리고 전지구적 공동체에서 제 구실을 하는 데 필요한 지식, 태도, 기능을 다양한 인종, 언어, 문화, 종교 집단의 학생들이 습득하도록 도와주는 것이다(Blanks, 2008: 2-7)

다문화사회에서의 다문화교육은 결국 세계 공동체의 시민으로 살아갈 수 있는 지식과 역량을 가진 세계시민교육과 일맥상통한다고 할 수 있다. 이에 따라 다문화교육의 내용 역시 첫째, 문화다양성을 토대로 한 문화 간 이해에 대한 내용, 둘째, 인권으로서의 문화 간 평등과 문화적 권리 알기, 셋째, 주류문화와 비주류문화간의 편견극복을 통해서 궁극적으로는 객관적 관점으로 자신의 문화를 바로 들여다보기, 넷째, 다원주의 시대에서 문화사대주의와 문화상대주의에 대한 올바른 이해 돕기, 다섯째, 문화 정체성, 지역정체성, 국가정체성, 세계시민정체성 등 다양한 차원에서의 정체성정립 모색하기 등이 포함되어져야 할 것이다.

3절 유럽 청소년 민주시민교육 : 프랑스 공교육 사례[5)]

1. 프랑스 민주시민교육의 시작

프랑스 공교육 차원에서 민주시민교육은 1871년 프랑스 제3공화국이 성립된 후 역사·지리과목이 필수과목으로 신설되면서부터 시작되었는데, 그 내용은 정치공동체, 국가와 주권자로서 시민의 개념, 이를 통합시키는 민족정체성의 중요성 등을 담고 있다. 물론 당시 시민교육의 내용은 '자유, 평등, 박애'사상에 대한 의식 확장과 공화주의 국가에 대한 충성 정도로 한정되어 있던 것은 사실이다. 또한 이보다 더욱 시급했던 실질적인 교육내용은 '읽고, 쓰고 셈하는' 기본적인 학습에 중점을 두어야 했고, 당시 각 지역에 사용되던 다양한 방언을 '프랑스어'라는 공화주의 공식 언어로 보급해야 하는 것이 우선적인 임무였다. 그러나 이 공화주의 정부가 운영하는 일률적인 교육정책은 프랑스 민중들로 하여금 '인식의 전환'을 맞게 한 획기적인 사건이었으며, 여기에서 국가가 제공하는 '의무교육'은 자유와 평등의 구현을 통해 시민사회를 완성할 수 있던 유일한 제도적 장치였다. 프랑스 공교육의 역사가 바로 '시민사회 발전사'와 '공화주의의 역사'라고 할 수 있는 것도 바로 이 맥락에서 보아야 한다.

이후 프랑스 민주시민교육은 1세기 동안 큰 변화 없이 프랑스 공교육에서 진행되어 오다가, 1970년대에 이르러 시민교육에 대한 새로운 내용과 방법에 대해 활발하게 논의되기 시작한다. 그 배경은 다름 아닌 이주노동자와 이민으로 인한 프랑스 인구사회학적인 변화와 이에 따른 새로운 개념의 사회통합에 대한 고민, 즉 "더불어 살아가기"(Vivre ensemble)에 대한 교육적 차원의 중요성이 대두되었기 때문이다. 당시까지 교육담론에 머물렀던 민주시민교육에 대한 실질적인 교육 방

5) 이 절은 필자가 집필한 『프랑스 컬리지 3학년(Collège 3ème) 시민교과목 연구: 주요 지향점과 핵심쟁점을 중심으로』(2011)에서 발췌하여 재구성되었음을 밝힙니다.

안 및 내용은 1980년대에 이르러서야 공교육에 도입되기 시작하는데, 무엇보다도 새로운 교과내용에서 어느 한도까지 민주주의, 법, 질서, 공화주의, 비종교성, 교육권, 학생권 등이 다루어져야 하는지에 대한 뜨거운 논쟁이 일어난다. 그 결과 기존에 진행되었던 역사·지리과목 이외 시민교육이라는 독립된 주제를 초등학교 과정에서부터 도입하자는데 합의가 이루어진다. 1984년 당시 교육부 장관이었던 장-피에르 슈베느멍(Jean-Pierre Chevénèment)은 시민교육(Education Civique)을 내용을 구체적으로 제시한 시민교육프로그램을 제안했고 정규수업과목에 도입한다. 그러나 당시에는 시민교육은 〈제도, 공화국, 가치〉라는 제목으로 역사·지리과목에서 독립된 주제로 다루어지게 된다.

1990년대는 세계적인 정치변동의 물결과 함께 '인권'과 '시민사회'의 중요성이 보다 강조되는 시기이다. 특히 〈학교와 민주주의〉라는 담론이 프랑스 사회를 또 한 번 뜨겁게 달구는데, 그 배경은 프랑스의 심각한 사회문제로 등장한 -파리, 리옹, 마르세이유 등- 대도시와 대도시 주변 취약도시 간의 사회·문화·경제적 격차의 심화에 있다. 한국의 위성도시에 해당하는 프랑스 대도시주변 외곽도시들은 대부분 사회저층과 이민자 가족이 거주하는 지역으로서 대도시와 비교했을 때 학교의 학력수준 기준미달, 학업포기 및 무졸업장의 높은 수치, 청소년 범죄 등과 같은 문제가 집중되어 있는 곳이다. 이에 대해 프랑스는 교육부와 사회연대부, 문화청소년부 등 다양한 부처를 중심으로 학교의 민주주의, 즉 학교 간의 학력격차 타파와 교육취약 지역에 대한 교육복지정책을 집중적으로 실행함으로써 교육불평등의 상황을 타개하기 위해 적극적인 노력을 시작한다. '학교와 민주주의' 담론은 바로 인권과 시민사회의 개념을 '학교'라는 교육장소로 환원시켰으며, 이 교육민주주의 담론은 전 지구적 차원의 보편적 시민성과 인권의 개념으로 확장시킨 중요한 기제가 되었다. 이러한 모든 제도적, 정책적 노력들은 1998년 중학교 과정인 컬리지에서는 '시민교육'과목으로, 2001년 고등학교인 리세에서는 "시민·법률·사회"(L'éducation civique, juridique et sociale)과목을 독립적으로 신설하게 되었고, 초중등교육의 의무교과과정으로 지정되었다.

2. 프랑스 중학교 시민교육 내용

(1) 프랑스 중학교 1학년(Collège 6eme) 시민교과목 구성 및 내용

중학교 1학년(컬리지 6학년) 수업 커리큘럼은 지역 교육청, 각 학교 교장 및 담당과목 교원의 재량에 따라 탄력적으로 진행될 수 있다. 역사·지리과목과 시민교육과목은 일주일에 3시간 동안 독립적으로 진행되는 교과목이다.[6] 교육부에서 권고하는 컬리지 6학년 시민교육과목에 대한 기본 프로그램은 크게 3개의 주제로 나눌 수 있다.

- 학교의 의미: 학교생활 및 모두를 위한 권리로서의 교육
- 개인의 권리와 의무: 학생은 권리와 의무를 가진 한 개인, 그리고 시민성
- 일상과 환경에 대한 책임: 자연 및 환경보존의 중요성과 보존의 책임

이를 토대로 총 6장으로 구성된 시민교육과목의 내용은 다음과 같다.

6) 프랑스 교과과정에서 역사·지리 과목은 한 과목에서 이루어진다.

〈표 1〉 컬리지 6학년 시민교과목 내용[7)]

장(Partie)	내용	핵심질문
제1장: 컬리지 생활	제1절. 컬리지와 주변환경 제2절. 컬리지의 공동생활규칙 제3절. 컬리지의 교원 제4절. 컬리지는 결정의 장소 제5절. 자기 본분에 대한 책임	학교는 학생의 안전을 보호해 주는가?
제2장: 교육은 모두를 위한 권리	제1절. 교육은 획득 제2절. 교육은 권리 제3절. 국가의무로서의 학교 제4절. 학교와 비종교성	모든 학생들은 학업을 성공적으로 마칠 수 있는가?
제3장: 개인의 정체성	제1절. 정체성은 권리 제2절. 정체성 수호자인 국가 제3절. 정체성과 행정서류들 제4절. 국적	각 나라는 고유의 국적을 가지고 있는가?
제4장: 학생은 미래의 시민	제1절. 시민의 권리와 의무 제2절. 정치생활 참여하기 제3절. 시민성 배우기	사회참여는 왜 하는가?
제5장. 환경문제에 대한 책임	제1절. 민감한 우리의 환경 제2절. 지역환경 보존하기 제3절. 지구환경 보존계획 제4절. 환경은 인류의 목적	도시에서 미래 교통수단으로 어떤 것이 있겠는가?
제6장. 문화재에 대한 책임감	제1장. 문화재란 무엇인가? 제2장. 인류의 문화재	산업 문화재는 보존해야 하는가?

위의 표는 프랑스 교육부가 중학교 1학년 시민교육과목의 가이드라인으로 제시한 것을 바탕으로 편성된 한 출판사의 교과내용이다. 위에서 소개된 각 장의 내용은 마지막 부분 "토론해보기"의 핵심질문에서 포괄적으로 다루어지면서 학생들로 하여금 스스로 생각하고 토론을 이끌며 논쟁을 하도록 돕는다. 위의 표를 토대로

7) 시민교과서는 교육부의 심사를 받은 다양한 출판사에서 출판된다. 각 출판사들은 교육부의 시민교육과목 기본방침을 토대로 내용을 구성할 수 있고, 교과서의 선택은 각 학교장과 담당교사의 자율에 맡겨진다. 본문의 시민교과내용은 Nathan 교육출판사의 2003년 개정판을 참고하였다.

그 내용을 좀 더 구체적으로 살펴보자.

▶제1장. 컬리지(중학교) 생활

컬리지 과정은 초등학교와 비교했을 때 학교운영방식과 환경, 학습방법에 있어 현저한 차이가 난다. 따라서 시민교육 제1장은 이제 막 시작되는 새로운 학교환경 및 생활에 초점이 맞추어져 있다. 이 컬리지 생활과 관련된 토론내용은 다음과 같다.

- 성적이 나쁜 학생들을 놀릴 수 있는가?
- 창피를 느끼게 하는 것은 올바른 교육방법인가?
- 학생들 간의 폭력은 왜 금지되어야 하고, 모욕 혹은 폭력을 받은 학생은 어떤 행동을 취해야 하며, 어떤 공동적인 해결방안을 모색해야 하는가?
- 교내의 규칙을 준수한다는 것은 무엇을 의미하며, 이를 존중하지 않은 학생들에게는 어떤 제재가 있어야 하는가?

▶제2장. 교육은 모두를 위한 권리

이 장은 교육권 및 교육민주주의를 다루고 있다. 특히 세계 각 국의 교육현황을 소개하면서 '모두를 위한 권리로서의 교육'이 왜 모든 지역에서 이루어지지 않고 있는지, 남녀에 따라 문맹률이 왜 차이가 나는지, 여성의 사회적 위치가 문화권과 어떤 연관이 있는지, 프랑스 교육역사와 교육권, 비종교성, 정부의 역할은 무엇인지에 대한 교육권 전반에 대한 내용을 다루고 있다. 이에 대한 토론주제는 다음과 같다.

- 읽기문제 혹은 수학에 어려움이 있는 학생의 경우 원인을 어디에서 찾을 수 있는가?
- 방과 후 혹은 휴일에 학생들은 숙제를 왜 하지 않으며, 스스로 학업을 계획하는데 어떤 어려움이 있는가?
- 학생들은 수업시간에 이해하지 못하는 부분에 대해 왜 두려워하며, 이를 어떻게 극복할 수 있는가?

- 학생들이 학업을 성공하는 것은 평등한 것인가?
- 학생들이 학교생활 및 학업을 성공하기 위해 어떤 해결책을 제시할 수 있는가?

특히 마지막 질문은 학생들이 스스로 진단한 문제에 대해 해결책을 찾아보도록 토론을 이끌면서 '교육은 나의 권리'라는 인식을 확장시켜 주는데 기여한다.

▶ 제3장. 개인의 정체성

이 장은 국가와 국가의 구성원으로서 개인의 정체성 및 국가 정체성에 대해 다루고 있다. 흥미로운 점은 개인의 정체성이 출생과 더불어 얻게 되는 이름, 즉 '성'과 함께 공식화 되는 3가지의 사례를 보여주는데, 첫째, 법적인 부부관계에서 출생한 자녀가 아버지 성을 따르는 경우, 둘째, 독신 엄마한테 입양된 자녀가 입양모 성을 따르는 경우, 셋째, 비혼관계에 있는 남녀 사이에서 출생한 자녀가 엄마와 아빠의 성을 각각 따르는 경우를 들고 있다. 이 예는 프랑스 사회 남녀의 평등한 사회적 위치 뿐 아니라 개인선택에 대한 국가의 존중 및 법의 탄력적인 해석을 보여주는 사례이다. 이 정체성은 곧 국가정체성인 국적으로 이어지면서 프랑스 국적을 취득하게 되는 다양한 경우를 제시하고 이웃 국가와의 상황을 비교하면서 이해의 폭을 확장시킨다. 이 장의 논쟁부분에서 독일과 영국 한 도시에서 출생한 외국국적의 이주노동자 부모를 둔 터키 및 인도학생의 사례를 제시하며 다음과 같은 질문을 한다.

- 위 학생들은 독일과 영국에서 각각 출생 시 어떤 국적을 취득하며, 이 국적 취득은 이 학생의 삶을 발전시킬 수 있는가?
- 독일과 영국 국적을 비교해 보고, 이 두 사례는 어떤 공통점을 발견할 수 있는가?
- 외국인인 이 두 학생은 학교 및 일상생활에 어떤 어려움을 갖고 있을까?
- 이 질문들과 함께 프랑스사례를 역으로 생각해 보게 하는데 초점이 맞추어져 있다. 특히 외국인, 이주노동자 그리고 이주노동자 2세의 전반적인 사회문제 및 교육권 논쟁, 국적취득의 문제 등을 다양한 각도로 다루고 있다.

▶ 제4장. 학생은 미래의 시민

이 장은 시민성에 대한 교육과 실제적인 사회참여를 다루고 있다. 특히 지역선거 과정을 자세하게 설명하면서 '마을자치위원회와 시민'은 어떤 관계가 있으며, 공통점은 무엇인지, 마을자치위원회의 중요한 결정은 어떻게 이루어지는지를 적절하게 설명하고 있다. 이와 함께 시민, 시민성, 시민주의, 민주주의, 선거권 및 관용정신의 개념을 1789년 인권선언문, 1948년 세계인권선언문, 1958년 프랑스 제5공화국 헌법전문 등에 소개된 내용을 바탕으로 이해를 돕고 있다. 주요 쟁점은 다음과 같다.

- 시민단체를 창립하는 것은 과연 필요하며, 어떤 장점이 있는가?
- 시민단체의 창립과정에서 어려운 점은 무엇인가?
- 시민단체에는 누가, 어떤 방식으로 왜 참여하는가?
- 시민단체 회원의 권리와 의무는 무엇이고, 회원의 태도는 어떠해야 하는가?

▶ 제5장. 환경문제에 대한 책임

전반적인 환경문제 및 생태계 문제가 구체적인 사례를 통해 제시되면서 이에 대한 의식을 확장하는데 그 목표를 둔 장이다. 특히 21세기의 심각한 자연문제인 '식수의 부족'문제를 프랑스 한 도시의 예를 들어 지구적 차원의 문제로 확장시키고 있다. 이에 대한 논쟁주제는 다음과 같다.

- 우리는 도시의 공기를 계속 오염시킬 수 있는가?
- 이에 대한 현실적인 해결책은 무엇인가?
- 교통수단에 대해 고민해보고, 개인적 차원과 집단적 차원에서의 해결책을 제시해 보자. 어떤 해결책이 왜 더 나은가?

▶ 제6장. 문화재에 대한 책임

산업화로 인한 문화재 훼손과 문화재 보존은 전 인류의 유산이라는 것을 강조하면서 이에 대한 해결책을 고심하는 것이 주요 주제이다. 이 문화재는 문화·산업문화재 및 자연문화재를 모두 포함하고 있다. 논쟁질문을 살펴보면 다음과 같다.

- 옛 공장지대와 장비 및 설비와 같은- 산업문화재 보존은 필요한가?
- 옛 공장지대는 오늘날 우리에게 무엇을 제공하며, 그 지역 시민단체의 요구는 무엇인가?
- 산업단지 보존의 장점과 단점을 기술해 보고, 현재 상황에 적합한 최선의 해결책은 무엇인가?

(2) 프랑스 시민교육과목의 특징

이상에서 살펴 본 프랑스 중학교 1학년 시민교육과목의 주요 내용은 자유와 평등, 민주주의 원리, 공화주의 가치, 사회의 다원성 등을 근간으로 한 다양한 주제를 다루고 있다. 무엇보다도 "시민성 양성"(former à la citoyenneté)은 교리문답적인 개념학습에 중점을 두었다기보다는 구체적으로 현재 프랑스 사회에서 쟁점이 되고 있는 다양한 사회문제 및 공론들과 연관시켜 이에 대한 '사고의 다양성과 시민성 논의'를 '확장'하는데 무게를 두고 있다. 이를 테면 새로운 법제정에 관한 논의, 사회 치안 및 안전문제, 환경문제, 실업 문제, 교육문제 등 다양한 문제를 다루면서 이에 대한 '비판적 시각'을 익히고, '타인의 의견'을 존중하며, '논리에 근거한 논쟁'을 어떻게 전개해 나가는지 배우게 된다. 또한 공화주의 국가정체성이 개인적 차원에서 어떤 방식으로 실현되는지, 공화주의에 입각한 사회통합 및 국민화합은 어떻게 이루어져야 하는지를 고민하게 한다. 이 교육방법은 '교육적 학습'을 바탕으로 한 '교육적 행동'에서 근거하는데, 시민교육의 주요 교수법 중의 하나인 "반응하는 즐거움"(envie de réagir) 구호가 대표적이다. 이것은 학생들에게 사회적 이슈에 대해 방관자가 아닌 참여자로서의 의무와 권리, 개인의 사회적 역할을 고무시키는데 기여한다.

프랑스 시민교육과정에서 공화주의 가치의 실현으로서 국가와 국가구성원인 시민 간에는 헌법에 기초한 의무와 권리, 상호 간의 책임이 근간을 이루고 있다는 점이 강조된다. 특히 '모두를 위한 교육(Education pour tous)', 즉 교육권은 프랑스 사회에 거주하는 –인종, 문화, 종교, 합법 혹은 불법체류 구분 없이– 모든 취학연령 아동 및 청소년에게 적용되는 하나의 인권으로서 해석된다. 이 교육권은 프랑스의 공화주의 국가 이념이 '보편성을 담보한 인류의 가치'라는 특징을 잘 보여 주는 사례로서 교육이 어떤 사회적 차별과 편견이 허용되지 않는 가장 기본적인 제도적 장치라는 것을 다시 한 번 확인시켜준다.

한편 프랑스 공화주의 가치에 근거한 교육이념은 다문화주의와 상충될 수 있는 고민을 안게 된다. 왜냐하면 공화주의 가치의 실현은 인권과 평등원칙 아래 '보편적인 시민으로서의 정체성 함양'과 '국가와 다수를 위한 공적인 이해'를 우선적으로 추구하는데, 다문화주의는 문화다양성에 근거한 상황적 특수성이나 이해관계가 부각되기 때문이다. 물론 그렇다고 '민주주의와 소수자의 권리'가 결코 부정되는 것은 아니다. 단지 다문화주의가 프랑스 사회를 작동시키는 기본적인 구성원리가 될 수는 없다는 것이다. 소수집단의 차별을 방지하기 위한 법제화는 소수집단에 대한 배려의 차원이 아니라 '시회정의'차원에서 다루어져야 되는 것이다. 프랑스의 시민교육과정에서 중요하게 다루어지는 주제 중의 하나가 '더불어 살아가기'임을 상기할 때 다문화교육은 시민교육의 하위개념으로서 "소수집단에 속한 청소년은 기회균등과 평등을 통한 교육적, 사회적 권리의 정당성을 배우며, 다수자집단에 속한 청소년은 다름과 공존에 대한 이해를 배우고, 나아가 문화, 종교, 인종의 다름과 차별, 배제적 상황에 대한 객관적 기술과 비판적 사고를 통해 시민의식을 함양하는 것"을 골자로 한다(이영란, 2011: 164–166).

4절 한국청소년 민주시민교육을 위한 제언

세계화 시대 속의 한국사회는 지식기반사회의 대표주자라고 할 수 있을 것이다. 구체적으로는 인터넷 보급률 세계 1위, 정보화 시대에 적합한 사회 및 산업구조의 근본적인 변화, 국제교류의 획기적인 증가, 다문화사회의 도래 등으로 축약할 수 있다. 이와 같은 사회의 구조적인 변화는 이 시대에 부응하는 시민사회에서의 청소년 민주시민교육을 요구한다. 지금까지 윤리과목 혹은 사회과목에서 진행되었던 전형적인 민주시민교육내용은 상호간의 협동, 충성, –교리문답적인– 자유와 평등의 개념학습 및 민주주의의 실천 등을 골자로 하고 있고, 수업진행 역시 '지식의 전달'이라는 수동적인 형태로 진행되고 있다. 이와 같은 상황에서 21세기 세계화 시대, 지식기반의 시대에서 청소년의 민주시민교육은 그 패러다임 자체가 변화되어야 할 기로에 서있다고 할 수 있다. 우선 민주시민교육은 세계시민교육과 국제이해교육, 지속발전교육, 다문화교육 등을 전반적으로 수렴할 수 있는 새로운 교과내용으로 구성되어야 할 것이다. 프랑스 사례는 바로 이 점에서 민주시민교육의 방향과 내용을 좀 더 포괄적으로 모색하게 한다. 구체적으로 찾아보면, 민주시민교육의 방향은 첫째, 민주주의에 대한 이해와 가치, 그리고 사회과학적·법적인 지식습득이 선행되어야 하고, 둘째, 시민으로서 알아야 할 사회의 쟁점이슈에 대한 능동적인 참여자로서의 역할고민이 무엇인지를 찾아가야 하며, 셋째, 세계 시민성과 사회성 개발을 위한 노력을 어떻게 할 수 있는지가 구체화 되어야 하고, 마지막으로 시민으로서의 책임감과 세계시민의식을 어떻게 함양할 수 있는지를 고민해야 한다. 또한 실질적 민주시민교육내용은 폐쇄된 국가관에서 벗어나 새로운 세계관을 위주로 재구성되어야 한다. 구체적인 내용을 제안하면 다음과 같다.

첫째, 디지털 사회 변동, 환경 문제, 지역 간 위기 등 미래 사회위기와 갈등에

능동적으로 대응할 수 있는 비판적 사고와 주도적 태도를 길러야 하며;

둘째, 시민사회의 구성원으로서 상호 존중과 협력을 기반으로 하는 공동체 의식을 함양해야 하고;

셋째, 나아가 지구촌에 대한 상호의존 및 문화 간 이해 교육을 강화해야 하며;

넷째, 지역사회 활동이나 봉사활동을 통한 참여형 수업 활성화와 사회문제 연구 참여를 활성화 시키고;

다섯째, 법과 민주주의 실천에 대한 교육을 강화시켜야 한다.[8)]

여기에 좀 더 부가하자면 세계화라는 전 지구적 현상 속에서 '지속가능한 발전'이라는 거시적 차원의 발전교육, 즉 국제이해교육이 민주시민교육 안에서 좀 더 비중 있게 다루어 져야 할 것이다. 이제 '시민성'이란 단어는 한국적 시민성에 국한되는 것이 아니라 '인류보편적인 시민성'이 담보되어져야 한다는 것을 의식해야 한다. 이와 함께 국내외에서 발생하는 사회문제 및 지구촌 공론들에 대한 관심과 참여는 사고의 다양성과 시민성의 논의를 확장 시키는데 기여할 수 있다. 민주시민교육은 단지 '교육적 학습'에 그치는 것이 아니라 '교육적 행동'으로 실천되어야 진정한 교육의 성과가 나타난다고 할 수 있다. 더불어 프랑스 사례가 보여주는 것처럼 민주시민교육은 사회과목 및 윤리과목에 한정되는 것이 아니라 전 교과영역에 스며들어 있는 '핵심주제'로서 민주주의가 일상에서 자연스럽게 완성된다는 '범사회적 가치'로 간주되어야 한다. 이를 위해 민주시민 및 시민성, 민주시민교육에 대한 사회적, 교육학적 합의를 찾고, 이를 공교육에 실행하기 위한 노력들이 국가교육기관, 교원조합, 학부모연대, 학생연합 및 교육관련 다양한 관민 기관들과의 교육적 연대를 통해 이루어져야 할 것이다.

---

8) 2022 초중등 교육과정 총론은 민주시민교육에 대한 방향성과 내용을 잘 제시하고 있다(교육부 고시 제 2022-33호). 2022 교육과정 재정비를 통해 민주주의 사회의 시민교육이 교육현장에서 보다 이론적이고 실천적으로 이루어 질 수 있기를 기대해 본다.

〈주요용어 해설〉

- 민주주의 : 고대 그리스어에서 기원한 단어로 '민중'을 뜻하는 '데모스'(Dêmos)와 '권력'을 뜻하는 '크라토스'(Kratos), 즉 '민중이 지배'한다는 의미이다. 이 의미는 보편적으로 정치적 평등과 자유를 전제로 하여 공동의 이익을 추구하는 '집단의사 결정체제'의 정치구조 형태를 말한다. 보다 넓은 의미의 민주주의는 '민주적 기본가치'를 이해하고, 민주시민으로서 역할과 책임을 다하며, 정치영역을 포함, 다양한 사회영역에서 이 민주적 가치를 사회적 행동으로 실행한다는 '사회민주화'의 의미를 담고 있다.
- 시민과 시민사회 : 고대 그리스와 로마에서는 '정치적 권리를 가진 사람'이 시민으로 간주되었다. 근대에 들어와 시민의 개념은 '인간은 자유롭고 평등하다'는 인간의 기본적 권리를 바탕으로 '주권'을 가진 국가정치체제의 구성원이자 법적인 평등에 따라 권리를 행사할 수 있는 개인을 뜻한다. 21세기 시민은 정치·경제·문화·법·등 모든 사회영역에서 민주적 가치를 이해하고 민주사회를 추구하는 시민의 사회적 행동까지 포괄한다는 폭 넓은 정의를 가지고 있다. 시민사회는 이처럼 '계몽된' 시민들에 따라 민주적 가치가 구현되는 사회이다.
- 신자유주의 : 경제와 자본의 국경은 최대한 개방하고, 이에 대한 정부의 규제는 최소화하여 자율적인 시장 메커니즘을 형성하게 한다는 주의이다. 신자유주의 정책의 특징은 첫째, 복지예산을 비롯한 공공부분 정부지출 대폭 삭감, 둘째, 감세정책 및 경제규제 완화를 통한 기업 활동 장려, 셋째, 공공기업 민영화와 경쟁을 통한 경제적 효율성 창출, 넷째, 노동시장 유연화를 통한 노동경쟁력 강화 등으로 요약된다. 한편 신자유주의 정책은 거대기업들의 자본독점을 합리화 시키고, 전지구촌의 경제적 '세계화'를 부추겼으며, 세계경제 불균형 양극화와 노동자 권리를 악화시킨 주범으로 평가받는다.

- 민주시민교육: 민주적 기본가치를 객관적으로 이해함으로써 민주시민으로서의 윤리적 자질과 도덕을 내면화하고, 이를 바탕으로 사회적 행동으로 이어나가게 하기 위한 교육이다.
- 세계시민교육: 21세기 사회는 지식기반의 사회라는 역동적인 사회변동을 특징으로 한다. 세계시민교육은 세계시민으로서 신념과 가치, 자질과 태도, 책임감과 참여를 배우는 교육과정으로서 사회변동 속에서 지구촌에서 일어나는 국제적 이슈들에 대해 공동으로 고민하고 갈등하며 궁극적으로 지구촌 화합을 위해 최선의 방안을 모색하는 과정이다. 민주시민교육의 하위범위로 볼 수 있다.
- 국제이해교육: 국제적 차원에서 증가하는 상호의존의 관계 속에서 사회, 국가, 세계 일반의 문제를 이해하고 해결하기 위한 능력을 고양시키는 교육이다. 권리와 의무에 대한 자각, 소통의 기술, 국제협력의 필요성에 대한 이해와 자발성 등의 능력을 개발하고 상호간의 이해를 돕는 이해와 존중이 우선되어야 한다. 나아가 현재세대로부터 미래세대까지 결과를 미칠 수 있는 기초지식과 기능에 대한 지속적인 교육차원에서 '발전교육'도 이에 해당된다고 할 수 있다.
- 다문화교육: 다문화 교육은 다원주의 사회에서 발생하는 '문화 다양성'의 현상적, 사회적, 도덕적, 윤리적 특징을 이해하고, 공동의 목표와 사회통합을 위한 실질적인 교과과정에 대한 내용 및 방법, 나아가 이 교육의 결과가 어떻게 실천되어져야 하는지에 대한 총체적인 교육과정이다. 결국 다문화교육은 다문화 시대의 세계시민으로 살아가는 지식과 역량에 대한 교육이라는 차원에서 세계시민교육과 국제이해교육과도 상호연관 되며, 민주시민교육의 부분으로 간주될 수 있다.

제 9장 청소년 대항문화와 대안문화*

이 단원은 청소년 대항문화와 대안문화에 대한 이해를 목표로 한다. 청소년 세대하면 우선 '저항성'과 '대항적 태도'가 먼저 떠오르기 때문에 대항문화가 청소년 세대의 문화에 좀 더 근접해 보일 수 있다. 반대로 대안문화는 어떤 문제에 대한 대안(代案)적 해결방안을 모색한다는 의미에서 현실참여 혹은 사회참여활동을 떠올리게 한다. 청소년 대항문화와 대안문화, 도대체 무엇이고 어떻게 다른가? 이 두 문화의 양상과 특징은 청소년 문화에서 어떻게 나타나고 어떻게 상호연관 되는가? 이 장에서는 신세대 대항 · 대안문화가 처음으로 등장했던 서구사회에서 대항적이고 대안적인 청소년문화가 어떻게 문화적 실천으로 나타났으며 사회운동으로 변모했는지를 살펴보고, 한국사회의 청소년 대항 · 대안문화와 비교하여 그 가능성을 추적해 본다. 나아가 한국 청소년 대항문화와 대안문화의 현실과 과제를 탐색해 본다.

* 이 장은 이영란·김민이 집필한 『유럽 청소년·청년 대항문화와 대안문화의 기원과 전개양상에 대한 연구』(청소년문화포럼 2018)를 수정·보완하여 재구성되었음을 밝힙니다.

학습초점

- 대항문화와 대안문화의 차이점은 무엇인가?
- 신자유주의와 세계화는 대항문화와 대안문화에 어떤 영향을 미치는가?
- 대항문화와 청소년 하위문화의 공통점은 무엇인가?
- 대항문화와 대안문화의 접점은 어디인가?
- 디지털 시대 청소년과 대항문화와 대안문화 간 관계를 설명할 수 있는가?
- 한국 청소년 대항문화와 대안문화의 현실과 과제를 설명할 수 있는가?

1절 대항문화와 대안문화 정의

1. 대항문화와 대안문화 개념에 대해 질문해 보기

국내 청소년 문화연구에서 대항문화의 개념은 반문화(反文化)와 혼용되거나 혹은 일탈문화의 차원에서 주로 다루어져 왔기에 이미 용어 자체에서부터 반사회적인 의미가 담겨있다(박진규, 2002; 정재민, 2007). 반문화는 자칫 주류문화에 대한 전면적인 거부의 성향으로 간주될 수 있고, 일탈문화는 보편적으로 비행이나 폭력 등이 동반되는 일탈행동의 동의어가 되었다. 이를 역으로 본다면 청소년 대항문화가 갖는 다양한 의미, 이를테면 청소년세대가 기성세대 혹은 부모세대의 문화로부터 자신들을 구분하고, 고유의 '다름' 혹은 '특징'을 보이면서 직접 참여하고 발전시키며 성숙해 갈 수 있는 문화적인 흐름과 해석을 탐색하기보다는, 청소년의 반사회적 일탈문화라는 관점아래 기성세대가 보호하고 관찰해야 하는 '미숙한 문화'라는 인식이 지배적임을 부인할 수 없다. 반면 청소년 대안문화는 정치사회적 차원에서 성장세대의 사이버커뮤니티 활동, 지역사회활동, 정치참여 등을 토대로 다루어져 왔다. 이처럼 대항문화와 대안문화를 보는 상이한 시각의 차이로 인해 청소년 문화연구에서 이 두 문화의 연계와 접점을 찾고자 하는 시도는 제대로 이루어지지 않았다는 것은 사실이다. 이에 대한 문제의식에서 대항문화와 대안문화의 개념을 살펴보아야 한다.

(1) 대항문화(counter-culture)란 무엇인가?

대항문화란 '~에 대항하는 문화counter-culture'로써 한 사회의 지배적 문화에 반대하고 적극적으로 도전하는 성향을 갖는 문화를 말한다. 도전의 대상은 사회규범이나 가치관, 특정한 예술성향 혹은 시대적 문화기류에 반대하는 정신문화 영역 혹은 기술이나 산업과 같은 물질문화의 영역일 수도 있다. 대항문화란 용어는 1969년 미국 캘리포니아 대학교 역사학 교수 테오도르 로스자크(Theodore Roszak)가 『대항문화 만들기』(The making of a Counter Culture)라는 저서에서 처음으로 사용한다. 로스자크는 제2차 세계대전 이후 고도성장과 함께 급진적인 사회변동을 맞이한 서구 후기산업사회로의 이행과정에서 기술 관료시대에 대한 경종을 울리며 새로운 사회 정치 교육 문화와 인간관계의 총체적인 변화에 주목하였다. 즉 거대한 기계의 부속품으로 전락해가는 획일적인 인간성을 거부하고, 비인간적인 현대문명의 위기에 대항하는 꿈, 환상, 에토스, 유토피아 등을 일종의 '시대정신'으로 간주하여 광범위한 사회운동의 대안으로서 대항문화를 제시한 것이다(Roszak, 1969). 이후 대항문화라는 용어는 지배문화의 가치에 의문을 제기하는 한편, 이에 대항하고 저항하며 '대안적인 실천을 주도하고자 하는 문화흐름과 집단'을 총칭하게 된다. 서구 사회 문화사에 처음으로 등장한 대항문화의 주체는 제2차 대전 직후에 태어난 베이비붐 세대였다. 이 세대는 현대 자본주의 발전과 산업사회의 고도화, 이에 따른 물질적 풍요와 교육기회의 확대 속에서 성장한다. 전쟁을 경험한 부모세대의 구시대적인 사회관습과 도덕, 권위주의와 보수주의는 변화를 갈망했던 이 세대의 새로운 시대정신 및 자유로운 사고방식과는 절충될 수 없었다. 이들에게는 사회의 구조적인 변화와 새로운 가치관이 필요했지만, 부모세대는 신세대의 시대적 요구를 들어주기에 너무나 전통적이고 보수적이었던 것이다. 기존 사회구조의 변화에 대한 요구와 함께 베트남 전쟁의 참혹함은 결국 이 신세대의 반감을 불러일으켜 평화와 반전을 위한 시위로 이어지고, 나아가 보수적인 사회구조 전체에 반항하는 대대적인 반사회적 시위를 주도하게 된다. 바로 이것이 '정신적 혁명'으로 불려지는 〈68혁명〉의 근본동기가 되었으며, 이 혁명의 주역들은 반전과 세계평화, 진보적인 시대정신, 정치적 이상주의, 여성해방, 남녀평등과 같은 새로운 이념을 본격적인 사회운동으로 발전시켜 나갔다. 이처럼 서구 대항문화의 출발은 주류문화의 가치와 지배계층이 주도하는 문화의 흐름에 의문을 제기하고, 자본주의와 문명의 발전이 야기한 소비주의, 상업주의, 빈부격차의 심화, 기술종속에 따른 노동윤리 및 인간성 상실 등에 저항하고자 했던 새로운 시대적 문화정신과 실천을 의미했다. 동시에 이 문화적 흐름은 기존 '엄숙주의'(Pietism)문화로부터 반기를 둔 –당시 기성세대의 시각으로 보자면– 사회 일탈적이고 대항적인 의도를 함의한다. 이 젊은 세대의 반사회적이고 반규범적인 성향은 기존 사회규범과 가치관에 대항하는 다양한 문화현상을 낳았는데, 대표적으로 히피와 펑크를 들 수 있다. 이 문화 현상은 당시 주류집단에 비해 소수집단으로 간주되던 신세대의 시대적인 가치와 신념을 분명하게 보여주고 반성적이고 성찰적인 태도가 담겨있으며, 새로운 사회상에 대한 비전과 유토피아적인 환상을 추구한 면도 없지 않아 있었던 것도 사실이다. 다른 한편에서 이 대항문화는 노동자계층 출신 청소년 청년들의 상황적 불만에 따른 분출구의 역할도 했는데, 이는 스킨헤드나 훌리건처럼 폭력과 알코올, 떼거리집단 등을 동반한 일탈적 하위문화나 모더니스트(Modernist), 루드보이(Rude Boy) 등과 같은 대항적인 청소년 하위문화를 발생하게 했다.[1] 문화연구에서 대항문화는 '반성향 의식'에 의해 구분되는 집단과 '주류문화'로부터 자유로움을 추구하는 '하위문화'라는 두 가지 의미를 갖는다.

1) 모더니스트(약자인 모드Mod로 더 잘 알려져 있다)는 1960년대 영국경제성황과 함께 성장한 중하급 시민계급 출신의 자녀로서 스키니 진의 효시라고 할 수 있는 다리를 조이는 청바지와 부츠, 단추를 풀어헤친 셔츠, 팔찌와 같은 액세서리 등의 패션과 소울, 블루비트, 록음악 등을 즐겨 들으며 소형 오토바이인 스쿠터를 즐겨타던 청소년·청년세대를 말한다. 루드보이는 1960년대 영국으로 이주한 자메이카 출신의 청소년집단으로 영국사회의 새로운 갱집단 혹은 폭력집단으로 등장하게 된다.

(2) 대안문화(alternative-culture)란 무엇인가?

대안문화는 말 그대로 '대안(代案)적' 문화이다. 다양한 사회·문화·정치의 흐름 속에서 기존의 것을 대신할 수 있는 다른 '안'을 제시하는 대안의 의미로서 상업적이거나 세속적인 목적과는 전혀 다른 독립적인 사회문화현상을 말한다.

문화에 대한 접근방식에 있어 집단 구성원이 공유하고 있는 상징과 의미체계로써의 문화개념을 중점에 둔다. 특정상황이나 사건에 참여하고 있는 구성원들은 벌어지고 있는 일련의 행위나 사건들에 의미를 부여하며 공유하게 된다. 의미는 단일한 것이 아니며 의미의 층위는 다양하게 나타날 수 있다. 이때 동일한 문화적 상황이나 사건에 대해 기존과 다른 의미를 상징하거나 제시하고, 또 그에 따른 새로운 문화적 상황이나 사건을 창출해 내는 것이 바로 대안문화이다. 대안문화는 지역사회나 개인, 혹은 단체가 조직하고 주도하는 문화로서 대항문화와는 달리 주류문화와 꼭 갈등관계에 있는 것은 아니다. 대안문화의 특징은 비상업적인 목표를 추구하는 한편, 사회와 정치역역에서 '참여문화'의 형태를 띠면서 공동체문제에서부터 지역문제, 환경문제, 국가차원의 문제에 이르는 다양한 현안에 대한 해결책을 공동으로 모색하고자 하는 운동 혹은 경향을 말한다. 예를 들면 인권운동, 환경운동, 반전반핵운동, 소수자 문화운동, 제3세계 구호활동, 동물보호운동, 지역문화운동, 독립예술운동 등을 대표적으로 꼽을 수 있다. 이러한 대안문화의 움직임은 성찰적이고 자생적이며 비정치적 성향이 강하게 드러난다. 무엇보다도 대안문화의 참여는 자발적인 행동과 행태로 이루어지고, 이에 참여하는 개인 혹은 단체들은 인류애적인 차원에서 같이 살아가는 사회를 추구한다. 이와 같은 사회참여는 행위의 결과가 정치적 이슈를 야기할 수도 있지만 전통적인 정치참여와는 분명한 선을 긋는다. 오늘날 청소년세대의 대안문화는 정보통신기술의 발달에 따라 용이하게 되었으며 참여형태의 자율성과 다양성은 더욱 강화되었다. 민족과 국경을 초월한 지구촌 네트워크는 상호교류와 청소년 사회참여 및 연대를 강화시키는데 기여하였으며, 권리에 대한 주장을 효과적으로 펼칠 수 있는 기회 역시 증가하고 있다.

2. 청소년 대항·대안문화와 하위문화

대항·대안문화와 하위문화 간의 상관관계는 무엇인가?[2] 이 질문은 시대적 상황에서 대항·대안문화가 다양한 하위문화를 낳은 것인지, 혹은 대항·대안문화를 청소년 하위문화의 하나로 간주해야 하는지에 대한 질문과 일맥상통한다. 대항·대안문화의 개념 자체가 지배문화에 대한 견제와 저항의 의미를 담고 있듯이, 이를 주도하는 집단은 주류문화의 흐름에 대항하고자 하는 자신들의 의도와 역할 및 이에 대한 지적인 정당화와 설명을 수반하게 되는데, 하위문화 역시 지배문화에 대항하여 다양한 하위집단의 욕구나 저항이 담긴 '문화적 실천'이라는 점에서는 공통점이 있다. 여기서 하위집단이란 계급, 성, 세대라는 각기 다른 속성을 통해 집단적 정체성이 구분되는 집단을 말하며, 이들의 하위문화는 각 집단의 정체성 및 속성과 관계한다. 청소년 하위문화이론의 대표적인 학자인 코헨과 쇼트에 따르면, "자신들의 지위에 좌절감을 느낀 하층 노동계급 청소년들이 자주 갱 집단과 같은 일탈 하위문화에 가담"하는 것을 확인할 수 있으며, 이런 하위문화는 "중간계급의 가치를 거부하고 그것을 일탈과 반항을 찬양하는 규범으로 대체"시킨다고 주장한다(Cohen Short, 1958; 기든스, 2009: 552 재인용). 영국과 독일 등 서구사회에서 나타난 청소년 하위문화는 노동계급 출신 청소년의 저항적이고 도발적인 다양한 스타일과 패턴, 폭력적인 집단문화를 통해 지배문화의 모순들을 해소하거나 그에 저항하면서 자신들의 입장을 표현하려는 '일탈적 문화현상'으로 나타나기도 했다. 이는 계급적 대항을 넘어 문화적이고 인종적인 대립과 모순까지 보여 주었다. 동시에 다양한 청소년 하위문화는 이 세대의 사회적 지위를 확보하게하고 정체성을 확립시키며, 이들만의 준거 틀을 만들어가는 '대항적인 대안문화'의 양상으로 나타난 것도 사실이다.[3] 바로 이 점에서 청소년 하위문화는 이 세대의 문화적 지형을 보여주는 지표라는 점과 그것이 꼭 '저항'만 하는 하위문화라

---

2) 청소년 하위문화는 김문섭(2003), 감창남(1995), 정혜원(2006) 참조.

3) 5장 3절 〈유럽청소년 비행문화〉참조.

고 단정 지을 수 없다. 에드거와 세즈윅의 주장대로 청소년 문화가 급진적인 하위 문화 사이에 노골적으로 대립된다면 이 두 문화가 "합류하는 지점을 인식하는데 실패"할 수 있고 따라서 "그 자체가 적절하지 않을 수" 있다는 점을 상기해야 한다(에드거 세즈윅, 2007: 476).

2절 청소년 대항 · 대안문화의 기원과 발전

이 절은 청소년 대항문화와 대안문화가 문화사회학 차원에서 최초로 언급되고, 다양한 방식과 양상으로 발전되고 수용되었던 서구 사례를 살펴본다. 서구 청소년 대항문화와 대안문화의 기원과 발전은 문화권을 넘어 지금까지 각 나라에서 사회문화적으로 그 맥을 이어가고 있고, 신자유주의와 디지털 시대라는 세기적 변화 속에서 그 범위와 양상은 더욱 다채로워지고 있다. 이 절에서는 서구사회에서 처음으로 등장한 대항문화와 대안문화에 대한 이해를 통해 한국 청소년의 대항문화와 대안문화를 재조명 할 수 있을 것이다.

1. 서구 청소년 대항 · 대안문화의 기원

서구 청소년의 대항문화와 대안문화의 기원은 신세대의 등장과 함께한다. 즉 동시출생 집단으로서 이 세대는 고유의 집단적 특징을 분명하게 보여주었고, 이 세대가 만들어 낸 문화현상은 이후의 세대에게까지 다양하게 수용되고 발전되기 시작하였다. 대항적이고 대안적인 유스 컬쳐에 대한 기원과 토대, 그리고 초기 문화 양상을 중심으로 살펴보자.

(1) 신세대의 탄생

서구 청소년 대항·대안문화의 기원은 유스컬쳐(youth culture)와 이전에는 문화·사회학적으로 한 번도 언급된 적이 없었던- '신세대'(new generation) 개념과 함께 한다.[4] 이 신세대는 제2차대전 이후 자본주의의 고속성장과 함께 새로운 소비양식과 생활양식의 수혜자가 된다. 즉 2차 세계대전 이후 미국과 유럽 서구국가의 비약적인 경제성장과 함께 '소비'가 자본주의 중심에 들어서고, 경제적 수혜가 노동자 계급까지 확장되며, 이와 함께 소비양식과 생활양식이 획기적인 변화를 맞이하게 되는데 이 소비의 향유는 젊은 세대를 중심으로 이루어지게 된 것이다. 일반적으로 유스 컬쳐가 출연하는 조건은 첫째, "젊은이들이 충분히 큰 동기집단(cohort)을 형성"할 때, 둘째, "급속한 사회변화"가 이루어질 때, 셋째, "사회에서 증가하는 다원주의가 새로운 생각들과 라이프스타일들에 대한 자극을 제공할 때"를 들 수 있다((앤드류 에드거/피터 세즈윅, 2007: 405). 이 조건들은 당시 베이비붐 세대의 상황 및 배경과 상응하는데, 정리해 보면 다음과 같다.

- 이 세대는 '동시출생 집단'으로서 그 규모와 잠재력의 파급효과는 전 세대에 비해 엄청나게 증가했고, 더불어 전쟁 이후 출생이라는 사회·문화적 배경이 동기집단을 형성하는데 있어 보다 용이하게 작용했다.
- 후기 산업화시대의 도래는 엄청난 사회변동을 가져왔다. 무엇보다도 구매력과 소비패턴영역에서 계층 간의 차이가 현저하게 감소했다. 이것은 노동자 계층의 생활수준 및 노동조건의 향상, 노동권 및 노동자복지와 관계한다. 이제 노동자는 마르크스 시대의 '착취만 당하는' 노동자가 아니라 권리와 복지, 노동에 상응하는 '대가'를 받는 소위 '중산층 노동자'로 편입된 것이다. 이 새로운 중산층 노동자의 핵심에는 신세대가 자리하게 되고, 이 세대를 중심으

4) 유스컬쳐(youth culture)에 대한 국문번역은 사용범위와 맥락에 따라 청소년문화, 청년문화 혹은 청소년·청년문화로 혼용된다. 서구에서 유스컬쳐는 청소년 및 청년세대를 모두 아우르는 보다 포괄적인 의미를 갖는다. 이 장에서는 영문표기 youth culture의 포괄적인 뉘앙스를 위해 청소년문화 혹은 청년문화로 구분을 짓기보다는 유스컬쳐를 그대로 사용한다.

로 전 생활세계 영역 및 정신문화 영역에서 사회변동이 이루어지게 된다.

- 이 사회변동의 양상은 무엇보다도 일원적인 사회상에서 다원주의 사회로 변모하게 되고, 이 다원주의는 신세대를 중심으로 새롭고 다양한 사고양식과 행위, 가치관을 형성시켰다.

(2) 서구 신세대 초기 유스 컬쳐 양상

전후 신세대의 대표적인 문화양상은 어떻게 나타났을까? 오늘까지도 팝 예술의 고전으로 간주되는 비틀즈, 엘비스 프레슬리를 비롯해 로큰롤, 광적인 춤, 미니스커트와 조인 청바지, 풀어헤친 단추의 와시셔츠와 세미정장 패션 등과 같은 새로운 문화현상이 등장했고, 세탁기, TV, 전축 등 가전제품의 혁신적 발달과 자동차의 대중화로 인한 생활세계의 총체적인 변화가 일어났다. 이 양상들은 신세대의 외형적인 특징에서부터 내형적인 특징을 골고루 보여 주며, 이 세대의 집단 구성원의 '정체성 의식'을 형성하게 된다. 특히 대중음악, 패션, 신발, 스포츠 등의 취향과 소비양식은 부모세대와 비교했을 때 –당시 기성세대 시각으로 보자면– 특출했고 민망하기조차 했다. 이와 함께 정신적 흐름의 변화 역시 이 세대의 시대적 특징을 잘 보여주고 있다. 전후 베이비 붐 세대의 초기 정신적 흐름에 큰 영향을 준 것은 새로운 문학기류를 형성하기 시작한 '비트 제네레이션'(Beat Generation)이다. 형용사 beat는 원래 '범죄적인 속어'를 뜻하는 데, 당시 비트 제네레이션 문학흐름을 주도했던 작가들은 이 단어를 '피곤한', '황폐해 진', '몰락한', '타락한' 등의 뜻으로 사용한다. 음악에서는 'being on the beat', 즉 '리듬에 빠져있다'의 뜻으로 사용되기도 했다.[5] 비트 제네레이션의 문학적 의미는 '최초의 현대문학적 하위문화'라는데 있고, 이후 대안적이고 사회비판적인 시대흐름에 적

5) 이 비트 제네레이션은 1948년 러시아 출신 미국작가 잭 케루악(Jack Kerouac 1922–1969)이 자신이 속한 동세대의 '사회적 여건'을 묘사하면서 처음으로 사용했고, 이후 존 홀름(John Clellon Holmes 1926–1988)이 선데이 뉴욕 타임즈에 '이것이 비트 제네레이션이다'(This is the beat generation)를 기고하면서 이 단어를 대중화 시켰다.

지 않은 영향을 주게 된다. 예를 들면 '정치적이고 지성적인' 히피문화, 즉흥재즈, 현대생활의 속도를 묘사한 라이프스타일, 마약, 자연의 재발견, −성의 자유와 같은− 타부에 대한 극복, 젠(Zen), 불교 등을 들 수 있다(Borroughs et al. 2001). 이와 같이 종결 이후 신세대의 성장배경으로 경제적 영역에서는 자본주의 발전에 따른 상업주의와 소비주의가, 사회적 영역에서는 중간계층의 확장에 따른 계층간의 희석이, 정신적 영역에서는 전통적이고 보수적인 가치관과 도덕에서 진보적이고 개방적인 사고와 태도로, 문화적 영역에서는 다양성을 토대로 한 신세대의 다채로운 대항·대안문화와 하위문화의 출연을 들 수 있다.

이 신세대 대항·대안 문화가 당시 서구사회에 끼친 영향은 무엇일까? 구시대에 대한 대항일까, 시대적 단절일까, 새로운 시대를 향한 대안일까, 아니면 두 시대의 연결일까?

이에 대한 대답은 그리 간단하지 않다. 왜냐하면 당시 신세대 문화는 각 국의 사회·문화·역사적 환경에 따라 상이한 방식으로 발전해 왔고, 그 수용의 양상 역시 각양각색으로 진행되었기 때문이다. 영국의 경우를 예로 들어보자. 1960년대부터 산업 대도시 주변에 거주하던 노동자계층이 중심이 되어 본격적으로 등장한 청소년·청년 하위문화는 "중상층으로 대변되는 부르주아적 시민사회에 대항하며, 영국사회의 새로운 구성원인 이주노동자 계층과도 거리를 두어 자신들만의 정체성과 계층적 소속감을 추구"하려는 동기에서 시작되었다(이영란, 2007: 129). 다시 말하면 영국 청소년·청년 하위문화는 노동자 계급의 긍지와 정체성을 추구하고 중상계층의 규범과 도덕에 맞서는 일종의 대항문화의 형태를 보여 주었다. 반면 당시 서독의 청소년·청년 하위문화는 영국과 비교했을 때 노동자 계급의 가치와 신념보다는 시민적 규범과 도덕에 맞서는 경향이 더욱 눈에 띄게 나타났다. 이것은 독일 시민사회의 발생배경과 발전 과정이 영국의 그것과 상이하게 진행된 사실과 관계한다. 영국의 시민사회가 정치적, 경제적, 기술적, 사회적 사실 등의 발전에 따른 자국에 대한 긍지와 인류 진보에 대한 자부심으로 이루어졌다면, 독일시민사회는 사회발전 사실 자체보다는 정신적, 예술적, 종교적, 철학적 업적에 따른 정신적 진보, 즉 문화민족의 개념에서 출발하였다. 따라서 독일 시민사회는 정신적인 사회규범과 도덕을 더욱 강조하는 경향이 있다(Elias, 1969). 독일의 이러한 경직된 사회분위기로부터의 일탈하고자 반사회적인 형태로 나온 것이 바로 독일청소년 하위문화인 것이다. 영국적 상황에서 보자면 신세대의 대항·대안문화는 기존 중상층 부르주아사회에 대한 저항이자 노동자 계급 고유의 성장을 포괄한 두 시대의 연결로 보아야 하는 것이 타당할 것이다. 독일 상황에서 보자면 영국처럼 계층적 갈등이라기보다는 시민사회의 정신적 규범과 도덕에 대한 대항과 단절이 새로운 시대의 추구와 함께 '대안적'으로 뒤엉켜 나타났다고 할 수 있다.

(3) 서구 신세대 대항 · 대안문화의 토대: 다다이즘(Dadaisme)과 쉬레알리즘(Surréalisme)

'다다'(Dada) 혹은 '다다이즘'은 1916년 스위스 취리히를 중심으로 일어난 일종의 문화예술운동이다. 이 다다이즘 운동을 이끌었던 휴고 발(Hugo Ball 1886-1927), 트리스탄 챠라(Tristan Tzara 1896-1963), 마르셀 쟝코(Marcel Janco 1895-1984) 등 예술가들은 당시 판에 박힌 관습적인 예술성향 및 형태를 거부하고 기존의 예술에 대해 총체적인 의구심을 보이며, 예술가 스스로 그 사회와 가치체계를 거부하는 일종의 '반항'정신을 토대로 '시민적인 이상'을 표현하고자 했다. 특히 1차 세계대전이라는 반인류적 역사는 다다이스트들로 하여금 전쟁의 현실과 관료주의적 국가의 시민성, 기존의 가치를 신랄하게 조롱하고 비판을 가하는데, 그 방식으로 도발적 예술과 비논리를 사용한다. 이후 다다이즘은 뉴욕, 독일의 베를린, 쾰른, 하노버 그리고 프랑스 파리 등 각 지역에서 나름의 특징과 양상으로 예술방향을 구축해 갔다. 다다이즘은 예술사에서 중요하고 극단적인 한 부분으로 간주된다. 왜냐하면 다다이즘은 테크닉과 예술에서 파격적인 새로움을 가져다주었는데, 특히 사회의 터부시되는 주제들을 과감하게 건드림으로써 예술이 단지 현실의 모사(복사)가 아니라 그 이상의 것을 의미한다는 것을 일깨워주었다. 이 다다이즘은 – 단지 소수의 다다이스트들이 초현실주의의 길로 들어서기는 했지만– 초현실주의, 즉 쉬레알리즘의 길을 열어놓는 결정적인 계기가 되었다(Lista 2005; Verdier, 2005).

쉬레알리즘은 다다이즘을 잇는 예술운동으로 프랑스 파리에서 처음 시작되었다. 쉬레알리즘이라는 단어는 프랑스의 저명한 시인 기욤 아폴리네르(Guillaume Apollinaire 1880–1918)가 자신의 희곡 "티레지아의 가슴"(Les Mamelles de Tirésias)"에서 "초현실주의 드라마"를 부제로 덧붙임으로서 대중화되기 시작했다. Surréalisme은 현실주의인 'Réalisme'와 '상위' 혹은 '경계를 넘은'을 의미하는 전치사 'Sur'의 합성어이다. 즉 '현실주의를 넘는 그 이상의 어떤 것'이라는 뜻을 담고 있다. 1921년부터 파리에서 초현실주의 운동을 이끌었던 비평가 앙드레 브레통(André Breton 1896–1966)은 무의식 안에서 인간고유의 현실을 찾았고, '도취'와 '꿈'의 경험을 적극적으로 활용하였다. 이와 함께 쉬레알리즘은 상징주의, 인상주의, 미래주의, 프로이드 등에 의해 영향을 받아 논리적이고 현실적인 '시민적' 예술세계를 극단적이고 도발적인 방식으로 거부한다. 따라서 인간적인 논리가 환상 및 우스꽝스러움을 통해서 얻어지는 경험의 확장이 주요 목표이다. 그래서 초현실주의 운동은 무정부주의적, 즉 아나키스트적이고 혁명적인 예술과 세계관과도 접목된다(Antle, 2007; Janover, 1995).

2. 서구 청소년 대항·대안 문화 전개 흐름

서구 신세대 초기 대항문화와 대안문화의 상징인 히피문화와 펑크문화를 이해하고, 청소년·청년 노동자문화와 하위문화의 상관관계를 살펴본다. 이는 다양한 양상으로 발전된 서구 청소년의 대항문화와 대안문화에 대한 이해를 파악하게 하고, 시대적 상황에서 발생된 사회문화적산물인 유스 컬쳐에 대한 지식을 보다 확장시킬 수 있다.

(1) 1970-1980년대 서구 신세대 대항·대안문화의 상징: 히피문화와 펑크문화

히피(Hippie): 대안문화인가?

히피는 1960-70년대 서구 청소년·청년세대의 대표적인 대항·대안문화로서 1970년대 후반 펑크와 메탈에 의해 그 영향력이 약화될 때까지 한 시대를 대표하는 문화현상이었다. 68운동이 사회·정치적 차원의 정신문화혁명을 추구했다면, 히피문화는 자아실현과 공동체, 그 이상향에 대한 추구를 부각시킨다. 이와 함께 사회적 성공압박에 대한 저항을 통해 인간적인 삶의 모습과 양식을 발견하고자 한다. 이 점은 인류애와 평화를 추구하는 삶의 모습을 핵심 모티브로 하는 대안문화로서 히피문화의 특징을 잘 보여 준다. 히피문화는 1965년 미국 시인 알랜 진스베륵(Allen Ginsberg 1926-1997)에 의해 "꽃의 힘"(Flower-Power)으로 표현되면서 히피문화의 슬로건이 된다. 이 의미는 무엇보다도 자본주의와 성공, 문명의 이기로 표현되는 현대사회로부터 분명한 선을 긋게 하였다. 이와 함께 소비만능에 대한 비판을 견지하면서 사회의 규범과 가치 및 정치적 현실을 외면한다. 다시 말하면 히피의 목적은 권위주의에 반대하고 계급의 차이와 성공의 규범, 억압, 전쟁, 서열적인 세계 등의 가치관에 대항하는 것이다. 히피문화는 비트 제네레이션이 추구했던 평화운동, 성개방, 마약사용, 아시아 종교 등을 추구한다. 히피운동이 사회·정치적으로 정점에 도달했을 때는 "전쟁이 아닌 사랑을 하자"(Make Love, Not War)의 모토로 베트남 전쟁 반대를 이끌었을 때이다. 히피문화는 무엇보다도 고유의 음악과 패션에서 그 특징이 더욱 두드러진다. 히피족 대다수의 여성과 남성은 형형색색의 펑퍼짐한 의상, 남녀노소 불문의 장발머리와 평화와 사랑의 상징인 꽃으로 장신한 액세서리로 외형적인 패션을 완성하고, 자유롭게 마약을 사용하였다. 이들의 내적인 사유방식과 부드러움, 자연 사랑을 강조하는 히피문화는 1977년 새로이 출연한 펑크문화와는 분명하게 구분을 짓는다. 많은 히피족들이 펑크라는 새로운 유형의 문화흐름에 동참하게 되면서 히피문화는 점점 퇴색의 길을 걷게 된다. 오늘날 히피운동의 영향을 받은 '대안적이고 실험적'인 시대정신은 아직도 곳곳에서 발견할 수 있으며, 40년이 지난 오늘에도 하나의 '틈새문화'로 남겨져 있다.

펑크(Punk): 대항문화인가?

펑크는 1970년대 뉴욕과 런던을 중심으로 생겨난 청소년·청년 문화의 흐름이다. 흔히 펑크하면 펑크음악 혹은 펑크족을 떠올리지만, 펑크의 영향은 정치적, 사회적, 예술적, 철학적인 영역에서 하나의 시대정신을 만들었고, 젊은 세대에게는 주류사회에 대항하는 '사상적 기반'이 된 문화현상이었다.

우선 펑크단어의 기원을 살펴보자. Punk는 1604년 세익스피어의 작품 "자에는 자로"(尺에는 尺로, Measure for Measure)에서 '매춘녀'를 뜻했고[6], 후에는 '동성애적'이라는 의미로 변모했다고 알려져 있다. 1920년대에 Punk는 범죄영역의 성적인 의미로 '경험 없는 순진한 사람' 혹은 '신참'의 개념으로 사용되었고, 1950년대에 들어와 Punk는 '출소하는 애인을 감옥입구에서 기다리는 동성애인'을 표현하기도 했다. 이처럼 Punk는 단어의 기원부터 사회규범과 가치에 '대항하는 부정적인'개념을 포함하고 있으며, 시대의 변화와 함께 펑크운동(Punk Mouvement)은 허무주의와 아나키스트 운동을 비롯해 반순응주의, 반군대주의, 여성해방, 채식주의, 독립주의 등과 같은 기존의 정치적, 사회적, 사상적 대세에 '대항하는' 형태를 띤다. 동시에 당시 사회규범과 가치에 반하는 터부시되는 주제들에 대해 '적나라'하고 '자유분방'하게 자신들의 의사를 표현한다. 그래서 문화적 흐름으로서

6) "주여, 그녀는 펑크일 수 있습니다. 많은 그녀들 중 소녀도, 미망인도, 부인도 아닙니다. My lord, she may be a punk; for many of them are neither maid, widow, nor wife". 세익스피어 '자에서 자로'의 5막 중에서 나오는 대사이다.

의 펑크는 새로운 '에너지'의 출연과 '창조', '자유'와 동의어로 불려 지기도 한다.

펑크문화는 우선 외형적인 면에서부터 그야말로 '파격' 그 자체였다. 우선 빨강, 파랑, 노랑 등 현란한 색상의 머리염색과 함께 머리 중간을 별모양으로 세우면서 두피양쪽은 면도로 민 헤어스타일을 꼽을 수 있다. 코나 다른 신체부위에 하는 피어싱은 이미 1970년대 펑크족이 등장하면서부터 확산되기 시작했고, -남녀 구분없이- 어두운 색의 화장을 즐겨했으며, 문신도 흔하게 하곤 했다. 전형적인 펑크복장은 겉옷이나 벨트, 팔찌 등에 못이 삐죽하게 박히고 그림이 그려진 회색 메탈 색깔의 가죽잠바, 다리에 달라붙을 정도의 좁은 바지 등이다.

펑크문화의 화두는 '모든 순응적인 것에 대한 반항'이다. 이 순응적인 것에는 소비사회, 시민사회, 보수적인 세계관 등 당시 사회의 모든 규범과 가치가 포함된다. 그래서 대부분의 펑크들이 '좌파적 성향'으로 보여 지는 것도 사실이다. 그러나 펑크족은 정치적 좌파들의 국가주의에 대해서도 반항하기 때문에 꼭 펑크=좌파의 등식은 성립한다고 볼 수 없다. 즉 펑크는 특정한 정치적 성향이 전혀 보이지 않은 집단에서부터 좌파적 성향을 가진 집단까지 다양하게 존재했다는 것이 타당하다.[7] 펑크족의 반사회적 혹은 정치적 참여방법은 데모나 보이콧이 대표적이며, 때로는 난동과 폭력을 동반하기도 한다. 펑크를 상징하는 모토는 "스스로 하라"(Do it yourself, 이하 DIY)이다. 예를 들면 펑크집단은 종종 그들만의 독립적이고 자유에 대한 영향력을 행사하기 위해 고유의 음반, 콘서트, 잡지, 펑크패션 등을 스스로 제작한다. 이와 같은 독립적이고 자발적인 참여는 "미디어를 증오하지 말고 스스로 미디어가 되라"는 그들의 목적과 일치하며, 직접적인 참여방법은 '스스로' 알아서 하는 것이다.

펑크음악은 펑크문화를 가장 적나라하게 표현한 수단이었다는 것은 알려진 사실이다. 펑크록으로 대표되는 펑크음악의 기원은 1965-1974년 사이 미국 뉴욕에서 펑크록밴드가 중점적으로 조직되면서 부터이다. 펑크음악 스타일은 록큰롤과

7) 펑크의 정치적 성향을 보여주는 집단에서 드물지만 보수적 성향도 있다. 또한 네오나치와 같은 나치펑크 역시 존재한다.

비트뮤직의 단순하고 거칠고 가공하지 않은 부분을 강조하면서 동시에 당시 히피족들의 '복잡하고 예술적'인 표현과 '순진한 이상주의와'와는 분명한 거리를 둔다.[8] 또한 펑크음악은 공격적이고, 비타협적이며, 비순응적이고 환상이 결여 된 채 빠르고 짧으며 단순한 스타일의 음악을 구사한다. 가사는 대부분 자신들이 속한 청년세대의 고통, 자아파괴 등을 비난조로 혹은 다다이즘적으로 표현한다.[9] 영국의 펑크음악이 뉴욕의 영향을 많이 받은 것은 사실이다. 그러나 뉴욕 펑크음악 스타일이 '예술적인 프로그램'을 선보였다면, 영국에서는 '비정치적'이고 '제도에 대항'하는 일종의 하위문화양상으로 나타났다. 이러한 기류는 당시 청소년·청년세대가 경기침체의 시기에 봉착해서 미래의 구직 및 학업에 대한 불안, 계급격차의 심화에 대한 불만 등이 혼합되어 나타난 것으로 보인다. 당시 영국 청소년·청년세대는 사회와 주변 환경에 의해 기만당하는 것처럼 느꼈으며, 이에 대한 탈출구로서 새로운 패션, 음악, 알코올 소비 등을 함으로써 자신들이 처한 환경을 표현하고 벗어나고자 했다(이영란, 2007). 이와 같은 젊은 세대가 처한 사회적 배경은 새로운 양식의 록과 팝음악을 추구하는데 기제가 된 반면, 다원화된 시민사회에서 어떤 대안도 얻을 수 없다는 자조적인 상황도 그대로 보여준다(비틀즈 탄생의 기원을 생각해 보라!). 그들은 홀로 서야했고, 사회에서 그 누구도 믿을 수 없는 상황에 처해있다고 생각했다. 이러한 이 세대의 상황은 펑크음악을 통해 '불완전하고 극단적인 개인과 고통'으로 표현된다. 여기에는 반항적인 허무주의, 개인자유, 비순응주의 등이 내재되어 있고, '혐오스러움'을 통해 이 사회에 어떤 '도발적인 것'을 시도하려한다. 구체적으로는 사회계층의 불평등, 경제적 불평등, 고통, 자아, 냉소, 사회적 고정관념 시선에 대한 거부 등을 들 수 있다. 그러나 이러한 펑크음악은 비정치적이었으며, 펑크문화의 기본철학 혹은 정치노선으로 간주

8) 특히 1970년대 히피예술과 직접적으로 연관되어 한 시대를 풍미한 그룹인 핑크로이드와 레드제플린 같은 전설적인 그룹들은 예술과 상업주의 사이를 오가는 인상을 주었다.

9) 한편 비슷한 시기에 등장한 '디스코' 열풍은 기존 –히피문화가 추구했던– 예술적 경향과 음악의 의미를 모두 상실한 채 단지 반복되는 리듬과 스타일로 음악적 상업주의를 부추기는 아이러니한 상황이 나타난다.

될 수 있는 통일된 노선은 보여 지지 않았다는 점은 유의해야 한다. 오히려 이들의 비순응적인 태도는 무정부주의자에 보다 근접해 있었지만, 그렇다고 무정부주의 이론에 근거한 정치적 견해를 보여주는 것도 아니었다. 다시 말하면 펑크의 무정부주의적 태도는 단지 사회의 지배적인 사고와 태도, 체제와 제도에 대해 극단적인 거부를 함으로써 무정부나 혼돈(chaos)으로 보여 지게 되었다고 할 수 있다. 또한 펑크문화는 히피문화의 '허위적' 혹은 '기만적'인 면에 반대해서 나온 대항적 형태의 문화였고, 따라서 -펑크문화를 형성하고 주도했던 초기와 중기의- 전통적인 펑크족과 히피문화는 대척점에 있었다고 할 수 있다.[10] 동시에 펑크문화에서 군국주의적인 경향은 -나치펑크를 제외하면- 거부되는 것이 일반적이며, 정치적 활동을 하는 펑크는 스킨헤드의 비정치적인 행보와는 분명한 선을 긋는다(Gansauge, 2009; Savage, 1992; Sheehan/Levy, 2008).

펑크문화는 음악을 비롯해 다양한 예술분야에 오늘까지도 적용되고 있고, 그 핵심이 되는 '강력한'(vital) 예술적인 형태는 남아있다. 나아가 -다원화된 사회의 기본적인 대안을 제시할 수 있는 문화적 토대까지는 아니지만- 이미 확립된 음악, 예술, 라이프스타일을 다시 상이한 방식으로 경계지울 수도 있고 새로운 장면을 생성하는데 일조하기도 한다. 또한 미니멀리즘, 자발성, 제도에 대항하는 태도, 포스트자본주의에 대한 견해, 거리문화와의 직접적인 연관 등과 같은 펑크의 문화적 아이디어는 지금까지 다양한 예술에 영감이 되고 있는 것 역시 부정할 수 없다.

(2) 서구 청소년 · 청년 노동자문화와 하위문화

앞에서 서구 청소년·청년세대의 대항·대안문화를 대표할 수 있는 히피문화와 펑크문화에 대해 살펴보았다. 히피문화와 펑크문화는 각 시대적 흐름에 대한 반

10) 다음 세대의 펑크문화에는 이러한 초기의 의미들이 많이 상실된다. 이러한 펑크족의 분파로서 전원의 공동체생활을 사회에 대항하는 한 방법으로서 실현하고자 했던 히피와 비슷한 유형 펑크족도 등장하게 된다.

항정신을 토대로 하여 반규범적, 반사회적인 가치를 추구하고, 이에 대한 나름의 해결책 및 분출구를 찾기 위한 일종의 문화적 흐름이었다. 이와 함께 서구 청소년·청년세대의 노동자문화와 하위문화는 –특히 유럽사회에서– 그 사회에서 중요한 역할과 기능을 갖고 있다. 그 배경에는 첫째, 청소년·청년세대라는 '세대적인 특성'을 들 수 있고, 둘째, 노동과 노동자문화라는 '계급적 특성'이 있으며, 셋째, 청소년세대라는 사회소수집단의 특징으로 이 집단의 신념, 가치, 도덕, 사회윤리, 세계관 등을 포괄적으로 보여 준다. 세대와 계급, 하위문화가 보여 주는 이 '문화적 실천'은 결국 계급적 대항과 지배문화의 지배력에 대항하고자 하는 이 세대의 욕구를 의식적 혹은 무의식적인 시도로 나타난다.

대표적인 서구 청소년·청년세대의 노동자문화와 하위문화의 양상으로 무엇이 있을까? 1960년대와 1970년대 미국과 영국의 노동자 계급 청소년들이 열광했던 라스타파리안(Rastafarian) 문화현상을 예로 들어보자. 우선 라스타파리(Rasrafari) 단어는 이디오피아 황제 하일 셀라시에(Haile Selassie)의 출생이름으로 정확히는 그의 이름 라스 타파리 마코넨(Ras Tafari Makonnen)에서 유래했다. 흔히 '라스타파리 운동'으로 불리 우는 이 운동은 '구세주를 기원하는 운동'으로서 헤일 셀라시를 돌아 온 구세주이자 지상세계의 살아있는 '신'으로 간주하며, 백인 중심의 서구가치를 거부한다. 특히 1930년대 자메이카 흑인들을 중심으로 하나의 종교운동으로 일어난 라스타파리는 현재까지도 약 3백만 명 정도의 추종자를 거느리고 있는데, 종교로서뿐 아니라 흑인주의를 대표하는 사회운동으로까지 발전하였다. 특히 1960년대에서 1970년대 미국과 영국에 정착한 자메이카 및 서인도제도 출신의 청소년·청년세대에 의해 흑인의 자긍심과 주체성을 내세우고 백인사회로의 통합을 거부하며 출신문화에 대한 가치를 라스타파리 주의를 통해 보존하고자 했다. 이디오피아 국기를 상징하는 적색과 녹색, 황금색의 의상과 액세서리 착용을 통해 흑인에 대한 정체성을 지키고, 서구사회에서 노동자 계급으로 있는 자신들의 사회적 위치에 대해 나름의 저항적 에너지를 분출했다고 할 수 있다. 자메이카 출신의 음악가 밥 말리(Bob Marley 1945–1981)는 자메이카 토속음악인

'레게'를 록음악과 절묘하게 조화시켜 새로운 음악스타일을 대중화시켰는데, 여기에는 무엇보다도 서구사회의 흑인차별과 백인우월주의에 대항하고자 했던 의도가 담겨있다. 밥 말리의 대항적인 음악은 폭발적인 대중성을 얻게 되면서 대중문화의 한 장르로 자리매김하게 된다. 동시에 라스타파리안주의와 대항적 메시지, 흑인인권, 백인사회에 대한 도전 등과 같은 메시지를 전달한다.

이 라스타파리안 문화현상은 다음과 같이 분석할 수 있다. 첫째, 이민자 출신의 소수자집단인 청소년·청년세대에 의해 주도 되었다는 것, 둘째, 이 소수자집단 구성원은 대부분 노동자 계급에 속했다는 것, 셋째, 한 소수자 집단의 속성과 욕구를 적나라하게 보여주는 하위문화로 형성되었다는 것, 넷째, 주류사회에 대한 대항적 메시지를 전달하고자 했다는 것 등이다. 물론 밥 말리의 상업적 성공은 엄청난 경제적 이득과 부를 가져다줌으로써 상업주의적 대중문화 특성이 그대로 재현된 것도 사실이지만, 그렇다고 라스타파리안의 사회·문화적 의미가 도외시되어서는 안 될 것이다. 왜냐하면 라스타파리안의 음악적 실천인 레게음악은 이민자 흑인 청소년·청년세대들의 백인사회에 대한 대항 및 흑인의 인권찾기, 보다 긍정적인 세상을 꿈꾸게 하는 미래지향적 메시지가 중심을 이루는 일종의 '급진적인 음악형태'를 보여주기 때문이다. 한국에서 대중가요에 레게음악을 시도한 김건모의 '핑계'를 비롯한 아류적인 가요들은 레게음악의 "저항성과 반문화적 의의와는 전혀 관계없이 음악적 형식만을 기계적으로 도입한"사례들로 꼽힐 수 있을 것이다(김창남, 2003: 97-99).

3. 신자유주의와 청소년 대항 · 대안문화의 변화

신자유주의는 세계화를 가속시켰고, 세계화는 역설적으로 시민사회를 발전시키며 시민의 사회참여를 고무시키는 기제가 되었다고 할 수 있다. 청소년 사회참여에서는 시대적 상황에 처한 청소년의 대안적이고 대항적인 성격이 같이 보여진다. 이 절에서는 시민사회의 발전과 독일 청소년 사회참여 사례를 통해 대항문화와 대안문화의 접점과 상이점에 대해 생각해 보자.

(1) 신자유주의와 세계화를 통한 시민사회의 가속화

대항 · 대안문화와 시민사회는 상호보완적이다. 왜냐하면 시민사회에서는 사회구성원이 민주주의 의식과 시민의식함양을 통해 사회적 역할과 참여를 자발적으로 모색하고 실천하는지가 관건이기 때문이다. 신자유주의와 세계화는 시민사회의 가속화와 어떤 관계가 있을까? 21세기를 이끄는 공통담론이 신자유주의와 세계화라는 것에는 의문의 여지가 없을 것이다. 지구촌을 양분시켰던 사회주의와 자본주의라는 사상적 대립이 사라지고 난 후 전 세계는 신자유주의에 따른 경제역학과 자본의 흐름에 따라 움직이고 있다고 해도 과언이 아니다. 선진국가는 선진국가대로, 개발도상국은 개발도상국대로 무한자유주의 경쟁시대에서 자국의 경제적 이익을 추구하기 위해 동분서주 하고 있다. 중국시장은 모든 기업들의 로망이 되었고, 세계기업들은 '황금알을 낳는 거위'를 찾기 위해 –인권탄압과 환경오염 같은 중국내의 문제보다는– 어떻게 하면 중국시장을 점유하여 이익을 얻을 수 있는지에 대해 고민한다. 세계시장에서 중국의 경제적 고립은 세계경제를 좌지우지하는 상황이 된 지 이미 오래이다. 이와 같이 21세기 범지구적 사상으로까지 된 신자유주의와 세계화는 역으로 시민사회를 보다 가속화시키는 기제가 되고 있다. 그 배경에는 경제적 논리로 이루어지는 국제정치관계 속에서 환경, 인권, 평화, 복지, 건강 등의 영역은 부차적인 주제로 남겨지게 되고, 역으로 이에 대한 시민사회의 관심과 참여는 점점 증가하게 된 것과 관련된다. 세계 각 국 정상 및 정치지도자들이 참여하는 "세계기후변화회의"의 주요 관건은 항상 지구 온난화방지를 위한 '온실가스 감축목표설정'과 '세계자연환경보호'이지만 이 역시 각국의 경제적 이익과 관심이 우선이기 때문에 중국의 산업화에 따른 환경오염은 중국시장의 중요성 때문에 전 세계가 침묵해야 했고, 브라질의 경제성장 이슈는 브라질 아마존 환경보호를 부차적인 문제로 취급하게 했다. 이에 따라 세계 환경 및 인권단체, 시민단체들은 지구환경의 미래에 대해 좀 더 경각심을 갖게 되고, 자발적인 관심과 참여를 유도하고자 한다. 예를 들면 일본 고래잡이의 지속이 왜 바다생태계를 파괴하는지, 아프리카국가 수단의 다르푸르(Darfour)지역 식수문제가 왜 지구촌의 공동주제가 되어야 하는지, 아마존 원주민에 대한 주제가 어떻게 지구 온난화와 관련되는지, 세계 식량위기와 빈곤문제는 세계화와 어떤 연관이 있고, 이란과 북한의 핵무기개발이 국제정치에서 무엇을 의미하는지 등 수 많은 세계이슈에서부터 지역이슈에 이르기까지 신자유주의와 세계화의 흐름은 현대시민사회의 역할과 의무를 가속화 시키게 되는 아이러니한 현상이 되고 있는 것이다. 이와 같은 상황에서 대항문화와 대안문화는 '나'가 아닌 '우리'의 안에서 인류 공동체의 문제에 참여하고 해결책을 공동으로 모색하고자 하는 자발적인 사회·정치참여를 유도하게 된다. 세계화 시대의 시민사회는 바로 신자유주의적인 경제흐름과는 정반대의 모습을 보여 준다. 이 시민사회는 다양한 대항적이고 대안적인 문화를 통해 점점 가속화되어 가고 추진력을 얻고 있다.

(2) 유럽청소년의 대안문화 및 사회참여: 독일사례

유럽은 청소년의 정치사회참여가 매우 활발하다. 대부분의 유럽사회는 청소년을 사회의 구성원으로 인정하고, 그들의 눈높이에서 본 문제점과 해결방안 마련은 정책결정과정에 중요한 의미를 부여하고 있다. 왜냐하면 청소년문제를 가장 잘 이해하는 것은 성인이 아니라 바로 청소년인 그들 자신이기 때문이고, 사회의 의식 역시 이에 상응하기 때문이다. 그러면 유럽 청소년의 사회참여는 대안문화의 형태로 어떻게 나타나고 있으며, 그 특징은 무엇일까?

유럽, 특히 독일 청소년의 정치사회참여는 청소년의 권익을 보호하기 위해 민관차원에서 다양하게 진행되고 있다. 관차원에서는 제도적 장치를 통해 청소년의 고충이나 청소년관련 문제들을 사회적·정책적으로 어떻게 이슈화하고 실질적인 해결방안마련에 대해 고민한다. 이와 함께 청소년의 정치·사회참여를 장려하고, 조직과 활동을 지원하며, 나아가 교육적인 효과까지 도달할 수 있도록 하는 것이 주요 목표로 삼고 있다. 한편 청소년의 입장에서는 사회적 참여와 자기 권리 인식을 토대로 참여민주주의의 원리를 익히고, 사회구성원으로서의 책임과 역할, 문제발굴능력 및 해결능력과 같은 시민교육을 익힐 수 있는 최적의 교육의 장이 될 수 있다. 독일 기본법 제7조는 "누구나 개인적으로 또는 공동체에서 고충에 대한 불만이나 부당함, 청원을 할 수 있는 권리"가 있다고 명시함으로써 독일에서 청소년사회참여는 이미 하나의 대안문화형태로 확고하게 자리 잡게 되었다. 이 사회참여의 형태는 제도적 차원에서, 지역적 차원에서, 민간기구의 차원에서, 청소년 스스로 조직한 기구의 차원에서, –아직 한국사회에 익숙하지 않은– 정당활동의 차원 등 각양각색의 방식으로 이루어지고 있다.

특히 독일은 청소년의 자유로운 정당가입과 활동을 적극적으로 고무하고 지원하는 것으로 유럽연합 국가 내에서도 하나의 모델사례로 꼽히고 있다. 이 점은 정당이 비록 정치적 성향에 따른 개인적 선택이기는 하지만, 그 정당이 지역사회에서 관여하는 정책적 이슈와 실질적인 활동과정 및 결과가 지역청소년의 지지와 선택을 가늠하는 중요한 지표로 작용하고 있다는 것을 보여 준다. 독일 녹색당에서 주관하는 청소년활동을 일례로 들어 보자. 녹색당은 〈아동·청소년 청원위원회〉를 "불만이나 부당함에 대해 토로하는 것은 매우 간단합니다"(Beschweren ist ganz leicht) 라는 로고아래 청소년의 정치사회참여를 장려하고 있다. 그 내용은 다음과 같다.

> "청원권은 어린이나 청소년, 어른 할 것 없이, 또 어떤 국적을 가졌건 간에 누구에게나 개방되어있는 기본권입니다. 법조인처럼 법에 대한 지식이 전혀 없이도 연방의회, 주의회, 각 도시 자문회, 유럽의회 등과 같은 시민의 대표단에 직접 청원할 수 있습니다. 또한 다양한 클럽이나 모임, 학교 등도 청원을 할 수 있는 권리가 있습니다. 아동, 청소년 여러분은 상황에 대한 불만이나 비난, 질문 등의 차원에 머무는 것이 아니라 구체적으로 다음과 같은 형식을 취해 여러분의 권리인 청원을 할 수 있습니다. 여러분이 연방의회나 그 외의 기관에 보낸 청원서나 고발, 제안 등에 대한 답장을 받게 됩니다."
>
> ▷ "나는 ~~~에 대해 부당하다고 생각 합니다." 만약 법에 의해 불이익을 받고 있다면 그 법안이 부당하다고 청원할 수 있습니다.
>
> ▷ "나의 아이디어/제안은 ~~~합니다." 여러분은 아마 새로운 법안을 제안할 수 있습니다. 예를 들면 '독일에서 출생해서 살고 있는데 부모님이 외국인이라도 출생 때부터 독일 여권을 취득할 수 있어야합니다'라고 제안할 수 있습니다.
>
> ▷ "나는 ~~~이 옳지 않다고 생각합니다." 여러분은 만약 동네 축구장에 차도가 들어선다면 이것에 대해 청원할 수 있습니다(이영란 외, 2005: 73).

이 청원위원회는 녹색당의 모든 지역구에 설치되었고, 독일에 거주하는 모든 청소년에게 개방되어 있으며, 학교문제부터 지역문제, 환경문제, 인권문제 등 모든 유형의 문제를 제기할 수 있다. 개인적 혹은 단체적 차원에서 접수된 문제들은 주제별로 선별되어 문제의 시급성과 중요성에 따라 구차원, 지역차원, 주차원, 연방차원 순으로 다루어지며, 선택된 이슈들은 청소년의 직접적인 참여가 전제되어 정책심의과정에서 발언을 할 수 있는 우선권을 갖게 된다. 지금까지 청원되어 의제로 지정된 주요내용을 살펴보면 다음과 같다.

- 스포츠센터 건립추진 및 여가를 위한 부속시설 확장
- 자전거 전용도로 확장 및 안전상황 점검
- 도로 속도제한에 대한 건의와 교통안전지대 설치
- 각종 문화 활동 지원
- 학교부대 시설의 휴일 이용 확장
- 지역정책에 대한 청소년 입장발표
- 대학교 등록금제도 도입에 대한 반대(이영란 외, 2005: 74).

정당차원의 청소년 사회참여뿐 아니라 민차원의 청소년조직 역시 청소년 사회참여를 고무시키는데 중요한 역할을 한다. 통계에 따르면 독일 청소년의 1/4, 즉 4명중 1명이 한 조직에 활동하고 있는 것으로 나타났다.

그러면 독일 청소년의 이와 같은 사회참여는 청소년 대안문화의 한 형태로 어떤 역할을 하며 또 활발한 참여가 가능할 수 있을까? 이것은 독일사회 청소년의 위치와 사회적 인식, 청소년의 사회적 환경 및 교육조건과 그 맥락을 같이한다. 예를 들면 한국 청소년이 처한 교육여건과는 비교할 수 없는 자유로운 교육환경, 입시위주의 학교교육이 아닌 전인주의 교육방식, 진로에 대한 다양한 가능성과 통로 등을 들 수 있을 것이다. 이러한 사회 환경과 교육여건은 청소년 세대로 하여금 시민사회 구성원으로서의 역할과 기능을 고무시키고, 적극적인 사회참여라는 대안문화를 형성하게 하는데 기여하게 된다.

(3) 대항문화와 대안문화의 접점과 경계에서

지금까지 대항문화 및 대안문화의 개념과 각 문화적 실천의 양상을 살펴보았다. 그러면 여기서 질문 한 가지를 해 보자. 대항문화와 대안문화가 만나는 접점은 과연 어디이며, 두 문화는 한 사회에서 상호보완적인 역할을 할 수 있을까?

대항문화는 지배계층과 지배문화의 규범과 가치에 의문을 제기하는 것에서부터 시작한다. 따라서 대항문화를 주도하는 집단은 지배가치에 대항하는 분명한 가치와 신념, 태도와 행위로서 자신들의 성찰적이고 미래지향적인 의지를 피력한다. 히피문화와 펑크문화와 같은 서구의 대표적인 대항문화는 음악과 미술, 패션 등의 예술분야에서부터 평화주의나 여성해방, 양성평등과 같은 사상 혹은 사회운동으로까지 다채로운 양상으로 나타났다. 결과적으로 대항문화는 시대정신을 표명하고 문화적 실천을 보여 주면서 사회전반에 걸쳐 중요한 영향을 미쳤다. 또한 대항문화는 유럽 노동자 청소년·청년계층의 하위문화형성에도 중요한 역할을 했다. 영국과 독일의 사례에서 보여 주듯이 유럽청소년·청년 하위문화는 부르주아적 시민사회의 규범과 가치관에 대한 대항의 형태이자 계급적 긍지와 정체성을 추구하려는 세대적 특성이 혼합된 형태로 나타났다. 반면 대안문화는 사회현실의 문제에 대해 인식하고 이를 타개하려는 적극적인 의지가 드러나는 사회참여를 말한다. 참여의 방식은 다양하다. 제도적 차원에서부터 비제도적 차원에 이르기까지 열려있는 다양한 참여창구는 참여자들의 능동적 활동을 고무하며 자발적인 조직을 가능하게 한다.

대항문화와 대안문화는 근본동기와 사회참여의 방식에서는 다르지만 '현실세계'와 '사회문제'에 대한 성찰적인 반응이라는 점에서는 유사하다. 물론 대항문화가 반사회적이고 반규범적인 시대사상을 반영하고, 이와 함께 나타난 사상·문화적 흐름이 예술분야를 비롯해서 사회구조 전 차원에 –당시의 시선으로 보았을 때– '혁명적'인 영향을 미칠 정도가 되었다면, 이에 반해 대안문화는 현실적인 사회문제, 혹은 범 지구 적 차원의 현안들에 대한 직접적인 사회참여의 문화로 한정된다. 또한 대항문화는 청소년·청년의 새로운 하위문화의 탄생에 기여하기도 한다. 아니 대항문화와 하위문화와의 관계는 상호보완적이기까지 하다. 반면 대안문화는 당면한 문제에 대한 현실적인 해결책, 즉 구체적인 대안을 찾고 이를 적극적으로 해결하고자 하는 것이 주요 목표이다. 이 목표는 공동체 안녕의 추구라는 인류애적인 소망을 담고 있다. 따라서 대안문화는 –대항문화처럼– 기존체제의 '전복' 혹은 '재구조'를 추구하지 않는다. 단지 당면한 현안에 대해 이상적인 대안을 제시하고 해결책을 도모함으로써 보다 나은 사회를 만드는데 기여하고자 한다.

이처럼 대항문화와 대안문화 사이의 경계는 분명한 것처럼 보여 진다. 그러나 이 두 문화는 주도적인 지배문화와 가치에 의문을 제기하게 하고, 수동적인 개인과 사회집단으로 하여금 '참여'라는 액션(action)과 리액션(reaction)을 고무시키며, 궁극적으로 다원화된 현대사회에서 '나'와 '사회'와의 관계를 정의하게 한다. 대항문화의 역사는 이미 반 세기를 넘었고, 대안문화의 적극적인 양상은 21세기에 들어와 더욱 눈에 띠게 증가하고 있다. 지식기반사회 청소년 대항문화와 대안문화에 대한 새로운 담론이 요구되는 시기이다.

3절 한국청소년 대항 · 대안문화의 현실과 과제

지금까지 살펴 본 대항문화와 대안문화의 개념과 서구에서 신세대에 의해 주도된 유스 컬쳐 속에서의 대항문화와 대안문화, 그리고 지금까지의 현황을 사회문화적인 역사 속에서 살펴 보았다. 이를 통해 한국청소년 대항문화와 대안문화에 대한 시대적 고찰을 해보며, 현재 당면한 현실과 과제에 대해 논의해 본다.

1. 한국 청소년 대항 · 대안문화의 흐름

1960년대 미국과 유럽을 중심으로 일어났던 신세대 대항·대안문화는 1970년대 한국에도 직·간접적인 영향을 미쳤다. 무엇보다도 –전에는 존재하지 않았던– '신세대'와 '신문화'를 탄생시켰으며, 당시 대학가를 중심으로 –히피문화처럼– '자유로움'을 추구하는 경향이 나타났다. 이 자유로움은 청바지, 장발, 생맥주, 통기타로 상징되는 대학가의 문화가 되었다. 그러나 이와 같은 신문화의 흐름에 대해 당시 권위주의 유신정권은 '퇴폐'와 '방종'으로 낙인찍으며 '검열'과 '통제'로 반응하였다. 오늘날에는 개인인권침해의 차원에서 상상할 수도 없는 그런 일들이 당시에는 거리 곳곳에서 '사회정화'라는 명목으로 버젓이, 그것도 합법적인 공적 기관에 의해 진행 되었다. 경찰이 가위와 자를 들고 다니면서 젊은 남성들의 머리를 자르고 여성들의 미니스커트 길이를 재는 그런 모습을 상상해 보라! 이 모습은 개인의 개성과 시대문화를 억압하고 규제했던 반세기가 넘지 않은 한국사회의 현실이었다. 당시 청년문화로 간주되던 신문화는 "권력층에 대한 정치적 저항, 경제적으로는 경제성장으로 인한 청년시장의 등장, 문화적으로는 서구식 교육과 문화 속에서 성장한 세대의 일본식 문화 세대에 대한 거부감" 등을 토대로 형성되었다(김창남, 2003: 269). 1970년대에 정치적 억압과 권위주의 사회에 대항하는 방법으로 –비록 서구의 영향을 받은 하위문화이기는 했지만– 신세대 고유의 '반문화'를 형성했다면, 1980년대에 들어와 대학가를 중심으로 보다 투쟁적인 차원에서 이론적·논리적으로 보완되면서 민중과 민주주의, 통일과 계급이념으로 사회담론을 주도하는 원동력이 된다. 이에 대해 김창남은 다음과 같이 분석한다.

> 1970년대 중반을 거쳐 젊은 층의 최소한의 자유주의조차 용납하지 않으려 했던 유신정권에 의해 청년문화는 사실상 시장에서 강제 축출 되었다. 청년문화의 자유주의 정신은 대학가를 중심으로 한 민주화 운동과 결합하면서 반제도적 · 반시장적 저항문화로 계승되었다. 자유주의적 성향은 급진적인 민중주의적 전망으로, 서구지향적 스타일은 문화적 민족주의의 적용으로 변화하였고, 이는 1980년대를 통해 좀 더 극대화 되었다. 물론 당시에는 아무도 이를 청년문화라고 부르지 않았지만 그것은 명백히 당대의 청년정신을 대표하는 문화였다. 1980년대의 엄혹한 정치상황 속에서 청년문화는 강한 이념성과 투쟁성을 기반으로 민주화 운동의 한 축을 이루었다. 계급 · 민중 · 해방 · 통일 · 민족 등의 개념은 청년문화의 이념을 이루었고 청년문화는 제도권 밖에서 나름의 고유한 문화권과 유통구조를 형성했다(김창남, 2003: 270).

서구의 대항문화출연은 한국 상황과 비교했을 때 그 동기와 사회배경에서부터 근본적인 차이가 있다. 한국에서 청년세대가 주도하던 대항문화의 탄생은 유신과 독재로 얼룩졌던 당시의 억압적 사회상황에 대한 반발의 기제가 되었고, 이후 대학가라는 지성적 공간을 통해 군사정권에 '대항'할 수 있는 '이념성'과 '투쟁성'을 키울 수 있었다. 1980년대 대학가에서 탈춤, 국악, 사물놀이 등 전통문화를 계승하던 동아리활동은 민중과 해방, 계급타파, 통일과 민족이라는 시대적인 화두를 표현하는데 앞장선다. 이와 같은 대학가 문화현상은 군사독재정권에 대항하는 민주화운동과 결합하여 1980년대 '저항문화'로서 청년문화를 대표하게 된다. 대학가의 학생운동과 재야단체가 한국 '정치 민주화'에 미친 영향력은 엄청났다. 이 결과 한국정치는 민주주의 노선을 밟게 되고, 참여민주주의의 뿌리가 되었으며 시민사회 형성의 기제가 된다.

1980년대까지 한국사회는 청소년 문화담론에 별다른 관심을 갖지 않았다. 청소년세대의 등장은 본격적으로 시작 된 '신세대'담론과 함께 1990년대에 들어서야 비로소 문화담론에 편입되었다. 이 신세대 담론의 중심에는 바로 '서태지와 아이들'이 있다. 1992년 1집 앨범 "난 알아요"는 한국가요사의 한 획을 긋는 '큰 사건'이었다. 우선 가요에 랩을 최초로 접목시킨 새로운 시도와 현란한 춤, 파격적인 패션과 스타일은 당시 막 신세대로 등장한 10대와 20대의 욕구를 충족시키는데 부족함이 없었다. 1집 앨범이후 2집 앨범부터는 국악과 가요의 혼합이라는 혁신적인 음악시도부터 당시 신세대를 억압했던 기성세대의 가치관과 규범에 직접적인 도전장을 내민 '문제성' 있는 노래들을 '줄줄이' 발표하면서 '엄청난' 사회적인 파장을 일으킨다. "하여가", "발해를 꿈꾸며", "교실이데아", "시대유감" 등은 한국 지배문화와 가치에 대한 근본적인 의문을 신세대의 시각에서 그것도 '반말로' 도발적으로 던진다. 서태지의 노래들이 주는 음악적 혁명과 텍스트의 메시지는 당시의 문화계와 기성세대를 매우 '불편하게' 만들었던 반면, 신세대의 지지는 그야말로 '폭발' 그 이상이었다. "이 세상이 모두 미쳐버릴 일이 벌어질 것 같은" 현실세계는 "거만하고 거짓된 너의 가식" 때문에 "오늘의 아우성을 듣게"되는 "유감" 그 자체이다. 거기에 학교 안 교실의 상황은 신세대를 더욱 더 궁지에 몰아넣고 있다. 특히 교실이데아는 제도권 교육을 신랄하게 비판하면서, 이를 사회규범과 가치로 신세대에게 여과 없이 투영시키려고 하는 기성세대에게 정면으로 도전장을 내민 것이다. 이와 함께 서태지와 아이들의 음악은 기존의 '음반심의'와 '검열'에 있어 논란의 정점에 서게 된다. 서태지와 아이들의 반문화적 혹은 대항적인 시도들은 서태지를 시대의 '문화 아이콘'으로 등극하게 했을 뿐 아니라 당시 신세대 대부분은 서태지를 통해 '세대적' 정체성까지도 형성할 수 있었다.[11)]

그러면 여기서 또 질문을 하나 해보자. 서태지와 그의 음악은 당시 청소년세대의 대항문화로 간주될 수 있는가? 이 질문에는 그렇다/아니다의 도식화 된 답을 내놓기가 매우 어려운 문제이다. 왜냐하면 당시 신세대가 서태지를 통해 분출하고자 했던 저항의 메시지는 대중문화의 상업화와 소비주의의 주인공이 된 당시 청소년문화의 흐름과 전면적으로 상치하기 때문이다. 왜 이런 모순적 상황에 직면하게 된 것일까? 1990년 초반 당시 한국 상황을 살펴보면 다음과 같은 요인들을 발견할 수 있다. 첫째, 소련과 동유럽을 위시한 사회주의국가들과 한국사회에서 일어 난 '정치의 민주화'는 '사상'과 '민중'이라는 그 동안 한국사회를 이끌었던 담론에 종말을 고하게 한다. 하루아침에 무너진 사상적 토대는 그 동안 한국사회의 원동력이 되었던 대학가와 지식인, 재야의 역할을 몰락시켰으며 더불어 한국사회의 미래에 대한 비전을 불투명하게 만든다. 둘째, 정치민주화는 문화민주화로 이어져 다양한 대중문화형성에 직접적인 영향을 미친다. 대표적으로 SBS 방송국의 건국은 오락위주의 프로그램 편성을 통해 기존 방송의 양상을 전면적으로 변화시켰고, 문화예술계는 그야말로 대량적으로 쏟아져 나오는 저급한 대중상품들이 판을 치게 된다. 이 대중문화의 저급함은 당시 신세대를 겨냥한 일회적인 문화소비를 조장하며 대량생산에 점점 더 치중한다. 셋째, 고도경제성장의 결과 한국사회는 본격적인 소비만능주의 사회에 진입하게 된다. 이제 소비는 하나의 사

11) 30여년이 지난 2023년 세계는 BTS에 열광한다. 서태지와 아이들이 한국 기성세대에게 정면으로 도전장을 내밀었다면, BTS는 청소년 세대의 젊음, 꿈, 투쟁 등을 통해 결국 "자신을 사랑하라 Love yourself"는 메시지를 던진다. 서태지와 아이들에게 갈등의 대상이 외부에 대척되어 있는 기성세대인 반면 BTS는 나 자신과의 갈등과 화해, 세계와의 조화로움을 찾으면서 인종과 언어, 나이, 문화, 국가를 초월한 공감대를 형성하고 있다. '서태지 세대'처럼 'BTS 세대'로 사회문화학적인 고유 명사가 될 수 있을지는 다음 세대에서 분석될 수 있을 것이다.

회규범과 가치가 되었으며, 상업적인 이윤을 추구하는 자본주체들은 소비를 미덕으로까지 확장시킨다. 넷째 여기에 신세대의 등장은 대중문화 형성과 소비를 좌우하는 하나의 '문화 권력'이 된다. 한국사회를 지탱시켜주던 사회이론과 목적이 상실되고, 생활수준이 윤택해졌으며 대중문화의 대량생산과 판로가 다양해진 상황에서 이제 본격적인 대중문화 소비시대가 열리면서 신세대, 즉 청소년이 소비의 주체가 된 것이다. 이와 같은 한국의 사회적 환경은 1990년대 신세대 담론 및 신세대의 역할, 서태지의 등장이 대항문화 혹은 저항문화와 관계되어 있다는 점은 부정할 수 없으나 동시에 새로운 소비주체와 문화 권력이 된 신세대가 대중문화와 자본권력에 좌지우지되는 아이러니한 상황에 봉착하게 된다. 즉 서로 대척관계에 있는 대항 혹은 저항 컨셉과 대중문화 소비주체는 이처럼 굴곡 된 양상으로 나타나게 되었다.

1970년대는 청년문화, 1980년대는 민중문화, 1990년대는 신세대문화, 그러면 2020년대는 어떤 형식의 대항문화 양상이 보이는가? 한 가지 불변하는 사실은 대중문화의 주체가 여전히 청소년세대라는 것이고, 대중문화의 상업주의와 소비주의는 더욱 더 '과감하고 교묘하게 포장'한 채 청소년세대의 문화소비를 좌우하고 있다는 것이다. 오늘날 청소년문화의 특징을 살펴보면 –사회적 반감과 기성세대와의 직접적인 충돌보다는– 이 세대의 문화적 실천양상이 더욱 다양화 되거나 혹은 너무 개인화 된 형태로 되어가는 것을 알 수 있다. 여기에서의 다양화란 다양한 문화적 실천을 통한 청소년의 개방적 참여를 말하고, 개인화란 너무나 개인주의화 되어 버려 '통제 불능'까지로 나타나는 청소년세대의 상황을 의미한다. 이제 이 세대에게는 대항문화라는 흐름이 딱히 나타나지는 않는다. 오히려 문화적 양상은 더욱더 다원화되고 원자화 되어가는 21세기 현대사회의 특징을 그대로 보여주고 있기도 하다.

2. 디지털 시대 청소년과 대항·대안문화 : 사회구성원으로서 자아 찾기

(1) 청소년의 대항 · 대안적인 사회참여

한국사회에서 사회참여형식의 청소년 대항문화와 대안문화는 아직은 익숙하지 않은 현상이다. 청소년 사회참여는 학교 및 생활세계, 사회에서 경험하는 '부당함'을 인식하고 비판적인 의식으로 이를 '개선'하고자 하는 의지가 결합되어 나타나게 된다. 그러나 입시위주의 학교교육과 사교육에 청소년기를 '몽땅'투자해야 하는 한국 청소년들에게 사회참여라는 것은 그리 간단한 일이 아닐 것이다. 그리고 한국사회는 이러한 사회적 환경도 교육적 배경도 아직 제공하지 못하고 있는 실정이다. 무엇보다도 한국 사회에서 청소년은 소수집단이자 사회적 약자이고, '개도'와 '육성'의 대상이라는 사회의 기존시각에서 자유롭지 못하다. 청소년의 자유의지가 미성년이라는 이유로 존중받지 못하고, 단지 '어른들이 이끌어주는 대로' 옳은 길을 따라가야 한다는 편파적인 시각이 아직은 지배적인게 우리의 현실이다. 청소년에 대한 이와 같은 편견은 상호존중보다는 '장유유서'의 유교전통이 강하게 남아있는 한국문화의 특징이기도 하고, 제도권 교육이 청소년세대의 자율성과 독립성보다는 획일적인 학습여건을 조성하기 때문이기도 하다. 유럽 청소년의 사회참여현황과 비교했을 때 한국청소년 사회참여의 현실은 뜨악하기만 하다. 이러한 상황에서 인터넷 발달과 네티즌이라는 새로운 참여방법은 청소년의 사회참여의 통로를 마련해 주는데 결정적인 기여를 하게 된다. 21세기 디지털시대에 들어와 기성세대의 상상을 초월하는 청소년 세대의 정보력이나 통신방법은 블로그문화, SNS문화, 팬덤문화 등을 통해 사회참여의 혁신을 가져왔다. 즉 디지털 청소년세대는 사회구성원으로서 자아 찾기를 네티즌이라는 방법과 수단을 통해 가능하게 되고, 이는 이미 확보한 청소년 대항문화와 대안문화의 접점을 확장시키는 역할을 수행한 것이다. 한국청소년세대가 처한 교육여건과 사회환경은 유럽과 같은 다양한 사회참여까지 이르지는 못했지만, 이 시대의 디지털 청소년세대에게 사회구성원으로서 '자아 찾기'라는 방법과 수단을 가능하게 했다는 점에서 청소년의 사회참여와 대항문화와 대안문화의 미래는 많은 가능성을 보여 준다.

(2) 한국 청소년 대항문화와 대안문화, 그 가능성과 한계

한국의 청소년 청년세대 대항문화와 대안문화의 전개양상과 특징을 살펴보면, 유럽과 마찬가지로 사회의 전통적이고 권위적인 규범과 부당한 정치권력에 대한 저항을 토대로 다양한 대안문화적 양식들을 마련해 왔고, 그 문화적 양식은 오늘날 다양한 형태와 방식으로 진화되어 왔음을 알 수 있다. 그럼에도 불구하고 대체로 우리 문화연구는 이들의 문화적 흐름을 대항문화 혹은 대안문화의 어느 한쪽의 틀에만 맞춰 탐색하려는 경향을 갖고 있어왔다. 따라서 유럽 청소년·청년세대 대항문화와 대안문화의 접점과 연계가능성을 통해 다양한 하위문화연구들이 전개되고 있는 것처럼 우리 역시 다양한 청소년·청년 대항문화 및 대안문화를 분절시키지 않는 상태에서 상호 연계와 접점가능성을 토대로 삼아 시대별로 구체적으로 살펴볼 필요가 있다. 한편, '한국 유스 컬쳐'의 대항문화와 대안문화의 전개양상 및 일련의 특징은 유럽사회와 비교했을 때 그 동기와 사회배경에서부터 근본적인 차이가 있음에 주목할 필요가 있다. 즉 유럽사회에서 신세대문화는 새로운 시대정신을 추구했던 문화·사회적 실천이었고, 사회현안과 이슈에 대해 직접적인 참여를 유도하고자 대항적이고 대안적인 양상으로 나타났다면, 한국사회에서는 권위주의와 군사독재에 따른 사회·문화적 억압과 정치적 포악성에 대항하는 실천으로 나타났으며, 나아가 급진적인 자본주의 발전에 따른 소비자본주의의 '문화권력'이라는 독특한 사회현상을 낳았다. 이는 이전 대학가를 중심으로 형성되었던 사회참여적인 청년문화와 이후 소비문화와 대중문화로 상징되는 청소년세대의 문화, 즉 세대 간의 간극을 더욱 크게 했다고 할 수 있다. 이처럼 유럽사회 신세대의 대항 및 대안문화의 현실과 비교했을 때 한국사회 청소년·청년 대항문화와 대안문화의 현실적 상황과 한계는 극명하게 나타난다.

이 맥락에서 청소년문화와 시민사회에 대한 원론적인 질문, 즉 이 시대에 '왜' 하필 청소년 대항문화와 대안문화이며, 21세기 사회에서 청소년세대의 사회·문화적 역할이 어떻게 해석되어야 하는지에 대한 문제가 제기된다. 오늘의 청소년문화는 학교 '안' 과 학교 '밖'을 넘나들며 시민사회와 떨어질 수 없는 상관관계 속에서 형성되고 있다. 시민사회가 민주적 가치를 근간으로 한 민주시민으로 구성된 사회라는 간단한 정의를 놓고 볼 때, 시민사회에서의 청소년세대는 민주시민으로서의 윤리적 자질과 가치를 내면화시키고 궁극적으로 이를 실현하는 사회적 행동으로 이어나갈 수 있어야 한다. 이 사회적 행동의 방식은 청소년세대 고유의 대항문화의 형태로 나타날 수 있고, 사회참여라는 대안문화의 형태로도 보일 수도 있다. 유럽의 사례에서 살펴봤듯이 이들 세대의 저항과 그에 따른 대항문화를 단순히 터부시하고 부정적인 그것으로만 볼 필요는 없다. 오히려 대항문화와 대안문화는 문화적 에너지의 주체로서 다양한 문화현상을 탄생시켰고 능동적인 사회참여를 통한 시민사회발전을 가능하게 했다는 점을 주목해 볼 필요가 있다. 따라서 21세기 글로벌 시민사회에서 '대항적 대안문화 찾기'는 새로운 문화연구의 지평을 열게 해 주며, 이 대항문화와 대안문화의 접점이 바로 청소년문화의 가능성과 미래라고 할 수 있다.

〈주요용어 해설〉

- 대항문화 : 대항문화는 counter-culture로서 "~에 대항하는 문화"이다. 대항의 대상은 사회규범이나 가치관, 특정한 예술성향 혹은 시대적 문화기류에 반대하는 정신문화 영역일 수 있고, 기술이나 산업과 같은 물질문화 영역일수도 있다. 또한 이 대항문화는 68혁명, 여성해방운동, 인권운동, 생태운동, 남녀평등 등 사회적 운동의 모태가 되기도 했다.
- 대안문화 : 다양한 사회적 이슈들과 문제에 대해 보다 나은 해결방안을 모색하고 개선하려는 사회참여의 방식이다. 대안문화는 지역사회나 개인, 혹은 단체가 조직하고 주도하는 문화로서 대항문화와는 달리 주류문화와 갈등관계에 꼭 있는 것은 아니다. 대안문화의 특징은 비상업적인 목표를 추구하며, 사회참여 원동력의 기제가 되기도 한다.
- 비트 제네레이션 : 비트 제네레이션(Beat Generation)은 1950년대 미국 하위문학을 주도했던 문학적 흐름이다. 이 경향은 급변하는 현대사회에 대한 비판적인 시각과 거리를 견지함으로써 이에 대안하는 새로운 문화와 라이프스타일을 추구한다. 정치적이고 지성적인 히피문화의 흐름, 급속한 산업화에 따른 자연으로의 회귀, 즉흥재즈, 타부 주제에 대한 논의, 젠과 같은 불교의 심취경향 등을 예로 들 수 있다. 비트 제네레이션은 이후 1960년대와 70년대 젊은 세대의 사상에 적지 않은 영향을 주었다.

제 10장 청소년문화와 정책

청소년문화는 시대적 상황을 반영하며 변화하여 왔다. 즉, 주요 사회 변화 트렌드는 청소년들의 삶과 문화에 반영된다고 할 수 있다. 특히, 정보화 및 글로벌화의 경향은 청소년들의 삶과 문화 변화에 지대한 영향을 끼치고 있다. 이러한 환경에서 청소년문화가 지속적으로 발전하기 위해서는 먼저 청소년문화를 바라보는 인식이 정립될 필요가 있다. 이를 위한 몇 가지 쟁점에 대해 살펴보기로 한다. 또한 청소년문화 함양을 위해서는 청소년문화정책을 위한 기반이 수립될 필요가 있다. 보다 다양한 욕구가 수렴되고 다양한 집단이 적극적으로 문화를 향유하며 또 문화를 만들어내기 위한 정책방향이 설정되어야 할 것이다. 이와 함께 청소년들이 손쉽게 찾아가서 다양한 활동을 하고, 사회관계를 형성하며, 자신들의 문화를 만들어갈 수 있는 지역사회 시설 기반이 더욱 확충되어야 할 것이다.

학습초점

- 우리사회의 주요 변화트렌드는 무엇이며, 이는 청소년문화 변화에 어떠한 영향을 주는가?
- 청소년문화 발전을 위해 청소년문화를 제대로 인식하기 위한 시각들은 어떠한 것들인가? 우리 사회 청소년정책의 전개과정은 어떠했는가?
- 청소년문화를 활성화하기 위한 방안들은 어떠한 것들이 있는가?

1절 사회 변화와 청소년

1. 주요 사회 변화 트렌드와 청소년의 삶

사회를 구성하고 있는 다양한 사회·문화적 요소들은 청소년문화가 형성되고 변화하는데 직·간접적으로 영향을 끼친다. 이러한 사회에서 살아가는 청소년들의 문화는 현재 및 미래사회의 특성을 염두에 두고 이해되어야 할 것이다. 현대 한국사회는 70~80년대 정치적 격변의 시기를 거치며 민주화를 맞이하였고, 다양한 문화 스타일과 가치관의 혼재가 존재하는 등 후기 산업사회의 특성을 지니고 있다. 또한 증가하는 글로벌화, 정보화의 영향은 미래사회의 급격한 환경변화를 예측하고 있으며, 이는 역시 청소년문화의 지각 변동에 큰 영향을 줄 것이다.

청소년문화 지형 변화에 가장 큰 영향을 주었다고 평가되는 세대는 90년대에 등장한 신세대 집단이다. 이들은 60년대 이래 고도 성장기를 거치면서 이루어진 경제적 축적의 혜택을 가장 많이 받은 세대라고 할 수 있다. 빈곤과 절약, 생계를 위한 경제 활동에만 몰입해 온 부모 세대와는 달리, 물질적 풍요와 소비재와 서비스재의 풍요 속에서 소비의 가치를 내면화한 세대이기도 하다. 90년대 이후의 신세대는 과거 어느 세대보다 막강한 구매력을 가지고 있으며, 이것이 오늘날 청소년을 특징짓는 가장 기본적인 물적 조건이라 할 수 있다(최원기 외, 2000).

90년대 이후 청소년의 특징은 80년대부터 본격화되기 시작한 영상매체의 확산 속에서 성장한 세대라는 점을 들 수 있다. 이들은 어린 시절부터 컬러 TV와 비디오, 전자 게임과 컴퓨터 등의 새로운 매체에 익숙해 있다. 이는 오늘날의 청소년이 이전 세대에 비해 상대적으로 논리성이 약한 반면, 감각적이고 감성적인 성향을 가지고 있음을 의미한다. 흔히 활자 문화 세대의 가치 기준이 '무엇이 옳고 그른가?'에 있는 반면 신세대의 가치 기준은 '어떤 것이 좋고 싫은가?'에 있다는 평가는 그런 점을 반영한다. 또한 오늘날의 청소년은 여행 자율화, 문화 개방이 이루어진 이후에 태어나거나 성장과정을 거치면서 과거 어느 세대보다 개방적이고 글로벌한 사고와 경험을 가지고 있다. 청소년은 새로운 사회 변화 과정에서 성장하면서 기성세대와는 다른 문화적 감수성과 사고방식을 가지게 되었다. 그러나 우리사회를 지탱하는 윤리와 가치관, 교육 체계, 질서 등은 여전히 기성세대의 구시대적 기준에 의해 고수되고 있다. 이러한 가운데 청소년들의 욕구를 빠르게 간파한 문화 산업과 소비 산업에 의해 새로운 상품들이 쏟아져 나오고 있고, 청소년들은 결국 상품의 홍수 속에서 소비를 통하여 그들의 욕구를 발산하고 있다(최원기 외, 2000).

나아가 정보화와 글로벌화의 가속화로 다양한 경계를 넘나드는 신인류 집단이 등장하게 되었으며, 이들은 디지털 노마드 혹은 디지털 보헤미안으로 특징지어지고 있다. 이들은 경계에 얽매이지 않고 자유분방한 사고를 하며, 다양한 문화 요소를 융합하여 새로운 문화를 창출해가는 에이전트들이라고 할 수 있다. 다양한 분야의 전문가들을 대상으로 2030년 미래사회 청소년의 모습은 어떠할 지에 대해 살펴본 결과, 가치, 행동, 상태 면에서 아래와 같은 결과를 보이고 있다(국가청소년위원회·한국청소년정책연구원, 2007a).

첫째, 개인화 경향이다. 청소년들의 개인주의적 성향이 2030년 미래에 현재보다 더 강화될 가능성이 매우 높을 것으로 예측하고 있다.

둘째, 문화적 다양성 측면에서 미래 청소년들은 획일성 보다 다양성을 추구할 가능성이 있으나 현재보다 다양한 문화 활동을 영위할 것인지에 대해서는 예측하기 어려운 것으로 내다보았다.

셋째, 능동성 측면에서 미래 청소년들은 수동적으로 주어지는 활동을 하기보다는 능동적으로 행동할 가능성이 있으나 확신할 수 없다는 결과를 보이고 있다.

넷째, 문화적 관용성 측면에서 2030년 미래사회에서 청소년들은 배타적이기 보다 관용적으로 행동할 가능성이 매우 높은 것으로 예측하였다.

다섯째, 독립심·자율성 측면에서 미래의 청소년들은 현재보다 독립적이고 자율적으로 행동할 가능성이 높은 것으로 예측되었다.

여섯째, 사회 적응 면에서는 사회에 적응하지 못하는 은둔형·외톨이형 청소년들이 증가할 가능성이 있다고 보고 있다.

일곱째, 성에 대한 개방성 측면에서는 미래 청소년들은 현재보다 성에 대해 개방적인 태도를 보일 가능성이 있다고 보고 있다.

여덟째, 양성평등의식에서는 미래 청소년들은 현재보다 양성평등적 욕구가 증가할 가능성이 있다고 보고 있다.

아홉째, 권리의식에서는 현재보다 청소년들의 권리의식이 증가하여 인권 보장에 대한 요구가 확대될 가능성이 있다고 보고 있다.

열 번째, 건강의 측면에서는 현재보다 스트레스 등 미래 청소년들의 정신건강상에 문제가 있을 가능성이 있다고 보고 있다(국가청소년위원회·한국청소년정책연구원, 2007a).

2. 미래 환경 변화와 청소년문화

이처럼 사회 환경 변화 경향은 청소년들의 삶에도 여러 측면으로 영향을 주고 있다. 이중에서도 미래사회 청소년문화 형성 및 변화에 막대한 영향력을 끼치는 환경은 무엇보다도 정보화와 글로벌화라고 할 수 있을 것이다. 이와 함께, 감염병 등 인류의 건강을 위협하는 질병의 확산은 비대면 네트워크 환경의 조성을 가속화시켜왔다. 2019년 12월 발생 이후 2020년부터 세계적 대유행으로 선포된 코로나 바이러스(Coronavirus Disease 2019, COVID-19)는 인류의 생활 여건 변화에 지대한 영향력을 행사해 왔으며, 비접촉, 비대면 상호작용 방식의 일상화를 가속화시켜 왔다. 이러한 변화 과정에서 고려할 수 있는 청소년문화의 경향성을 살펴보면 다음과 같다.

(1) 개인화

먼저 개인화 경향이다. 정보화와 새로운 미디어 활용은 미디어 기술의 집단적 이용에서 개인 단위의 이용방식으로 변모되어왔다. 또한 산업사회에서의 대량생산 체계는 개인의 필요와 선호에 부합하여 제품과 서비스를 생산하는 체계로 변화하고 있다. 대량생산(단순화, 전문화, 표준화, 마케팅은 수요에 의존) 방식은 개인별 수요에 따른 맞춤형 체제로 전환되고 있는 것이다. 개인성 강화의 결과는 문화 소비 행위에서 개인의 편익을 증대시키는 경향으로 나타나고 있고, 개인의 취향을 적극적으로 반영하게 된다. 이러한 과정에서 프로슈머(prosumer)[1]가 대두되고 있다(강홍렬 외, 2006).

(2) 네트워킹

정보화의 영향으로 청소년들의 삶은 개별화와 개인화 경향이 강해짐과 동시에 네트워크를 통한 상호작용이 활발해지고 있다. IT여건 발달에 기반한 새로운 미디어 활용을 통해 청소년들의 또래집단 의존성이 강화될 것임을 전망하고 있다(국가청소년위원회·한국청소년정책연구원, 2007a, 2007b). 청소년들은 모바일,

1) 공급자(producer)와 소비자(consumer)를 합성한 용어이다. 소비자가 소비는 물론 제품 개발과 유통과정에도 직접 참여하는 '생산적 소비자'로 거듭난다는 의미로 만들어진 말로 세계적 미래학자 앨빈 토플러가 그의 저서 '제3의 물결' 에서 언급하고 있다. 제2의 물결사회(산업사회)의 양 축인 공급자와 소비자간 경계가 점차 허물어지면서 소비자가 소비는 물론 제품 개발과 유통과정에도 직접 참여하는 '생산적 소비자' 역할을 하고 있다는 것이다

유무선 통신을 이용하여 온라인 커뮤니티 활동을 하거나 세계 각 곳의 블로거들과 교류하기도 한다. 국경을 넘는 네트워크의 형성으로 청소년들의 문화적 다양성과 능동성, 이동성이 증가할 것으로 예상되고 있다.

(3) 자발적 참여 증가

미디어와 채널, 통신수단의 증가는 이용자의 선별력을 높여왔고, 네트워크화되는 개별 이용자들은 정치와 사회 현안에 대해 자발적으로 자신의 의사를 표현하고 참여하고 있다. 특히 유비쿼터스 사회로 접어들면서 개인의 시공간적 위치에 적합한 정보서비스가 제공되며, 앞으로 모바일 정치(PDP, 휴대전화, PDA 등) 활성화로 개인화된 정치참여가 증가할 것으로 예측된다. 선거를 비롯한 정치참여 과정이 IT에 의존하게 되면서 선거캠페인의 일상화, 정치의 일상화가 나타나고 있다(강홍렬 외, 2006). 특히 글로벌 네트워크의 증가는 전지구적 참여를 가능하게 할 것이다.

(4) 이동성 증가

글로벌화로 다양한 분야에서 국가간 이동이 활발하게 이루어지고 있다. 직업이나 관심사를 찾아 이동하는 경우는 물론이고 글로벌화의 증가는 교육 분야에도 영향을 주고 있다. 교육 개방화에 따라 외국 학교의 국내 진출이 확대될 것이다. 그리고 해외로 나가는 국내 유학생이 증가하고 국내로 들어오는 외국 유학생도 증가할 것이다. 특히 성적 상위권 학생들이나 상위의 사회계층 학생들은 국경을 넘나드는 교육경쟁에 돌입할 것이다. 이러한 교육경력의 탈경계적인 경쟁은 취업에서도 나타날 것이다. 취업의 무대가 국내에서 해외로 확장되고 유목적 직업인(Job Nomad)이 증가할 수 있다(국가청소년위원회·한국청소년정책연구원, 2006).

(5) 문화적 다양성 증가

국경을 넘는 인구 이동의 증가로 초래되는 다문화 경향과 함께 국가 내의 문화적 다양성과 차이가 증가할 것으로 보인다. 미래 한국사회를 다문화사회로 이끌 문화적 차이 촉발요인들이 다양하게 나타나리라 예측되고 있다. 먼저, 다문화가족의 증가, 재외 한국인의 유입, 이주노동자의 유입 등 다문화사회의 특성이 증가할 것이다. 또한 불평등의 증가 및 사회양극화 및 지역불균형 발전으로 계급·계층 간 및 지역 간 문화적 차이와 이질화가 증가할 것이라고 전망된다. 성인과 청소년 간의 문화갈등의 증가(이른바 세대차이)와 청소년 하위문화 간의 문화갈등의 증가도 예측되고 있다(국가청소년위원회·한국청소년정책연구원, 2006).

(6) 창의성 및 휴머니티의 중요성 증가

산업사회에서는 개별 행위자들에 의한 지식의 습득과 축적이 중요했으나, 정보사회에서는 지식의 습득과 축적을 위한 활동이 상당 수준, 컴퓨터에 의해 대체되고 있다. 이처럼 정보화가 가속화되는 환경에서는 IT가 대신할 수 없는 인간능력의 가치가 중요해질 것으로 보인다. IT가 고도화된 미래에도 컴퓨터가 대체할 수 없는 인간의 창의성이 중요해질 것이다. 창의성이란, '새로움에 이르게 하는 개인의 사고 관련 특성' 및 '새로운 관계를 지각하거나 비범한 아이디어를 산출해내는 능력' 또는 '전통적 사고 유형에서 벗어나 새로운 유형으로 사고하는 능력' 등으로 정의된다. 창의성의 기본전제는 '다름'이라고 할 것이다. 기존의 사고와 다르기 위해서는 주어진 문제에 답을 구하는 것보다는 새로운 문제를 발굴해내는 능력이 중요해지고 있다. 주어진 문제를 해결하는 능력은 산업사회에서 강조된 능력이다(강홍렬 외, 2006).

특히 미래사회에 요구되는 인재상은 로봇이나 인공지능이 수행할 수 없는 휴머니티를 극대화시키는 역량 보유가 요구되고 있다. 인공지능이 발달하고 자동화가 극대화되는 4차 산업혁명 환경 속에서 청소년들에게 요구되는 역량은 정보와 컴퓨터를 다루는 전문 기술을 넘어서 인간답게 생각하고 소통하는 능력이다. 특히 타인과 교감하고 상호 협력하며, 배려하는 능력은 로봇이나 인공지능이 대체할 수 없는 인간 본연의 능력인 것이다(한국청소년정책연구원, 2016).

3. 우리사회 청소년 정책의 전개과정[2)]

과거 한국 사회에서 청소년은 주로 미래를 준비하는 세대로, 미성숙한 집단이며 보호의 대상이자 현재의 삶은 학생이라는 신분에 귀속되어 왔다. 청소년과 관련된 사회적 관심은 주로 1318세대라 할 수 있는 중고생에게 집중되어 왔고, 19세 이상의 후기청소년에 대한 관심은 저조했다. 그리고 학생으로서 준수해야 하는 규범에의 순응, 학업 수행 등을 주요 역할로 부여받았으며, 사회 참여나 다양한 권리 향유, 인권 보장 등에 있어서는 취약한 여건에 놓여 있었다. 즉, 청소년은 미성숙한 집단으로 보호의 대상이며, 청소년정책은 문제 예방과 선도, 건전 육성에 초점을 맞추어 왔다.

우리사회는 1990년대 후반에 들어서면서 국제기구 및 국제사회의 청소년에 대한 관심 증가로 청소년에 대한 인식 전환의 계기를 맞게 된다. 청소년에 관한 UN 총회 특별 세션(1995), UN 총회 '2000년과 그 이후를 향한 유엔 세계청소년 행동 프로그램 채택'(1996), 세계청소년장관회의 리스본선언(1998) 등을 계기로 우리 사회도 청소년의 사회참여와 기본권리, 책임을 강조하게 된다(한국청소년개발원, 2002). 청소년에 대한 사회적 관심은 청소년정책 분야의 독립으로 이어졌고 법제와 행정 조직, 국가기본계획 등의 수립으로 체계화된다.

청소년정책 추진을 위한 독자적 법적 근거를 마련한 역사는 비교적 짧다. 독자적 정책 추진 체계가 정비되지 않았던 청소년정책의 형성기는 미성년자보호법

2) 이절은 필자가 참여한 한국청소년정책연구원(2016)의 이슈브리프 제29호, '미래, 청소년 그리고 새로운 도전' 중 필자가 작성한 내용을 활용하였음을 밝힙니다.

(1961), 아동복리법(1961), 청소년보호대책위원회 설치(1964) 등이 이루어진 시기로, 청소년정책의 형성기로 볼 수 있다. 1987년 '청소년육성법'의 제정을 통하여 청소년정책의 근간을 제도화하였으며, 이를 보다 체계화하여 1991년 '청소년기본법'을 제정하게 된다. 이후 1997년 '청소년보호법', 2000년 '청소년성보호법'을 제정하였으며, 청소년의 참여와 활동, 인권과 복지에 대한 체계적 지원을 보장하기 위해 2004년 '청소년활동 진흥법'과 '청소년복지 지원법'을 제정하였다. 그리고 2014년에는 '학교 밖 청소년 지원에 관한 법률'을 제정하게 된다.

한편, 청소년정책 업무를 수행하는 행정조직은 많은 변화가 있어왔다. 청소년정책은 1983년 문교부 청소년과에서 담당하였으며, 1988년 체육부 청소년국을 거쳐 1991년 체육청소년부 청소년정책조정실, 1993년 문화관광부 청소년정책실에서 담당하였다. 이후 청소년 육성업무와 청소년 보호업무가 이원화되어 1998년 문화관광부 청소년국에서 육성업무를, 1997년 국무총리실 청소년보호위원회에서 보호업무를 전담하게 된다. 이후, 2005년에 국가청소년위원회를 설립하여 청소년 업무를 통합하여 전담하다가 2008년에 보건복지가족부 청소년정책실을 거쳐 2010년부터 여성가족부 청소년가족정책실 청소년정책관에서 담당하고 있다.

청소년정책의 본격적 수행을 위해 국가는 종합대책을 수립하고 있다. 국가 차원의 최초 청소년 관련 종합대책은 '청소년문제종합대책'(1985~1987)이다. 이는 1984년에 일어난 유흥업소 화재사건을 계기로 수립되었으며, 청소년 문제에 대한 대책과 비행예방, 청소년 보호와 선도에 초점을 둔 것이었다(한국청소년정책연구원, 2009). 이후 청소년기본법이 제정되고, 문제청소년에 대한 대책을 위주로 하는 정책에서 벗어나 전체 청소년을 대상으로 한 장기적 종합계획 수립 필요에 따라 '한국청소년기본계획'(1992~2001)이 수립된다.

이후, 보다 현실적인 청소년정책 사업 실현을 위해 국가는 매 5년을 기본 주기로 청소년육성계획을 수립하게 된다. 다음은 5년 주기 기본계획에 대한 간략한 소개이다.

'제1차 청소년육성5개년 계획'(1993~1997)은 '한국청소년기본계획'을 바탕으로 문화, 체육 등의 상호 유기적 연계 업무를 추가하였으며, 청소년정책을 독자적 영역으로 설정하고 육성정책으로 자리매김한다.

'제2차 청소년육성5개년 계획'(1998~2002)에서는 청소년에 대한 인식 전환을 명시하고 있다. '제1차 청소년육성 5개년 계획'에서는 청소년은 미래의 주인공이며, 소수 문제청소년에 대한 인식을 반영하였다면, '제2차 청소년육성 5개년 계획'에서는 청소년은 오늘의 사회 구성원이며, 청소년 참여를 강조하고, 정책의 동반자적 지위를 부여하였으며, 다수의 일반청소년에 대한 관심을 전제로 한다.

'제3차 청소년육성5개년 계획'(2003~2007)에서는 청소년 참여와 권리 보장을 더욱 강조하였으며, 주5일제 대비 청소년 활동여건 조성, 청소년 복지지원 강화 등을 강조하였다. 특히 이 시기에 청소년기본법 개정(2003), 청소년활동 진흥법과 청소년복지 지원법이 제정(2004)되어 청소년정책 업무는 더욱 체계화되는 기반을 마련하게 된다.

한편, 청소년육성5개년 계획이 청소년정책 담당 행정기관 위주의 사업 계획 수립이라는 점에서 한계를 보임에 따라 국가 차원의 종합기본계획 수립 요구를 받아들여 청소년정책기본계획으로 영역을 확대하게 된다.

'제4차 청소년정책기본계획'(2008~2012)에서는 청소년정책을 국가 정책으로서 인식하고 보편적·통합적 정책 추진을 지향한다. 그리고 국가의 성장 동력으로서 청소년 역량강화와 소외청소년을 위한 기회 균등을 정책 이념으로 선정하게 된다.

'제5차 청소년정책기본계획'(2013~2017)에서는 청소년 인구의 지속적 감소, 가족구조 변화, 학교폭력 및 유해매체 증가, 사회양극화 문제, 이주민 증가, 위기청소년 증가, 청년실업 문제 등의 환경 분석을 통해 범부처 차원의 포괄적이고 균형 잡힌 청소년 정책을 지향하고 있다.

'제6차 청소년정책기본계획'(2018~2022)에서는 기존 정책기본계획의 방향성을 유지하여 청소년은 미래를 준비하는 존재이자 현재의 삶을 영위하는 존재라는 인식을 이어가고 있다. 청소년들이 공정하고 안전한 사회 환경 속에서 자기주도적 참여와 활동을 통해 현재를 즐기며, 미래사회에 필요한 역량을 개발하기 위한 종합적 지원 추진을 핵심 방향으로 설정하고 있다(여성가족부, 2022).

〈표 1〉 과거와 현재 청소년정책기본계획의 비전 및 주요 정책과제

	비전(이념)	주요정책과제목표
제1차 청소년 육성5개년 계획 (1993~1997)	우수한 전통문화를 바탕으로 건강한 청소년 문화를 창달하고 덕, 체, 지, 예를 고루 갖춘 전인적 민주시민의 자질을 함양하여 청소년들이 신한국의 주인으로서 개혁의 성과를 계승, 발전시켜 나가도록 함	• 가정과 학교 역할 증대 • 청소년 보호 및 선도 • 건전한 청소년 활동의 지원 • 청소년 교류 확대 지원 • 국민참여 확산 및 추진체제 강화
제2차 청소년 육성5개년 계획 (1998~2002)	• 청소년이 오늘의 사회 구성원으로서 행복을 추구하며 스스로 생각하고 활동하는 주체적 삶 영위 • 내일의 주역으로서 21세기 사회가 필요로 하는 인성과 자질 함양, 건강한 정신과 체력을 가꾸어 건전하고 책임 의식 있는 민주시민으로 성장해 나갈 수 있도록 함	• 청소년의 권리보장과 자율적인 참여 확대 • 청소년이 주체가 되는 문화 · 체육 중심의 수련활동 체제 구축 • 국제화 · 정보화시대의 주도능력 배양 • 청소년의 복지증진 및 자립지원 • 가정과 지역사회의 역할강화와 참여확산
제3차 청소년 육성기본계획 (2003~2007)	• 청소년과 함께 꿈과 희망의 동북아 중심국가 실현 • 도전하는 청소년, 꿈이 있는 사회(비전) • 참여, 소통, 체험(이념)	• 청소년 권리 신장 및 자발적 참여 기반 구축 • 주5일제 대비 창의적 청소년 활동 여건 조성 • 취약계층 청소년복지 자원 강화 • 청소년 건강보호 및 유해환경 정화 • 추진체제 정비 및 범국민적 참여 확산
제4차 청소년 정책기본계획 (2008~2012)	• 건강하고 행복한 청소년희망세상 실현–청소년 희망세상 3H실현(비전) • 대한민국 청소년은 행복합니다(Happiness) • 대한민국 청소년은 건강합니다(Health), • 대한민국 청소년은 세계의 주역입니다(Hub).	• 청소년의 사회적 역량 강화 • 청소년 인권과 복지 증진 • 청소년 친화적 환경 조성 • 청소년정책 추진체계 정비
제5차 청소년 정책기본계획 (2013~2017)	청소년이 행복한 세상, 청소년이 꿈꾸는 밝은 미래	• 청소년의 다양한 역량 강화 • 청소년의 참여 및 권리 증진 • 청소년의 복지 및 자립 지원 • 청소년 친화적 환경조성 • 청소년정책 추진체계 강화
제6차 청소년 정책기본계획 (2018~2022)	현재를 즐기는 청소년, 미래를 여는 청소년, 청소년을 존중하는 사회	• 청소년 참여 및 권리증진 • 청소년 주도의 활동 활성화 • 청소년 자립 및 보호지원 강화 • 청소년정책 추진체계 혁신

출처: 한국청소년개발원(1997), 문화관광부(1998), 청소년육성위원회(2003), 국가청소년위원회(2008), 여성가족부(2012), 여성가족부(2022).

오늘날 청소년정책이 체계화되어 시행되고 있지만 여전히 사회적 영향력은 크지 않은 편이며, 대상 중심 정책으로 다양한 부처에 흩어져 있는 청소년 관련 현안에 대한 총괄 조정에 어려움을 겪고 있다. 청소년정책은 사회 변화에 선제적으로 대응하기보다는 기존 정책의 연장선상에서 청소년사업을 주로 추진해 왔으며, 청소년정책 주관 부처의 잦은 이동으로 정책의 정체성이 취약하다는 점과 대상 중심 정책으로 청소년과 관련된 다양한 부처의 현안 정책을 연계하고 총괄하는 데 한계를 노정하고 있다.

청소년정책에서 담고 있는 청소년에 대한 비전과 인식, 정책과제들은 청소년에 대한 일반사회의 대중적 인식과 청소년이 당면한 현실, 나아가 향후 도래할 미래사회의 이슈를 반영함에 있어 여전히 미흡함이 남아있다고 할 것이다. 오늘날 우리 사회의 현안, 청소년이 당면한 사회 이슈, 미래사회의 화두 등을 고려한 중장기적 정책계획 수립의 필요성이 제기된다. 청소년정책의 대상인 청소년기의 연장에 대한 고려, 미래사회에 능동적으로 대응하기 위한 핵심 역량 개발 등 청소년정책은 한국 사회의 현안과 미래사회의 이슈를 반영하기 위한 체계적인 노력을 기울여야 할 것이다.

2절 청소년문화 발전을 위한 정책 과제

1. 청소년문화에 대한 올바른 인식 정립[3)]

청소년문화가 지속적으로 활성화되고 발전하기 위해서는 먼저 성인들이 청소년문화를 바라보는 시각에 대해 재고할 필요가 있다. 청소년들과 상호작용하는 입장에서 청소년들에 대한 보다 긍정적이고 적극적인 자세를 가져야 할 것이다.

3) 이 절은 한국청소년개발원(2005) 『청소년문화론』제10장에서 필자가 쓴 부분을 재구성했음을 밝힙니다.

청소년문화에 대한 제대로 된 이해 없이 청소년문화가 활성화되기는 어려울 것이다. 청소년문화를 제대로 이해하는 것은 쉬운 일이 아니다. 청소년문화의 특성을 지적하면서, '청소년들은 힙합 스타일을 즐긴다.'라고 했을 때 우리는 다음에 주목해야 한다. 힙합을 매우 좋아하며 매일같이 힙합 스타일의 옷을 입는 청소년도 있을 것이고 가끔 입는 청소년들도 있을 것이며, 전혀 좋아하지 않는 청소년도 있을 것이다. 한 집단의 문화를 이해하는 것은 때로는 특정 집단을 단순화시켜 이해할 소지를 남긴다. 따라서 단순화된 이해를 피하기 위해서는 대략적인 문화적 특성을 염두에 두되, 그 집단의 개별 구성원을 파악할 때, 추상화된 문화와 동일시하는 오류를 범해서는 안 될 것이다. 특히 청소년문화와 개별 청소년들의 삶을 이해하는데 있어서 이러한 태도는 매우 중요해 보인다. 청소년문화를 제대로 이해하기 위해서는 대중매체나, 일반화된 담론 등을 통해서 추상화된 문화적 일반화를 염두에 두되 현실적으로 이와 일치하지 않는 다양한 모습들이 존재하고 있음을 염두에 두어야 할 것이다. 다음은 청소년문화 이해를 위한 중요한 시각에 대해 소개하고자 한다.

(1) 맥락 및 환경에 대한 이해

청소년문화를 이해하기 위해서는 독특한 청소년문화가 생성되는데 영향을 끼치는 다양한 문화들의 특성을 알아야 한다. 청소년문화는 진공 상태에서 만들어지는 것이 아니라 그것을 둘러싼 다양한 문화들과의 관계 속에서 형성되기 때문이다.

또한 청소년문화는 가정, 학교, 일터, 놀이 공간, 길거리 등에서 만들어지며, 친구, 교사, 부모, 형제자매, 직장 상사 등 다양한 사람들과의 상호작용 과정에서 만들어진다. 또한 청소년문화는 지역적으로 만들어지며 동시에 국경을 넘어 공유되기도 한다. 청소년문화는 계급, 성별, 민족이나 지역 등 모든 문화적 다양성을 고려할 수 있는 변수들과 상호 작용하는 과정에서 만들어지는 것이다(Amit-Talai, 1995).

오늘날의 청소년문화 특성으로 일컬어지는 감각 지향적 문화는 청소년기의 발달적 특성에 의해서 뿐 아니라 청소년들을 둘러싼 다양한 사회·문화 환경의 영향을 받으며 형성된 것이라 할 수 있다. 오늘날의 청소년은 멀티미디어 시대를 살고 있고, 상업 자본주의에 의해 만들어진 다양한 상품들의 홍수 속에서 살고 있다. 또한 실시간 정보 및 의견을 교환할 수 있는 유·무선 인터넷의 사용에 능하며, 필요한 것은 쉽게 얻을 수 있는 가족 구조에서 성장해 왔다. 또한 과열 입시 경쟁을 치러야 하며, 꽉 짜인 학교생활에 대부분의 시간을 보내고 있다. 반면에 학교 밖의 대중문화는 청소년들의 감각을 자극하며, 스트레스 분출구의 역할을 하고 있다. 이러한 사회·문화적 환경을 염두에 두고 청소년문화의 특성을 파악해야 할 것이다. 즉, 청소년들은 자신을 둘러싸고 있는 여러 가지 사회·문화 요소들을 취사선택하여 나름대로의 문화를 형성하고 있는 것이다. 예컨대, 학교 규율과 대중문화의 유행 스타일을 절묘하게 조합하기도 한다. 학생 청소년들의 경우 학교에서 제시하는 교복을 입어야 함을 인정하지만, 나름대로의 유행 스타일을 따라 교복을 수선한다. 치마 단을 짧게 한다든지, 바지폭을 줄이기도 하고 상의를 달라붙게 입는다. 또한 양말이나 신발, 머리 모양에 있어서 나름대로의 유행을 따른다.

(2) 문화상대주의적 관점

우선 청소년이 아닌 세대가 청소년문화를 이해하기 위해서 필요한 것은 청소년들의 입장에서 청소년문화를 이해하려는 태도이다. 즉, 성인중심적인 시각으로 청소년을 보호와 육성의 대상으로 바라보는 것은 적절치 않다. 단순히 청소년을 선도하거나 교육하려는 시각에서 청소년문화를 비판하거나 문제시하기보다는 일단 그러한 청소년문화가 청소년들 사이에서 왜 유행을 하게 되었는지, 어떻게 수용이 되어졌는지에 대해 청소년의 입장에서 파악하려는 노력이 필요하다. 이처럼 자기가 속한 집단의 시각이 아닌 타 집단의 시각, 논리, 입장에서 그 집단의 문화를 이해하려는 태도를 문화상대주의라 하며, 성인은 청소년의 입장에서 이러한 관점을 가지고 청소년을 바라볼 수 있어야 한다.

(3) 청소년은 능동적 주체

청소년들이 자신을 둘러싼 주변의 사회·문화적 요소들을 취사선택하여 문화를 형성하는 것은 청소년들이 수동적인 대상이 아니라 능동적인 주체로 고려되어야 함을 의미한다. 물론 문화를 만들어 나가는데 있어 모든 청소년들이 의식적이고 주체적으로 행동한다고 단언할 수는 없으며, 여전히 사회의 주류 문화는 성인들에 의해 주도되고 있기 때문에 청소년들의 문화 형성은 주류 문화의 부분 수용이나 대항문화의 형태로 나타나는 경우가 대부분일 것이다.

또한 청소년들 스스로가 '우리는 이런 사람들이다'라고 말하기 전에 어른들이나 방송이 '너희들은 이런 존재이다'라고 의미 부여를 하면서 청소년들을 특징적인 하나의 상품으로 만들어 나가고 있는 측면도 간과해서는 안 된다. 상품화된 이미지 혹은 새로운 이름이 부여된 청소년들의 대상화에 대해, 청소년들 스스로는 낯설어 하는 경우가 많다. 예컨대, 90년대에 등장하기 시작한 X세대, 신세대라는 명칭을 가지고 직접 청소년들에게 스스로 X세대나 신세대라고 생각하는 사람은 손을 들어보라고 하면 손을 드는 사람이 거의 없을 정도였다(청소년문화 포럼의 대담에서 김찬호의 말, 2002).

청소년들의 문화적 표현이 성장하기 전에 사회의 주도층인 성인들에 의해 검열되는 경우가 대부분이다. 그러나 청소년들은 성인문화나 사회의 주류 문화, 규범문화에 대해 아무 의식 없이 반응하는 것이 아니라 나름대로의 대응 전략을 끊임없이 개발해 내고 있다. 결코 청소년들은 수동적으로 주류 문화나 지배 문화를 수용하는 대상으로 파악되어서는 안 될 것이다.

(4) 지속적인 변화과정으로서의 청소년문화

다음으로 청소년문화는 닫혀있고, 고정되어 있는 정태적인 실체가 아니라 끊임없이 변화하는 과정에 있음을 염두에 두어야 한다. 따라서 현재의 시점에서 청소년문화는 '이러이러하다'라고 특징지어놓고 그것에 맞추어 5년 뒤 혹은 10년 뒤의 청소년들을 이해하는 것은 몰역사성의 오류를 범하게 된다. 물론 이러한 문화적 경향에 대한 이해 기반이 전혀 필요 없다는 의미는 아니다. 청소년문화의 변화를 제대로 감지하지 못하고 정책이나 교육을 펼칠 때 그것의 실효성이 없음은 이미 예측 가능한 것이다. 예컨대, 교육 현장을 보자. 교육 제도나 환경은 과거 수십 년 전의 것이 이어져 온 반면에 그 현장 안에 있는 청소년들은 21세기의 청소년들이다. 이러한 교육 환경에서 청소년들이 파행적 문화(왕따, 학교붕괴 등)를 만들어 나가는 것은 그다지 의아한 일이 아닐 것이다. 즉, 경직되어 있는 제도가 변화하는 청소년문화를 제대로 반영하지 못하고 있는 것이다. 따라서 청소년문화의 변화 과정을 염두에 두고 제도나 정책이 시행되어야 할 것이다.

(5) 청소년문화 내의 다양성

청소년문화를 이해하고자 할 때 청소년문화 자체가 주류 문화에 대한 하나의 하위문화로 명명될 수 있겠지만, 청소년문화 내의 다양한 하위문화의 존재를 염두에 두어야 한다. 즉, 청소년들을 동질적인 집단으로 바라보아서는 안 된다는 것이다. 청소년 집단은 여러 가지 지표에 의해 수많은 하위집단으로 구분될 수 있으며, 그러한 집단들이 다양한 문화를 형성하고 있다는 점이다. 이러한 다양한 하위문화들은 서로 중첩되기도 할 것이고, 경쟁이나 갈등 관계에 있기도 하며, 세력이 우세해지는 문화도 있어서 그것이 주류 문화화 되기도 하고, 세력이 우세해 보이던 문화가 점차 약화되어 사라지기도 할 것이다. 이러한 청소년문화 내의 다양한 하위문화들의 역동적인 관계는 청소년문화를 지속적으로 변화시킬 것이며, 이러한 다양성을 포용할 때 청소년문화의 지평도 넓어질 것이다.

(6) 청소년 일상 문화의 중요성

청소년들이 문화의 생산자로 자리매김 되어야 한다는 당위성에도 불구하고, 독창적으로 문화 산업에 참여하여 상품을 만들어 내거나 대중문화 예술 분야에서 두각을 나타내는 청소년들은 극히 일부에 지나지 않는다. 이에 따라 대부분의 청소년들은 자신들이 속해 있는 일상생활의 문화적 의미를 찾는 노력을 해야 할 것이다.

청소년들 중 대부분의 일상을 구성하는 두 가지 대표적인 문화는 학교문화와 대중문화라 할 수 있을 것이다. 학교라는 장은 청소년들을 사회의 지배 문화나 주류문화로 편입시키기 위한 사회화 과정을 염두에 두고 있지만, 청소년들은 이러한 공식적인 사회화 과정에 대하여 나름대로의 대응 전략을 발달시키고 있다. 학교 규율이나 교사의 지시에 대한 전략적 수용이나, 타협, 변형적 수용이나 저항 등은 모두 청소년들이 취하는 지배 문화에 대한 나름대로의 대응 방식이라고 할 것이다.

청소년들의 일상을 둘러싸고 있는 또 다른 문화는 대중문화라고 할 수 있다. 일반적으로 대중문화는 학교 등 공식적 기관에서 인정받지 못하고, 비공식적 부분으로 여겨져 왔으며, 부정적이고 비난받는 문화로 여겨져 왔다. 이러한 부정적 평가에도 불구하고 청소년들은 이에 열광하고 이를 통해 스트레스를 분출하고 있다. 사실, 청소년들은 매우 손쉽게 대중 담론의 표적이 되며, 그에 따라 상품화의 대상이나 희생양이 되어 왔다(Giroux, 1998). 또한 청소년과 대중문화의 관계에 있어서 청소년은 대중 소비사회가 양산해 낸 수동적 소비자로서 대중문화에 열광하며, 개별적인 문화 감수성을 함양하기보다는 대중적 유행을 따르는 행위로 동족 의식을 공유할 뿐이지, 나름대로의 문화 의식 창출에는 미치지 못하고 있다는 비판을 받기도 한다(백욱인, 1998).

하지만 청소년들이 일방적으로 대중문화로부터 대상화되는 것은 아니다. 범람하고 있는 대중문화의 홍수 속에서 어떤 것을 취하고 향유할 것인지를 결정하는 주체는 청소년들이라고 할 수 있다. 예컨대, 수많은 대중스타들 중에서 특정 스타를 선택하여 팬클럽에 가입하여 활동을 한다든지, 대중가요의 가사를 통하여 지배 문화에 대한 저항심을 표출한다든지, 나름대로 일상생활의 행위를 통해 기성세대의 지배 문화적 취향에 대항하여 자신들의 문화적 정체성을 드러내는 노력을 보이고 있다.

이처럼 청소년들이 보이는 일상생활의 소소한 실천 행위들은 기성세대의 규범적 틀에 저항하는 문화·정치적 실천임에 주목해야 한다(은지용, 2002). 단순히 대중문화를 추종하는 행위에 대해 제동을 가하고 기성세대의 규범을 강요할 것이 아니라, 다양한 일상생활에서 청소년들의 행위들이 지배 문화와의 관계 속에서 역동적으로 표출되는 모습에 주목해야 할 것이다.

(7) 청소년기에 대한 다원적이고 융통성 있는 접근

청소년문화의 형성과 변화는 사회 변화와 밀접한 관련을 맺고 있음을 주지할 때 현재의 사회적 특성 및 미래 사회에 대한 예측을 통해 청소년문화의 모습을 짐작해 볼 수 있을 것이다. 서구 사회의 선행 사례나 미래 변화를 예측하고 있는 관련 문헌들을 고려할 때 청소년문화의 개인주의화와 다원화 현상은 앞으로도 지속될 것으로 전망되고 있으며, 이와 함께 주목해야할 부분은 청소년기와 그 문화적 특성을 단일한 관점과 기준으로 표준화시키기가 어려워지고 있다는 점이다. 청소년기의 정체성을 '독립'과 '의존'의 연속선상에서 '독립'영역으로 이전하기 이전의 시기로 규정한다면, 이 '독립'과 '의존'의 정도는 청소년의 생활 영역 마다 다를 수 있다. 따라서 특정 시기를 살고 있는 청소년이 개입되는 영역에 따라 특정 영역에서는 청소년일 수도 있고 또 다른 영역에서는 청소년기를 벗어날 수도 있다. 즉, 연령을 기준으로 획일적으로 청소년기를 구분하던 시기는 지나가고 있다고 지적된다(최윤진, 1999).

청소년기가 단축되는 부분으로는 문화생활 영역을 들 수 있고, 청소년기가 연장되는 부분은 경제생활 영역을 들 수 있다. 청소년들은 문화생활 영역에서 대중문화의 향유자로서 뿐 아니라 대중문화의 생산자로서 중요한 위치를 확보하게 되었다. 청소년들은 스스로 주체가 되어 영화, 음악, 드라마 등 각종 예술 장르의 활동과 댄스, 스포츠 등 여가생활 속에서 새롭고 대안적인 생활 방식을 창출해 나가고 있다. 그에 따라 기성세대와 근접하거나 기성세대보다 앞서가는 예술 활동, 여가 활동, 사회·정치적 활동 등을 향유하고 누리며 살게 될 것이라고 예측된다(최윤진, 1999).

반면에 청소년기가 연장되는 부분은 경제생활 영역으로 대표되어진다. 이러한 경향은 고용사회의 위기 및 실업의 증가 등 사회적 용인에서 비롯된다고 보는 견해와 다른 한편에서는 더 나은 직업생활로의 진입이나 부담 없고 자유로운 청소년기를 즐기고자 하는 개인적 요구에서 비롯된다고 보는 견해가 있다. 이러한 관점 모두 청소년들이 학교에서 직업생활로 전화하는 과정이 길어지고 결혼 시기도 늦춰져서 직업적 책임과 가계 책임의 감당을 뒤로 미루게 되면서 새로운 지불 유예기가 나타나고 청소년기가 연장될 것이라고 보고 있다(Galland, 1996; Ferchhoff, 1990, 최윤진, 1999에서 재인용).

이처럼 문화생활 부문에서는 청소년기의 문화가 독립적인 영역으로 발전하여 성인문화에 영향을 주거나, 사회 전반의 문화를 주도함으로써 청소년기가 단축되어지는 경향이 있는 반면에, 경제생활 영역에서는 직업을 구하고 경제적 독립을 취하는 연령이 연장됨으로써 청소년기가 연장되는 경향이 있다고 요약된다. 하지만 이러한 영역의 구분은 대략적으로만 가능한 것이며 문화와 경제 영역이 중복되어 나타나는 부분도 간과할 수 없다. 예컨대, 청소년들이 즐기는 문화 영역에서 게임이나 인터넷 관련 활동을 산업화시켜 돈을 벌기도 하며, 경제 활동 분야에서도 청소년들이 직업의 세계로 진입하는 연령은 높아졌지만 아르바이트에 대한 관심이 점차 증가하고 있는 추세이다. 더욱이 청소년 세대의 문화적 특성들과 문화환경의 변화는 청소년문화 집단이 문화 산업을 창출할 수 있는 가능성을 열어 놓고 있으며, 실제로 문화 콘텐츠(영상물, 게임 프로그램, 디지털 음악)를 생산하고 있다(이민희 외, 2001). 결국 청소년기의 성격은 엄격하게 고정된 것이 아니라고 볼 수 있다. 따라서 청소년문화의 특성도 분야에 따라 성인문화 및 사회의 주류

문화와 뚜렷이 구분되지 않을 수도 있으며, 청소년문화의 경계도 분야에 따라 넓게 적용이 되거나 보다 좁게 정의될 수 있을 것이다.

청소년들을 성인보다 미숙하며, 성인이 되기 위해 준비하는 집단으로 파악하는 것을 넘어서서 성인들이 경험하지 못한 새로운 삶을 살아가는 집단으로 바라보고, 성인과 주종 관계가 아닌 동반자적 관계에서 바라봐야 할 것이다(최윤진, 1999). 성인문화의 시각에서 이탈된 청소년의 삶을 일탈적 행위로 간주하여 일탈과 관련되거나 비행과 관련된 청소년문화를 부각시키는 차원이 아니라 청소년의 일상적인 삶 속에 담겨있는 삶의 의미를 이해하려는 노력이 필요하다(은지용, 2002).

2. 청소년문화 정책 방향 수립

(1) 문화민주주의 기반 구축

청소년문화가 발전하기 위해서는 먼저 문화민주주의 사회의 기반이 구축되어야 할 것이다. 문화민주주의 사회는 문화적 다양성이 확대되고 문화적 관용성이 증가한 사회이며, 일부 엘리트를 위한 문화 향유보다는 일반적인 다수의 문화향유와 문화 참여가 보장되는 사회이다. 또한 다양한 이주민, 소수집단 및 비주류 집단의 문화가 존중되는 사회이자, 모든 사회구성원의 개별 문화경험과 역량이 극대화되고 문화향유 및 참여도 활발한 문화수요자 중심의 사회이다(국가청소년위원회·한국청소년정책연구원, 2007a).

이러한 사회에서 보다 자유롭고 적극적으로 문화를 향유하고 만들어가는 사람들이 등장하게 되는데 이러한 환경에 부합하는 새로운 인간형은 '디지털 보헤미안'이라고 불린다. 이들은 다문화적 사회 환경으로의 이행과정에서 문화적 관용과 주체적 소비력을 갖춘 새로운 인간형을 말한다. 디지털 보헤미안은 또한 독특한 생활양식을 지칭하기도 한다. 이들은(혹은 이러한 생활양식은) 소비-생산을 비롯해 다양한 문화적 경계에서 자유로운 이동(cross over)과 향유, 문화 혼종(hybrid)과 융합(fusion)이 가능하고, 다른 문화에 대한 열린 이해와 존중 등 문화역량을 갖춘 생비자(prosumer) 집단이라 할 수 있다. 미래사회의 신유목민(Neo-Nomad)적 성향을 지닌 디지털 보헤미안은 문화 경계를 비롯하여 제반 사회의 구습과 질서, 영역과 경계에 제한받지 않고 자유롭게 넘나드는 신인류 집단이다. 이들은 "어디에도 구속되지 않은 채 스스로 하고 싶은 일을 창조하고 그 일로 삶의 의미와 자유를 얻는 미래지향 인간"이다(국가청소년위원회·한국청소년정책연구원, 2007a). 결국 보다 역동적이고 자율적인 모습으로 청소년문화가 만들어지고 활성화되기 위해서는 문화적 다양성이 보장되고 문화 참여 기회가 더욱 확대될 수 있는 문화민주주의의 기반 위에서 청소년문화정책 방향이 수립되어야 할 것이다.

(2) 청소년문화정책 방향성 모색

현실적으로 드러나고 있는 청소년문화는 청소년들을 대상으로 하는 다양한 정책 방향과 괴리를 빚는 경우가 많다. 청소년문화정책과 청소년문화 사이에 괴리가 발생하지 않고 조화로운 관계를 유지하며 활성화되기 위해서는 공공 영역에서 청소년들의 다양한 활동 및 문화적 체험들을 인정할 수 있도록 하는 시도가 필요하다.

실제로 청소년정책에서 청소년문화 활동의 공공성을 높이기 위해 많은 예산을 들여서 만들어 놓은 청소년 관련 문화 기반 시설들이 청소년들로부터 외면 받고 있는 상황이 지속되고 있다. 청소년들이 자신들을 위한 문화 시설을 이용하지 않는 이유는 여러 가지겠지만 과도한 입시 체계의 존속과 함께 문화 공공성과 청소년문화 사이의 괴리가 주요인이라 여겨진다. 과거에 공적 영역에서 청소년문화에 일정한 제약을 가한 것이 사실이고 최근 그러한 과거의 방식과는 다르게 청소년들을 위한 정책으로 전환되기는 했지만, 청소년들의 다양한 문화적 감수성을 대변해주는 영역으로 인식되기에는 부족한 점이 많다. 청소년들이 스스로 선호하는 문화들은 정책방향에 맞지 않는 것이 많고, 청소년 활동들이 공적인 영역에서 이루어지도록 정책적 지원이 이루어지는 경우에는 청소년들의 자발적인 참여가 현저하게 줄어든다. 더욱이 청소년들에게 있어 가장 중요한 공공 영역인 학교는 청소년문화를 활성화시키기는커녕, 적대시하는 경우가 일반적이다. 문화가 청소년 주체 형성에 있어 가장 중요한 영역이지만, 동시에 청소년들의 주체 형성에 별다른 영향을 주지 못하는 모순된 상황을 제대로 해결하기 위해서는 문화적 자율성과 공공성에 대한 새로운 시각이 필요하다(한국청소년개발원, 2005).

이와 함께 청소년들이 보다 적극적이고 자율적으로 문화 활동을 조직하고 삶을 꾸려나가기 위한 기반이 마련되어야 할 것이다. 먼저 청소년들로 하여금 다양한 문화적 체험과 경험을 할 수 있는 여건이 조성되어야 할 것이다. 현재 한국사회는 학력사회이며, 이러한 사회특성은 장기간 지속되고 있다. 이 때문에 청소년들의 문화·여가활동 참여는 매우 위축되어 있다. 뿐만 아니라 사회 불평등의 심화와 소외계층의 열악한 사회·문화·경제적 상황은 직접적인 체험 기회의 불평등을 초래해 왔다. 여기에 적절한 놀이문화 기회 및 문화체험 프로그램이 제공되지 못하고 있다는 점도 지적되어 왔다. 따라서 취약계층이나 소외계층 등 다양한 계층의 아동과 청소년들을 위한 문화 향유 기회와 다양한 문화체험 기회가 고르게 제공되어야 할 것이다(국가청소년위원회·한국청소년정책연구원, 2007b).

또한 청소년문화정책은 청소년들이 열린 시각을 가지고 관용적으로 자신들의 문화 활동을 조직하고 삶을 꾸려나갈 수 있는 역량을 키우기 위한 방향으로 나아가야 할 것이다. 이를 위해서는 인성 및 사회성 함양이 우선적으로 전제되어야 할 것이다. 기술 발전과 제도 변화는 현대인, 특히 청소년들의 문화적 활동을 고립화시킬 가능성이 매우 크다. 따라서 개인화, 고립화, 파편화를 극복할 수 있는 인성 및 사회성을 함양하는 것이 청소년문화정책의 기본전제가 되어야 할 것이다. 이와 함께 능동적인 문화소비를 위한 역량 함양도 요구된다. 획기적인 기술의 발전과 변화는 문화소비와 관련하여 엄청난 선택과 향락의 가능성을 제공한다. 또한 문화 상품화는 앞으로 더욱 확산될 것이다. 이런 의미에서 문화소비는 중독의 대상이 되기도 하고, 문화소비자들은 조작과 조종의 대상이 될 가능성이 있다. 그에 따라, 청소년들의 능동적인 문화소비 역량을 강화시키는 것은 매우 중요한 정책 방향이 되어야 할 것이다(국가청소년위원회·한국청소년정책연구원, 2007b).

3. 청소년문화 관련시설 활성화[4)]

청소년문화 발전을 위해서는 청소년정책의 방향성 수립과 함께 제반 여건이 제대로 조성되어야 할 것이다. 여기서는 청소년문화 발전을 위한 기반으로 여겨지는 관련 시설의 활성화 방안에 대해 알아보기로 하겠다. 이를 위해 먼저 청소년시설 현황에 대해 간단히 개관해 보고, 이후에 지역사회 청소년시설로서 청소년문화의 집의 기능과 역할에 대해 모색해 보기로 한다.

(1) 청소년시설 현황

청소년활동 진흥법 제10조에서는 청소년활동시설의 종류를 청소년수련시설과 청소년이용시설로 구분하고 있다. 청소년수련시설로는 청소년수련관, 청소년수련원, 청소년문화의 집, 청소년특화시설, 청소년야영장, 유스호스텔이 있으며 청소년이용시설은 문화예술시설, 공공체육시설, 기타 청소년이용시설 등이 있다. 청소년활동 진흥법 제10조의 정의에 따르면 청소년수련관은 다양한 수련거리를 실시할 수 있는 각종 시설 및 설비를 갖춘 종합수련시설을 뜻하며, 청소년수련원은 숙박기능을 갖춘 생활관과 다양한 수련거리를 실시할 수 있는 각종 시설과 설비를 갖춘 종합수련시설, 청소년문화의 집은 간단한 수련활동을 실시할 수 있는

4) 이 부분은 한국청소년정책연구원(2009)의 『청소년의 지역사회 청소년시설 이용실태와 주체적 참여 방안』보고서 중 저자가 작성한 부분을 재구성한 것임을 밝힙니다.

시설 및 설비를 갖춘 정보·문화·예술중심의 수련시설, 청소년특화시설은 청소년의 직업체험·문화예술·과학정보·환경 등 특정 목적의 청소년활동을 전문적으로 실시할 수 있는 시설과 설비를 갖춘 수련시설, 청소년야영장은 야영에 적합한 시설 및 설비를 갖추고 수련거리 또는 야영편의를 제공하는 수련시설, 유스호스텔은 청소년의 숙박 및 체류에 적합한 시설·설비와 부대·편익시설을 갖추고 숙식편의제공, 여행청소년의 활동지원 등을 주된 기능으로 하는 시설을 지칭한다. 그리고 청소년이용시설[5]은 수련시설이 아닌 시설로서 그 설치목적의 범위에서 청소년활동의 실시와 청소년의 건전한 이용 등에 제공할 수 있는 시설을 말한다.

5) 청소년활동진흥법 시행령 제17조(청소년이용시설의 종류 등) ① 법 제32조제4항에 따른 청소년이용시설의 종류는 다음 각 호와 같다. 〈개정 2015.7.20〉

1. 「문화예술진흥법」 제2조제1항제3호의 문화시설
2. 「과학관의 설립·운영 및 육성에 관한 법률」 제2조제1호의 과학관
3. 「체육시설의 설치·이용에 관한 법률」 제2조제1호의 체육시설
4. 「평생교육법」 제2조제2호의 평생교육기관
5. 「산림문화·휴양에 관한 법률」 제13조, 제14조 및 제19조에 따른 자연휴양림
6. 「수목원·정원의 조성 및 진흥에 관한 법률」 제2조제1호의 수목원
7. 「사회복지사업법」 제2조제5호의 사회복지관
8. 시민회관·어린이회관·공원·광장·둔치, 그 밖에 이와 유사한 공공용시설로서 청소년활동 또는 청소년들이 이용하기에 적합한 시설
9. 그 밖에 다른 법령에 따라 청소년활동과 관련되어 설치된 시설

② 시장·군수·구청장은 제1항에 따른 청소년이용시설 중 상시 또는 정기적으로 청소년의 이용에 제공할 수 있는 시설로서 청소년지도사를 배치한 시설에 대해서는 그 설치·운영자의 신청을 받아 청소년이용권장시설로 지정할 수 있다.

③ 국가 또는 지방자치단체는 제2항에 따라 지정된 청소년이용권장시설에 대해서는 다른 청소년이용시설에 우선하여 법 제32조제3항에 따른 지원을 할 수 있다.

④ 제2항 및 제3항에 따른 청소년이용권장시설의 지정신청·지정절차, 그 밖에 필요한 사항은 여성가족부령으로 정한다. [전문개정 2014.7.21]

〈표 2〉 청소년활동시설 구분

<table>
<tr><th colspan="3">청소년활동시설</th></tr>
<tr><td rowspan="6">청소년수련시설</td><td>청소년수련관</td><td>다양한 수련거리를 실시할 수 있는 각종 시설 및 설비를 갖춘 종합수련시설</td></tr>
<tr><td>청소년수련원</td><td>숙박기능을 갖춘 생활관과 다양한 수련거리를 실시할 수 있는 각종 시설과 설비를 갖춘 종합수련시설</td></tr>
<tr><td>청소년문화의 집</td><td>간단한 수련활동을 실시할 수 있는 시설 및 설비를 갖춘 정보 · 문화 · 예술중심의 수련시설</td></tr>
<tr><td>청소년특화시설</td><td>청소년의 직업체험 · 문화예술 · 과학정보 · 환경 등 특정 목적의 청소년활동을 전문적으로 실시할 수 있는 시설과 설비를 갖춘 수련시설</td></tr>
<tr><td>청소년야영장</td><td>야영에 적합한 시설 및 설비를 갖추고 수련거리 또는 야영편의를 제공하는 수련시설</td></tr>
<tr><td>유스호스텔</td><td>청소년의 숙박 및 체류에 적합한 시설 · 설비와 부대 · 편익시설을 갖추고 숙식편의제공, 여행청소년의 활동지원 등을 주된 기능으로 하는 시설</td></tr>
<tr><td>청소년이용시설</td><td>문화시설, 과학관 체육시설, 평생교육시설, 자연휴양림, 수목원, 사회복지관, 그밖에 공공시설</td><td>수련시설이 아닌 시설로서 그 설치목적의 범위에서 청소년활동의 실시와 청소년의 건전한 이용 등에 제공할 수 있는 시설</td></tr>
</table>

청소년수련시설은 지속적으로 증가해왔다. 1992년 이전에는 수련시설이 150여 개에 불과하였지만 매년 지속적으로 증가하여 2021년 기준 813개의 시설이 설치·운영되고 있다.

〈표 3〉 청소년수련시설 현황

구 분	청소년 수련관	청소년 수련원	청소년 문화의 집	청소년 야영장	유스 호스텔	특화시설	총계
공공	193	62	310	19	25	13	622
민간	2	92	4	14	78	1	191
계	195	154	314	33	103	14	813

출처: 여성가족부(2022): 539

(2) 청소년문화 활성화와 청소년문화의 집

청소년문화의 집은 청소년활동 진흥법 제10조에 의거 “간단한 수련활동을 실시할 수 있는 시설 및 설비를 갖춘 정보·문화·예술중심의 수련시설”이라 정의된다. 하지만 법적 개념상의 불명확성에 대해 문제가 제기되고 있다. 법적 정의상 청소년문화의 집에 대한 개념을 설정하는데 있어서 ‘간단한’의 의미가 모호하다는 점이 있다. 이것이 소수 인원을 대상으로 하거나 일회성 소규모 행사와 같은 단순한 사업을 의미하는지 불분명하다는 문제가 제기된다. 그리고 수련활동의 의미와 범주에 대한 개념 정의도 요구된다. 수련활동의 의미를 전문가의 기획에 의한 체계적이고 조직적이며 일방적 전달 중심의 활동이라는 협의의 개념을 적용하기에는 한계가 있다고 지적된다(김정주·김혁진, 2003).

청소년문화의 집의 역할과 관련하여 정보·문화·예술 중심의 수련시설로 기능을 전문화함으로써 시설 성격을 분명히 하고자 한 측면에서는 의의가 있으나 문화의 의미는 개념 설정 방식에 따라 매우 광범위하고 포괄적으로 정의될 수 있고, 동시에 청소년들 또한 다양한 문화적 요구를 가지고 있다는 점을 염두에 두어야 할 것이다. 따라서 청소년문화의 집은 지역사회에서 다양한 청소년문화를 수용할 수 있는 수련시설로서 기능을 설정할 필요가 있고, 지역사회의 특징이나 설치기관의 목표에 부합되는 다양한 문화활동 영역이 포함될 수 있어야 한다. 그러므로 청소년문화의 집의 개념과 기능을 법령의 취지를 따르되 그 의미에 있어서는 ‘정보화시대에 적합한 내용과 방식으로 청소년의 문화에 대한 다양한 요구를 수용하면서 청소년문화를 진흥시키기 위해 지역사회 중심으로 청소년활동 서비스를 제공하는 소규모 청소년수련시설’로 정리하는 방안이 모색될 필요가 있다(김정주·김혁진, 2003).

청소년문화의 집의 기능적 특성은 문화체험 기능, 만남과 소통의 기능, 네트워크 기능 등으로 구분된다고 보고 있다. 문화체험 기능은 청소년들의 문화적 요구에 따른 다양한 영역의 문화활동의 기획과 실행과정에 참여할 수 있는 기회를 제공하는 기능을 말한다. 만남과 소통의 기능은 청소년문화의 집의 기본적인 서비스 기능으로서 개인 또는 청소년들이 자유롭게 시설을 이용하면서 서로를 만나는 과정에서 대화와 의견 교환을 통한 소통의 장으로 기능하여야 함을 말한다. 네트워크 기능은 정보서비스 기능과 더불어 사람, 기관, 지역을 위한 '연계' 중심의 기능을 말하는 것으로, 대외적인 서비스 측면에서 지역사회 청소년서비스의 거점으로서의 기능을 말한다(김정주·김혁진, 2003).

청소년문화의 집은 청소년들의 활동공간으로 무엇보다도 청소년들이 시간 있을 때마다 자율적으로 제한받지 않고 마음 놓고 편리하게 이용할 수 있어야 하며, 건전한 청소년문화를 만들어주기 위한 장으로 확장되어야 한다. 특별히 육체적인 활동이 왕성한 시기인 청소년기를 고려하고 다양해지는 청소년들의 문화욕구를 고려하여 청소년들이 근처에서 쉽게 접근할 수 있는 곳에 만들어 주는 것이 중요하다(유진이, 2008).

(3) 청소년문화의 집의 향후 역할 모색

① 지역사회의 의미있는 공간으로 정착

가. 집과 같은 장소

청소년문화의 집은 청소년들이 편안하게 휴식을 취하는 안식처이자 집과 같은 공간이 되어야 할 것이다. 여기서 집과 같은 장소라는 의미는 비공식적이고 친밀한 관계가 이루어지면서도 주어진 역할을 수행하고, 적절한 사회적 상호작용이 일어나는 장소를 의미한다.

> 집과 같은 느낌을 가질 수 있는 장소는 특별하며 가치있는 것이다. 그것은 삶의 즐거움과 충만감을 가져온다. 장래를 위해 별 역할을 하지 못할지라도, 또는 발달을 위해 영향력이 없을지라도 그러한 장소의 존재는 중요하며 성인들은 청소년들을 위해 그러한 장소를 만들 수 있도록 도와야 한다.(Hirsch, 2005: 53–54)

미국의 경우 청소년센터들은 청소년들이 다양한 사회적 역할을 수행하도록 한다. 청소년센터에서 제공되는 다양한 활동을 통해 청소년들은 다양한 역할을 체험하고 있다. 운동을 할 때는 아동처럼 행동하거나 운동선수처럼 행동할 수 있으며, 어린 아이들을 돌볼 때는 책임감 있는 업무를 수행하는 보호자의 역할을 할 수 있다. 다양한 역할을 하는 과정에서 성인 지도자의 지원을 받음으로써 청소년들은 정체성 모색 과정에서 중요한 역할 모델을 얻을 수 있다. 다양한 사회적 역할과 지원을 해주는 가정과 같은 장소(home-place)에서 청소년들은 자기 규제를 연습하고 정체성을 형성하게 되며, 임파워먼트 계기를 제공받는다. 이러한 장소를 얻음으로써 개인은 개별적 자아와 공동체간의 연계를 얻게 된다. 이러한 장소의 중요성은 '이웃 혹은 동네'(community가 아닌 neighborhood)가 청소년 정책 수행의 기본 단위가 될 수 있음을 의미한다. 동네 기반으로 청소년 활동을 하는 것은 청소년들의 일상생활에 보다 쉽게 다가가고 이들을 잘 이해할 수 있도록 한다(Henderson, 2007). 동네는 청소년들의 사회화가 일어나는 기반으로 중요한 역할을 하며, 동네의 회관이나 센터들은 청소년들의 사회화 과정에 핵심적인 기여를 할 수 있다. 단지 주의해야 할 점은 청소년센터에서의 참여가 학교생활과 같이 경직성을 띤 수동적 참여와 유사하게 된다면 지속적인 참여가 이루어지지 않는다는 점이다(주범 · 마르코부르노, 2004).

나. 학교의 제한적 기능을 보완하는 장소

지역사회 청소년시설로서 청소년문화의 집은 학교의 제한적 기능을 보완하는 장으로서의 역할을 수립할 필요가 있다. 학교를 집처럼 느끼는 청소년들은 거의 없다고 보고되었다. 학교가 청소년들에게는 불편하고 부정적인 공간이며, 일부 청소년들은 '감옥'이라고 표현하기도 한다. 정책적으로 학교에서의 방과후 프로그램을 늘리려고 시도하고 있지만 방과후센터를 학교의 축소판으로 만드는 것은 바람직하지 않으며, 방과후 클럽은 보살핌이 있는 인간적 공동체로 기능하는 것이 바람직하다(Hirsch, 2005: 51–52).

학교에서 청소년의 다양한 잠재능력이 계발되지 못하는 근본적인 이유는 학습능력 이외의 다른 재능에 충분한 가치를 주지 않으며, 그것이 존중되지 않기 때문이라고 지적된다. 학교와 같은 정규 교육기관에서 가르칠 수 없는 부분, 예컨대, 창의력, 협동심, 사회성 등을 지역사회의 청소년시설 프로그램을 통해서 개발한다면 청소년들의 여가활동은 의미있는 시간으로 채워질 것이며, 청소년 성장과정에도 큰 기여를 할 것이다(주범·마르코부르노, 2004).

청소년기에 집단의식을 형성하고 또래 문화를 제대로 표현하고 인정받는 것은 이들의 성장과정에서 중요한 역할을 한다. 10–15세에 이르는 초기 청소년기는 사회에서 나름대로 독특한 집단을 형성하는 시기이다. 이들의 문화는 음악, 춤, 의상, 친구들과의 교류, 이성교제, 튀는 행위 등을 지향한다. 청소년문화에 관한한 이들은 전문가이며, 그 문화 내에서 청소년들의 역량이 잘 표현될 수 있다. 비록, 이들의 문화가 주류가 아니고 주변화된 집단문화로 표현되지만 이들의 권리와 문화를 인정해 줄 필요가 있으며, 전문가로서의 재능이 발휘될 수 있는 공간이 제공될 필요가 있다(Hirsch, 2005: 36).

21세기에 요구되는 다양한 역할 수행을 위해서는 학업역량만으로는 충분하지 않다는 지적들이 증가하고 있다. 학교는 더 이상 청소년들이 직업, 시민, 가족, 공동체 생활을 위한 확실한 준비를 보장하지 못한다는 것이다. 건강한 사회 구성원이 되는 것은 학업 지식을 넘어서서 도덕적, 신체적, 시민적, 사회적, 직업적 목표를 아우르는 기능을 포괄해야 한다. 동시에 교육자, 정책입안자, 일반인들도 학교 일정과 학교 건물의 전통적 경계를 넘어서야 할 필요성을 제기하고 있다. 학교는 청소년들의 삶에 유일한 학습조직이 될 수 없으며 되어서도 안된다. 이러한 차원에서 학교와 지역사회의 경계는 점차 허물어져야 하며, 특히 학교 시간 동안에 경계가 허물어져야 한다(Pittman, Irby, Yohalem, Wilsom–Ahlstrom, 2004: 19–20). 즉, 청소년활동의 효율적 운영을 위해서는 학교와의 연계는 필수적이라고 할 수 있다(Edmondson, 2000; Delgado, 2002).

② 건전한 사회관계 형성의 장

청소년문화의 집의 지도자와 청소년 동료집단 간의 관계는 청소년 성장에 중요한 역할을 한다고 볼 수 있다. 특히 청소년들이 장소 애착을 형성하는 과정에서 지도자와의 유대감은 무엇보다 중요하다. 청소년들이 학교 밖의 방과후센터나 청소년센터를 집처럼 느끼게 하는 요인으로 구조화된 프로그램이나 레크레이션 활동 보다는 멘토링이 중요한 영향력을 갖는 것으로 나타났다. 이는 활동 내용보다는 활동을 둘러싼 관계의 성격이 중요함을 시사한다. 청소년과 지도자와의 유대는 학교에서의 선생님과의 관계와 가족이나 친척간의 관계와 비교될 수 있다. 학교에서 성인들은 전적으로 지식과 관련된 가르침을 주며, 친척들은 거의 비학문적 이슈와 관련하여 멘토가 된다. 반면에 청소년클럽의 지도자는 양자에 대해 균형을 맞춘다. 청소년활동을 지도하는 지도자는 청소년들의 숙제를 돕기도 하며, 학교와 관련되지 않은 이슈들에 대해서도 지속적으로 관심을 표명하고 있다. 청소년들은 스스로 지지 받는다고 인식하는 경우, 즉 성인과 다른 청소년들로부터 존중받는다고 느낄 때 보다 적극적으로 활동에 참여하는 것으로 나타났으며(Priscilla, 2007), 긍정적인 대화와 소통이 이루어질 때 원만한 발달을 해 나가는 것으로 보고된다(Hirsch, 2005: 132).

청소년활동 프로그램의 지도자들은 청소년들에게 역할 모델이 되고 있다. 이들은 특정한 지식, 기술, 행위에 대하여 사례가 됨으로써 청소년들에게 영향을 주고 있다. 특히 청소년지도자들이 자신과 비슷한 처지에서 어려움이나 장애를 극복하였다면, 청소년들은 이들을 보다 구체적인 역할 모델로 삼게 된다. 이러한 역할 모델링은 지도자의 지원과 관심, 격려 등으로 더욱 강화된다(Rhodes, 2004).

지도자와의 관계형성과 함께 동료 및 또래들과의 관계 형성은 청소년들의 장소 애착을 형성하는 과정에서 중요한 역할을 한다. 또한 개인적으로 중요성을 부여하는 집과 같은 장소, 물리적으로 가까운 곳에 위치한 장소를 지속적으로 찾음으로써 청소년들은 지도자와 다른 아동들과 관계를 형성하며, 자아를 표현하는 활동을 하게 된다. 이러한 아동기에의 경험과 기억을 통하여 청소년들은 자아정체성과 자존감을 획득할 수 있는 기반을 얻게 된다(Hirsch, 2005: 44). 아동과 청소년들에게 관심을 갖고 있는 잘 훈련받은 성인과의 접촉이 있는 장소에서 이들을 위하여 안전하고 접근가능하며 다양하게 조직된 활동을 제공하는 것은 매우 중요하다. 또한 지역사회는 이러한 과정에서 중요한 역할을 할 수 있다(Edmondson, 2000). 이처럼 성인 지도자와 또래 청소년들간의 관계 형성은 청소년 성장에 중요한 역할을 하며, 이러한 관계가 가능한 장을 마련해 주는 것이 절실히 요구된다.

③ 역량 개발의 장

사회 환경 변화로 청소년들의 생애 성공은 학교 교육을 통해 습득한 지식과 기술을 넘어서는 보다 광범위한 역량에 기반한 것이라는 문제의식이 등장하기 시작하였다. 일상생활의 글로벌화는 다양한 사회들 간에 연결된 세계를 만들어 가고 있고, 이러한 세계에서 잘 기능하기 위해서는 변화하는 기술과 다양한 정보 이용 능력을 보유해야 한다. 또한 사회가 직면한 여러 가지 도전, 예컨대, 사회적 공평성, 환경문제, 경제성장 등과 같은 도전에 맞서야 한다. 이러한 상황에서 개인들의 역량은 지엽적인 기술 습득 이상의 것이 되어야 한다. 이와 관련하여 1997년 OECD의 DeSeCo(Definition and Selection of Competencies) 프로젝트는 장기적 차원에서 측정이 가능한 새로운 영역의 역량을 위한 틀을 제시하고자 하였다. 그것은 첫째, 환경과 효과적으로 상호작용하기 위해 다양한 도구를 사용할 수 있는 능력(정보기술 및 언어 사용), 둘째, 다양한 배경을 가진 사람들과 상호작용할 수 있는 능력, 셋째, 자신의 삶을 스스로 책임질 수 있는 능력(자율적인 행위 능력)으로 보고 있다(Rychen & Salganik, 2003).

하지만 기존의 학교 교육은 이러한 역량을 습득시키는 데에 한계를 보이고 있으며, 교사가 학생들에게 사실, 지식, 신념이나 아이디어를 전달하는 차원의 전통적 교실수업은 새로운 학습패러다임에 의해 비판받고 있다. 새로운 학습패러다임은 학습이 일어나는 환경과 학습자와의 상호작용에 주목하며, 인지적 측면 뿐 아니라 정서적, 도덕적, 신체적 측면이 중요함을 강조하고 있으며, 행위(실천)를 통해 학습이 일어남을 강조한다. 이러한 과정에서 핵심역량이 습득되는 것이며, 핵심역량은 행위 및 실천을 통해 얻어지는 것으로 보고 있다(Rychen & Salganik, 2003). 이러한 논의의 근간은 "지식은 일련의 상황(context)에 참여하여 행위를 하는 가운데 얻어진다"는 상황학습이론(situated learning)이라고 할 수 있다(Lave & Wenger, 1991). 상황학습 이론가들은 학교에서의 교육이 지나치게 형식화되어 일상생활의 실천 속에서 지식 습득 및 인지 발달과 괴리되어 온 측면에 대해서 지적하며, 다양한 사회현장에서 습득되는 지식에 초점을 맞추어 일상생활의 학습 과정에 주목할 것을 강조해 왔다(Rogoff, 1990; Lave & Wenger, 1991; Lave, 1988 al, 1989).

청소년활동에 있어 주요한 관심사로 부각되는 것은 학교와 같은 기분이 들지 않으면서도 교육적으로 보다 풍부한 효과를 누리고 진로 개발을 할 수 있도록 하는 방안 모색이다(Edmondson, 2000). 이러한 상황에서 보다 비형식적으로 청소년과 지도자가 상호작용할 수 있는 환경에 대한 관심이 높아지고 있다. 특히 형식성을 탈피한 방과 후 프로그램은 청소년과 지도자의 상호작용을 증진시키며, 대화를 통한 사회적 상호작용은 학령기 아동과 청소년의 지적 능력을 증진시키는데 주요한 역할을 한다. 특히 아동과 청소년의 학습은 자신보다 더 많은 능력을 가진 또래 혹은 선배나 성인의 지도하에 문제를 해결하는 과정에서 원활히 일어나며, 이러한 지적 발달이 일어나는 영역은 '근접발달대(zone of proximal development)'라고 지칭되어 왔다(Vygotsky, 1978).

결국 다수의 학생들과 1인의 교사가 친밀한 상호작용이 거의 일어나지 않는 학교에서보다는 소규모의 청소년들이 청소년지도자 및 선배들과 친밀하게 상호작용하며 직접적인 관심활동을 하는 과정에서 지적 성숙이 일어날 가능성이 큰 것이다. 나아가 청소년지도자들은 비형식적 교육자로 불리기도 한다. 청소년지도자들은 학습을 위한 조력자 역할을 한다. 특히 비형식적 교육에서 중요한 것은 대화[6] 방식이다. 이는 형식적 교육의 장에서 이루어지는 틀에 박힌 상호작용 과정과는 차별화된다. 학교에서의 상호작용은 듣고 읽고 기록하는 등 정적인 반응으로 이루어지지만 대화로서의 비형식 교육은 결코 일방적 독백이나 "예", "아니오"와 같은 응답으로 일관되지 않는다(Batsleer, 2008).

그리고 학교 밖에서 이루어지는 활동을 통해 사회적 역량이 증진될 수 있다. 학교 밖에서 이루어지는 스포츠 등 방과후 활동을 통해 문제 상황에 직면할 수 있는 가능성을 줄일 수 있다. 이러한 일차적 예방 기능과 함께 청소년 개인에게 권한이 부여되며, 사회문화적 지지와 물리적 환경을 제공하고 개인적 한계를 극복하게 한다. 방과후에 이루어지는 활동과 다양한 교과외 활동(지역사회 봉사, 학교 봉사, 학교와 관련된 클럽활동)에서 활용되는 멘토링은 일, 놀이, 사랑, 사고력, 봉사심 등의 사회적 역량을 증진시킨다. 사회적 역량은 아동과 청소년들이 습득해야 하는 중요한 역량이며 신체적, 심리적, 사회문화적 건강의 일정 부분과 공유된다. 미국 주류 사회의 경우 사회적으로 역량을 갖추었다는 것은 다음을 포함한다(Bloom, 2000: 20-22)

- 긍정적 자존감을 갖는다.
- 타인과 상호작용하며, 새로운 업무와 도전에 응한다.
- 윤리적으로 행동하며 타인에 대한 책임있는 행동을 한다.
- 다인종 사회의 혜택에 대해 감사하며, 타인의 가치를 존중한다.
- 대인간의 접촉 및 상호작용을 할 수 있으며, 타인과 잘 지내며, 장기간의 인간관계를 진전시킨다.
- 건전한 작업 습관, 동기 및 가치를 개발한다.
- 건강을 증진하며 유지하기 위한 행동을 한다.

6) 영어의 대화(conversation 또는 dialogue), 두 명 혹은 그 이상의 사람들 사이에서 시간을 두고 오가는 의사교환을 통해 의미와 이해가 깊어간다.

- 또래, 가족, 학교, 지역사회에서 긍정적으로 기여하는 구성원으로서의 역할을 수행함으로써 향후 바람직한 시민이 되도록 한다.
- 학대, 원치 않는 임신, 에이즈, 사회적 고립, 신체적 상해, 학업 중단, 우울, 자살, 실업, 범죄 등 부정적 결과를 초래하는 행위에 가담하지 않는다.

결국 지역사회의 청소년시설인 청소년문화의 집은 기존의 수련활동이나 청소년활동의 좁은 영역에 머무르지 않고 보다 적극적으로 학교 및 지역사회와의 연계를 시도해야 할 것이다. 이제 청소년관련 법과 제도들은 수련활동의 범위를 넘어 더 넓은 범위의 활동을 지향하고 있다. 이전의 수련활동과 관련된 정책들이 학교 밖에서의 활동에 국한되는 경향이었다면 현재의 청소년활동 정책들은 학교의 특별활동이나 계발활동과의 연계를 시도하고 있다. 따라서 청소년활동 정책들이 수련활동에 국한된 정책이 아니라 장기적으로 지향해야 하는 정책목표를 정하고 활동정책의 정체성을 수립해야 하며 이러한 정체성을 기반으로 현재 진행되고 있는 청소년활동 진흥정책들을 효율적으로 담아내어야 할 것이다(홍영균, 2007).

향후 지역사회 청소년시설로서 청소년문화의 집의 방향성은 애초의 시설 기능에서 보다 시대적 요구를 반영하고, 변화하는 청소년문화와 관심사를 반영하는 시설로서 방향성을 재정립할 필요성이 제기된다. 법령에서 언급한 기본적인 시설의 정의를 반영할 뿐 아니라 나아가 청소년들의 진로 및 관심 분야의 지식 습득, 스스로 다양한 활동을 기획함으로써 자율적 행위능력의 향상, 소규모의 사회적 상호작용 및 지역사회에 대한 관심 및 참여 증대를 통한 사회적 상호능력 배양, 다양한 프로그램에의 참여 및 체험기회 증가 등이 청소년문화의 집 활동 및 사업 운영과정에 반영되어야 할 것이다. 또한 이를 원활하게 가동하기 위해 지역사회 및 학교와의 연계가 더욱 강화되어야 할 것이다. 이를 기반으로 건전한 청소년문화 생산의 장이 되어야 할 것이며, 원활한 사회적 상호작용을 경험하게 함으로써 청소년의 건전한 성장에 기여하도록 해야 할 것이다.

청소년문화가 청소년 정책에서 지원하는 다양한 시설기반들과 활동들을 통해서 활성화되기 위해서는 청소년정책이 보다 개방적이고 수용적이어야 할 것이다.

청소년시설에서 청소년들이 원하는 활동을 하며 보다 건강하고 다양한 문화적 표현과 소통이 이루어질 때 청소년문화 정책과 실제 청소년문화 사이의 괴리가 줄어들 것이다.

〈주요용어 해설〉

- 문화상대주의 : 자기가 속한 집단의 시각이 아닌 타 집단의 시각, 논리, 입장에서 그 집단의 문화를 이해하려는 태도
- 디지털 보헤미안 : 다문화사회 환경으로 이행과정에서 보다 자유롭고 적극적으로 문화를 향유하고 만들어가는 사람들이나 생활양식을 지칭하며, 다양한 문화적 경계에서 자유로운 이동을 하며, 문화를 즐기고 서로 다른 문화를 혼합하여 새로운 것들을 만들어 내는 등 타문화에 대한 열린 시각을 가진 미래지향적 집단
- 문화민주주의 : 문화적 다양성과 문화적 관용성을 추구하는 사회를 만들어가고자 하며, 일부 엘리트를 위한 문화 향유보다는 일반적인 다수의 문화향유와 문화 참여를 보장하고자 하는 사회 이념.
- 청소년수련시설 : 청소년활동 진흥법 제 10조에 명시된 청소년활동시설로 청소년수련관, 청소년수련원, 청소년문화의 집, 청소년특화시설, 청소년야영장, 유스호스텔 등을 지칭함
- 청소년수련관 : 다양한 수련거리를 실시할 수 있는 각종 시설 및 설비를 갖춘 종합수련시설
- 청소년수련원 : 숙박기능을 갖춘 생활관과 다양한 수련거리를 실시할 수 있는 각종 시설과 설비를 갖춘 종합수련시설
- 청소년문화의 집 : 간단한 수련활동을 실시할 수 있는 시설 및 설비를 갖춘 정보·문화·예술중심의 수련시설
- 청소년특화시설 : 청소년의 직업체험·문화예술·과학정보·환경 등 특정 목적의 청소년활동을 전문적으로 실시할 수 있는 시설과 설비를 갖춘 수련시설

참고문헌

참고문헌

강명구(1993). 소비대중문화와 포스트모더니즘. 서울: 민음사.

강준만(1994). 대중문화의 겉과 속. 서울: 한샘출판사.

강홍렬 외(2006). 메가트렌드 코리아. 한길사.

고숙희(2008) 정부의 다문화사회 접근전략모색: 외국인 여성결혼이민자의 태도조사를 중심으로, 현대사회와 행정, 제18권, 제 1호, 25-45

고영복(1997). 문화사회학. 사회문화연구소.

고영희(1985). 학생들은 학교에서 어떻게 실패하는가. 서울: 배영사.

교육부(1998). 교육 비전 2002: 새 학교문화창조. 1998. 10. 22.

교육부(1999). 창조적 지식기반사회건설을 위한 교육발전 5개년계획 시안.

교육부(2022a). 출발선 평등을 위한 2022년 다문화교육 지원계획(2022.2). 교육부.

교육부(2022b). 2022년도 국내 고등교육기관 외국인 유학생 통계. 교육부.

국가청소년위원회 (2008). 제4차 청소년정책기본계획(2008-2012). 서울: 국가청소년위원회.

국가청소년위원회·한국청소년정책연구원(2006). 2020 미래사회와 청소년. 국가청소년위원회

국가청소년위원회·한국청소년정책연구원(2007a). 청소년희망세상 비전과 전략. 국가청소년위원회.

국가청소년위원회·한국청소년정책연구원(2007b). 청소년희망세상비전 2030(문화·여가 분야). 국가청소년위원회.

국민일보. 2012. 7. 19일자. 청소년 최고 희망직업; 교사, 연예인, 공무원 순.

권일남(1999). 청소년지도의 학문적 정립방향에 대한 일 고찰. 한국청소년연구. 서울: 한국청소년개발원.

김 민(1997a). 신세대문화 읽기: 대중음악과 청소년. 오늘의 청소년 11. 서울 : 한국청소년단체협의회

김 민(1997b). 정보화사회에서의 신세대문화 이해. 주성대학 논문집 6. 청주: 주성대학.

김 민(2002). 청소년문화의 이해. 청소년문화복지아카데미 자료집. 서울: 품 청소년문화공동체.

김교정·정규석(2008). 다문화청소년 성장환경에 대한 탐색적 연구. 한국콘텐츠학회논문지 제8권 제11호, 272-285.

김규태(2002). 학업중단청소년 종합대책. 학업중단청소년 종합대책 수립을 위한 공청회 자료집. 서울: 한국교육개발원·한국청소년개발원.

김기환(1996). 학생복지를 위한 학교사회사업의 필요성. 아동복지학 4. 서울: 한국아동복지학회.

김대용(1998). 한국대중문화의 교육적 의미. 문화개방과 문화교육. 서울: 한국교육학회 교육철학연구회.

김문섭(2003). 하위문화적 관점에서 본 청소년 집단 비행 연구, 문화연구, 8. 1-19.

김미윤(2003). 사이버공간 경험의 의미와 청소년문화. 청소년학연구, 19(4), 211-232.

김석희·김정명(2001). 청소년 축구매니아 연구: '붉은 악마'를 중심으로. 한국체육학회지, 제40권 3호, 27-39.

김성이(1990). 사회복지학 분야에서의 청소년연구 동향과 과제. 한국청소년연구 1(2)(통권 제 2호). 서울: 한국청소년개발원.

김성이(1993). 청소년복지의 개념과 의의. 청소년복지론. 서울: 한국청소년개발원.

김순흥 외(2003). 한국청소년의 삶과 의식구조. 사회연구사.

김신일(1992). 1장. 청소년문화의 의미와 성격. 청소년문화론. 한국청소년개발원.

김유식(2004). 인터넷스타 개죽아, 대한민국을 지켜라. 제이북

김정주·김혁진(2003). 청소년문화의집 시설공간의 문제점과 개선방안. 한국청소년시설환경학회 2003 추계학술대회 자료집, 335-355.

김종길·김문조(2004). 아바타와 청소년의 사이버 정체성 발달. 청소년학연구, 11(2), 185-215.

김종길·김문조(2006). 디지털한국사회의 이해. 서울: 집문당.

김창남(1995). 대중문화와 문화실천. 서울: 한울아카데미.

김창남(1995). 청소년집단의 하위문화적 특성에 관한 연구, 한국사회와 언론, 5. 210-249.

김창남(1998). 팬과 매니아. 대중문화의 이해: 198-207. 서울: 한울아카데미.

김창남(2003). 대중문화의 이해. 서울: 한울아카데미.

김치묵(1977). 청소년복지. 한국사회복지총람. 한국사회복지협의회.

김현덕(2000). 국제이해교육의 개념과 방향. 국제이해교육, 창간호, 85-124.

김현섭(1999). 서태지 담론. 서울: 세훈문화사.

김호기(2008). 쌍방향 소통 '2.0 세대', 한겨레, 2008년 5월 14일 자.

김홍대(2001). 매니아의 성격과 기능에 관한 연구: 프로그레시브 락(progressive rock) 매니아를 중심으로. 충남대 대학원 석사학위논문.

김희재(2004). 한국사회 변화와 세대별 문화코드. 신지서원.

노 혁(1998). 청소년복지의 정체성 모색, 한국청소년연구 9(1). 서울: 한국청소년개발원.

노용오(2005). 청소년 문화론. 서울: 도서출판 구상.

동아일보사(2004). 현대시사용어사전. 동아일보사.

또 하나의 문화 편(1997). 새로 쓰는 청소년 이야기 2. 서울 : 또 하나의 문화.

맹영임·정문성(2004). 청소년 정보문화 수용실태 연구. 서울: 한국청소년개발원.

문화관광부(1998). 청소년육성 5개년 계획. 서울: 문화관광부.

문화관광부(2004). 제3차청소년육성기본계획. 문화관광부.

박은종(2007). 세계화 시대에 바람직한 한국 민주시민교육 접근방법 탐색. 인문학연구 제34권 1호. pp. 27-58.

박재홍(2001). 세대연구의 이론적, 방법론적 쟁점. 한국사회학, 제24집 2호. 47-78.

박재홍(2002). 세대 개념에 관한 사회학적 고찰. 한국사회학회 2002 추계 특별 심포지움, 29-42.

박재홍(2005). 한국의 세대문제: 차이와 갈등을 넘어서. 서울: 나남.

박재홍(2009). 세대명칭과 세대갈등 담론에 대한 비판적 검토. 경제와사회(81), 10-34.

박진규(2002). 청소년문화. 학지사.

박효정(2002). 중고등학교 생활지도 내실화 방안 연구(II)- 중고등학교 생활지도를 중심으로, 한국교육개발원 연구보고 RR 2002-3.

박효정(2003). 한국중등학생의 생활 및 문화실태 분석 연구. 한국교육개발원 연구보고 RR 2003-5.

박홍순(2008). 이주민의 정체성과 포스트콜로니얼 대안. 다문화 사회와 국제이해교육. 유네스코 코리아·태평양 국제이해교육원 엮음, 63-86.

백욱인(1998). 소비사회와 변화하는 삶의 모습. 한완상 권태환 (편). 「한국사회학: 한국사회에 대한 이해와 전망」. 서울: 민음사.

백욱인, 하종원.(1998). 컴퓨터와 청소년문화. 한국언론학회·한국사회학회 엮음(1998). 정보화시대의 미디어와 문화. 서울: 세계사.

법무부(2017). 출입국·외국인정책 통계연보. 법무부 출입국·외국인정책본부 이민정보과.

법무부(2022). 출입국·외국인정책 통계연보. 법무부 출입국·외국인정책본부 이민정보과.

법무부·외국인정책본부(2008). 출입국·외국인정책통계월보(2008년 4월호).

법무부보도자료, 2007년 8월. 출입국외국인통계.

법무연수원(1996). 범죄백서.

삐에르 부르디외(1979). 구별짓기: 문화와 취향의 사회학 I, II. 최종철 역(1995). 서울: 새물결.

서울시대안교육센터(2002). 서울시대안교육센터 운영백서. 서울: 서울시대안교육센터.

송미경·지승희·조은경·임영선(2008). 다문화가정 외국인 모의 부모경험에 관한 연구. 한국심리학회지: 상담 및 심리치료, 20(2), 497-517.

송용구(2010). "프랑스의 학교 시민교육에 관한 연구: 한국의 학교 시민교육에 시사하는 바를 중심으로." 시민교육연구, 42(2), 83-118.

송호근(1999). 정치 없는 정치 시대. 서울: 한겨레.

아도르노·호르크하이머(2008). 계몽의 변증법. 철학적 단상. 김유동 역(2001). 서울: 문학과 지성사.

안영식 외(2001). 애니메이션 시크리트 파일: 1세대 마니아 16인의 신세기 애니메이션 비록. 시공사.

앤서니 기든스(2009). 현대사회학. 서울: 을유문화사.

양재영(1994). 청소년집단의 대중문화 수용과정에 관한 연구. 서울대학교 대학원 미간행 석사학위논문.

여성가족부(2012). 제5차 청소년정책기본계획. 서울: 여성가족부.

여성가족부(2020). 청소년종합실태조사. 여성가족부

여성가족부(2022). 2021 청소년백서. 여성가족부.

오찬호(2009). 공포에 대한 동년배 세대의 상이한 반응: 2008년 촛불시위에서 20대를 이해하는 몇 가지 가설. 한국청소년연구, 20(2), 357-381.

우석훈·박권일(2007). 88만원세대. 레디앙.

원용진·이동연·노명수(2006). 청소년주의와 세대신화. 한국언론정보학보, 36호, 324~347.

유네스코한국위원회(1998). 세계청소년의 권리와 책임에 관한 결의들. 청소년연구자료집 1998-6. 서울: 유네스코 한국위원회.

유진이(2008). 청소년여가문화시설 모형개발을 위한 기초연구. 청소년시설환경학회, 제6권 2호.

윤경원(2004). 청소년 연구에서 민속지학의 활용: 문화연구에서의 경향을 중심으로. 청소년학연구, 11(2), 261-278.

윤옥경(2000). 사이버세대의 세대 차이와 세대갈등에 대한 전망: 세대문제 해결을 위한 장으로서의 사이버공간의 가능성 탐색. 한국청소년 연구, 제11권 2호, 55-75.

윤인진(2007). 국가주도 다문화주의와 시민주도 다문화주의. 한국적 "다문화주의"의 이론화. 동북아시대위원회 용역과제 07-7. 한국사회학회.

은지용(2002). 청소년문화 연구의 대안적 접근: 문화정치학을 중심으로. 시민교육연구. 제34권 2호.

이경기(1995). 재미있는 영화이야기. 서울: 삼호미디어.

이광규(1980). 문화인류학개론. 일조각.

이동연(2004). 세대문화의 구별짓기와 주체형성-세대담론에 대한 비판과 재구성. 문화과학 통권 37호, 135-153.

이동후·김영찬·이기형(2004). IT와 '신세대'문화의 형성, 확산과정. 서울: 정보통신정책연구원.

이미리·조성연·길은배·김민(2014). 청소년학개론. 서울: 학지사.

이민희 외(1999). 청소년 대중문화 수용실태와 대책. 서울: 한국청소년개발원.

이민희 외(2001). 청소년의 문화산업 참여여건 조성방안에 관한 연구. 서울: 한국청소년개발원.

이상인(2008). 민주화 이후 한국민주주의의 과제: 일상의 민주주의와 민주적 시민성을 중심으로. 시민교육연구, 제40권 1호, 95-126.

이석재(1998). 청소년문제의 교육적 과제와 그 대책. 교육사회학연구 8(1). 서울: 한국교육사회학회.

이수민(1968). 청소년복지의 이념과 과제. 복지연구 2. 한국사회복지연구소.

이승신·김시월(2004). 소비자 그리고 소비문화. 서울: 신정.

이승형·강기수(2015). 스마트폰 문화 속 생활세계를 통해 본 청소년의 교육현상학적 이해. 교육철학, 57, 23-52.

이영란(2007). 통일 이후 독일청소년 일탈문화에 대한 연구: 스킨헤드의 극우적 폭력실태를 중심으로. 한국과 국제정치, 제23권 2호, 123-160.

이영란(2010). "프랑스 시테(Cité)지역 교육불평등 사례연구." 교육사회학연구, 제20호 1권, 151-178.

이영란(2011). 프랑스 컬리지 3학년(Collège 3ème) 시민교과목 연구: 주요 지향점과 핵심쟁점을 중심으로. 교육사회학연구, 제21권 2호, 149-173.

이영란, 최윤진 외.(2005). 한국형 청소년 옴브즈만 제도도입을 위한 방안 연구. 청소년교육전략21. 서울.

이영주(2005). 청소년 모바일 문화진단 및 활성화 방안 연구. 여가학연구, 2(3), 1-27.

이옥란 외(1998). 부산지역 여성청소년의 가출에 대한 의식과 실태 및 그 대책에 관한 연구.

신라대학교 여성문제연구소.
이용교(1993). 한국청소년복지의 현실과 대안. 서울: 은평천사원 출판부.
이용교(1998). 청소년복지 연구의 동향과 과제. 청소년학연구 5(2). 서울: 한국청소년학회.
이용숙(1993). 학교교육과 청소년문화. 청소년문화. 서울: 한국청소년개발원.
이종각(1999). 교육인류학의 탐색. 도서출판 하우.
이종복 외(1998). 현대청소년복지론. 서울: 양서원.
이혜정(1989). 노는 애들의 세계. 서울대학교 석사학위논문.
임희섭(1986). 사회변동과 가치관. 서울: 정음사.
전상진(2004). 세대 개념의 과잉, 세대연구의 빈곤: 세대연구 방법에 대한 고찰. 한국사회학, 제38집 5호, 31-52.
정성호(2006). 20대의 정체성. 살림출판사.
정옥분(1998). 청년발달의 이해. 서울: 학지사.
정용교(2003). 학교현장에서 바라 본 우리 교육현실과 청소년문화. 문음사.
정재민(2007). 청소년 문화의 새로운 이해. 청소년문화포롬, 15, 114-133.
정향진(1992). 교사집단 내 위계성의 재생산기제에 관한 연구. 서울대학교 대학원 미간행 석사학위논문.
정혜원(2006). 일탈소녀들의 하위문화와 실천적 과제. 윤리문화연구, 2. 63-95.
조 은 외(2000). 청소년 언더문화 현장연구: 문화생비자(prosumer)로서 청소년. 서울: 한국간행물윤리위원회.
조성남·이동원·박선웅(2002). 청소년의 하위문화와 정체성. 집문당.
조아미(1998). 청소년의 대중가요 가수 우상화 현상에 대한 분석. 청소년학연구 5(1).
조용환(1993). 청소년연구의 문화인류학적 접근 : 청소년의 실체와 청소년문화의 이해. 한국청소년연구 4(3). 서울: 한국청소년연구원.
조용환(1994). 고등학교 학생문화의 종합적 이해와 비판. 정신문화연구 17(4). 서울: 한국정신문화연구원.
조용환(1998). 학생문화. 서울대학교교육연구소(1998). 교육학 대백과사전. 서울: 하우동설.
조용환(2008). 다문화교육의 의미와 과제. 다문화사회의 이해: 다문화 교육의 현실과 전망. 동녘.
조용환·황순희 역(1992). 학교문화와 학생문화 -학생의 사회학. 교육사회학. 서울 : 형설출판사.
조혜영(2007). 다문화사회에서의 교육대책. 교육정책 쟁점과 과제(KEDI 현안보고 OR 2007-7, 359-390). 한국교육개발원.
조혜영(2016). 청소년문화 연구 동향 분석과 발전과제. 청소년문화포럼, 47, 109-142.
조혜영·이창호·권순희·서덕희·이은하(2007). 다문화가족 자녀의 학교생활실태와 교사·학생의 수용성 연구. 한국여성정책연구원·한국청소년정책연구원
조혜정(1996). 학교를 거부하는 아이, 아이를 거부하는 사회. 서울: 또 하나의 문화.
조홍식(1999). 청소년학 정체성 확립의 방향과 과제: 청소년복지와 청소년학의 정체성(99 학술대회 발표논문. 1999. 2. 23). 서울: 한국청소년학회.

존 어윈(1998) 하위문화 개념의 위상에 관한 소고. 여국현 역. 하위문화는 저항하는가. 이동연 편. 문화과학사.
주은희(2001). 청소년의 친구관계와 가족. 청소년의 일상과 가족, 손승영 외. 미래인력연구센터.
차경수(1998). 청소년학 연구의 전망과 과제. 청소년학 연구 5(2). 서울: 한국청소년학회.
청소년대화의 광장(1995). 오빠부대 어떻게 볼 것인가. 서울: 청소년대화의 광장.
청소년육성위원회(2003). 제3차 청소년육성기본계획(2003-2007). 서울: 청소년육성위원회.
초·중등 교육과정 총론. 교육부 고시 제2022-33호
최우신·김영희(1999). 청소년의 연예인 우상화 현상의 특성. 한국청소년학연구. 10(2). 서울: 한국청소년개발원.
최원기 외(2000). 청소년문화 감수성 함양을 위한 정책적 대안 연구. 서울: 한국청소년개발원.
최윤진(1998). 청소년문화 연구의 동향과 과제. 청소년학연구 제5권 2호.
최윤진(1998). 청소년의 권리. 서울: 양서원.
최윤진(1999). 청소년문화. 청소년학총론. 서읍: 한국청소년학회 편.
최윤진(2002). 사회변화와 청소년문화탐구. 청소년문화포럼 6호, 15-30. 한국청소년문화연구소.
최장집(2004). 민주화 이후의 민주주의: 한국 민주주의의 보수적 기원과 위기. 서울: 후마미타스.
크리언, 케이트(2004). 그람시·문화·인류학 (김우영 옮김). 도서출판 길.
표갑수(1994). 아동·청소년 복지론. 청주대 출판부.
프랑스 교육부 지침서 Circulaire n° 98-064 du 26 mars 1998, 프랑스 교육부 공람 1998년 4월 9-15일.
필 코헨(1998). 하위문화 갈등과 노동계급 공동체 사회. 임상훈 역. 하위문화는 저항하는가. 이동연 편. 문화과학사.
한겨레신문 2008. 11. 27. 2020년 어린이 5명중 1명 '다문화가정 자녀'
한경구(2001). "동양권의 문화교육 정책과 실상" 문화개방과 교육, 한국교육학회, 교육철학회. 문음사.
한경구(2003). "왜 문화인가." 처음 만나는 문화인류학. 서울: 일조각.
한경구·한건수(2007). 한국적 다문화 사회의 이상과 현실: 순혈주의와 문명론적 차별을 넘어. 한국적 "다문화주의"의 이론화. 동북아시대위원회 용역과제 07-7. 한국사회학회.
한국교육개발원 교육통계연보, 교육부 자체조사
한국여성정책연구원(2012). 청소년의 다문화수용성 조사 연구. 여성가족부.
한국여성정책연구원(2015). 국민 다문화수용성 조사 연구. 여성가족부.
한국청소년개발원(1997). 청소년육성 5개년 계획의 평가 및 수립에 관한 연구. 서울: 한국청소년개발원.
한국청소년개발원(2002). 국제기구의 청소년정책과 프로그램 연구. 서울: 한국청소년개발원.
한국청소년개발원(2005). 청소년문화론. 한국청소년개발원.
한국청소년개발원(2006). 청소년문제론. 서울: 교육과학사
한국청소년단체협의회(2002). 2002년 청소년육성환경의 변화와 청소년운동의 방향. 청소년운동

그 전망과 과제. 서울: 한국청소년단체협의회.

한국청소년문화연구소(1999). 매니아문화 읽기: 청소년 매니아문화의 현황과 과제. 청소년문화포럼, 1(1). 서울: 한국청소년문화연구소.

한국청소년문화연구소(1999). 신지식인 청소년 육성을 위한 간행물의 역할-청소년 매니아 문화와 간행물. 한국청소년문화연구소.

한국청소년상담원(2001). 청소년 매니아의 세계. 한국청소년상담원.

한국청소년정책연구원 (2010). 청년기에서 성인기로의 이행과정 연구 I: 총괄보고서. 서울: 한국청소년정책연구원.

한국청소년정책연구원 (2012). 후기청소년 세대 생활·의식 실태조사 및 정책과제 연구 1. 서울: 한국청소년정책연구원.

한국청소년정책연구원(2007). 청소년학총론. 한국청소년정책연구원.

한국청소년정책연구원(2008). 사회통합을 위한 청소년 다문화교육 활성화방안 연구. 한국청소년정책연구원.

한국청소년정책연구원(2008). 초·중·고·대학생 의식구조 비교에 의한 미래사회변동 전망 I. 한국청소년정책연구원.

한국청소년정책연구원(2009). 미래한국사회 다문화역량강화를 위한 아동·청소년 중장기 정책방안 연구I: 다문화가정 청소년의 역량개발을 중심으로. 한국청소년정책연구원.

한국청소년정책연구원(2015). 청소년문화론. 교육과학사.

한국청소년정책연구원(2016). 미래, 청소년 그리고 새로운 도전. 청소년정책 이슈 브리프통권 제29호 (2016, Nov.). 한국청소년정책연구원.

한국청소년학회(1999). 청소년학 정체성확립의 방향과 과제(99 학술대회 발표논문 자료집. 1999. 2. 23). 서울: 한국청소년학회.

한상복·이문웅·김광억(1985). 문화인류학개론. 서울대학교출판부.

한상철·조아미·박성희(1997) 청소년심리학. 서울: 양서원.

한준상(1991). 청소년문제와 학교교육. 서울: 연세대출판부.

한준상(1996) 청소년문제. 서울: 연세대출판부.

한준상(1997). 동숭동의 아이들: 청소년의 파격문화. 서울: 연세대출판부.

한준상(1999). 청소년학 연구. 서울: 연세대출판부.

함인희(2001). 청소년 매니아 세계의 사회학적 성찰. 청소년 매니아의 세계. 한국청소년상담원.

함인희(2007). 세대분화와 세대충돌의 현주소. 한국정치학회·한국사회학회(공편), 한국사회의 새로운 갈등과 국민통합(241-272). 서울: 인간사랑.

행정안전부(2017). 지방자치단체 외국인주민 현황 보도자료(2017. 11. 16). 행정안전부 사회통합지원과.

행정안전부(2022). 지방자치단체 외국인주민 현황 보도자료(2022. 10. 31). 행정안전부 사회통합지원과.

허은정·김우성(2005). 세대연구와 소비자행동. 서울: UUP.

헵디지, 딕(1979/1998). Subculture: the Meaning of Style(이동연 역). 현실문화연구.

홍영균(2007). 청소년시설정책의 제도적 개선방안 연구. 청소년시설환경학회지, 제5권 제4호, 79-88.

황상민(2004). 대한민국 사이버 신인류: 폐인 그들이 세상을 바꾼다. 21세기북스.

황상민·김도환(2004). 한국인의 라이프스타일과 세대의 심리적 정체성:'세대차이' 연구를 위한 심리학적 모델. 한국심리학회지: 사회 및 성격, 18(2), 31-47.

황상심·정옥란(2008). 경기도 농촌지역 다문화가정 아동들의 언어특성. 언어청각장애연구, 제13권, 제 2호, 174-192.

황진구 외(2003). 청소년의 사이버커뮤니티 참여 및 이용실태 연구. 한국청소년개발원.

황진구·권태희 외 6인(2003). 청소년의 사이버커뮤니티 참여 및 이용실태 연구. 서울: 한국청소년개발원.

Abu-Lughod, Lila(1991). *Writing Against Culture. Recapturing Anthropology: Working in the Present*(Richard. G. Fos. Ed.). Sana Fe: School of American Research Press.

Amit-Talai, V.(1995). Conclusion: The 'multi' cultural youth. In Vered Amit-talai and Helena Wulff(eds.), *Youth Cultures: A Cross-Cultural Perspective*. London and New York: Routledge.

Antle, Martine(2007). Cultures du surréalisme, les représentations de l'autre. Paris: Acoria.

Appadurai, A.(1990). Disjuncture and Difference in the Global Cultural Economy. *Diaspora, 2* (2), 1-23.

Appadurai, A.(1991). Global Ethnoscapes: Notes and Queries for a Transnational Anthropology. In R. G. Fox (Ed.), *Recapturing Anthropology: Working in the Present*, 191-210. Santa Fe, NM: School of American Research Press.

Arnett, J. J.(2004). Emerging adulthood. *Chronicle of Higher Education, 51*(12), 1-8.

Arnett, J. J.(2007). Afterward: aging out of care—toward realizing the possibilities of emerging adulthood. *New Directions for Youth Development*, 113, 151-161.

Bandura, A.(1977). *Social Learning Theory*. Englewood Cliffs. NJ: Prentice Hall.

Banks, A. James(1994). An Introduction to Multicultural Education. MA: Allyn and Bacon Inc.; 모경환·최충옥·김명정·임정수 역(2008). 다문화교육입문. 서울: 아카데미프레스.

Batsleer, Janet. R.(2008). *Informal Learning in Youth Work*. Sage.

Baudrillard, Jean(1988). Selected Writings. Cambridge: Polity Press.

Benjamin, W.(1973). The Work of Art in the Age of Mechanical Reproduction. *Illuminations*. London: Fontana.

Bennet, H. S., & Ferrell. J.(1987). Music Video and its Epistemic Socialization. *Youth & Society*. 18, 344-362.

Bennett, A. & Kahn-Harris, K. (2004). Introduction. Andy Bennet and Keith Kahn-Harris(eds.), *After Subculture: Critical Studies in Contemporary Youth Culture*, 1-20. Palgrave Macmillan.

Bennett, A.(2011). The Continuing importance of the 'cultural' in the study of youth. *Youth Studies Australia*, 30(3), 27–35.

Bennett, Andy & Keith Kahn–Harris(2004). Introduction. Andy Bennet and Keith Kahn–Harris(Eds.), *After Subculture: Critical Studies in Contemporary Youth Culture*, 1–20. Palgrave Macmillan.

Bhabha, H.(1990). The third space. In J. Rutherford(Ed.), *Identity: Community, Culture, Difference*, 207–221). London: Lawrence & Wishart.

Bloom, Martin(2000). The use of theory in primary prevention practice: Evolving thoughts on sports and after–school activities as influences of social competency. In Danish Steven, J. & Gullotta Thomas, P. (eds.), *Developing Competent Youth and Strong Communities through After-school Programming*, 17–66. Washington DC: CWLA Press.

Bocock, R.(1997). The Cultural Formations of Modern Society. Stuart Hall et al. (eds.), *Modernity*. Blackwell Publishers.

Bocock, Robert(1996). Consumption. London: Routledge; 양건열 역(2003). 소비. 서울: 시공사.

Bottomley, Gillian(1991). Culture, ethnicity, and the politics/poetics of representation. *Diaspora* 1(3), 303–320.

Bourdieu, P.(1984). *Distinction*(trns. Nice, Richard). Cambridge Mass: Harvard University Press.

Braun, R./Vliegenthart, R.(2008). The Contentious Fans. The Impact of Repression, Media Coverage, Grievances and Aggressive Play on Supporters' Violence, in: International Sociology, 2008, NR.23(6), 796–818.

Brown, Adam(1998). Fanatics! Power, Identity & Random in Football, London: Routledge.

Brown, E. F., & Hendee, W. R.(1989). Adolescent and their Music: Insight into the Health of Adolescents. *Journal of American Mass Media*. 262, 1659–1663.

Bukingham, D., Bragg, S. & Kehily, M. J.(2015). Rethinking youth cultures in the age of global media: a perspective from British youth studies. *Journal of Childhood and Adolescence Research Heft* 3–2015, 265–277.

Burroughs, W., Ginsberg, A., Gysin, B.(2001). Beat Generation, Paris: Flammarion.

Caputo, V.(1995). Anthropology's silent 'others': a consideration of some conceptual and methodological issues for the study of youth and children's cultures. In Vered Amit–talai and Helena Wulff(eds.), *Youth Culture: A Cross-Cultural Perspective*. London and New York: Routledge.

Castles, Stephen & Miller Mark J.(2003). *The Age of Migration* (Third Edition). Guilford.

Coleman, J. S.(1961). *The Adolescent Society*. New York: Free Press.

Convention sur la protéction et la promotion de la diversité culturelle. UNESCO(2005). 문화적 표현의 다양성 보호와 증진협약. 유네스코 한국위원회 역.

Danet, Benjamin(1999). Violentes tribunes : le dossier noir du foot, Paris: Solar.

Déclaration des Droits de l'homme et du citoyen(26 aout 1789). 인권과 시민에 대한 선언문.

프랑스 1789년 8월 26일.

Delgado, Melvin(2002). *New Frontiers for Youth Development in the Twenty-first Century: Revitalizing and Broadening Youth Development*. New York: Columbia University Press.

Denisoff, R. S. & John, B.(1983). The Sociology of Popular Music: A Review. *Popular Music Society*. 9, 51−62.

Durkheim, E.(2007). De la division du travail social. Paris: PUF.

Durkheim, E.(2007). Le Suicide. Paris: PUF.

Dynneson, T. L. & Gross, R. E.(1982). Citizenship Education and the Social Studies. In: Which is Which? Social Study. 73, 229−234.

Edmondson, Kathryn(2000). Issues in after−school youth development programming. In Danish Steven, J. & Gullotta Thomas, P. (eds.) *Developing Competent Youth and Strong Communities through After-school Programming*, 217−237. Washington DC.: CWLA Press.

Education Civique(2003). Demain, Citoyens. 6e. Paris: Nathan.

Elias, Norbert(1969). Über den Prozeß der Zivilisation I, II. Frankfurt a M.: Suhrkamp.; 윤미애 역(1999). 문명화과정 I, II. 서울: 한길사.

Engle, S. H. & Ochoa, A. S.(1988). Education for democratic citizenship. Teachers College Press.

Epstein, Jonathan(1998). Introduction: Generation X, Youth Culture and Identity. In J. Epstein (ed.), *Youth Culture: Identity in a postmodern World*. Blackwell Publishers Ltd.

Farin, Klaus(2001). Generation−kick.de. Jugendsubkulturen heute. München: Beck Reihe.

Farin, Klaus(2002). Die dritte Halbzeit. München: Thomas Tilsner Verlag,

Finn, C. E. Jr. & Rebarber, T.(1992). The Changing Politics of Education Reform. In Finn, C. E. Jr. & Rebarber, T.(eds.), *Education Reform in the '90s*. New York: Maxwell Macmillian.

Fischer, M. M. J.(1986). Ethnicity and the post−modern arts of memory. In J. Clifford & G. E. Marcus(Eds.), *Writing Culture: The Poetics and Politics of Ethnography*, 194−223. Berkeley, CA: University of California Press.

Fiske, J.(1992). The Cultural Economy of Fandom. In Lisa A Lewis(ed.), *The Adoring Audience: Fan Aulture and Popular Media*. London & New York: Routledge.

Flitterman−Lewis, Sandy(1987). 정신분석학, 영화, 그리고 텔레비전 In Allen, Robert C.(ed.), *Channels of Discourse: Television and Contemporary Criticism*. The University of North Carolina. 김훈순 역(1992). 텔레비전과 현대비평. 서울: 나남.

Gansauge, Beate(2009). The Punk and Hardcore Youth Subcultures in the USA Since the 1980s. Grin Verlag

Giroux, H.(1998). Teenage sexuality, Body politics, and the pedagogt of display. Jonathon S. Epstein(ed.), *Youth Culture: Identity in a Postmodern world*. Blackwell Publishers.

Glick Schiller, Nina(1999a), Transmigrants and Nation−States: Something Old and Something New in the U.S. Immigrant Experience. In Charles Hirshman, Philip Kasinitz, Josh DeWind(eds.),

The Handbook of International Migration: The American Experience, 94–119. New York: Rusell Sage Foundation.

Glick Schiller, Nina(1999b). Who Are These Guys? A Transnational Reading of the U.S. Immigrant Experience. In Liliana R. Goldin(ed), *Identities on the Move: Transnational Processes in North America and the Caribbean Basin*, 15–43. Albany, New York: Institute for Mesoamerican Studies.

Glick Schiller, Nina, Linda Basch & Cristina Szanton Blanc(1995). From Immigrant to Transmigrant: Theorizing Transnational Migration. *Anthropological Quarterly*, 68(1): 48–63.

Guiterrez, D. Kris, Patricia Baquedano-Lopez & Carlos Tejeda(1999). Rethinking diversity: Hybridity and Hybrid Language practices in the third space. Mind, *Culture and Activity*, 6(4), 286–303.

Hall, Stuart(1988) "Minimal Selves." Identity: the Real Me. *ICA Documents* 6. London: Institute of Contemporary Arts, 44–46.

Hall, Stuart(1996). Introduction: Who Needs Identity? In Hall, Stuard and Paul Du Gay(eds), *Questions of Cultural Identity*, 3–17. London: Sage.

Hebdige, Dick(1979). *Subculture: The Meaning of Style*. London: Methuen.

Hechinger, F.(1992). *Fateful choice: Healthy youth for the 21st century*. New York: Hills and Wang.

Heitmeyer. W./Müller, J.(1995). Fremdfeindliche Gewald junger Menschen. Bonn: Bundesministerium der Justiz.

Henderson, Sheila(2007). Neighbourhood. In Martin, Robb (ed.), *Youth in Context: Frameworks, Settings and Encounters*, 124–154. Sage Publications.

Hendrey, L. B. & Kloep, M.(2010). How universal is emerging adulthood?: An empirical example. Journal of Youth Studies, 13(2), 169–179.

Hirsch, Barton J.(2005). *A Place to Call Home: After-school Programs for Urban Youth*. New York and London: Teachers College Press, Columbia University.

Hutnyk, John(2005). Hybridity. *Ethnic and Racial Studies*, 28(1), 79–102.

James, A.(1995). Talking of children and youth: Language, Socialization and culture. In Vered Amit-talai and Helena Wulff(eds.), *Youth Culture: A Cross-Cultural Perspective*. London and New York: Routledge.

Jameson, F.(1985). Postmodernism and Consumer Society. In H. Foster(ed.), *Postmodern Culture*. London: Pluto.

Janover, Louis(1995). La Révolution surréaliste. Paris: Hachette, Pluriel.

Jenkins, Henry(1992). *Textual Poachers: Television Fans and Participatory Culture*. London & New York: Routledge.

Jenkins, R.(1965). Lads, Citizens and Ordinary Kids. London: Routledge & Kegan Paul.

Jones, Steve(1999). Studying the Net: Intricacies and Issues. Steve Jones(Ed.), *Doing Internet Research*, 1–27. Sage Publications.

Kadushin, A.(1974). *Child Welfare Service*. New York : Macmillan.

Kalra, Virinder S., Kaur, Raminder & Hutnyk, John(2005). *Diaspora & Hybridity*. Sage Publications.

Kellner, Douglas(1995). *Media Culture: Cultural Studies, Identity and Politics between the Modern and the Postmodern*. London: Routledge. 김수정, 정종희 역(1997). 미디어문화: 영화, 랩, MTV, 광고, 마돈나, 패션, 사이버펑크. 서울: 새물결.

Kibria, Nazli(1999). College and Notions of Asian American: Second-Generation Chinese and Korean Americans Negotiate Race and Identity. *Amerasia Journal*, 25 (1): 29-51.

Kjeldgaard, D. & Askegaard, S.(2006). The glocalization of youth culture: The global youth segment as structures of common difference. *Journal of Consumer Research*, 33(2), 231-247.

Kluckhohn, C.(1962). *Culture and Behavior*. New York : Free Press.

Kraidy, Marwan M.(2005). *Hybridity, Or The Cultural Logic Of Globalization*. Temple Univ Press.

Lam, W. S. E.(2004). Border Discourses and Identities in Transnational Youth Culture. In Jabari Mahiri(ed.), *What They Don't Learn in School: Literacy in the Lives of Urban Youth*. New York: Peter Lang Publishers.

Lave, J. Duguid, P. & Fernandez, N.(1992). Ccoming of age in Birmingham: Cultural studies and conceptions of subjectivity. *Annual Review of Anthropology* 21.

Lave, Jean & Wenger, Etienne.(1991). *Situated Learning: Legitimate Peripheral Participation*. Cambridge University Press.

Lave, Jean(1988). *Cognition in practice*. Cambridge University Press.

Le Pors, Anicet(2002). La citoyenneté, coll. ≪ Que sais-je ? ≫, Paris: PUF.

Lista, Giovanni(2005). Dada libertin & libertaire. Paris: L'insolite.

Lowe, L.(1991, Spring). Heterogeneoty, hybridity, multiplicity: Making Asian American differences. *Diaspora*, 24-42.

Maira, S. & Soep, E.(2005). Introduction. In Sunaina Maira and Elisabeth Soep(eds.), *Youthscapes: The Popular, the National, the Global*, xv-xxxv. University of Pennsylvania Press.

Maira, Sunaina(2004). Imperial Feelings: Youth Culture, Citizenship and Globalization. In Marcelo Suarez-Orozco and D. B. Qin-Hilliard (Eds.), *Globalization: Culture and Education in the New Millennium*, 173-201. Berkeley: University of California

Mallan, Kerry & Sharyn Pearce(2003). Introduction: Tales of Youth in Postmodern Culture. Kerry Mallan & Sharyn Pearce(Eds.), *Youth Cultures*, ix-xix. West Port CT: Praeger Press. Cambridge University Press.

Mannheim, Karl(1928/1964). Das Problem der Generation. In: Karl Mannheim: Wissenssoziologie. Auswahl aus dem Werk. Hg. von Kurt H. Wolff, Luchterhand, Neuwied/Berlin 1964, S. 509 - 565.

Marcuse, H.(1968). *Negations*. London: Allen Lane.

Massey, Douglas S., Joaquin Arango, Graeme Hugo, Ali Kouaouchi, Adela Pellegrino and J.

Edward Taylor(2005). *Worlds in Motion: Understanding International Migration at the End of the Millennium*. Oxford: Clarendon Press.

McClary, S.(1994). Same As It Ever Was: Youth Culture and Music. In Andrew Ross & Tricia Rose(ed.), *Michrophone Friends: Youth music & Youth culture*. New York & London: Routledge.

McLaren, P(1989). *Life in Schools: An Introduction to Critical Pedagogy in the Foundations of Education*. New York & London: Longman.

McRobbie, A.(1991). *Feminism and Youth Culture*. Boston: Unwin Hyman.

Mead, M.(1928). *Coming of Age in Samoa*. New York: William Morrow & Company.

Mead, M.(1978). *Culture and Commitment*. New York : Douglas.

Merton, R.K.(1957). *The Sociology of science*. Chicago: Chicago University Press.

Mullin, M. H.(1991). *Education for the 21st Century*. New York: Madison Books.

Muray, Pilippe(2000). De la citoyennophilie, Le Débat, n° 112, octobre-décembre 2000.

Musgrove, F.(1964). *Youth and Social Order*. Routledge and Kagan Paul.

Newman, F.M.(1977). Building a Rational for Civic Education. In: National Council for the Social Studies Bulletin. 53, 1-33.

Nilan, Pam & Feixa, Carles(2006). *Global Youth? Hybrid Identities, Plural Worlds*. Taylor & Francis

Parsons, T.(1942/1964). *Essays in Sociological Theory*. Chicago: Free Press.

Pittman Karen T., Merita Irby, Nicole Yobalem. and Alicia Wilson-Ahlstrom(2004). Blurring the lines for learning: The role of out-of-school programs as complements to formal learning. In Gil G. Noam(ed.), *New Directions for Youth Development: After-school Worlds Creating a New Social Space for Development and Learning*, 19-41. San Francisco, CA: Jossey-Bass.

Poster, M.(1991). *Mode of Information*. Cambridge: Polity Press.

Priscilla M. Little(2007). *The Quality of School-age Child Care in After-school settings*. (http://www.researchconnections.org/SendPdf?resourceId=12576)

Raviv, A., Bar-Tal, D., Raviv, A., Ben-Horin, A.(1996). Adolescent Idolization of Pop Singers: Causes, Expressions, and Reliance. *Journal of Youth and Adolescent*, 25, 631-649.

Redhead, S.(1997). *Subculture to Club Culture: An Introduction to Popular Cultural Studies*. Oxford: Blackwell Publishers Ltd.

Reid, Gerard(2000). Football War, London: Sigma Leisure.

Rhodes, Jean E.(2004). The critical ingredient: Caring youth-staff relationships in after-school settings. In Gil G Noam(ed.), *New Directions for Youth Development: After-school Worlds Creating a New Social Space for Development and Learning*, 145-161. San Francisco, CA: Jossey-Bass.

Roberts, K. A.(1978). Toward a Generic Concept of Counter-Culture. Sociological Focus 11.

Roe, Keith.(1993). Academic Capital and Music Taste among Swedish Adolescents. *Young-Nordic Journal of Youth Research*. 1(3), 40-55, Uppsala: Swedish Science Press.

Rogoff, Babara(1990). *Apprenticeship in Thinking: Cognitive Development in Social Context*. Oxford University

Press.

Roszak, Theodore(1969). The Making of a Counter Culture: Reflections on the Technocratic Society and its Youthful Opposition. 독일어 역. 1995. München.

Rychen, D. S. & Salganik, L. H.(2003). *Key Competencies for a Successful Life and a Well-functioning Society*. Gottingen, Germany: Hogrefe & Huber.

Rychen, Dominique Simone & Salganik, Laura Hersh(2003). *Key Competencies: For a Successful Life and a Well-functioning Society*. USA: Hogrefe&Huber Publishers.

Savage, John(1992). England's Dreaming, Revised Edition: Anarchy, Sex Pistols, Punk Rock, and Beyond. London: St. Martin's Griffin.

Sefton-Green, Julian(1998). Introduction: Being Young in the Digital Age. Julian Sefton-Green(Ed.), *Digital Diversions: Youth Culture in the Age of Multimedia*, 1-20. UCL PRESS.

Sheehan, Sean/Levy, Pat(2008). From Punk Rock to Perestroika: The Mid 1970s to the Mid 1980s. Raintree Publishers.

Simmel, G.(1903). The metropolis and mental life, In: Levine D.(1971). On Individuality and Social Form, Chicago: University of Chicago Press.

Storey, J.(1993). Cultural Theory and Popular Culture. London: Simon and Schuster. 박모 역(1994). 문화연구와 문화이론. 서울: 현실문화연구.

Suarez-Orozco, Carola(2004). Formulating Identity in a Globalized World. In Marcelo Suarez-Orozco and D. B. Qin-Hilliard (Eds.), *Globalization: Culture and Education in the New Millennium*, 173-201. Berkeley: University of California

Tapscott, D.(1998). *Growing up Digital: The Rise of Net Generation*. 허운나·유영만 옮김(1999). N세대의 무서운 아이들. 물푸레.

The Recommendation Concerning Education for international Understanding, Cooperation, and Peace and Education Relating to Human Rights and Fundamental Freedom(1974). 국제이해, 협력 및 평화를 위한 교육과 인권, 기본자유에 대한 교육권고. 유네스코 한국위원회 역.

Thornton, Sarah(1996). *Club Culture: Music Media and Subcultural Capital*. Hanover and London: Wesleyan University Press.

Turner, V.(1967). *The Forest of Symbols. Ithaka*, Ny: Cornell University Press.

Van Arsdol, Jr., Maurice, Stephen Lam, Brian Ettkin and Glenn Guarin(2005). Population Trends and Migration Patterns in Northeast Asia. In Akaha, Tsuneno & Vassilieva Anna (Eds.), *Crossing National Borders: Human Migration Issues in Northeast Asia*, 11-44. United Nations University Press.

Veblen, T.(1912/1953). The Theory of the Leisure Class. An Economic Study of Institutions. NY: Mentor Books.

Veltz, Pierre (2014). Mondialisation, villes et territoires. L'économie d'archipel. Paris: PUF.

Verdier, Aurélie(2005). L'ABCdaire de Dada, Paris: Flammarion.

Vygotsky, L. S. (1978). Mind in Society. Cambridge, MA: Harvard University Press.

White, M.(1987). 이데올로기 분석과 텔레비전. In Allen, Robert C.(ed.), *Channels of Discourse: Television and Contemporary Criticism*. The University of North Carolina. 김훈순 역(1992). 텔레비전과 현대비평. 서울: 나남.

Williams, R.(1983). *Keywords*. Oxford University Press.

Willis, P.(1977). *Learning to Labour: How Working Class Kids Get Working Class Job*. Farn Borrough, Sanxon House.

Wulff, H.(1995). Introduction: Introducing youth culture in its own right: the state of the art and new possibilities. In Vered Amit-talai and Helena Wulff(eds.), *Youth Culture: A Cross-Cultural Perspective*. London and New York: Routledge.

Wyne, Johanna & Rob White(1997). *Rethinking Youth*. Sage Publications.

http://www.index.go.kr/potal/main/EachDtlPageDetail.do?idx_cd=1534, (검색일 2018, 01, 10)

저자소개

김 민

현) 순천향대 청소년교육상담학과 교수
연세대학교 박사(전공: 교육사회학)
순천향대학교 창의라이프 대학원장, 창의라이프대 학장
저서 : 청소년학개론(2020, 공저)
인권, 세계를 이해하다(2019, 공저)
청소년지도방법론(2016 공저)

조혜영

현) 공주교육대학교 교육대학원 아동청소년교육 · 상담 전공 교수
서울대학교에서 인류학 학사와 석사
일리노이대학교(University of Illinois, Urbana-Champaign) 교육과정 석사
일리노이대학교(University of Illinois, Urbana-Champaign) 교육심리 박사
한국청소년정책연구원에서 선임연구위원
저서: 청소년문화론(2015, 공저)
청소년학개론(2007, 공저)
청소년문화론(2005, 공저)

이영란

현) 순천향대학교 청소년연구센터 연구교수
독일 바이로이트 대학교(Universität Bayreuth) 인문대(Geisteswissenschaft) 학사 및 석사
프랑스 파리 7대학교(Université Diderot-Paris VII) 사회학 박사(전공: 교육사회학)
저서 : 마을교육공동체운동: 세계적 동향과 전망(2019 공저)
통일독일의 문화변동(2009, 공저)
머릿속의 장벽 - 통일이후 동서독의 사회문화 갈등(2006 공저)
나의 통일 이야기 - 동독주민들이 말하는 독일통일(2006 공저)
문화와 인간사회(2005 공저)
겨울연가: 콘텐츠와 콘테스트 사이에서(2005 공저) 외

청소년문화

초 판 1쇄 발행 2023년 2월 10일
초 판 2쇄 발행 2024년 7월 16일

지 은 이 | 김민 · 조혜영 · 이영란
펴 낸 이 | 김기섭
편 집 인 | 오선율
펴 낸 곳 | 창지사 www.changjisa.com
08589 서울시 금천구 가산디지털 1로 83 파트너스타워 1차 9층
전화 (02)719-2211~3
팩스 (02)701-9386
등 록 | 1977년 4월 28일 · 제1-421호

ISBN 978-89-426-1574-2 (93370)

값 22,000원